学术中国文丛

哲思的迷局

从现代哲学到当代艺术

孙周兴　著

广东高等教育出版社
Guangdong Higher Education Press
·广州·

图书在版编目（CIP）数据

哲思的迷局：从现代哲学到当代艺术/孙周兴著. —广州：广东高等教育出版社，2022. 6

（学术中国文丛/张江，王兆胜主编）

ISBN 978 - 7 - 5361 - 7205 - 0

Ⅰ. ①哲… Ⅱ. ①孙… Ⅲ. ①现代哲学 - 文集 ②艺术评论 - 文集 Ⅳ. ①B15 - 53 ②J05 - 53

中国版本图书馆 CIP 数据核字（2021）第 280387 号

ZHESI DE MIJU：CONG XIANDAI ZHEXUE DAO DANGDAI YISHU

哲思的迷局：从现代哲学到当代艺术

孙周兴　著

总 策 划　黄红丽
项目统筹　靳　辉
责任编辑　邱丽芳
装帧设计　陈智慧
责任技编　吴练武　王丽珍
责任校对　李　莹
营销总监　姚永清

出版发行　广东高等教育出版社
　　　　　地址：广州市天河区林和西横路
　　　　　邮政编码：510500　电话：（020）87554153　87551436
　　　　　http://www.gdgjs.com.cn
印　　刷　广东鹏腾宇文化创新有限公司
开　　本　787 毫米 ×1 092 毫米　1/16
印　　张　29.5
字　　数　435 千
版　　次　2022 年 6 月第 1 版　2022 年 6 月第 1 次印刷
定　　价　98.00 元

总　　序

张　江

习近平总书记在哲学社会科学工作座谈会上的讲话指出，当代中国正经历着我国历史上最为广泛而深刻的社会变革，也正在进行着人类历史上最为宏大而独特的实践创新。这种前无古人的伟大实践，必将给理论创造、学术繁荣提供强大动力和广阔空间。这是一个需要理论而且一定能够产生理论的时代，这是一个需要思想而且一定能够产生思想的时代。

习近平总书记的重要论述是对思想理论发展规律的科学论断，也是对哲学社会科学工作者的殷切期望。当前中国处于近代以来最好的发展时期，世界处于百年未有之大变局，两者同步交织、相互激荡。一方面，当代中国比历史上任何时期都更接近中华民族伟大复兴的目标，比历史上任何时期都更有信心、有能力实现这个目标。另一方面，当代世界全球化潮流滚滚向前，逆全球化趋势暗流涌动，各种思潮相互激荡，各种文化相互交融，各种观念相互碰撞，多样性、差异性、复杂性、不确定性正在成为这个世界越来越突出的特征。

这样的时代条件，既为我们的哲学社会科学研究带来许多新问题和新挑战，也为思想理论的创新发展增添了强劲动能，开拓了宏阔空间。在这样的时代条件下，不断推进学科体系、学术体系、话语体系建设和创新，努力构建一个全方位、全领域、全要素的哲学社会科学体系，是坚持和发展中国特色社会主义的一项重要任务，也是当代哲学社会科学的重大使命。在中国特色社会主义进入新时代的今天，中国故事需要更好地被全世界所理解，中国经验需要更好地被现代社会科学所表达，中国学术也要更好地被世界学术界所倾听。让世界了解“学术中的中国”“理论中的中国”“哲学社会科学中的中国”，构建哲学社会科学的“中国学派”，恰逢其时，大有可为。

理论的生命力在于创新。创新是哲学社会科学发展的永恒主题，也是社会发展、实践深化、历史前进对哲学社会科学的必然要求。学术创新离不开两样东西：一是必须立足源自于本土经验的学术传统和时代问题，二是必须牢牢把握世界学术发展的趋势和潮流。学术创新更要有批判精神，这是马克思主义最可贵的精神品质。不管是对传统的理论、范畴、体系，还是外来的概念、话语、方法，都要有分析、有鉴别、有汲取、有批判，不要盲目崇拜，不可生搬硬套。尤其是面对西方话语霸权，不应该满足于向“为西方思想作注，为西方学术致敬”，更不应该“以西方的是非为是非，以西方的标准为标准”，必须立足于中华优秀传统文化，立足于中国特色社会主义建设的伟大实践，在世界视野中发现问题，在中国经验中思考问题，让思想理论更具中国特色、中国风格、中国气派。

“学术中国文丛”正是在这样的现实语境和文化背景产生的。丛书希望通过对中国学术传统的资源挖掘与价值再发现，在构建“学术中的中国”方面有所作为，有所贡献。我们坚信，中华民族伟大复兴必将推动知识建构范式的革命，必将带来中国学派的诞生。“学术中国文丛”的历史使命就是要形成具有中国特色、解决中国问题的知识体系，并为人类发展提供中国智慧与中国方案。

“学术中国文丛”的出版，总体而言，具有开拓补白之功，它走的是“文化积累”与“学术建设”“学科建构”的路子，其理论价值与现实意义主要体现在以下几个方面。

一是响应时代主题精神，契合国家文化战略。“学术中国文丛”关注一流专家学者，反映中华人民共和国成立以来国内学术研究最高成果，它的出版对推动中国当代学术文化的发展繁荣，加强中外学术对话，在世界学术体系传播中国声音，展现中国学派，提升中国学术的世界地位，推进中国文化“走出去”，具有重要意义。

二是承接优秀传统文化，增强民族文化自信。文丛植根于中华优秀传统文化，通过深入挖掘中华优秀传统文化蕴含的思想观念、人文精神、道德规范，按照新时代精神，去粗取精，去伪存真，赋予新的时代内涵，对推动中华优秀传统文化的创造性转化和创新性发展，增强民族文化自信具有重要意义。

三是加强学术积累传承，推进高校学科建设。文丛广泛覆盖文、史、哲、经等学科，通过荟萃不同学科学派的经典名作，全面展现中国现代学术体系发展过程，促进学术体系和话语体系创新，推进人才培育，催生学术经典，为各领域研究者提供基础性的经典范本。

总之，“学术中国文丛”的出版，是构建“理论中的中国”“学术中的中国”的一部分。中华民族伟大复兴为构建中国学派提供了丰厚的实践土壤，也提供了空前的历史性机遇。“学术中国文丛”的出版，正是将中华优秀传统文化当代化以及进行创造性转化的实践，是增进文化自信的有益尝试。

“学术中国文丛”具有权威性、经典性、时代性、中国性等特点。

一是在作者选取上坚持权威性。为了保证丛书的品质，作者一律选取国内各领域的顶尖学者，并且是资历深、水平高、广受认可、影响力大的作者，做到多中选好、好中选优、优中选精，从根本上保证丛书的高标准和权威性。

二是在内容组织上强调经典性。文丛的遴选标准首要是重视学术含量、学术价值，以学术史的眼光、经典性的标准，采用自选或精选的方法来确定图书内容。入选内容应是均为作者的开山之作、奠基之作、经典之作，必须站得住、立得稳，能成为学术标杆，能经得住历史考验，具有相当的文化积累意义和学术传承价值，在国内外具有较大影响。

三是在写作旨趣上契合时代性。在选材上，文丛优先考虑体现时代精神、富有宏大格局、与国家经济社会发展密切相关的研究成果。

以学术为出发点，以文化为立足点，以中国价值为落脚点，自觉承担起举旗帜、聚民心、育新人、兴文化、立形象的使命任务。换言之，就是要自觉关注时代主题、回应社会热点、着眼于国家战略、融入世界发展大势，不是单纯为学术而学术。

四是在关注焦点上体现中国性。文丛坚持立足中国、聚焦中国，把中国成就和中国经验等重大问题的历史经验和理论阐释作为重中之重，特别是关注反映当代中国经济、社会发展现状趋势经验的具有中国特色的学术成果，以便讲好中国故事，反映中国成就，传播中国声音，分享中国经验，展示中国形象。

“学术中国文丛”，值得期待。

2020 年 6 月 8 日

孙周兴　1963年生，绍兴会稽人。1992年获哲学博士学位；德国洪堡基金学者；现任浙江大学讲席教授，兼任同济大学、中国美术学院教授；教育部长江学者特聘教授，国务院学位委员会哲学学科评议组成员等。主要从事德国哲学、艺术哲学和技术哲学研究。著有《语言存在论》《后哲学的哲学问题》《以创造抵御平庸》《未来哲学序曲》《一只革命的手》《人类世的哲学》等；主编有《海德格尔文集》（38卷）、《尼采著作全集》（14卷）、《未来艺术丛书》、《未来哲学丛书》等；编译有《尼采四书》《海德格尔选集》《林中路》《路标》《尼采》《哲学论稿》《悲剧的诞生》《快乐的科学》《查拉图斯特拉如是说》《权力意志》等。

本书是孙周兴教授自选文集，分“尼采与海德格尔”“西哲汉译”“后哲学的哲学”“当代艺术”“未来哲学”五编，共收文25篇，集中呈现作者在现代哲学、当代艺术和技术哲学等多个领域的学术探索和哲思迷局。作者从尼采和海德格尔哲学出发，努力深化现代实存哲学的研究，切入后哲学时代的个体实存和自由创造命题，并且把重建技术生活世界的人类经验规定为艺术和哲学的未来使命。虽然作者的研究领域多有变动，但重点关注一直未变，即技术统治时代的人类处境和个体自由。

目　录

第一编　尼采与海德格尔

第二编　西哲汉译

第三编　后哲学的哲学

第四编　当代艺术

第五编 未来哲学

第一编

尼采与海德格尔

尼采的科学批判

——兼论尼采的现象学①

内容提要： 尼采在《悲剧的诞生》中就形成了对发端于苏格拉底的"科学乐观主义"传统的批判，崇尚"艺术形而上学"；而在20世纪80年代初的《快乐的科学》中，尼采转而主张艺术与哲学的"双脑"说。美国学者朗佩特甚至认为，尼采在《快乐的科学》中成了"科学的辩护者"，他反对以物理学为经典科学而代之以语文学。本文则与萨弗兰斯基一样，试图证明在尼采那里（特别是在《快乐的科学》中）出现了一种现象学式的思想实践。而可以确认的是，无论前期的《悲剧的诞生》还是后期的《权力意志》，尼采都致力于揭示欧洲科学或欧洲知识理想的柏拉图主义基础。

我们在此是要讨论尼采与科学。为此我们先得来限定一下"科学"的边界，因为德语中的"科学"（Wissenschaft）不是我们通常了解的science，前者比后者更广义；前者总的说来更接近于希腊文的episteme（知识），而后者更接近于"自然科学"（Naturwissenschaft）。尼采是如何使用"科学"的？此公好古希腊，所以自然而然地会采纳"科学"的古典意义，在此意义上的"科学"类同于"理论"（甚至接近于我

① 本文原载《世界哲学》，2016年第2期。参看孙周兴：《未来哲学序曲：尼采与后形而上学（修订本）》，北京：商务印书馆，2018年，第145页以下。

们中文世界喜欢讲的“学术”）——在《悲剧的诞生》中尼采就痛批“理论人”，后来也说过“科学人”；尼采又处身于“现代”，一个由“实证/实验科学”和技术工业支配的时代，对现代性的启蒙理性和科学精神深表警觉和怀疑。可见，尼采的“科学”概念是极为复杂的。

无论如何，在人们通常的了解中，尼采向来被认为是反科学或非科学的，特别是所谓“非理性主义”的代表。尼采给人的印象多半是：崇尚艺术和生命而反对宗教和科学，推崇本能而攻讦理性。正因此，以科学和逻辑为取向的哲学类型向来对尼采不屑一顾。① 但尼采是否真的反科学，或者至少是非科学的呢？学界对此也不无争议，比如当代美国学者朗佩特就对此持有异议，他把下列观点视为他的《尼采与现时代——解读培根、笛卡尔与尼采》一书的基本论点：“尼采认识到现代科学所附带的危险，并着手补救这些危险；补救的方法就是，更充分地理解自然，从而全新理解科学。”② 所以在朗佩特看来，尼采不反科学，不但不反，而且是要提出关于科学的新理解——尼采甚至是一位“推进科学”的“新哲人”。

朗氏之说可为一家之言，然而在我看来未必中肯到位，而且顶多是切中了一个时期的尼采哲学。尤其在后期，尼采经常把“形而上学”“道德”“宗教”与“科学”并举，斥之为不同的“谎言形式”；其实这话同样适合于《悲剧的诞生》时期的尼采。在尼采看来，为了相信生活，我们需要“谎言”，这是没办法的事，“人必须天生就是一个说谎者”，也可以说是一个“艺术家”。尼采写道：“……而且人确实也是一位艺术家：形而上学、宗教、道德、科学——这一切只不过是人力求艺术的意志、力求说谎的意志、力求逃避‘真理’的意志、力求

① 英美主流哲学对尼采的接受史即证明这一点。这种情况要到 20 世纪后期才有改观，特别是巴比契（B. E. Babich）的《尼采的科学哲学》（1994 年）以及由柯亨（R. S. Cohen）与巴比契合编的《尼采与科学》（二卷本，1999 年）的出版，标志着尼采哲学真正为英美分析哲学传统所接纳了。中文研究可参看朱彦明：《尼采论科学与哲学的关系》，载《科学技术与辩证法》，2007 年第 3 期。

② 朗佩特：《尼采与现时代——解读培根、笛卡尔与尼采》，中译本，李致远、彭磊、李春长译，北京：华夏出版社，2009 年，第 7 页。

否定‘真理’的意志的怪胎而已。”① 因此，至少在前期和晚期的尼采那里，科学都不是特别受到肯定和赞扬的。尼采意在推进科学？说这话还得小心点呐。

如若在上述意义上看待科学，把科学了解为“谎言形式”之一，我们就只好说，白纸黑字，尼采就是一个科学的批判者。不过，要说形而上学、道德、宗教等是“谎言”，我们现代人似乎还可以理解，甚至可以同情，而要说科学是“谎言”一种，则跟我们今天共享的常识已经差得太远了，因为现在我们更愿意把科学看作基本的求真方式（哪怕我们已经看到了科学技术给人类带来的巨大风险和危害），而不是“撒谎”和“欺骗”的方式。那么，怎样来理解尼采思想中的作为“谎言”的科学呢？再有，中期尼采提出“快乐的科学”，这又是何种“科学”？“科学”何以“快乐”？“快乐的科学”的理想与作为“谎言”的科学是何关系？

一、理论人与科学的妄想

我们仍然先要从《悲剧的诞生》谈起。是书中的科学并不快乐，因为此时的尼采讨厌科学和所谓“科学人”，认为正是由苏格拉底发起的科学风败坏了希腊艺术文化，终于导致伟大的希腊悲剧艺术的突然死灭——尼采说跟其他艺术样式不一样，通常一种艺术样式的终结总是渐渐衰落的，而希腊悲剧艺术却是猝死的，说没就没了。

尼采后期曾对《悲剧的诞生》一书作了重新评价，他把这本书称为“大胆之书”，说它开始处理一个“带角的难题”，一道“全新的难题”，那就是“科学问题本身”——“科学第一次被理解为成问题的、可置疑的”。②《悲剧的诞生》讨论的不是悲剧艺术吗？尼采怎么说它

---

① 尼采：《权力意志》下卷，科利版《尼采著作全集》第 13 卷，11［415］；参看中译本，孙周兴译，北京：商务印书馆，2007 年，第 905 页。

② 尼采：《一种自我批评的尝试》，见《悲剧的诞生》，科利版《尼采著作全集》第 1 卷，第 13 页；参看中译本，孙周兴译，北京：商务印书馆，2012 年，第 4 页。

是探讨科学问题的呢？尼采随即做了一个解说，说他的《悲剧的诞生》首次接近于自己的思想使命，即“用艺术家的透镜看科学，而用生命的透镜看艺术……”①

这是尼采的一句名言了。但该作何解？生命、艺术、科学到底是啥关系？在尼采的话中差不多构成了一个层级关系：生命是第一位的，尔后是艺术，然后才是科学。朗佩特据此反驳了一种根深蒂固的误解：尼采是科学的敌人。尼采是科学的敌人、艺术的朋友吗？朗佩特认为，在尼采那里，科学与艺术并不是水火不容的，虽然两者曾经交战，但只要有恰当的理解就可以消弭战事，就可以“用艺术家的透镜”承认科学了。朗佩特说：“尼采所推动的科学脱离了两位伟大的历史先辈：柏拉图式超越自然的科学，培根式征服自然的科学。尼采的科学是一种纯粹的内在主义或自然主义，而且与当代宇宙学和生物学的自然主义世界观完全一致。尼采式科学的最高目的在于肯定一切存在者并让一切存在者存在。与之相补充的是尼采的艺术，即赞颂并美化科学所揭示的世界。”②

我们认为，朗佩特的这一看法或许适合于中期的尼采（即所谓“实证主义时期”的尼采），但未必对得上《悲剧的诞生》时期的尼采，也未必对得上《查拉图斯特拉如是说》之后的后期尼采。在《悲剧的诞生》中，尼采的艺术根本不是“赞颂并美化科学所揭示的世界”的，相反，艺术与科学是有某种对立甚或敌对的关系的，至少就悲剧艺术的生灭角度来看是这样；或者更准确地讲，是艺术与科学之间有着某种层级差异。

我们已经知道，在《悲剧的诞生》中，尼采把科学的产生与苏格拉底联系在一起，科学被尼采刻画为“一种首先在苏格拉底身上出世的深刻妄想”，也就是那样一种无可动摇的“信念”，即坚信：“以因

---

① 尼采：《悲剧的诞生》，科利版《尼采著作全集》第1卷，第17页；参看中译本，孙周兴译，北京：商务印书馆，2012年，第5—6页。

② 朗佩特：《尼采与现时代——解读培根、笛卡尔与尼采》，中译本，李致远、彭磊、李春长译，北京：华夏出版社，2009年，第11页。

果性为指导线索的思想能深入到最深的存在之深渊，这种思想不仅能够认识存在，而且竟也能够修正存在。这种崇高的形而上学妄想被当作本能加给科学了，而且再三地把科学引向自己的界限，至此界限，科学就必定突变为艺术了：真正说来，艺术乃是这一机制所要达到的目的。”① 这里揭示出两点：一是科学的本质，科学中蕴含着一种形而上学妄想，即科学的因果说明可以解决全部存在问题；二是艺术构成科学的边界。

苏格拉底不仅借这种科学本能生活，而且借这种科学本能赴死。对于“苏格拉底之死”，尼采的解释是：“赴死的苏格拉底形象，作为通过知识和理由而消除了死亡畏惧的人，就成了科学大门上的徽章，提醒每个人牢记科学的使命，那就是使此在（Dasein）显现为可理解的、因而是合理的。”② 垂死的苏格拉底通过科学/知识摆脱了对于死亡的恐惧，实际上也就是通过普遍精神/理性克服了个体的死亡。

在《权力意志》时期的一则笔记中，尼采在回顾《悲剧的诞生》时写道：“在此前提下，科学必定会成为什么呢？科学的情形如何？在一种重要意义上几乎成为真理的敌人：因为科学是乐观主义的，因为科学相信逻辑。在生理学上来推算，一个强大种族的没落时代就是科学人这个类型在其中成熟的时代。对苏格拉底的批判构成本书的重头：苏格拉底乃是悲剧的敌人，是那种魔力般的—预防性的艺术本能的消解者；苏格拉底主义乃是对生命和艺术的最大误解：道德、辩证法、理论人的知足常乐，乃是疲乏无力的一种形式……”③ 这是尼采晚年的表态，在此我们当然看不到上文朗佩特所讲的状况，而仍然是对《悲剧的诞生》时期形成的以苏格拉底为代表的科学乐观主义的批判态度的重申。

---

① 尼采：《悲剧的诞生》第15节，科利版《尼采著作全集》第1卷，第99页；参看中译本，孙周兴译，北京：商务印书馆，2012年，第110—111页。

② 尼采：《悲剧的诞生》第15节，科利版《尼采著作全集》第1卷，第99页；参看中译本，孙周兴译，北京：商务印书馆，2012年，第111页。

③ 尼采：《权力意志》下卷，科利版《尼采著作全集》第13卷，14［22］；参看中译本，孙周兴译，北京：商务印书馆，2007年，第946页。

二、快乐的科学?

尼采高调好斗，对传统的和现成的各种文化形式均持批判和否定态度，虽然自称为积极的虚无主义者，但在思想基调上仍以阴沉和否定为主；就其个人生活而言，尼采更是难言快乐明朗，总是被各种各样的病魔所缠绕。不过，在20世纪80年代初，尼采突然间写了一本《快乐的科学》——科学怎么一下子“快乐”起来了？从《悲剧的诞生》到《快乐的科学》，其间到底发生了什么变化？

在尼采思想的脉络中，《快乐的科学》的出现却不是突兀的，而是一个阶段的思想产物，这个阶段经常被称为尼采的“实证主义阶段”（后面我们会看到，这个说法是未必合适的），时间范围大致在1876年至1881年8月。在这个时期，尼采主要写有《人性的，太人性的》（出版于1878年）、《曙光》（出版于1881年）和《快乐的科学》（出版于1882年）等，尼采自己把这些著作称为关于“自由精神”的系列著作。一般认为，尼采在这个时期摆脱了叔本华和瓦格纳的影响，从具有浪漫主义色彩的艺术形而上学/艺术家形而上学，转向了具有实证主义倾向的科学思想。

在《人性的，太人性的》中，尼采就开始重审艺术、科学以及两者之间的关系。在这里，尼采心灵的钟摆开始从艺术摆向科学，放弃了他前期受瓦格纳影响、在《悲剧的诞生》中形成的“艺术形而上学”理想，反而开始贬低艺术的地位和作用，认为艺术是不能触及世界本质的，甚至于把艺术称为“招魂女巫”：

> **作为招魂女巫的艺术。**——艺术除执行保藏的任务之外，可能还有为黯淡的、褪色的表象（Vorstellungen）稍稍重新着色的任务；当它解决了这一任务之时，它就为各个不同时代织成了一条纽带，唤回了各个时代的幽灵。虽然借此出现的只不过是墓地上的虚假生命，或者就像是逝去的爱人梦中重现，但至少在当下瞬

> 间，老旧的感觉又一次唤醒了，心脏又按照业已被忘却的节拍搏动起来。因为艺术的这样一种普遍效用，即便艺术家并不站在启蒙的最前列和人类之持续男性化的最前列，人们也不得不宽宥艺术家：艺术家一辈子都是一个孩子或者一个少年，停留在被自己的艺术冲动袭击的地位上；而生命早期阶段的感觉却公认比当代更接近于古代的感觉。不知不觉中，使人类童稚化成了艺术家的使命；这是艺术家的光荣，也是艺术家的局限。①

几年前主张要"通过艺术获得解放"的尼采，现在竟然背叛自己的过去，对艺术说出这样一番大不敬的话来，加上上下文中一些不点明的，但明显指向瓦格纳的指控，这就难怪瓦格纳及其夫人柯西玛生气了。② 尼采此时从艺术转向科学，除了可能的思想理路的变动，显然含有与瓦格纳的意气之争。这是由尼采的性格决定的。我们知道海德格尔揭示的尼采的颠倒做派，就是：你说东他必说西，你说上他必说下，把什么都要颠倒一下。你瓦格纳推崇艺术，我尼采现在偏要推崇科学。——这时、这里的尼采也这样么？

其实，我们上面说尼采此时从艺术摆向了科学，至少在《人性的，太人性的》那里，这话也还不能完全成立，因为尼采这时候更愿意提倡一种艺术—科学的"双轨制"，即他著名的"双脑"（Doppelgehirn）比喻："科学的未来。——一种较为高级的文化必须给人类一个双脑，可以说两个脑房，一个用来感受科学，另一个用来感受非科学：两者相互并存、毫不混淆、可分开亦可关闭；这是健康的一个要求。在一个领域里是力量源泉，在另一个领域里则是调节器：必须用幻想、片面性和激情来供热，也必须借助于认识的科学来预防一种过度供热导致的恶性的和危险的后果。"③ 尼采这里所言，听起来就比较公正了，

① 尼采：《人性的，太人性的》，科利版《尼采著作全集》第2卷，第147节。

② 例如尼采《人性的，太人性的》第149节，让我们觉得柯西玛当时的反应"在此恶毒占了上风"并非空穴来风。

③ 尼采：《人性的，太人性的》，科利版《尼采著作全集》第2卷，第251节。

而且与他在《悲剧的诞生》时期所形成的艺术与哲学（悲剧艺术与悲剧哲学）的关系观并无二致。

就我们这里讨论的课题而言，更为重要的是尼采稍后作的另一个文本：《快乐的科学》。这本《快乐的科学》原是为《曙光》（1881年）续篇而准备的。1882年1月25日，尼采致信彼得·加斯特：他已作完《曙光》第6~8部，正计划作第9~10部。但在1882年上半年认识莎乐美之后，尼采改变了自己的想法，并宣告了《快乐的科学》一书。该书第一版出版于1882年8月26日，至1887年第二版（在《查拉图斯特拉如是说》之后），尼采补充了序言、第五部"我们无惧者"以及附录"自由鸟王子之歌"，并增加了一个意大利文的副题：La gaya scienza。该书主体部分由五部格言/箴言组成，共383节，大小长短不一。开头和附录都是诗，开头部分是德国韵律短诗，标题取自歌德的同名小歌剧，结尾部分是作于西西里岛的一组诗，共14首。前后都是诗，是尼采著作中唯一的结构。全书采用了"箴言/格言"形式。德语"箴言/格言"（Aphorismus）一词源自希腊文的动词 aphorizein，意思为"界定"。此所谓"界定"不是要下逻辑定义，而是要"划界"，与流俗之见划界，包括认识、道德和心理方面的偏见和流俗见解。①

尼采的《快乐的科学》出版时，友人们包括布克哈特（Burckhardt）、凯勒（Keller）等都对此书作了消极偏负的评价。从此以后，尼采作为哲学作者越来越走向孤独。然而，后世却有不少学者高度评价尼采这本著作。科利版编者认为，《快乐的科学》在尼采一生中处于"中心"位置，说是尼采表达哲学的最成功的尝试。的确，我们不难看到，这本著作在尼采的思想历程中具有承上启下的意义，特

① 到底应该把尼采这里的 Aphorismus 译成"箴言"还是"格言"？我们以为以"箴言"为佳。汉语中"箴言"是告诫规劝文体，但"箴"也有"纠谬"之义，如"箴谏"（劝谏别人改正过失）、"箴贬"（指出并纠正错误）等。故译成"箴言"较合乎尼采的意思。"格言"则是指"含有教育意义、可为准则的话"，与尼采之义并不合。尼采自己说："该书的差不多每一个句子都温柔地把握了深奥之义与戏谑风格。"参看尼采：《瞧，这个人》，科利版《尼采著作全集》第6卷，第333页。另外值得一提的是，箴言式哲学（学术）写作并非尼采首创，近代的蒙田、利希腾贝格等，都是这方面的大师；在尼采之后则差不多成为主流的哲学言说方式之一，如20世纪的海德格尔和维特根斯坦等。

别是有“启下”的作用。对于后期尼采来说具有决定性意义的“相同者的永恒轮回”思想，是他在1881年8月就已经发现了的，但迟迟未予以表达，至《快乐的科学》第四部的倒数第二节（即第一版结束处）才表达出来。《快乐的科学》第一版的最后一节（第342节）还是《查拉图斯特拉如是说》序言的开头。就此来看，科利之言不差：《快乐的科学》委实是特别重要的。

但尼采为何要说“快乐的科学”？何谓“快乐的科学”呢？尼采不是反对以苏格拉底为代表的科学精神和科学方式吗？在《悲剧的诞生》中，尼采就把悲剧之死归因于理论科学的兴起，特别是苏格拉底—柏拉图的科学乐观主义精神。怎么现在又来说“快乐的科学”？尼采本人的解释倒也简单，他在一封书信中回顾《快乐的科学》时写道：这本著作“只是让自己快乐的一个感情洋溢的方式，能让人一个月在自己头顶上有纯净的天空”。① 尼采由于心情和病痛，难得有快乐辰光，故《快乐的科学》常被称为“康复之书”。科利认为，在尼采的《快乐的科学》中，艺术与科学合一了，“诗人与科学家合二为一了，共同致力于一种科学，这科学既不忧郁、死板，又不只有严肃”。② ——是谓“快乐的科学”。在科利看来，尼采《快乐的科学》处理的是艺术与科学的关系问题，而其中传达出来的见解无异于他在《人性的，太人性的》中提出的艺术—科学“双脑”之说。

朗佩特竭力抬举，甚至吹捧尼采的《快乐的科学》（特别是该书之第五部），以逐章解读的方式对该书第五部文本做了细致而又不失有趣的解释。朗佩特的基本观点有二：其一，尼采是“科学的辩护者”。尼采否定科学的统治权威，尤其反对笛卡尔主义的机械宇宙观，但他并非反所有科学；相反，尼采是“科学之友”，即便他反对近代笛卡尔主义的机械宇宙观，也是以“科学之友”身份来反的。其二，尼采反对以物理学为经典科学，而代之以语文学。朗佩特写道：“为了取代物理

① 尼采1883年1月20日致弗兰茨·奥维贝克的信，科利版《尼采书信全集》第6卷，第318—319页。
② 尼采：《快乐的科学》，科利版《尼采著作全集》第3卷，编者后记。

学的典范科学地位，尼采推举出了语文学——解释的艺术或解释学……语文学一旦取代物理学，可能性就会取代确定性而成为衡量标准。”① 在朗佩特看来，光有语文学还不够，尼采还希望进一步发展一种新心理学，通过探索意识诸要素，理解内在世界，从而理解整个世界。这就是说，朗佩特主张在尼采那里有两门科学最重要，一是语文学（解释学，强调可能性而非确定性），二是心理学（对意识要素的批判），两者可取代作为典范科学的物理学。

朗佩特的阐释很有味道，且尺度极大——尼采研究领域难得有这等气派者！大尺度的阐释自然难免会受到质疑。上列朗佩特的两个基本观点其实可以归结为一句话：尼采是科学的辩护者，而尼采要推进的科学是语文学/解释学和心理学。那么，朗氏由此可以驳斥人们的通常之见，即所谓尼采反对“科学主义”或者“科学乐观主义”了？我看未必。因为当我们说尼采反对“科学主义”或者“科学乐观主义”时，我们指的是——尼采指的是——起源于苏格拉底—柏拉图，并且以柏拉图主义/本质主义为形而上学基础的理论/科学/知识理想，我们所指的“科学”显然并不是朗佩特设想的“尼采新科学”（语文学和心理学），而毋宁说是尼采所要反对的作为经典科学的物理学——恰恰是“科学乐观主义”的科学理想在近代的典型表现。如此看来，所谓尼采维护科学，说尼采是“科学之友”，朗佩特玩的是声东击西的把戏，未免虚张声势了，且很有可能是混淆视听。

朗佩特用来证明自己论点的基础文本是《快乐的科学》第五部，但即便在这里，我们读出来的不是别的，而依然是尼采对于科学的柏拉图主义哲学基础的揭示。在《快乐的科学》第 344 节中，尼采写道：“我们看到，甚至科学也依据于某种信仰，根本不存在什么‘无前提的’科学。”② 此所谓“信仰”正是柏拉图主义：

① 朗佩特：《尼采与现时代——解读培根、笛卡尔与尼采》，中译本，李致远、彭磊、李春长译，北京：华夏出版社，2009 年，第 326 页。朗佩特甚至认为，“尼采的思想是一种后培根式的自然主义、一种肯定自然秩序的彻底内在主义、一种生态哲学——尼采美其名曰‘快乐的科学’”。参看朗佩特：《尼采与现时代》，中译本，第 297 页。

② 尼采：《快乐的科学》第 344 节，科利版《尼采著作全集》第 3 卷，第 575 页。

> 于是，“科学何为?”的问题就归结于这样一个道德问题：如果生命、自然、历史是“非道德的”，则道德究竟何为？毫无疑问，真诚者，在那种大胆和最终意义上的真诚者，一如对科学的信仰是以这种真诚者为前提的，他因此肯定了另一个世界，另一个不同于生命、自然和历史的世界；而且，就他肯定这“另一个世界”而言，是何种情形呢？难道他不是恰恰因此要否定这另一个世界的反面，即这个世界，我们的世界么？……然则人们或许已把握了我的目的，那就是，我们对科学的信仰始终还是基于一种形而上学信仰，——即便我们今天的认识者，我们这些失神者和反形而上学家，也还是从那个千年以来由古老的信仰所点燃的火堆中获取我们的火的；此所谓古老的信仰就是基督教的信仰，也是柏拉图的信仰，就是相信上帝是真理，真理是神性的……可是，如果这信仰恰恰变得越来越不可信了，如果除了谬误、盲目、谎言，再没有什么东西能证明自己是神性的，——如果上帝本身也被证明为我们最长久的谎言，那又如何呢?①

尼采在这里传达出来的是作为科学之基础的形而上学的“两个世界”信仰：肯定“另一个世界”（彼岸世界、理性世界、理想世界）而否定“这个世界”（此在世界、感性世界，或者我们的生命、自然和历史的世界）。就此而言，在尼采眼里，科学脱不了是一种“谎言”形式。除此之外，尼采看到了科学—机械世界的恐怖景致：“你们所理解的‘科学的’世界阐释可能始终还是最愚昧的阐释之一，也就是说，或许是所有可能的阐释方式中最不重要的：把这一点直接严肃地告诉那些机械论者先生们，他们如今喜欢混迹于哲学家中间，并且彻底地误以为，机械论乃是关于一切人生此在赖以构造起来的最初的和最终的法则的学说。然而，一个本质上机械的世界就是一个本质上无意义

---

① 尼采：《快乐的科学》第344节，科利版《尼采著作全集》第3卷，第577页。

的世界!”①

在引用了尼采《快乐的科学》第四部第341节“最大的重负”后，海德格尔曾发问：在此哪里还有“快乐”可言呀？第四部最后一节分明叫作“悲剧的起源”（Incipit tragoedia）——悲剧开始了。这样一种知识怎么还能叫“快乐的科学”?②

三、是语文学还是现象学?

不论快乐还是不快乐，我们的问题还在：尼采的“快乐的科学”到底是哪门子科学？朗佩特说是“语文学”（也许还得加上一门心理学），他接着解释说，此处所谓的“语文学”是“解释的艺术”，是“阐释学”（hermeneutics）。③ 朗佩特是在解释尼采《快乐的科学》第五部时提出他这个观点的，认为尼采是以语文学为典范科学，以之取代近代笛卡尔主义的作为典范科学的物理学。语文学是尼采心中的典范科学吗？关于此点，要从《快乐的科学》第五卷中寻找语文学的依据，大抵是不可能的（该部压根儿没提到过语文学）。倒是在该书第二部中有一节文字（第102节），尼采谈到了语文学：

> 给语文学家的一句话。——有许多书大有价值，极为贵重，以至于好几代学者都好好利用了它们，通过学者们的努力，这些书得以保持纯净和明白可解，——把这个信念一而再再而三地加固起来，此乃语文学存在的意义。语文学预设了一点，即世上不乏那些稀罕的人物（尽管人们没有马上看到他们），他们真正懂得如何利用十分珍贵的书藉：——他们本身很可能会成为写这类书或者能写这类书的人。我想说的是，语文学是以一种高贵的信念

---

① 尼采：《快乐的科学》第373节，科利版《尼采著作全集》第3卷，第626页。

② 海德格尔：《尼采》上卷，中译本，孙周兴译，北京：商务印书馆，2002年，第261页。

③ 朗佩特：《尼采与现时代——解读培根、笛卡尔与尼采》，中译本，李致远、彭磊、李春长译，北京：华夏出版社，2009年，第13页。

> 为前提的，——为了少数几个总是“将要到来”而又并不在此的人，必须预先了结掉大量难堪、甚至不洁的著作：一切都是 in usum Delphinorum（为了未来的王权）的著作。①

尼采这节文字确实为语文学说了好话，表明语文学存在的意义，也无非是说：世上有好书是为少数人准备的，故需要语文学！除此之外，我们在《快乐的科学》整本书中找不到其他有关语文学的宏论。而在后期尼采的著作和笔记中，我们也未见到他有关于语文学的积极论述，更不消说朗佩特所赋义的那种“尼采语文学”了。我们只好说，朗佩特关于“尼采语文学”的界定和论说实在是不太“语文学”的，或者“太少语文学”了。朗氏担心：读者会说他这本《尼采与现时代——解读培根、笛卡尔与尼采》“太多语文学”，② 但就语文学论题本身来说，他是多虑了。

尼采受过语文学的良好训练，甚至可能曾经是一位优秀的语文学家，但学过语文学终归难成推进语文学的理由吧？再说了，当时身为语文学家的尼采写的《悲剧的诞生》，是特别不为语文学界所接受的，而从《悲剧的诞生》起，尼采就越来越离开语文学了。那么，朗佩特为何一定要说尼采推进作为语文学的科学事业？其动机何在？

原来，朗佩特属于列奥·施特劳斯派，是信奉施特劳斯式的哲学“隐微术”（esotericism）的。这种“隐微术”的要义在于：哲人必须说谎。朗佩特这样写道：“尼采的哲学史表明，伟大的哲人们都不免要说谎，当然是高贵的说谎，必要的说谎。”③ 或问：为何哲人必须说谎呢？因为哲人们知道“致命的真理”，即“变易生成主导一切，所有概

① 尼采：《快乐的科学》第2卷，科利版《尼采著作全集》第3卷，第102节。

② 朗佩特：《尼采与现时代——解读培根、笛卡尔与尼采》，中译本，李致远、彭磊、李春长译，北京：华夏出版社，2009年，第12页。

③ 朗佩特：《尼采与现时代——解读培根、笛卡尔与尼采》，中译本，李致远、彭磊、李春长译，北京：华夏出版社，2009年，第8页。

念、类型和种类都变动不居，人与动物之间并无任何根本差别”。[①] 这样一种与生命相悖的真理如何能为民众所知道呢？朗佩特继续写道：“社会能否建立在哲学所知道的真理之上？柏拉图是第一个敢于直面这一问题的哲人。尼采的柏拉图断定：不能，必须说谎，必须为了社会的福祉而高贵地说谎。”[②] 朗佩特并且说，培根、笛卡尔都是西方哲学史上的“隐微术”典范，尼采当然更是。

——天哪，原来语文学还有这等大用场！哲人必须高贵地说谎，说了谎还是为了民众好？这“逻辑”听起来未免有点野蛮了。还有，根据所谓的“隐微术”，“哲人必须说谎”这一句是不是谎言呢？哲人的最后之言能采信吗？尼采在说谎么？施特劳斯在说谎么？朗佩特自己也在说谎么？朗氏所谓“尼采语文学”也是虚晃一枪么？既为“隐微术”，为何现在不做得“隐微”些呢？

不过，话说回来，如若撇开上述政治哲学的动机不谈，朗佩特同时把他规定的尼采语文学解为“解释学”或“解释艺术/解释科学”，还是十分机智地把他的尼采解释引入到后尼采的当代哲学主潮中了，这无论如何都是朗佩特的高明之处。

在朗佩特那里，尼采的“快乐的科学”可以说是一种由语文学/解释学＋心理学组成的“新哲学”——而我们倒是宁愿像萨弗兰斯基那样，称之为“现象学”。

尼采的“现象学”吗？尼采有“现象学”？这话听起来就像德国艺术大师安瑟姆·基弗称高古的德国画家丢勒（Albrecht Dürer）是一位现象学家。[③] 当我们说尼采的现象学时，是不是像朗佩特断言尼采要

① 尼采：《论历史对生活的利与弊》，第9节，科利版《尼采著作全集》第1卷，第319页；参看朗佩特：《尼采与现时代——解读培根、笛卡尔与尼采》，中译本，李致远、彭磊、李春长译，北京：华夏出版社，2009年，第8页。

② 朗佩特：《尼采与现时代——解读培根、笛卡尔与尼采》，中译本，李致远、彭磊、李春长译，北京：华夏出版社，2009年，第8页。

③ 参看基弗：《艺术在没落中升起》（访谈录），德文本，美茵法兰克福，2011年，第199页。海德格尔称现象学不是一个学派，而是“思想的可能性”。我想这话所包含的不光是一种论辩策略，而更是传达了一种思想实情。要不然，我们大概就很难理解后胡塞尔的现象学丰富多样的开展了。显然，我们也只有在海德格尔所谓“思想的可能性”意义上才能理解基弗的意思了。参看海德格尔：《面向思想的事情》，《海德格尔全集》第14卷，德文本，美茵法兰克福，2007年，第101页。

推进语文学事业一样，难免是一种“过度解释”呢？但谁说现象学只是胡塞尔及其后学的专利呢？

我们看到，尼采本人并没有使用过“现象学”（Phäenomenologie）一词，但他使用了“现象论/现象主义”（Phaenomenologismus）一词。《快乐的科学》第五部第354节“论‘种类的天赋’”，其中即出现了“现象论”一词。鉴于这节长长的文字具有典范意义，故我们不吝篇幅引在下面（略作删节）：

> 论“种类的天赋”。——只有当我们开始把握到，在何种程度上我们少得了意识，意识（更正确地说：自我意识）问题才会出现在我们面前：而且现在，生理学和动物史……把我们置于这种把握的开端位置上。因为我们可以思考、感觉、意愿、回忆，我们同样可以“行动”（在该词的每一种意义上）：而尽管如此，所有这一切都无需“进入我们的意识”中（正如有人形象地说的那样）。整个生命即便仿佛不能在镜子中看到自己，或许也是可能的：事实上，即便现在依然，我们生命中的绝大部分没有这种反映也能照样进行——诚然也包括我们思想着、感受着和意愿着的生命……如果意识总的来说是多余的，那么它究竟有何用场？——现在，如果人们愿意听听我对这个问题的回答，听听我的回答中也许荒诞无稽的猜测，那么，在我看来，意识的敏锐和强度总是与一个人（或动物）的传达能力成正比，而传达能力又与传达需要成正比：此所谓传达需要不能这样来理解，仿佛恰恰是这个个别的人本身……同时也以自己的需要，多半必定要依赖于他人。但在我看来，关于整个种族和世代链条，情况可能是这样的：凡在需要、困厄长久地迫使人们去传达，迫使人们快速而敏锐地相互理解之处，终归会有这样一种传达/沟通力量和技巧的过剩，仿佛一种财富，它渐渐地积聚起来，现在正等着一个继承人来对它肆意挥霍呢（——所谓的艺术家就是这种继承者，演说家、布道者、作家亦然……他们按其本质来说就是挥霍者）。假如

这个观察是正确的，那么我就可以进一步猜度：一般意识唯在传达需要的压力下才得以发展出来，——意识自始就只有在人与人之间（特别是在命令者与服从者之间）才是必需的、有用的，而且其发展也只与这种有用性程度成正比。真正说来，意识只不过是人与人之间的联系网络，——唯有作为这样一种联系网络，意识才必定发展出来了：隐居的和野兽般的人不需要意识。我们的行为、思想、情感、活动本身进入我们的意识之中——至少是其中一部分——，这乃是一种可怕的长期支配着人类的“必须”（Muss）的结果：作为最有危险的动物，人类需要帮助、庇护，人类需要自己的同类，人类必须懂得表达自己的困厄，懂得让别人理解自己——为了这一切，人类首先必需有“意识”，必须“知道”自己缺乏什么，“知道”自己情绪怎样，“知道”自己在思考什么。因为，再说一遍：如同任何一种活的造物，人类总在不断思考但并不知道这一点；变成意识的思想只不过是其中极小的部分，可以说，是其中最肤浅、最糟糕的一部分：因为只有这种有意识的思想发生于话语中，也即发生于传达符号中，意识的起源由此得以揭示。简言之，语言的发展和意识的发展（不是理性的发展，而只是理性之自我意识的发展）是携手并进的。人们会补充说，不光语言充当着人与人之间的桥梁，而且眼神、触摸和表情也充当着人与人之间的桥梁；对我们自己身上的感官印象的意识，那种能够把感官印象固定起来并且可以说把它们置于我们之外的力量，随着通过符号把感官印象传达给他人的必要性的增加而增强了。发明符号的人同时也是越来越鲜明地意识到自己的人；唯作为社会的动物，人类才学会了对自己的意识……我的想法是：意识并不真正属于人类的个体性实存（Individual-Existenz），而倒是属于人类身上团体和群体的天性；由此可知，意识也只有在与团体和群体之功用的关联中才得到精细的发展，而且因此，我们中的每个人，尽管我们的最佳意愿是尽可能个体地理解自己，“认识自己”，但我们始终只是把非个体性本身带向意识，也就是人类的“平均值”，——我们的想法本身不断地被意识之特征——被意识中发号施令的“种类之天赋”——所战胜，并且被转化并且置回到群体的视角和观点之中。根本上，我们的行为统统无可比拟地是个人的、唯一的、无限个体化的，这是毫无疑问的；但一旦我们把它们转化为意识，它们就不再这样表现出来了……这是我理解的真正的现象论和视角论：动物意识的本性造成如下情形，即我们可以意识到的这个世界只不过是一个表面世界和符号世界，一个被普遍化的世界，一个被共同化的世界，——被意识到的一切东西恰恰因此变得浅薄、贫乏、相当愚蠢、普通，变成符号、群体的标志，与一切意识相联系的，是一种巨大而彻底的腐败、伪造、肤浅化和普通化。最后，生长中的意识乃是一种危险；而且，谁生活在最有意识的欧洲人中间，他甚至就会知道，这种意识乃是一种疾病。正如人们所猜测的，这并不是我这里所涉及的主体与客体的对立：这种区分，我把它托付给依然耽于语法（民众的形而上学）的圈套里的认识论理论家。这尤其不是“物自体”与现象的对立：因为我们的“认识”还远远不够，远不足以哪怕只是如此这般地把两者区分开来。我们根本就没有任何用于认识的器官、用于“真理”的器官：我们所“知道”的（或者我所相信的或者我所想象的），无非就是可能对人类群体、种类利益有用的东西：即便是我们这里所谓的“有用性”，说到底也只不过是一种信仰，一种想象，也许恰恰就是那种有朝一日会使我们毁灭的最具灾难性的愚蠢。①

这节文字缜密而精致，差不多已经失掉了尼采的文风特征，读起来给人的感觉是现象学家胡塞尔或者梅洛－庞蒂之类的写法，其中传达的意义之丰富深邃，描述和论证之迂回曲折，堪称“意识现象学”的一个经典段落。萨弗兰斯基甚至认为，尼采这节文字“内容如此丰

① 尼采：《快乐的科学》，科利版《尼采著作全集》第3卷，第354节。

富，足以让人写出多本书”。[①] 此话不虚。这节文字涉及现象学/现象论——或者一般哲学——的几个重大问题，诸如意识的本质、意识的起源、意识与传达（语言）的关系、意识中的个体性与群体性、意识与世界等。

但关键还不在论题，而在于洞见。我们要问：尼采在这节文字以及其他相关的文字中形成了什么样的具有现象学特质的思想，从而足以让我们主张有一种“尼采现象学”？我们认为主要有如下几点：

首先，尼采的现象论/现象学反对传统哲学的主—客、内在世界与外在世界二分的意识研究，形成了后来所谓“现象学解构”的策略和方法立场。在《权力意志》时期的一则笔记中（1888 年冬季），尼采又一次提到“现象论/现象主义?”，揭示了所谓“内在世界”的“谎言”：“人们千万不能在错误的地方寻找现象主义：没有比这个内在的世界更具现象性质的了，（或者更清晰地讲）没有比我们用著名的‘内感官’观察到的这个内在世界更大的欺骗了。……总而言之，一切被意识到的东西都是现象，都是结局——不是引发什么东西的原因；意识中的一切相继序列完全是以原子论方式进行的。而且我们也尝试用相反的观点来理解世界——仿佛除了思想、情感和意志，就没有什么东西起作用，没有什么东西是实在的了……”[②] 在同一则笔记中，尼采更是反对关于意识现象的因果性说明，认为意识现象并不遵循同一个因果性链条，仿佛一个想法是另一个想法的原因。在稍早些时候的笔记 11［113］中，尼采直指我们已经成习惯的因果说明的病灶：“我们脱口说出‘因果性’；就像逻辑学所做的那样，在各种观念之间采纳一种直接的因果联系——这乃是极其粗糙和极其笨拙的观察的结果。在两个观念之间，还有一切可能的情绪在发挥它们的作用。”[③] 这跟胡塞

① 萨弗兰斯基：《尼采思想传记》，中译本，卫茂平译，上海：华东师范大学出版社，2007 年，第 243 页。有关此节文字的阐发，也可参看朗佩特：《尼采与现时代——解读培根、笛卡尔与尼采》，中译本，李致远、彭磊、李春长译，北京：华夏出版社，2009 年，第 376—381 页。

② 尼采：《权力意志》下卷，科利版《尼采著作全集》第 13 卷，14［152］；参看中译本，孙周兴译，北京：商务印书馆，2007 年，第 1069 页。

③ 尼采：《权力意志》下卷，科利版《尼采著作全集》第 13 卷，11［113］；参看中译本，孙周兴译，北京：商务印书馆，2007 年，第 728—729 页。

尔对心理主义的批判大有同趣之处了。

其次，在尼采关于意识和心理现象的细致而丰富的描述中，经常透露出一些天才般的洞见，在不少点上先行一步，开启了后世意识现象学和现象学心理学的题域和路径。萨弗兰斯基在引用尼采《曙光》第105、107、109、112、113节等节文字后，断言尼采已经触及现象学所讨论的意向性意识结构、意向行为的分析等课题，认为尼采以自己的意识分析替现象学家们做了先期的准备工作，① 又称尼采的现象论/现象学为"破晓和上午的哲学"②。尼采对道德现象的研究也引发现象学方面的兴趣，已有论者指出："道德意识现象学对人类伦理现象的分析已经表明：尼采的道德谱系学属于道德习性现象学的问题范围与工作领域。"③ 这些当然都值得我们关注，但我以为，最有现象学性质的还是尼采的视角论/透视论，④ 后来海德格尔在现象学意义上把这种"视角论"解为"境域论"。⑤

最后，尼采在个体此在/实存之诗意描述和言说的尝试具有现象学意义，可以与后来海德格尔的诗性思与言的努力一较轩轾了。尼采由此回应了"个体是不可言说的"（individuum est ineffabile）的哲学难题。在上引的《快乐的科学》第354节中，尼采有言：意识并不真正属于人类的"个体性实存"（Individual-Existenz），而是属于人的团体和群体天性。尼采看到了意识和语言的社会性和公共性，但被意识和被表达的世界是一个一般化的符号世界，并不能触及个体此在变动不居的活动。尼采因此提出一项全新的任务，即"要获取知识并且使之变成本能——这样一项任务，只有那些人才能看清，他们已经懂得，

---

① 萨弗兰斯基：《尼采思想传记》，中译本，卫茂平译，上海：华东师范大学出版社，2007年，第238页。萨氏称尼采是意向行为分析方面的"一个大师，能对特殊的音调、颜色和涉世经验的情绪作出细腻的区分"。

② 萨弗兰斯基：《尼采思想传记》，中译本，卫茂平译，上海：华东师范大学出版社，2007年，第248页。

③ 倪梁康：《道德谱系学与道德意识现象学》，载《哲学研究》，2011年第9期。

④ 有趣的是尼采本人把他所谓"现象论"与"视角论"并举，在上面引用的《快乐的科学》第354节中的说法是"真正的现象论和视角论"。

⑤ 参看海德格尔：《尼采》上卷，第三章第13节"实践需要作为图式需要。境域构成与视角"，中译本，孙周兴译，北京：商务印书馆，2002年，第556页以下。

迄今为止我们只是获取了我们的谬误，我们全部的意识都与谬误相关！"[①] 而与此任务相关地，尼采就要寻找新的语言表达方式，有异于抽象化的概念机制。萨弗兰斯基就此把尼采称为现象学家＋诗人："尼采身上的现象学家问，我心里究竟感觉如何和有何种奢望。尼采身上的诗人则动手，把这些中间音、细微差别和精细之处诉诸语言。"[②] 的确，尼采在各类意识现象的描述方面有着胡塞尔般的缜密心思，而在基于直观和形象的艺术化表达方面又不输海德格尔，这样一个尼采，怎能不令人着迷？

我们努力想表明"作为现象学家的尼采"。其实，就尼采对苏格拉底—柏拉图主义哲学主流传统的激烈批判而言，就尼采哲学倡导忠于大地、关注此岸尘世的感性生活而言，特别是就尼采对身体现象的前所未有的重视而言，我们已经不难设想一个"作为现象学家的尼采"或者一种"尼采现象学"了。

四、作为谎言的科学

尼采到底反不反科学？这个问题现在看来就有点无厘头了，不可轻松解答，全得看我们怎么来界定"科学"了。朗佩特所谓"尼采推进语文学"（加上心理学），我们所谓有一门"尼采现象学"，就此而言，当然不能说尼采是反科学的或者非科学的。再说了，尼采秉持智性的开放和诚实，没有科学偏见，而时时要反对科学偏见。

要重提的问题是：在尼采那里，科学是何种"谎言"？

尼采首先要反对一种已成定式和信仰的科学偏见或认识幻想。在《权力意志》时期的一则笔记中，尼采写道："科学的发展越来越把'已知之物'消解于某个未知之物中：但它所意愿的恰恰是相反的东西，而且是从那种要把未知之物归结于已知之物的本能出发的。……

① 尼采：《快乐的科学》，科利版《尼采著作全集》第3卷，第11节。

② 萨弗兰斯基：《尼采思想传记》，中译本，卫茂平译，上海：华东师范大学出版社，2007年，第246页。

‘认识’本身是一个充满矛盾的观念。我们把人类古老的神话和虚荣转渡为一个冷酷的事实：自在之物是没有的，‘自在的认识’同样也不允许成为概念。‘数字和逻辑’（Zahl und Logik）造成的诱惑。”① 用尼采在《悲剧的诞生》中的说法，今天人人都是“科学人”或“理论人”，而作为“科学人”或“理论人”，我们总是以为我们通过科学“认识”了事物，这已经是一个习惯性的信念了。尼采却一言以蔽之：“当我们以一个数学公式来表示事件之际，某物被认识了——此乃幻想：它只是被标示、被描述了，此外无他！”②

在《权力意志》时期的一则题为“反对科学偏见”的重要笔记中，尼采向我们揭示了“关于认识的谎言”：

> ——最大的谎言乃是关于认识的谎言。人们想知道自在之物具有何种性质：可是看啊，根本就没有什么自在之物！甚至，假如有一种自在、一个无条件之物，那么，它恰恰因此不可能被认识！某个无条件之物是不能被认识的：要不然，它就不是无条件的了！然而，认识始终是“以某种方式为某个目的而受条件限制”；这样一个“认识者”想要的是，他想认识的东西与他毫不相干；还有，这同一个东西根本就不是与任何人毫不相干：这里首先出现了一个矛盾，在认识之意愿与那种主张某物与他毫不相干的要求之间（但这样一来认识何为啊！）；其次，因为与任何人都毫不相干的东西根本就不存在，所以也就根本不能被认识。——认识意味着“为某个东西而受条件限制”：感到自己受条件限制，并且在我们之间——也就是说，认识无论如何都是一种对条件的确定、标示和意识（而不是一种对本质、事物、“自在”的探究）③。

---

① 尼采：《权力意志》上卷，科利版《尼采著作全集》第12卷，5［14］；参看中译本，孙周兴译，北京：商务印书馆，2007年，第220页。

② 尼采：《权力意志》上卷，科利版《尼采著作全集》第12卷，2［89］；参看中译本，孙周兴译，北京：商务印书馆，2007年，第125页。

③ 尼采：《权力意志》上卷，科利版《尼采著作全集》第12卷，2［154］；参看中译本，孙周兴译，北京：商务印书馆，2007年，第166—167页。

这里说的是“关于认识的谎言”，其实指向“科学的谎言”，揭示出后者的根源，即主体性形而上学的认识论模式。从前期的《悲剧的诞生》开始，尼采对科学和科学人/理论人的批判就落实于苏格拉底—柏拉图主义批判，到后期的《权力意志》笔记，尼采仍然致力于揭示欧洲科学或欧洲知识理想的柏拉图主义基础。尼采显然以为，唯有揭示了“认识的谎言”，方能揭示“科学的谎言”。

那么，对于尼采来说，认识到底意味着什么？在《权力意志》时期的一则笔记中（作于1888年3月至6月间），尼采写道：“不是‘认识’，而是图式化（schematisiren）——强加给混沌以如此之多的规律性和形式，以满足我们的实践需要。”① 后来海德格尔对尼采这个句子做了饶有趣味的长篇讨论，由“实践需要”引出关于视角/透视—境域分析，作为图式化的认识是在特定视角/境域中进行的生命活动，或者说是受特定视角/境域限定的对持存者/存在者（作为“混沌”的世界整体）的表象活动。② 这就把尼采有关认识活动的讨论纳入现象学——甚至是后胡塞尔的现象学的思想路线中了。

---

① 尼采：《权力意志》下卷，科利版《尼采著作全集》第13卷，15［152］；中译本，孙周兴译，北京：商务印书馆，2007年，第1068页。海德格尔此句中加括号的“认识”乃是传统主体哲学中的认识概念，尼采眼中的认识则是“图式化”。

② 参看海德格尔：《尼采》上卷，第三章“作为认识的权力意志”第11—13节，中译本，孙周兴译，北京：商务印书馆，2002年，第538页以下。

永恒在瞬间中存在[①]

——试论尼采永恒轮回学说的实存论意义

内容提要： 本文主要从海德格尔的尼采阐释出发，分析和解说尼采"相同者的永恒轮回"学说的形成、证明及意义，重点揭示该学说的实存论维度。本文认为，在以"神性"为标志的传统形而上学的"永恒"和"超越"思考终结之后，尼采关注"如何安顿个体此在生活"这样一个实存论问题，不再主张任何具有形而上学色彩的谋求永恒的超越论，而是采取了一条可以说"把瞬间永恒化"的路径——此即尼采永恒轮回说的意义。

"轮回"之说对我们中国人来说一点都不陌生，尤其在传统佛教语境里，我们知道有"六道轮回"之说，中国民间也有"转世""投胎"之类的普及版佛教轮回观念，可谓深入人心。这是一种关于生命世界的基本解释。我们也知道尼采对于东方佛教有大兴趣，自然是熟悉佛教典型的"轮回"观念的。那么，我们中国人最能理解尼采的"轮回学说"吗？果真如此么？——未必。[②]

当尼采发现他所谓的"相同者的永恒轮回"时，他表现出来的强

---

① 本文原载《同济大学学报（社会科学版）》，2014 年第 5 期。参看孙周兴：《未来哲学序曲：尼采与后形而上学（修订本）》，北京：商务印书馆，2018 年，第 257 页以下。

② 国内关于尼采永恒轮回学说的全面而深入的研究，要数陈君华博士的博士论文《深渊与巅峰：论尼采的永恒轮回学说》，上海：上海人民出版社，2004 年。

烈的兴奋之情着实令人吃惊。根据尼采自己的回忆，这个思想是他1881年8月间形成的，当时他在位于瑞士上恩加丁山区的席尔瓦普拉纳（Silvaplana）湖东南面，一个叫苏尔莱（Surlei）的地方，有一天正在湖边散步呢，在一块高高尖尖的巨岩旁边，突然灵光闪现，产生了这个无比伟大的思想，赶紧掏出纸来记下，还加上了一句："高出于人类和时间6000英尺。"尼采说，永恒轮回的思想乃是"我们所能获得的最高的肯定公式"①。

这是尼采"相同者的永恒轮回"说的产生场景。有这么玄乎吗？我们要问：尼采何以要提出"相同者的永恒轮回"说？更要问：为何尼采如此看重他这个"永恒轮回"思想呢？尼采何以能够把"永恒轮回"思想称为"最深邃的思想""最沉重的思想""思想中的思想""观察的顶峰""最高的肯定公式"等？尼采当时纠结和追问的究竟是什么样的问题？还有，尼采的"永恒轮回"与佛教的"轮回"说有关系么？有何关系？有多大关系？

一、永恒轮回思想之形成

如上所述，尼采自己说他是在1881年夏天才灵光一现，突然冒出了"相同者的永恒轮回"思想的。但根据海德格尔的研究，尼采似乎早就有此"轮回"观念了。1863年9月18日，19岁的高中学生尼采写了一份"生平自述"，其结束语如下："而这个人就这样长大了，不再需要曾经缠绕着他的一切了。他无需冲破这些桎梏，而是突然地，好比有一个神下了命令，这些桎梏都脱落了。那么，那个最终依然环绕着他的圆环在哪里呢？它是世界吗？是神吗？……"② 海德格尔还发现，大约在20年以后，通过关于相同者永恒轮回的学说，尼采对这个

① 尼采：《瞧，这个人》，《查拉图斯特拉如是说》一文，科利版《尼采著作全集》第6卷，第335页。

② 参看尼采：《我的生活——青年尼采的自传草稿》，德文本，美茵法兰克福，1936年，转引自海德格尔：《尼采》上卷，中译本，孙周兴译，北京：商务印书馆，2002年，第250页；参看尼采：《著作集》，三卷本，卡尔·施莱希塔编，德文本，慕尼黑，1956年，第3卷，第107—110页。

关于环绕存在者整体的“圆环”的问题做出了回答：“哦，我怎能不为永恒、不为婚礼般的环中之环——那轮回之环——而热血沸腾呢！”①

通过这个故事，海德格尔仿佛想告诉我们：首先，起源（Herkunft）就是未来（Zukunft），有关“永恒轮回”的思想早就在尼采那里埋下了种子；其次，思想家的内在心结总归是隐而不显的，是未必显白的，而不显白处才是思想的真正动因。

在公开的文字中，尼采是在《快乐的科学》第341节（即该书第四部的倒数第2节）中第一次传达出“永恒轮回”思想。这节被人们反复引用的文字如下：

> 最大的重负。——假如在某个白天或某个黑夜，有个恶魔潜入你最孤独的寂寞中，并且对你说：“这种生活，如你目前正在经历、往日曾经度过的生活，就是你将来还不得不无数次重复的生活；其中决不会出现任何新鲜亮色，而每一种痛苦、每一种欢乐、每一个念头和叹息，以及你生命中所有无以言传的大大小小的事体，都必将在你身上重现，而且一切都以相同的顺序排列着——同样是这蜘蛛，同样是这树林间的月光，同样是这个时刻以及我自己。存在的永恒沙漏将不断地反复转动，而你与它相比，只不过是一粒微不足道的灰尘罢了！”——那会怎么样呢？难道你没有受到沉重打击？难道你不会气得咬牙切齿，狠狠地诅咒这个如此胡说八道的恶魔吗？或者，你一度经历过一个非常的瞬间，那当儿，你也许会回答他：“你真是一个神，我从未听过如此神圣的道理！”假如那个想法控制了你，那它就会把你本身改造掉，也许会把你碾得粉碎。对你所做的每一件事，都有这样一个问题：“你还想要它，还要无数次吗？”这个问题作为最大的重负压在你的行动

① 尼采：《查拉图斯特拉如是说》，第三部，最后一节“七个印记（或者肯定和同意之歌）”作于1884年，科利版《尼采著作全集》第4卷，第291页；参看中译本，孙周兴译，北京：商务印书馆，2010年，第300页。参看海德格尔：《尼采》上卷，德文本，斯图加特，1998年，第231页；参看中译本，孙周兴译，北京：商务印书馆，2002年，第252页。

上面！或者，你又如何能善待自己和生活，不再要求比这种最后的永恒确认和保证更多的东西了呢？——①

海德格尔在引用了尼采这段文字之后好好抒发了一段感慨：“这是对一般存在者令人恐怖的总体状态的一个可怕展望。在此哪里还有‘快乐’可言？难道不是相反地开始了一种惊恐么？显然如此。我们只需看一下紧接着的第342节（第四部最后一节）的标题就够了。这个标题叫作：‘Incipit tragoedia’［‘悲剧的起源’］。悲剧开始了。这样一种知识如何还能被叫作‘快乐的科学’呢？一个恶魔般的想法，但决不是一种科学；一种可怖的状态，但决不是‘快乐的’状态！”② 海德格尔显然高度重视尼采的这段话，把它视为《快乐的科学》甚至后期尼采思想的核心命题。

尼采在这段话中并没有直接道出“相同者的永恒轮回”之说，但却以“存在的永恒沙漏”以及个体不断复现的微末生活等意象，传达出“相同者的永恒轮回”的精义。有意思的是，尼采把他所谓“最大的重负”还原为这样一个问题：对你所做的每一件事，都有这样一个问题：你还想要它吗？还要无数次吗？这种对生活/生命之意义的强力逼问令人吃惊，我们的日常生活其实就是一种不断重复，我们一次又一次地吃喝拉撒睡，日复一日，直到死亡到来，生命戛然而止。那么，我们为何能够容忍这样一种毫无亮色的、仿佛永无止境的、无聊而痛苦的重复？这就又回到了尼采在《悲剧的诞生》中讲的酒神狄奥尼索斯的老师昔勒尼的故事：活着最苦，最不美好，我们何以承受生命？

尼采把“最大的重负”与“悲剧的起源/开始”设为《快乐的科学》第一版（1882年）的最后二节，这当然不是偶然的，而是由他特别精心的计划的。在早期《悲剧的诞生》中，尼采指出，个体生命是如此无常、无聊、痛苦，然而，生命/存在却是坚强而快乐的，这就是

---

① 尼采：《快乐的科学》，科利版《尼采著作全集》第3卷，第571页。

② 海德格尔：《尼采》上卷，德文本，斯图加特，1998年，第239页；中译本，孙周兴译，北京：商务印书馆，2002年，第261页。

悲剧艺术提供给我们的“形而上学的慰藉”：“所有真正的悲剧都以一种形而上学的慰藉来释放我们，即是说：尽管现象千变万化，但在事物的根本处，生命却是牢不可破、强大而快乐的。”① 而在《快乐的科学》中，尼采没有说“生命”（Leben）或“此在/人生此在”（Dasein），而是说“存在”（Sein），说“存在的永恒沙漏”，但其中传达的意思却是一致的。

“相同者的永恒轮回”被尼采当作《查拉图斯特拉如是说》的核心思想，但在是书中，尼采说的是“存在之轮”或者“存在之环”。在《查拉图斯特拉如是说》第三部之“痊愈者”一节中，尼采如此写道：“万物去了又来；存在之轮永远转动。万物枯了又荣，存在之年永远行进。/万物分了又合；同一座存在之屋永远在建造中。万物离了又聚；存在之环永远忠实于自己。/存在始于每一刹那；每个‘那里’之球都绕着每个‘这里’旋转。中心无所不在。永恒之路是弯曲的。”② 尼采这段话意味深长，是他对于存在者之总体特征或者说世界图景的描写，这种描写显然具有形而上学性，然而，这种形而上学性却又具有非形而上学性——其中所谓“中心无所不在，永恒之路是弯曲的”之类，可视为尼采的后哲学的哲学命题，后来自然也成为以法国为主体的后现代主义思潮的根本主张。

比较令人奇怪的一点是，尽管尼采对“相同者的永恒轮回”说极为重视，视之为自己思想的最深、最重的元素，但从《查拉图斯特拉如是说》以后，特别是在计划中的“哲学主楼”《权力意志》时期所做的大量笔记中，尼采却并没有特别地强调和张扬“相同者的永恒轮回”之说，偶尔提到这个标题，但并不对之做细致的讨论。不过，正如我们已经看到的，在具有思想自传性质的最后之作《瞧，这个人》中，尼采却又毫不含混地确认了“相同者的永恒轮回”在自己哲学中的地位。

---

① 尼采：《悲剧的诞生》，科利版《尼采著作全集》第1卷，第7节，第56页；参看中译本，孙周兴译，北京：商务印书馆，2012年，第58页。

② 尼采：《查拉图斯特拉如是说》，“痊愈者”，科利版《尼采著作全集》第4卷，第272—273页；参看中译本，孙周兴译，北京：商务印书馆，2010年，第352页。

二、永恒轮回思想的证明

尼采是怎样证明“相同者的永恒轮回”学说的？我们知道，尼采不是一位善于证明自己思想的论辩高手，况且，推论式的思想本身也不是尼采所要追求的，而倒是他要放弃和反对的。如前所述，尼采是在1881年8月间确实地形成他的“相同者的永恒轮回”思想的。正是在这个时期的笔记中，尼采首先对自己的“相同者的永恒轮回”学说进行了最早的论证。后来海德格尔根据尼采1881年8月以后的一组笔记，对尼采有关永恒轮回思想的论证思路做了一次简明的梳理，把它概括为十个要点：①

1. 尼采看到了什么？答曰：世界的总体特征。

2. 世界的普遍特征是什么？答曰：“力”（Kraft）。

3. 力是有限制的还是无限制的？力是有限制的。

4. 力之本质有限性的内在后果表现为什么呢？因为世界的本质是力，而力本质上是有限的，所以世界整体本身始终是有限的。

5. 从存在者整体的有限性不是可以推出存在者整体的持存能力和持存的局限性吗？宇宙之力并没有缩小和放大，这就意味着力是一种不断的“生成”，并没有一种力的平衡状态。

6. 从世界的有限性必然得出世界的可综观性。但事实上，存在者整体对我们来说却是不可综观的，因而是“无限的”。

7. 这种作为有限世界的宇宙之力在哪里呢？在哪个空间中么？按照尼采的说法，关于一个“无限空间”的假定是“错误的”。空间是有限制的/有限的……只是一种“主观形式”而已。……因此，空间是一个虚构的、想象出来的产物，作为这样一个产物，它是力和力之关系本身的一个构成。

① 海德格尔：《尼采》上卷，德文本，斯图加特，1998年，第304页以下；中译本，孙周兴译，北京：商务印书馆，2002年，第331页以下。

8. 通常与空间并举的时间的情形又如何呢？与空间的想象特征不同，时间是现实的。同时与空间的有限性特征不同，时间是无限制的、无限的。尼采把这种现实的无限时间把握为“永恒”。

9. 对所有这些表示世界的名称，诸如力、有限性、不断生成、现象的不可数性、空间的受限制性（有限性）、时间的无限性之类，我们现在必须回溯到尼采用于规定“世界的总体特征”的那个主要规定性，对它们作一种共同的思考。……尼采在《快乐的科学》中说：“相反，世界的总体特征永远是混沌。”①

10. 世界混沌本身就是必然性……这个世界整体之存在的基本特征被尼采判定为相同者的永恒轮回。

若把海德格尔的概括再概括一下，就是这样一种论证逻辑：世界的总体特征是力，力是有限的，故世界整体（存在者整体）是有限的，但又是力的不断生成，因而是不可综观的（从而是无限的），所以尼采认为空间是有限的，而时间是无限的，所谓无限的就是永恒的，存在者整体在有限空间中的无限生成，此即尼采的“相同者的永恒轮回”。

我们看到，尼采甚至动用了“力”“运动”“空间”“时间”等自然科学或自然哲学的概念，以及“能量守恒定律”等科学原理，来证明自己的“永恒轮回”学说。对此，海德格尔曾设问：“从关于世界整体的状态的命题中，我们必然可以推出关于相同者的永恒轮回的命题”，这是一个自然科学的推论和证明吗？海德格尔答道：不是。诸如力、有限性、无穷性、相同性、轮回、生成、空间、时间、混沌、必然性等，这些规定与自然科学毫不相干，相反，“自然科学倒是以诸如生成、空间、时间、相同性、轮回之类的规定为前提的，而且必然地是以这些规定为前提的”②。

在这里，我们可能更愿意同意海德格尔的一个说法：“相同者的永

① 尼采：《快乐的科学》第109节，科利版《尼采著作全集》第3卷，第468页。值得注意的是，尼采把空间理解为“有限的”，而把时间理解为“无限”的，两者交织而成“混沌”。这个想法确实够“混沌”的，因为人们通常总是在一个方向上来理解空间和时间的特性。

② 参看海德格尔：《尼采》上卷，斯图加特，1998年，第332页；参看中译本，孙周兴译，北京：商务印书馆，2002年，第362页。

恒轮回”思想不是一种学说、不是一种科学理论，而是一种“信仰”。这方面我们有尼采自己的表述为证：“这个思想与信仰是一种重负，这种重负与所有其他重力一道压迫着你，而且比所有其他重力更厉害。”[①] 尼采又说：“未来的历史：这个思想将越来越获得胜利——而不信仰这个思想的人们，按他们的本性来讲最后必将绝种！”[②] “这个学说对那些不信仰它的人们是宽容的，它并没有一个地狱，也没有威胁。谁不信仰，他的意识中就有一种倏忽易逝的生命。”[③] 如果我们把尼采的永恒轮回思想理解为一种科学理论，甚至哲学学说意义上的思想，我们就很可能低估了尼采这个思想的意义。

三、永恒轮回的实存论意义

那么，我们应该如何来理解尼采所谓的“相同者的永恒轮回”(die ewige Wiederkunft des Gleichen)？首先在字面上我们需要注意两点，一是把德语的 ewige Wiederkunft 译为我们汉语的“永恒轮回”，难免过多的佛教色彩，也许“永恒复返”“永恒返回”等中文译法更接近于原义[④]；二是我们不能把尼采使用的“相同者”（das Gleiche）译为“同一者”，后者的德语原文为 das Identische——简约说来，“相同者”（das Gleiche）与“同一者”（das Identische）的区别在于，前者包含着差异，是有差异的相对的“同”，而后者则是形式/逻辑上的绝对的“同”。

关于尼采的“相同者的永恒轮回”学说，学界可谓众说纷纭，但基本的理解方向还是集中的。最常见的理解方向是伦理的和形而上学/

① 尼采：《1880—1882 年遗稿》，科利版《尼采著作全集》第 9 卷，11［143］，第 496 页。
② 尼采：《1880—1882 年遗稿》，科利版《尼采著作全集》第 9 卷，11［338］，第 573 页。
③ 尼采：《1880—1882 年遗稿》，科利版《尼采著作全集》第 9 卷，11［160］，第 503 页；此处参看海德格尔：《尼采》上卷，德文本，斯图加特，1998 年，第 343 页；参看中译本，孙周兴译，北京：商务印书馆，2002 年，第 373 页。
④ 尽管如此，我们仍沿用“永恒轮回”译名，只为约定俗成之故。

宇宙论的，即从伦理角度与形而上学角度理解尼采的永恒轮回学说。[①]哲学家西美尔指出：尼采的永恒轮回思想最可疑的现实意义存在于它的两个本质性的意义之间，即伦理规整的意义与形而上学的意义。“尼采用这种思想使心灵的两种典型的和相互对立的基本动机形成一个独特的统一：一种是对有限者，对具体的被限定者，即对已发生者的形式规定的需求；另一种是对无限者，对超越一切限制者，对失迷于无界限状态的需求。”[②] 西美尔在此所讲的两个基本动机，既可与康德的现象与本体、知识与信仰之分相沟通，也可与后来的海德格尔所主张的形而上学的两个路向，即存在学/本体论（ontologia）与实存哲学/神学（theologia）两个问题结构相联通。在海德格尔那里，尼采的“相同者的永恒轮回”学说被定位于实存哲学/神学的路向上，从而也就获得了形而上学的意义。

尼采永恒轮回学说的两重根本意义，即伦理意义与形而上学意义，自然是此说中的应有之义，或者说是从中容易生发出来的意义。不过，对于这两重意义的确认和解释，人们却是各有主张、颇多分歧的。首先必须看到，所谓轮回学说的伦理意义，恐怕是自称“第一个非道德论者”的尼采本人所不愿意采纳的，但并不妨碍人们从伦理的角度理解和解释尼采此说。西美尔就说，“相同者的永恒轮回”这个尼采最奇异的学说包含着高贵道德的责任感意识。[③] 永恒轮回意味着每一个个体实存（此在生命）都是永恒的，而如果我们意识到生命的每个瞬间并没有随着自己的消失而终结，我们就会认识到我们的责任。所以，在西美尔看来，尼采的永恒轮回说仍旧是对康德哲学的基本主题的一个解答。只不过，西美尔说，尼采的解答与康德有所不同，“康德将行动引入横向维度，引入所有人相互并立中的无限重复，而尼采则使行动向纵向维度延伸，它在同一个个体身上以没有尽头的先后顺序重复

---

① 也有论者指出这个学说的三重意义，即伦理意义、宇宙论意义和政治意义。参看亨宁·奥特曼（Henning Ottmann）编：《尼采手册》，德文本，斯图加特，2011 年，第 222 页以下。

② 参看西美尔：《叔本华与尼采》，中译本，朱雁冰译，上海：上海人民出版社，2009 年，第 181 页。

③ 西美尔：《叔本华与尼采》，中译本，朱雁冰译，上海：上海人民出版社，2009 年，第 175 页。

着，——这符合康德对行为后果的强调，也符合尼采对行动中直接表达的主体存在所作的强调。但行动中的两种乘法都服务于一个目的：消除行动只在现在、只在这里的展示所加给它的内涵的偶然性”①。

西美尔在此所做的康德—尼采对照很有意思，他所提示的尼采学说中的责任感却不是对他人的，而是对自己的。不过，这种对自己、而非对他人的责任还能被叫做伦理吗？抑或我们不如把它叫做实存论？尼采的问题指向个体实存/此在的意义，而没有寄望于人伦，使个体此在寄托于他人与群体。有德语谚语云：Einmal ist keinmal，意思是“只发生一次等于没发生过”或者“活一次等于没活”。一次性的生活轻如鸿毛，毫无分量，此即米兰·昆德拉所说的“生命中不能承受之轻”。而要按尼采来说，就不是 Einmal ist keinmal，而是 Einmal ist nochmal，甚至 Einmal ist mehrmal，“一次就是再来一次”，甚至“一次就是多次”。尼采当然深知生命有限意义上的虚无，但他更愿意拷问的是当下个体生活的担当。在尼采的表达中，当下的“再来一次吗？”和“还要无数次吗？”成了生命中“最大的重负”。在一则作于 1881 年春秋的笔记中，尼采写道：“关于你意愿做的一切的问题：‘是不是我意愿做它无数次？’此乃最大的重负。”② 在上引《快乐的科学》第 341 节中，尼采同样提出了“最大的重负”：“假如在某个白天或某个黑夜，有个恶魔潜入你最孤独的寂寞中，并且对你说：‘这种生活，如你目前正在经历、往日曾经度过的生活，就是你将来还不得不无数次重复的生活；其中决不会出现任何新鲜亮色，而每一种痛苦、每一种欢乐、每一个念头和叹息，以及你生命中所有无以言传的大大小小的事体，都必将在你身上重现，而且一切都以相同的顺序排列着……”③

在此“最大的重负”意义上的此在/实存的责任（担当）追问，虽然它也可能、甚至必然地含有伦理的向度和意义，但无疑地决不只是单纯的伦理/道德意义上的思量，而更是超道德/非道德的，更是实

---

① 西美尔：《叔本华与尼采》，中译本，朱雁冰译，上海：上海人民出版社，2009 年，第 177 页。
② 尼采：《1880—1882 年遗稿》，科利版《尼采著作全集》第 9 卷，11［143］，第 496 页。
③ 尼采：《快乐的科学》，科利版《尼采著作全集》第 3 卷，第 571 页。

存论上的个体此在的意义追问。尼采必定已经意识到自己与康德的区别，曾戏仿康德的道德律令来传达他自己的“律令”：“……要这样去生活，使得我们意愿再度生活，而且意愿永远地如此生活！——这乃是我们在每个时刻都面临的使命。”①

除了尼采轮回学说的伦理含义外，不少论者还关注尼采轮回学说的宇宙学含义或形而上学意义。我们在上文关于尼采学说的证明中实际上已经提示了这个维度。如尼采下面这段话是经常被引用的证据：

> 宇宙之力的尺度是确定的，不是什么“无限的东西”：我们要提防此种对概念的放纵！因此，这种力的位置、变化、组合和发展的数目固然［是］极其巨大的，而且实际上是“不可估量的”，但无论如何也是确定的，而不是无限的。而宇宙万物在其中施展其力量的时间却一定是无限的，这就是说，力是永远相同的和永远活动着的……到此瞬间已经有一种无限流失了，也就是说，一切可能的发展必定已经曾经在此。所以，瞬间性的发展必定是一种重演……②

尼采这番讨论固然有宇宙论的意味，表明尼采对于一般意义上的“科学”或“知识”持有开放态度，但若一味强调尼采永恒轮回学说的宇宙论/科学论色彩，可能会掩盖这个学说的真正动机/动因（Motive）。我们认为，尼采永恒轮回说的真正动机是实存论的，与其说它有宇宙论的性质，倒不如说它具有实存论形而上学的性质。其中的核心在于对个体此在（Dasein）之时间性意义的揭示。即便在上引具

① 尼采：《1880—1882年遗稿》，科利版《尼采著作全集》第9卷，11［161］。西美尔看到了这一点，指出：尼采的“整个学说都立足于教义式的律令：生命应当存在！因此，尼采最终将叔本华看成是他真正的哲学对手，而这个对手对于他事实上是不可逾越的，因为此人恰恰否定上述前提，取代它的恰恰是相反的前提：生命不应当存在！……尼采根本没有看到，他批驳叔本华学说所根据的正是叔本华所否定的一个教义式前提”。就此而言，西美尔认为这两位思想家是不可调和的，就好比人们在两个平行的平面上行走是永远不可能相交相遇的。参看西美尔：《叔本华与尼采》，中译本，朱雁冰译，上海：上海人民出版社，2009年，第186页。

② 尼采：《1880—1882年遗稿》，科利版《尼采著作全集》第9卷，11［202］，第523页。

有宇宙论色彩的关于永恒轮回学说的证明中，我们也看到，尼采最终把问题引向了“瞬间”。

尼采关于“瞬间”的思考主要可见于他的《查拉图斯特拉如是说》第三部中的“幻觉与谜团”一节。这一节写的是查拉图斯特拉与侏儒的对话。当时两人站在一个被叫作“瞬间”的出入口，是两条道路的会合处，往回走是永恒，往前走也是永恒。查拉图斯特拉问侏儒：如果沿着其中的一条道路一直往前走，越走越远，那么这两条道路会永远背道吗？侏儒答道：“一切笔直者都是骗人……所有真理都是弯曲的，时间本身就是一个圆圈。”[①] 查拉图斯特拉则嫌侏儒“弄得太轻松了”，说了下面这番话：

> 看看这瞬间吧！从瞬间这个出入口出发，有一条长长的永恒小道向后延伸：在我们背后隐藏着一种永恒。/万物中可能跑动者，难道不是已经跑过了这条路吗？万物中可能发生者，难道不是已经发生过了、做过了、跑过去了吗？/而且，如果一切已经在此存在过了：你侏儒对这个瞬间有何看法呢？——难道这个出入口不是也一定已经——在此存在过了吗？/还有，难道万物不是如此坚固地纠结在一起，以至于这个瞬间吸引了所有将来的事物吗？那么——它自身也是吗？/因为，万物中可能跑动者：也在这长路上出去——还必定再次跑这条路！——而且，这个在月光下爬行的缓慢的蜘蛛，以及这月光本身，还有在出入口的我与你，一起低语，低声诉说着永恒的事物——难道我们全体不是一定已经在此存在过了吗？/——而且难道我们不是一定要返回来，在那另一条路上跑，跑出去，跑到我们前面，在这条可怕的长路上——难道我们不是一定要永恒地返回吗？——[②]

① 尼采：《查拉图斯特拉如是说》，“幻觉与谜团”，科利版《尼采著作全集》第4卷，第200页；参看中译本，孙周兴译，北京：商务印书馆，2010年，第248页。

② 尼采：《查拉图斯特拉如是说》，“幻觉与谜团”，科利版《尼采著作全集》第4卷，第200页；参看中译本，孙周兴译，北京：商务印书馆，2010年，第248—249页。

应该说侏儒已经猜中了查拉图斯特拉的想法，即所谓“一切笔直者都是骗人……所有真理都是弯曲的，时间本身就是一个圆圈”。然则为什么查拉图斯特拉却对侏儒大为不满，说他“弄得太轻松了”呢？原因在于，侏儒虽然猜到了永恒轮回学说，但并不真正知道个中真义。正如海德格尔指出的那样，“真正知道这个圆环中的圆环，恰恰意味着首先并且不断地克服在这个学说中表达出来的那个黑色可怕的东西，那就是：如果一切都在轮回，那么，一切决断、一切努力和力求向上的意愿，就都是无关紧要的了；如果一切都在兜圈子，那就没有什么是值得的了；于是，从这个学说中就只会得出厌倦，最后就会得出对生活的否定”。① 而关键还在于，侏儒蹲在一旁，作为旁观者看着“过去”与“将来”两条根本不会碰撞在一起的道路，理解不了在“瞬间”这个“出入口”，两条道路碰在一起了。质言之，侏儒理解不了“瞬间”意义上的永恒轮回。只有置身于“瞬间”者，其行动才能深入到“将来”，同时把“过去”接受和肯定下来。

对于尼采在“瞬间”意义上的“永恒轮回”思想，海德格尔给出了一个在我们看来最适当、最深邃的解释：“永恒轮回学说中最沉重和最本真的东西就是：永恒在瞬间中存在，瞬间不是稍纵即逝的现在，不是对一个旁观者来说仅仅倏忽而过的一刹那，而是将来与过去的碰撞，在这种碰撞中，瞬间得以达到自身。瞬间决定着一切如何轮回。而这个最沉重的东西就是必须被把握的最伟大的东西，它对小人们来说始终是锁闭着的。不过，小人们也存在着，他们作为存在者也总是轮回着。他们是清除不掉的，他们归属于那个大逆不道和黑暗阴险的东西一边。若要思考存在者整体，那就必须同时肯定这个东西。这一点使查拉图斯特拉感到毛骨悚然。”② “永恒在瞬间中存在”——这是海德格尔对尼采永恒轮回学说的总结之言，而要理解这个思想，重要

① 海德格尔：《尼采》上卷，德文本，斯图加特，1998年，第275页；中译本，孙周兴译，北京：商务印书馆，2002年，第301页。

② 海德格尔：《尼采》上卷，德文本，斯图加特，1998年，第278页；中译本，孙周兴译，北京：商务印书馆，2002年，第304页。

的是破除“线性时间观”或“线性时间结构”而形成确当的三维循环涌现的时间观。这种新的时间理解，我甚至想把它称为“圆性时间”。[①]

我们知道，海德格尔在《存在与时间》（1927 年）中形成了“曾在（Gewesenheit）—当前（Gegenwart）—将来（Zukunft）”的此在时间性思想。那么，海德格尔的此在时间性受到尼采轮回学说的影响吗？尽管没有明显的文献表明，海德格尔在前期（1930 年前）讨论过尼采的“永恒轮回”学说，甚至连尼采这个名字也极少被海氏提及，但我们仍旧可以认为，海德格尔在《存在与时间》中主要表达出来的以“当下/当前”决断、不断“重演”为核心的三维时间性思想，是与尼采的“永恒轮回”思想相贯通的。海德格尔在《尼采》书中讲到：“相同者的永恒轮回中的永恒性是尼采要求我们思考的；这种永恒性的时间的时间性乃是人置身其中的时间性。首先是人而且——就我们所知——只有人才置身于这种时间性中，因为人在向将来展开、保存曾在之际塑造和承受着当前。”[②] 这番表达当然是海德格尔在《存在与时间》之后做的，但足以让我们看到尼采的“相同者的永恒轮回”学说与前期海德格尔实存论时间观之间的一脉相承之处，或者，至少让我们看到，尼采的永恒轮回学说何以只有在实存论路线上才能得到理解和解释。

这里还需要补充说说“瞬间”。“瞬间”对应的德语是 Augenblick，字面上的意思是近于中文的“眼睛一眨”“一刹那”“当下”。而与之对应的希腊词语应该是 Kairos，后者更多的有“契机”“时机”的意思。希腊人用 Chronos 和 Kairos 两个词语来表示时间，前者是计量的时间，是线性的时间，而后者则是恰当的“时机”。当希腊人发觉现在正是做某事的恰当时刻，时机已经充分成熟时，他们说的是 Kairos。由 Kairos 传达的时间不是线性的现在之流，而是系于实际处境和形势中的实际发生和涌现的机缘。“一个契机（Kairos）是某种新东西，它还隐

---

① 现在可参看孙周兴：《末人、超人与未来人》，载《哲学研究》2019 年第 2 期（也收入本书第五编）。

② 海德格尔：《尼采》上卷，德文本，斯图加特，1998 年，第 318—319 页；中译本，孙周兴译，北京：商务印书馆，2002 年，第 348—349 页。

蔽在将来中，但又已经突入当前之中。”① 如若从 Kairos（契机、时机）意义上来了解“瞬间”，我们就有可能更好地理解尼采和海德格尔所阐发的过去和将来碰撞在一起的时机化的“瞬间”。

四、权力意志与永恒轮回

根据海德格尔的著名解释，尼采的形而上学哲学的“主楼”轮廓显得格外清晰了：“权力意志”说的是存在者的“什么”（Was），即要解决形而上学的“本质”（essentia）问题；有了“什么”，还得有“如何”（Wie）之解。尼采的第二个大概念“相同者的永恒轮回”代表的就是这个“如何”，即存在者整体的在场方式，也就是尼采对于“实存”（existentia）问题的形而上学解答。如此，尼采哲学便被纳入欧洲—西方形而上学传统的问题结构之中，成就形而上学的最后形态。②

一切存在者都是“权力意志”，“权力意志”的本质在于不断提高、永恒生成，然而，提高和生成是以保存为前提的，或者更应该说，提高与保存是一体的，要不然，权力就会无限地泛滥。这就是说，权力本身必须为自己设定提高与保存一体的条件。这些“条件”是什么呢？尼采称之为“价值”，也称之为“支配性构成物”，即科学（认识）、艺术、政治、宗教等——实际上就是权力意志的价值表现形态。如果权力意志既永恒生成，又在其形态（支配性构成物）方面受到限定，从而是有条件的，那就必然得出一个结论：作为权力意志的存在者整体就必须让“相同者”重新出现，而且相同者的轮回必须是一种永恒的轮回。③ 有了“永恒轮回”说，尼采的世界解释已臻极致。所以，尼采称他的永恒轮回说为“观察（沉思）的顶峰”：

---

① 克劳斯·黑尔德：《海德格尔通向“实事本身”之路》，载黑尔德：《世界现象学》，中译本，孙周兴编，倪梁康等译，北京：生活·读书·新知三联书店，2003 年，第 130 页。

② 海德格尔的上述解释路径和框架有力地刺激了 20 世纪的尼采哲学研究，虽然也不乏反对者，但至少是开启了严肃的尼采哲学研究路径。

③ 参看海德格尔：《尼采》下卷，德文本，斯图加特，1998 年，第 257 页；参看中译本，孙周兴译，北京：商务印书馆，2002 年，第 917 页。

> 给生成打上存在之特征的烙印——这是最高的权力意志。……一切皆轮回，这是一个生成世界向存在世界的极度接近——此乃观察的顶峰。①

“存在”（Sein）与“生成/变易”（Werden）的关系问题是欧洲哲学史上自始就出现的恒久课题，从巴门尼德和赫拉克利特就开始了围绕这个问题的争辩。尼采被认为是一个典型的赫拉克利特主义者，但对“生成/变易”问题的解决，尼采自有个性。我们知道，赫拉克利特的著名主张是“万物皆流”，所谓“人不能两次踏进同一条河流”。因为河流在不断流变，我们不可能踏进同一条河流。尼采在此也来了一次他惯用的颠倒手法。在查拉图斯特拉时期的一则笔记中，尼采却回应道：“我教你们对永恒之流的解脱：这条河流总是一再流回到自身之中，而你们总是一再作为相同者踏入同一条河流。”② 那么，尼采是反对赫拉克利特的吗？尼采自称要教“对永恒之流的解脱”，这仍旧是对线性时间性意义上的永远流变的反对，但并不意味着要消除生成/变易，而是要把“生成（Werden）作为生成被保存下来，但却要把持存性置入生成之中，以希腊方式来理解，就是要把存在（Sein）置入生成之中”③。

存在者整体乃是永恒的生成/变易之流，而相同者的轮回正是这种生成/变易的特征；尼采进一步说“你们总是作为相同者踏入同一条河流”，已然把个体此在的瞬间时机性决断带入思考了。在这方面，我们

① 参看尼采：《权力意志》上卷，科利版《尼采著作全集》第 12 卷，7［54］；参看中译本，孙周兴译，北京：商务印书馆，2007 年，第 359—360 页。

② 参看海德格尔：《尼采》上卷，德文本，斯图加特，1998 年，第 365 页；中译本，孙周兴译，北京：商务印书馆，2002 年，第 398 页。在另一处尼采又说：“你们别惧怕万物之流：这条河流返回到自身之中：它本身不仅仅两次流动。/一切‘曾是’又变成‘现在是’。过去咬住了一切将来的尾巴。”参看尼采：《1882—1884 年遗稿》，科利版《尼采著作全集》第 10 卷，4［85］，第 139 页。后来海德格尔的此在时间性理解差不多接近于尼采这里揭示出来的时间观了。

③ 参看海德格尔：《尼采》上卷，德文本，斯图加特，1998 年，第 365 页；中译本，孙周兴译，北京：商务印书馆，2002 年，第 398 页。

认为还是海德格尔总结得好：“只有当相同者的永恒轮回在虚无主义和瞬间意义上得到思考之际，它才真正得到了思考。而在这样一种思考中，思考者本身就进入永恒轮回的圆环之中了，但却是以这样的方式，即：思考者也参与了对这个圆环的争取和决断。”① 海德格尔在此点出尼采永恒轮回思想的两大要点：一是这个思想的动因乃在于克服虚无主义；二是这个思想的着眼点是“瞬间”，以永恒轮回为特征的生成/变易之流不再具有线性时间特征，而是被落实于“瞬间”，而对于行动者（个体此在）来说，当下瞬间的时机性决断才是至关重要的。

对于《快乐的科学》第 341 节提出的难题——“对你所做的每一件事，都有这样一个问题：‘你还想要它，还要无数次吗？’这个问题作为最大的重负压在你的行动上面！”——尼采现在以“永恒在瞬间中”这样一个永恒轮回学说来加以解答。貌似高超空洞的“永恒轮回”之说，实质上却是指向个体此在的当下存在。尼采仿佛是想“教”我们：你应当如此这般地生活在每个瞬间中，并且相信每个瞬间都是永恒的，是永恒轮回的。

个体此在当下瞬间的时机性决断原是一种创造。“我不想要生活重复。我如何承受生活？去创造。什么使我经受住这景象？对肯定生命的超人的洞察。我已尝试了对生命本身的肯定——啊！”② 尼采这里用的动词“去创造/创造着”（schaffend）是一个现在分词，强调正在进行中。至此，尼采的核心思想“权力意志”“相同者的永恒轮回”与“超人”已经达到了统一，统一于个体此在的基于时机性决断的创造性活动；这时候我们方得以理解，尼采后期为何重归艺术，思考“作为权力意志的艺术”。

作为宣布“上帝死了”的反形而上学家，尼采自然再也不能赞同和主张任何具有形而上学色彩的谋求永恒的超越论。那么，在以“神性”为标志的传统形而上学的“永恒”和“超越”思考终结之后，如

---

① 海德格尔：《尼采》上卷，德文本，斯图加特，1998 年，第 401 页；中译本，孙周兴译，北京：商务印书馆，2002 年，第 436 页。

② 参看尼采：《1882—1884 年遗稿》，科利版《尼采著作全集》第 10 卷，4［81］，第 137 页。

何安顿个体此在的生活？——毕竟，个体此在依然面临那“最大的重负”。尼采采取了一条可以说“把瞬间永恒化”的路径，亦即海德格尔所总结的“永恒在瞬间中存在”。萨弗兰斯基用“内在性”与“超越性”来表述我们这里指出的问题，认为尼采的永恒轮回学说是要这样来发挥效用：“为了内在性而保持超越的力量，或者，如查拉图斯特拉宣告的那样：对大地保持忠诚。”① 的确，尼采的难题恐怕就在于：如何在内在论与超越论之间走出一条新路？这不只是尼采的难题，显然也是后尼采的欧洲思想家的共同难题。我曾经把它表述为“后哲学的哲学问题”。②

① 萨弗兰斯基：《尼采思想传记》，中译本，卫茂平译，上海：华东师范大学出版社，2007 年，第 267 页。在此上下文中，萨弗兰斯基并且指出：“对尼采来说，人类此在的勇气和游戏性，随着上帝之死而变得显明。而一个具有力量和轻松愉快、能够进入总是相同的世界游戏中的人，才是一个超人。尼采的超越指着这个方向：游戏作为存在的基点。”

② 参看孙周兴：《后哲学的哲学问题》，北京：商务印书馆，2009 年。

作为实存哲学的伦理学①

——海德格尔思想的伦理之维

内容提要：海德格尔哲学有一种伦理学吗？尽管前期海德格尔在思想策略上不断强调实存哲学及其相关言说的非伦理性，但《存在与时间》中的此在实存论分析（“基础存在学”）仍旧可以被理解为一种隐蔽的基础伦理学。在海德格尔看来，伦理学首先需要形而上学的奠基，但这种奠基不可能通过本质主义的方式来实现，而必须是实存哲学的，伦理学只有作为实存哲学才是可能的。后期海德格尔通过追问“人应当如何合乎天命地生活?”这一根本问题，从更宏大的视野和更深沉的层面上重新规定人之实存，由此酝酿了一种后主体主义的“原始伦理学”。

如果从哲学学科分类上看，我们大致可以说，海德格尔的思想道路是从逻辑学（范畴论）出发，借助于胡塞尔现象学切入存在学（本体论），构成前期的《存在与时间》（1927 年）中的实存论存在学（此在实存论、基础存在学）；20 世纪 30 年代后主要借助于尼采研究和批判而形成“存在历史”观，海德格尔对作为形而上学的存在学和神学以及作为主体形而上学的知识学亦有深度的关注；而出于更彻底的形而上学批判需要，海德格尔后期对于美学（诗学）和语言哲学均有引

① 本文系作者在由中国现象学专业委员会与中山大学现象学研究所主办的“现象学与伦理学”国际学术研讨会上的报告（2004 年 10 月 15—18 日，广州）。当时未定稿，于 2008 年 6 月补充完成。后载《哲学研究》，2008 年第 10 期。

人入胜的精到之论。相形之下，作为哲学学科的伦理学则是颇受海德格尔轻视的。在其洋洋大观的生前出版物中，我们未见海德格尔对于伦理学有多少专门的言述。因此，我们似乎极难说有一种“海德格尔的伦理学”。

由于海德格尔在德国纳粹统治时期的恶劣政治表现，人们（不仅仅是哲学界）又对海德格尔思想中的政治—伦理维度表现出极大的兴趣。人们的主要目的是要追究作为20世纪欧洲两大思想家之一的海德格尔误入政治歧途的思想根源。其中有两种倾向特别值得我们注意：一是认定前期作品《存在与时间》即是一部具有纳粹政治倾向的哲学著作，因此海德格尔犯错属于必然；二是认为海德格尔思想原就缺失政治—伦理之维，其孜孜求解的存在问题与政治—伦理问题难以贯通，故而才有政治立场上的迷失。如果说前一倾向失于“阐释过度”，则后一倾向大概就属于“阐释不足”了，两下均未形成公允的见识。[①]

上述情形构成巨大的张力。可以肯定的是，虽然海德格尔没有直接的学科意义上的伦理学言述，但我们并不能因此断言海德格尔没有伦理动机和伦理关怀。我们不要忘了，海德格尔的导师是李凯尔特，他进学之初德国哲学的主要氛围乃是世界观哲学和价值哲学。我们现在已经可以看到海德格尔早期弗莱堡时期讲稿《现象学与先验价值哲学》（1919年夏季学期讲座）等。此外，海德格尔在这个时期里曾专攻亚里士多德哲学，对于亚里士多德伦理学亦多有研讨，海德格尔身后发现的所谓“那托普手稿”（1922年）[②] 即是明证。此间及至1927年的《存在与时间》，海德格尔以“实际生命”的非理论化沉思为其主要思想任务，当然也不可能轻易放过伦理—价值课题。

---

① 参看孙周兴：《奥斯维辛之后思想的责任》，收入拙著《我们时代的思想姿态》，北京：东方出版社，2001年，第178页以下。

② 海德格尔：《对亚里士多德的现象学阐释——解释学处境的显示》，载《狄尔泰年鉴》第六卷，德文本，哥廷根，1989年，第235—269页；中译本，孙周兴译，载《中国现象学与哲学评论》第五辑，上海：上海译文出版社，2003年，第113—169页；又载孙周兴编译：《形式显示的现象学：海德格尔早期弗莱堡文选》，上海：同济大学出版社，2004年，第76—125页。该文是海德格尔为应聘马堡大学副教授职位而寄给当时马堡大学哲学系那托普教授的报告，故又被学界简称为“那托普报告”（Natorp-Bericht）。

20 世纪 30 年代以后的海德格尔接过尼采的虚无主义命题，致力于揭示欧洲虚无主义的形而上学本质。在 1940 年的讲座《欧洲虚无主义》中，海德格尔长篇大论，对虚无主义历史做了细致梳理；此后不久又撰写《对虚无主义的存在历史规定》（1944—1946 年）一文。[1] 海德格尔这方面的用力，显然是有其深藏的政治—伦理动因的。诚如论者所言："就实践方面而言，海德格尔关于他的思想与政治无关的断言，必须根据 1933 年至 1934 年他同纳粹的交往这件事来加以理解。这件事说明他的思想具有一种政治意义，他后来不愿承认这一点。然而，他的思想对于伦理学和政治学而言的更深刻的意义，来自他对虚无主义的关切。"[2]

然而，仅仅了解海德格尔这种动机和关切显然是不够的。无论是前期海德格尔哲学还是后期海德格尔思想，所蕴含的深度伦理意义是有待揭示和阐明的。本文试图探讨海德格尔思想的伦理之维，而用海德格尔的说法，这种"探讨"（Erörtern）也就意味着：为海德格尔思想进行伦理的"定位"。

一、实践智慧的优先性

当海德格尔的早期弗莱堡手稿"对亚里士多德的现象学阐释——解释学处境的显示"（"那托普手稿"）于 1989 年首次发表时，伽达默尔称之为"一件大事"。何以此文之发表构成"大事"？早期弗莱堡时期讲座（1919—1923 年）可谓海德格尔思想的真正开端，但此间海德格尔只有讲课，未撰写成篇的论著，唯有这个寄给那托普的未刊手稿算是难得一篇，不幸也失落了多年。在这个手稿中，海德格尔已经形成了他前期以生命之"实际性"（Faktizität）为课题的解释学的现象学

① 后均收入海德格尔：《尼采》下卷，德文本，斯图加特，1998 年；中译本，孙周兴译，北京：商务印书馆，2002 年。

② 列奥·斯特劳斯、约瑟夫·克罗波西主编：《政治哲学史》，中译本，李天然等译，石家庄：河北人民出版社，1993 年，第 1049 页。

方案（海氏也称之为“实际性之现象学解释学”），并且提出了诸如“烦忧”（Sorge，关照、烦、忧心）、“世界”（Welt）、“沉沦”（Verfall）、“常人”（das Man）等此在分析的基本“实存畴”（“实存论性质”）。在这项工作的开展中，对亚里士多德哲学的现象学阐释成为核心课题。为什么呢？海德格尔的想法并不难懂：“实际生命”总是已经处于“被解释状态”中，占支配地位的“被解释状态”乃希腊的—基督教的生命解释，而亚里士多德哲学正是这种生命解释的源头，因此，实际性之现象学解释学若要从存在方式和言说方式两个方面来看“实际生命”，就必须通过对亚里士多德的具体阐释来回溯源泉，“把核心的存在学和逻辑学结构显突出来”。[①]

人通过不同方式与存在者打交道。所谓存在学和逻辑学结构，不外乎是在人的各种交道方式中形成的。交道对象的存在领域以及交道的称呼（言说）方式标示着一种“先有”，存在学—逻辑学结构正是从中被创造出来的。所以海德格尔说，关键在于揭示和理解“存在居有”（Seinsaneignung）和“存在保真”（Seinsverwahrung）的基本方式。亚里士多德在《尼各马可伦理学》中有一段话如下：

> Εστωδ ὴοίς ὰληθεύει ἡψυχὴ τῶκαταφάυαι καὶ ὰποφάναaι πέυ τετòυ ὰριθμóυ. τα ῦ τα δ ὲ στὶ τ έ χυη, ὲ πιστ ή μη, ϑρ ó υησι ς, σοφία, υοῦς. ύπολ ή ψει γὰρ καὶ δóςη ὲυδ έ χεται διαψε ύ δεσθαι. (《尼各马可伦理学》，1139b15－18)。
>
> 在灵魂由以或肯定或否定地获得真理的东西，一共有五个；它们是艺术（Kunst）、科学（Wissenschaft）、聪明（Klugheit）、智慧（Weisheit）和理智（Verstand）。猜测和意见可能也包含谬误（因此在此不予考虑）。[②]

---

① 海德格尔：《对亚里士多德的现象学阐释——解释学处境的显示》，中译文，孙周兴译，载《中国现象学与哲学评论》第五辑，上海：上海译文出版社，2003年，第137页；又载孙周兴编译：《形式显示的现象学：海德格尔早期弗莱堡文选》，上海：同济大学出版社，2004年，第97页。

② 参看亚里士多德：《尼各马可伦理学》，1139b15－18，德译本，汉堡，1985年，第133页。

这是通常的译解法，中外皆然。如果细究起来，这种译解确实有不尽人意之处，比如其中的“聪明”“智慧”和“理智”三者之间，就难以让人有清楚明白的区分。海德格尔对这段话所做的翻译则大不相同，可以说异乎寻常，我们也引在下面：

> 因此可以假定，灵魂把存在者作为无遮掩的存在者带入和纳入保真中（而且是以断定性的和否定性的阐明的实行方式）共有如下五种方式：料理着—制造着的操作、观察着—谈论着—证明着的规定、照顾的寻视（环视）、本真的—观看着的理解、纯粹的觉悟。（只有这些可以考虑）；因为在把……看作（Dafürnahme）和“具有一种观点”（eine Ansicht Haben）的意义中包含着这样一点，即：它们未必把存在者作为无遮掩的存在者给出来，而是这样把存在者给出来，使得所意谓者只是看起来仿佛这样，使得所意谓者把自己推到存在者前面并且因此令人迷惑。[①]

这样的复杂无比的译文也不免让人糊涂了。其中最令人奇怪的当然是海德格尔对 τέχνη，ἐπιστήμη，φρόνησις，σοφία，νοῦς这五个希腊基本词语的翻译。通常译为“艺术”或“技艺”的 τέχνη，现在被海德格尔译为“料理着—制造着的操作”（verrichtend-herstellendes Verfahren）；通常译为“科学”或者“知识”的ἐπιστήμη，现在被译为“观察着—谈论着—证明着的规定”（hinsehend-besprechend-ausweisendes Bestimmen）；通常译为“聪明”“明智”或者“审慎”的 φρόνησις，现在被改译为“照顾（烦神）的寻视（环视）”［fürsorgliches Sichumsehen（Umsicht）］；通常译为“智慧”的 σοφία，现在被改译为“本真的—观看着的理解”（eigentlich-sehendes Verstehen）；通常译为“心灵”或者“奴斯”（音译）的 νοῦς，现在则被改译为“纯粹的觉悟（颖悟）”（reines

① 海德格尔：《对亚里士多德的现象学阐释》，中译文，孙周兴译，载孙周兴编译：《形式显示的现象学：海德格尔早期弗莱堡文选》，上海：同济大学出版社，2004 年，第 103 页。

Vernehmen)。何以如是译之？大概需要长论，这里只好从略。我们只想指出一点：海德格尔显然是认为，后人对于上述五个希腊基本词语的译解过于名词（专名）化，从而使它们失却了原有的动态实行的意义。

我们在此需要关心的是海德格尔进一步的理解。在上述五端中，海德格尔以为最重要的是σοφία与φρόνησις。以海氏讲法，“Σοφία（本真的、观察性的理解）和φρόνησις（照顾的环视）被阐释为νοῦς［奴斯、心灵、理性］的本真实行方式，即纯粹觉悟[①]本身的本真实行方式。在其中，向来合乎其觉悟特征的存在者成为可通达的，并且获得居有和保真”。[②] 如上所述，σοφία向来被译为“智慧”，海德格尔则把它译为“本真的—观看着的理解”；φρόνησις通常被译为“聪明、审慎”，海德格尔则译之为“照顾（烦神）的环视”。其中“环视”（Umsicht）在日常德文中也有“审慎、谨慎”之义，但海德格尔在此的用法更多地是动词性的，即强调Umsicht与动词umsehen（环顾、环视）的联系。[③] 海德格尔的讲法虽然晦涩，但基本义理仍然是可以了解的。

为什么在上述五种方式中，σοφία与φρόνησις是最高的两种方式呢？海德格尔也给出了一个答案：“这就是ἕξεις，αἷς ἀληθεύει ἡ ψυχή［灵魂把存在者作为无遮掩的存在者带入保真中的方式］的意义；其中最高的本真种类就是σοφία［本真的—观看着的理解］和φρόνησις［照顾的环视］，只要它们向来在各自的存在区域中把ἀρχαί［本原、来源］真实地保存下来”。[④] 这就是说，关键在于：σοφία与φρόνησις

---

① 此处“觉悟”原文为Vernehmen，在日常德语中意为“听闻、熟悉、审问”，英译本作beholding，参看海德格尔：《对亚里士多德的现象学阐释》，英译本，米歇尔·鲍尔译，载《人与世界》第25卷，1992年，第377页。

② 海德格尔：《对亚里士多德的现象学阐释》，中译本，孙周兴译，载孙周兴编译：《形式显示的现象学：海德格尔早期弗莱堡文选》，上海：同济大学出版社，2004年，第102页。

③ 英译本把此处“本真的—观看着的理解”译作authentic，observing understanding，把“照顾的环视”译为solicitous circumspection。参看英译本，第377页。

④ 海德格尔：《对亚里士多德的现象学阐释》，中译本，孙周兴译，载孙周兴编译：《形式显示的现象学：海德格尔早期弗莱堡文选》，上海：同济大学出版社，2004年，第107页。

能够把与各自的存在区域相应的 ἀρχαί［本原、来源］收入视野并且保存下来。而就这两种基本的“保真方式”来说，海德格尔指明它们的区别在于：

> 纯粹观察性的理解把这样一个存在者带入保真之中，这个存在者及其“来源”是这样存在的，即：它必然地始终是其所是。与之相反，有所照顾和有所谈论的环视则把这样一个存在者带入保真之中，这个存在者本身及其“来源”可能不同地存在。[①]

在海德格尔看来，σοφία（“本真的—观看着的理解”）指向“必然地如其所是的”存在者及其“来源”，而 φρόνησις（“照顾的环视”）则指向“可能不同地存在的”存在者及其“来源”，指向生命——生命之所以成其所是，是因为它“能够向来不同地存在”。如何理解这种区分呢？可以认为，σοφία 针对“所是”“是什么”普遍必然性，用后世拉丁术语来说就是“本质”（essentia）；而 φρόνησις则针对“如何”、行动或实践，用后世拉丁术语来讲也就是“实存”（existentia）。这就表明，海德格尔特别在 20 世纪 30 年代以后明晰地加以阐述的形而上学问题结构，在作为其思想开端的早期弗莱堡讲座中就已经有了基本看法。

σοφία 与 φρόνησις之间的这种区分意味着什么呢？作为两种基本的“保真方式”，σοφία 与 φρόνησις在与实际生命的关联上是不同的。φρόνησις是以“实际生命”为意向的。海德格尔说：“Φρόνησις［照顾的环视］把人类生命与自身的交道的何所向以及这种在本己存在中的交道的如何（Wie）带入保真之中。这种交道乃 πρᾶξts［行动、实践］，即：在并非制作性的、而是向来仅仅行动性的（handelnd）交道的如何中对自身的处理（Behandeln）。Φρόνησις［照顾的环视］乃是

① 海德格尔：《对亚里士多德的现象学阐释》，中译本，孙周兴译，载孙周兴编译：《形式显示的现象学：海德格尔早期弗莱堡文选》，上海：同济大学出版社，2004 年，第 109 页。

一种交道之揭示（Umgangserhellung），它使生命在其存在中共同到时。”[①] 与之相反，σοφία 根本没有把“实际生命”当作它的意向性的“何所向”，即它的意向对象。直白地讲，σοφία 标志着一种哲学—知识（科学）的精神，而当生命存在仅仅在 σοφία，即所谓“本真的、观察性的理解”中被看待时，也就意味着生命在一种以存在学为定向的范畴解释中被扭曲和被掩蔽了。

当海德格尔以上述方式区分 σοφία 与 φρόνησις，并且以实际生命为尺度审视两者之分别时，他已经强调了 φρόνησις的优先性，按海氏弟子伽达默尔的看法，也即“实践智慧”的优先性。[②] 进一步我们可以认为，这种 φρόνησις的优先性在海德格尔前期哲学中，特别在《存在与时间》中就落实为“实存”（Existenz）的优先地位了。

二、非本真实存与本真实存

强调 φρόνησις［“照顾的环视”，旧译“聪明”“明智”］的优先性，首先意味着海德格尔要求哲学关注日常世界，哲学向来忽视日常世界。哲学的主题在天上而不在地面。对哲学和哲学家来说，地面上日常的实际生活（生命）不足挂齿，不但不足挂齿，而且是应当受到排斥和摒弃的。这种理想在希腊哲学中就已经成形，构成被后世总结为“柏拉图主义”的欧洲哲学的基本定向。实际上，现代人文哲学诸思潮，特别是两位大哲海德格尔和维特根斯坦，尽管路向不一，但恰恰都把忽视，甚至敌视日常生活世界这一点看作欧洲传统哲学的主要过失。实际生活中令人感动的东西久已被旧哲学所忽略和遗忘。

海德格尔在形成自己的哲思路向之初即已抱定信念：一种真正的哲学必须关注日常生活世界，必须有能力对日常生活世界做出回应，

① 海德格尔：《对亚里士多德的现象学阐释》，中译本，孙周兴译，载孙周兴编译：《形式显示的现象学：海德格尔早期弗莱堡文选》，上海：同济大学出版社，2004 年，第 110 页。

② 伽达默尔：《海德格尔早期神学》，为海德格尔《对亚里士多德的现象学阐释》一文作的前言，见《狄尔泰年鉴》第六卷，德文本，哥廷根，1989 年，第 235 页。

做出思考和表达。在1919年战时补救学期讲座（早期弗莱堡时期的第一个讲座）《哲学观念与世界观问题》中，海德格尔的“体验结构分析”（即所谓“问题体验”和“周围世界体验”）已经表现出这样一种路向。[①] 此后几年中，海德格尔对此路向做了进一步推进，如在著名的《存在学（实际性的解释学）》讲座（1923年）中，海德格尔尝试对日常世界进行现象学描述，以他的说法，是“根据栖留着的交道对日常世界的描述”，并以此区别于“对日常世界的不当描述”。

在这里，海德格尔描述的例子是日常的“居家逗留”。[②] 我们在家，家里有各色家具，比如一张桌子，我们应该如何描述它呢？根据海德格尔所谓“对日常世界的不当描述”，我们通常会把一张桌子看作一个“物质性的空间事物”，它有各种物理的和几何的性质，重量、颜色、高度、长度、形状等。技术时代的人们已经把科学变成了日常经验的基础和尺度。但海德格尔说这种描述是“不当的”。何以不当？因为在我们日常的居家生活中，实际上我们首先并不给予这张桌子以理论的或科学的关注；这张桌子首先并非作为一个物质性的空间事物与我们照面，而是首先作为某个具体的用具与我们照面的，比如一张写字台、一张餐桌、一张缝纫桌等。

> 桌子上的这个那个是“不实用的”，不适合的；这里损坏了；它现在放得比以前更好了，比如有了更好的照明；以前它放得根本不是地方……这里那里显出一些线条——是小孩子们划在桌子上的；这些线条不是油漆的任意隔断，而毋宁说：这曾是而且还是小孩子们的作为。这个面不是朝东的面，而且这个狭窄的面比另一面短好多个厘米，相反，它是妇女晚上坐着读书的一面；在这个桌子旁，我们当时曾进行过这样那样的讨论；在这里，当时

---

① 参看孙周兴：《形式显示的现象学——海德格尔早期弗莱堡讲座研究》，载《现代哲学》，2002年第4期；本书第三编第一篇文章。

② 海德格尔：《存在学（实际性的解释学）》，《全集》第63卷，德文本，美茵法兰克福，1995年，第88页以下。

> 曾与一位朋友作出过那个决定，在那里当时曾写下了那部著作，庆祝过那个节日。这就是这张桌子，它就这样在日常状态的时间性中，而且作为这样一张桌子它也许在好多年后又会与我照面……①

这就是海德格尔所讲的“根据栖留着的交道对日常世界的描述”。这种描述当然是“不科学的”，但却是更合乎事实的。我们首先并不是一个科学人，这张桌子首先也不是一个科学对象，我们栖留于其中的家更不是一个实验室。这张桌子是在实际的用途中发挥作用的，是在家这个境域中显现出来的。海德格尔对“居家逗留”的现象学分析实际上已经包含了一个具有重要意义的洞见：生活世界是通过人的交道活动组织起来的；而事物的存在意义首先不是在认知活动中获得的，而是在使用境域中通过人对事物的使用而获得的。

值得注意的是，海德格尔在此是从“器具”（Zeug）入手来展开他对于日常世界的哲思分析的，而注重“器具”分析是海德格尔的一贯做法。在《存在与时间》中，海德格尔同样也以“器具”——事物的“上手状态”（Zuhandenheit）——为分析工作的主要着眼点；而且，与早期弗莱堡时期的讲座相比较，海德格尔在《存在与时间》中的分析显然更为严格和规范，并提供了一套实存论术语（实存畴、实存论的形式规定）。海德格尔的分析工作自始就表现出他与胡塞尔的一个根本差异：在海德格尔看来，纯粹理论的知识态度并不具有优先性，以纯粹理论态度是不能把握器具或物的真正存在的。

由于海德格尔更多地关心了日常交道的器具或用物（χρήματα），而相对忽视人际政治和伦理事务（πρᾶγματα），因此他对于日常世界的现象学分析仍旧有一定的片面性，φρόνησις［照顾的环视］之维仍

① 海德格尔：《存在学（实际性的解释学）》，《全集》第63卷，德文本，美茵法兰克福，1995年，第90—91页。

未能充分彰显。[①] 尽管有上述偏失，但海德格尔早期弗莱堡时期对于日常生活世界的现象学关注已经构成一个决定性的开端，它对于此后海德格尔的思想道路具有某种意义上的定向作用。

在《存在与时间》中，海德格尔对此在在世结构的讨论仍旧接续了他在早期弗莱堡讲座中开始的关于日常生命经验的现象学描述方式。此在的存在样式被区分为"非本真状态"（日常平均状态）与"本真状态"两种。海德格尔首先是从"非本真状态"入手来思考此在在世结构的。此在的非本真存在被称为"沉沦"（Verfall）。"沉沦"一词听起来带有否定的意义，但在海德格尔自己看来，以"常人"标识日常存在的此在，并且以"沉沦"标识日常此在的基本存在方式，并没有直接的伦理学意义。所谓"沉沦"并不带有任何消极的评价，而是意味着：此在首先与通常总是寓于它所烦忙的世界，多半消失在常人的公众意见中。"此在首先总是已经从它自身脱落、即从本真的能自己存在脱落而沉沦于'世界'。共处是靠闲谈、好奇和两可来引导的，而沉沦于'世界'就意指消散在这种共处之中"。[②] 这种"沉沦"是与公共性联系在一起的，此在沉于其中的世界是一个公共世界，而非私人世界，此在的世界理解也是公共的，而非私人的。海德格尔把"闲谈""好奇"和"两可"视为非本真此在的展开状态的基本构成环节。

仅仅标明此在的非本真存在方式是不够的。非本真存在是一种轻松存在，表明此在日常总有放松自己的倾向。生命不堪承受自身之重，于是避重就轻。然而，此在生命的本真存在意义在于"变重"。海德格尔在早期弗莱堡时期就已经指出了本真生命之重：

---

① 参看黑尔德：《海德格尔通向"实事本身"之路》，孙周兴译，载《浙江学刊》，1999年第2期。黑尔德认为，海德格尔在《存在与时间》中仅仅谈到"常人"对各种"事务"的纷争和追逐，并未从现象学上深究人与"事务"的交道。黑尔德甚至把这一点视为海德格尔政治失误的主因。参看孙周兴：《奥斯维辛之后思想的责任》，载拙著《我们时代的思想姿态》，北京：东方出版社，2001年，第178页以下。

② 海德格尔：《存在与时间》，德文本，图宾根，1993年，第175页；参看中译本，陈嘉映、王庆节译，北京：生活·读书·新知三联书店，1999年，第204页。

……生命是沉重的。如果生命在这种存在之重和存在之难中真正是其所是，那么，对生命的真正合适的理解方式以及保真方式就只可能在一种变重（Schwermachen）中。①

在日常平均状态中，在作为“无人”的常人生活中，此在（生命）对自己遮蔽自己。“沉沦趋向乃是生命对自身的回避”。② 虽然此在首先通常总是在日常非本真状态中，但此在的本质在于“实存”（Existenz），在于它的“超越性”，在于它不是既成的“什么”，而是使自己成为它将是的东西，在于它超出日常“非本真状态”而达到“本真状态”。看起来，海德格尔在此设定了此在存在的二元结构：“非本真状态”与“本真状态”。但这种结构恐怕还不是知识—概念意义上的对立。在海德格尔看来，此在既是本真的又是非本真的，而且非本真存在也并不就比本真存在低级些。“本真的实存并不是任何飘浮在沉沦着的日常生活上空的东西，它在实存论上只是掌握沉沦着的日常生活的某种变式”。③

对于这一番意思，我们可以用海德格尔后来在“关于人道主义的书信”一文中引用过的一则关于思想家赫拉克利特的故事来加以解说。故事说：有一群外来人争先恐后地来看赫拉克利特，却看见后者正在烘炉旁边烤着火。他们大吃一惊而兴致顿失。赫拉克利特则鼓励这些踌躇不前的访客，叫他们进来，并且对他们说：“因为即使这里诸神也在场”（εἶναι γὰρ καὶ ἐνταῦθα θεούς）。④ 以海德格尔提供的解释，这个故事之所以被叙述而且还流传了下来，是因为它报告了一位思想家

① 海德格尔：《对亚里士多德的现象学阐释》，中译本，载孙周兴编译：《形式显示的现象学：海德格尔早期弗莱堡文选》，上海：同济大学出版社，2004 年，第 78—79 页。

② 海德格尔：《对亚里士多德的现象学阐释》，中译本，载孙周兴编译：《形式显示的现象学：海德格尔早期弗莱堡文选》，上海：同济大学出版社，2004 年，第 86 页。

③ 海德格尔：《存在与时间》，德文本，图宾根，1993 年，第 179 页；中译本，陈嘉映、王庆节译，北京：生活·读书·新知三联书店，1999 年，第 208 页。

④ 亚里士多德：《论动物部分》第一卷第五节，645a17。参看海德格尔：《路标》，德文本，美茵法兰克福，1996 年，第 355 页。

的生活氛围，把思想家的生活环境表达出来了。这群外来访客蜂拥而来，原是想来一睹著名思想家的稀奇古怪。但所见情景却是令他们大失所望了——思想家怎么可以在烘炉旁边烤火呢？此类勾当谁人不会干呢？从这个故事中，我们看到一种巨大的“反差”：群众对思想家的形象和情境设计与思想家对自己的生活状态的体认。换言之，群众设定思想家是非日常的；而思想家却说自己是日常的，只不过他能在日常中发现非日常的、本真的东西。也可以说，这其中似乎蕴含了一种相互责难：群众指责本来应该非日常的思想家却过着日常生活；而思想家则指责群众不能在日常中发现非日常的东西。

实际上，这样一种相互责难的局面的确是在赫拉克利特时代开始的。当赫氏同时代的思想家巴门尼德区分出“真理之路”与“意见之路”之时，他同样也已经构造了这样一种日常与非日常的紧张关系。而当紧接着的柏拉图在日常生活世界之外构造出一个“相”或“理念”的世界时，他已经把欧洲—西方的哲学以及文化的基本型式确定下来。虽然无论是在希腊时代还是在后世，旨在消除日常与非日常之基本区分的相对主义和怀疑主义的努力不断出现，但毫无疑问，欧洲哲学文化的主流传统是对这个基本区分的坚持。

虽然海德格尔宁愿把非本真状态与本真状态之分视为实存论上的区分而非知识学上的对立，但他这种区分仍旧具有旧形而上学的痕迹。日常沉沦着的“常人”是此在的非本真存在。而对海德格尔来说，关键问题在于此在如何达到“本真状态”？这种达到就是超越。而此在的超越必定是整体性的，是朝着世界方向超出存在者之外。也正是在这个意义上，海德格尔可以把此在的超越界定为“在世界之中存在”。如何实现这种超越呢？海德格尔首先把此在在世的统一性结构规定为“烦忧”（Sorge），进而通过“畏”（Angst）这种基本情绪的分析来展开“烦忧”现象，最后通过对“先行向死存在”“良知”和“决断”等一系列实存论分析来揭示此在向本真状态的超越，并揭示“时间性”之为“烦忧”的意义。

有关海德格尔这方面的细节论述不是我们在此要关心的重点。我们需要注意的是：海德格尔对于“本真状态”的设定到底有何伦理动机或者伦理意义？不断有人批评海德格尔的《存在与时间》拒绝道德，或者指责海德格尔把道德归于非本真状态、贬入“常人”领域。[①] 例如，克劳斯·黑尔德（Klaus Held）就指责海德格尔（甚至包括胡塞尔）忽略了政治的实存维度：海德格尔虽然看到了公共性现象的现象学意义，但因为他偏偏把公共性归于“常人”的“非本真状态”的实存模式，故未能对之做出正确评价，未能把公共世界设想为本真共在的生活空间。[②] 大概在黑尔德看来，只消海德格尔区分“本真状态”与“非本真状态”，他就势必忽略政治—伦理的实存维度。这种看法有没有道理呢？

无论如何，至少有一点是可以肯定的：尽管海德格尔把“本真实存”称为“常人”（das Man）的一种实存变式，甚至也强调了“本真实存”对于“非本真实存”的归属关系，但毫无疑问，他同时为“本真实存”赋予了一种理想的存在学性质，而把“非本真实存”视为一种现实的有待解脱的状态。尽管海德格尔多次强调了“非本真实存”和“常人”的“正面性”，但正如我们所看到的那样，他在讨论日常此在非本真的实存状态时，多半使用了在通常意义上消极的、负面的词汇。非本真的此在屈从于“常人的统治”。“本真性是一种对此在的存在学处境有着清醒认识的生活方式。……本真此在按照其存在学结构生活，非本真此在则回避它。”[③] 在这个意义上就可以说，海德格尔是要“给人类提供一种存在学的基础”。[④] 存在学决定伦理学。

前期海德格尔的哲思目标在于通过现象学推进实存哲学路线。就实存哲学关注个体此在经验而言，海德格尔的实存论分析构成了一种

---

① 参看朱利安·杨：《海德格尔　哲学　纳粹主义》，陆丁、周濂译，沈阳：辽宁教育出版社，2002 年，第 119 页以下。

② 黑尔德：《世界现象学》，孙周兴编，倪梁康等译，北京：生活·读书·新知三联书店，2003 年，第 218 页。

③ 朱利安·杨：《海德格尔　哲学　纳粹主义》，陆丁、周濂译，沈阳：辽宁教育出版社，2002 年，第 95 页。

④ 朱利安·杨：《海德格尔　哲学　纳粹主义》，陆丁、周濂译，沈阳：辽宁教育出版社，2002 年，第 79 页。

隐含的基础伦理学，或者说形成了一种以实存论（实存哲学、实存论的存在学）为基础的伦理奠基。海德格尔的意思大概是：一种实存论思考和言说乃是伦理学的基础，若无实存论（或实存论的存在学），则伦理学就不可能建立起来。然而个中困难也显而易见：海德格尔对 φρόνησις［照顾的环视］的强调是以器具交道为着眼点的，对人际交道的实存分析则相对消极，此在分析中的“共在”分析相对弱化。也就是说，在通常的伦理学要着力讨论的“共在”领域，海德格尔未及深入。

三、人如何合乎天命地生活？

我们说在前期海德格尔的实存哲学中可能隐含着一种基础伦理学。但我们也知道，自《存在与时间》出版以后，直至其后期思想的漫长阶段里，从表面上看，海德格尔依然表现出某种伦理—政治上的冷漠。因为这种冷漠，加上这位思想家对自己在纳粹时期的不端政治行为缺乏必要的反思和忏悔，时而有人对海德格尔生出愤怒。问题在于，海德格尔这种“冷漠”态度的原因何在？是不是有其思想上的根源？后期海德格尔当真像人们所认为的那样患了伦理冷淡症吗？

其实在 1946 年“关于人道主义的书信”一文中，海德格尔已经试图回答我们上面的问题，驳斥了人们对他的指控。海德格尔首先承认伦理关怀的必要性和迫切性。尤其在我们这个时代里，“人的明显的不知所措状态增长到不可测量的地步”，而人已经成了“技术的人”，这种人的行动只有通过技术的安排才能“达到一种可靠的持存状态”，此时此际，自然产生出一种热切的伦理愿望和一种对伦理约束的忧心了。不过，海德格尔认为，更为迫切的伦理要求起于人的本质的根本性转变或倒转：

> 当人之本质如此本质性地被思之际，亦即当人之本质惟从存在之真理问题而来被思而人却没有被提升为存在者的中心之际，

> 就必然产生出对一种约束性的指导的要求，以及对那些说明那个从绽出之实存到存在而被经验的人应当如何合乎天命地生活的规则的要求。①

这段话含意殊为深刻，已经向我们传达了后期海德格尔的思想宗旨，就是要从“存在之真理”出发重思人的本质，其中自然也内含了后期海德格尔的伦理动机——现在，伦理问题被表达为这样一个根本性的问题：人应当如何合乎天命地生活？

这时的海德格尔已经完成了他所谓思想的“转向”（Kehre）。概括起来，这种“转向”包含着两个基本方面：一是海德格尔开展了比自己前期哲学更为彻底的形而上学解构工作，二是海德格尔形成了他思想立场和倾向的根本倒转。以《存在与时间》为代表的前期海德格尔尽管也发起了对“存在学历史”的解构，但他以“此在”为出发点和归宿的“基础存在学”仍然未能摆脱主体主义的立场，甚至可以说相反地，是把主体主义“极端化”或“激进化”了。海德格尔 20 世纪 30 年代以后形成的“存在历史观”则不仅把批判目标指向“形而上学史”，而且首先是对自己前期实存论哲学的自我反思和批判。海德格尔把自己的思想经验置于“存在历史”的“转向”和“另一个开端”的生成过程中，在此意义上，海德格尔为自身的思想赋予了“存在历史”的意义。

对前其哲学的主体主义倾向的纠正自然也意味着海德格尔试图重解人的问题。由于《存在与时间》的成功，海德格尔很快纳入“实存主义”（旧译“存在主义”）的欧洲思想路线里。这从海德格尔前期哲学的基本立场上看当然是合理的，但海氏现在却要重新理解人的实存。我们知道，“实存先于本质”是《存在与时间》提出的一个基本命题。现在，海德格尔更愿意把“实存”（Existenz）读作“绽出之实存”

① 海德格尔：《路标》，德文本，美茵法兰克福，1996 年，第 353 页；参看中译本，孙周兴译，北京：商务印书馆，2007 年，第 416 页。

(Ek-sistenz)，解作人置身于存在之真理中的存在状态和存在样式。真理不是人的揭示对象，相反，人置身于存在之真理的发生之中方可能有真理之揭示。“绽出之实存”的本质出自存在之真理的本质。情形已经完全倒转过来了：我们必须从存在之真理出发重思人的本质。于是，海德格尔就可以说，他前期哲学中使用的“本真状态”和“非本真状态”两个名称并不是道德—实存状态上的区分，也不是一种人类学的区分，而是意味着人之本质与存在之真理的“绽出的”关联。[①]

海德格尔在“存在历史”意义上的实存（绽出之实存）重思必然引向一种对人的命运性的重新定位，引出“人应当如何合乎天命地生活”的问题。海德格尔进一步指出：

> 惟当人在进入存在之真理中绽出地实存着之际归属于存在，从存在本身中才能够出现一种对那些必然成为人之律令和规则的指示的指派。指派（Zuweisen）在希腊文中叫 νέμειν。希腊文的νόμος不仅是律令，而且更源始地是隐藏在存在之发送中的指派(Zuweisung)。只有这种指派才能把人指定入存在中。只有这样一种安排（Fugung）才能够承荷和维系。此外一切律令始终只是人类理性的制作品而已。比一切制订规则的工作都更重要的，是人找到逗留入存在之真理中的处所。惟这种逗留才允诺对牢靠的东西的经验。存在之真理赠送出一切行为的依靠。[②]

人是在存在之真理的天命发送中绽出地实存的，也即合乎天命地“居留”的。海德格尔认为，就其原初意义来讲，“伦理”即希腊文的ἦθος，意为“居留”。如果从ἦθος这种原初含义来讲，“伦理学”是要思考人的“居留”，那么，“那种把存在之真理思为一个绽出地实存着

---

① 海德格尔：《路标》，德文本，美茵法兰克福，1996 年，第 333 页；中译本，孙周兴译，北京：商务印书馆，2007 年，第 391 页。

② 海德格尔：《路标》，德文本，美茵法兰克福，1996 年，第 361 页；中译本，孙周兴译，北京：商务印书馆，2007 年，第 425 页。

的人的原初要素的思想，本身就已经是原始的伦理学了”。[①] 但这样说仍然不够，因为这种思想已经超出了通常意义上的“伦理学”，也超出了形形色色的“存在学”。海德格尔说：“思想追问存在之真理，同时又从存在而来并且向着存在而去规定人之本质居留；这种思想既非伦理学亦非存在学。”[②]

原始的伦理学思考人在存在之真理中的“居留”（ἦθος），也就是要思考：人应当如何合乎天命地生活？这可以说是后期海德格尔全部思想的用力点。无论是海德格尔所思的“天、地、神、人”“四重整体”（Geviert）问题，还是他借着荷尔德林的诗句“人诗意地栖居”所探讨的人的“栖居”问题（“筑造”即“栖居”，即“存在”），我们都不妨视之为“居留”（ἦθος）之思意义上的原始伦理学探讨。

四、结语：直面虚无的实存之思

在1919—1923年早期弗莱堡讲座中，特别是通过对亚里士多德哲学的阐释，海德格尔确认了实践智慧（φρόνησις）的优先性。这种确认实际上是以反本质主义的立场为前提的。海德格尔的问题大概可以归结为：撇开传统形而上学哲学的范畴—概念把握方式，哲思如何来关照日常生活？我们如何思与言个体性的生命经验？如何可能思与言动态实行的、历史性的、实际性的个体实存？

这显然是实存哲学的基本主题。为了获得对日常生命（世界）经验的现象学描述，防御对个体实存的实体化言说，海德格尔在早期弗莱堡讲座中尝试了一种非理论—非知识的思与言的方式，即他所谓的“形式显示的现象学”。最饶有兴味的是海德格尔尝试实行的“形式显示的定义”。个体性生命经验原是流变的、动态的、不确定的，而旧哲

① 海德格尔：《路标》，德文本，美茵法兰克福，1996年，第356页；中译本，孙周兴译，北京：商务印书馆，2007年，第420页。

② 海德格尔：《路标》，德文本，美茵法兰克福，1996年，第357页；中译本，孙周兴译，北京：商务印书馆，2007年，第421页。

学（本质主义）的概念定义方式却是指向确定本质的。那么，有没有可能形成一种指向具体行动和实行的动态的、不确定的定义呢？这是海德格尔的一个基本关切点。海德格尔之所以把它称为“形式显示的定义”，是因为这种定义虽然是动态的、不确定的，但它仍然应该是“形式的”，也即具有非概念抽象意义上的“形式普遍性”。对于实存哲学来说，纯粹个己的私人言说是无效的。实存哲学的言说必须既是指向个体的又是指向形式的。①

自早期弗莱堡讲座到1927年的《存在与时间》，差不多可以说是海德格尔不断纯化和推进实存哲学的过程。而实存哲学的伦理动机是显而易见的，无论是在广义的实存哲学的开创者亚里士多德那里，还是在狭义的实存哲学的发起者克尔凯郭尔那里，我们均可看出这种伦理动机。尽管如我们所见，在思想策略上，海德格尔不断强调实存哲学及其相关言说（实存畴）的非伦理性，但《存在与时间》中貌似纯正的此在实存论分析（“基础存在学”）实质上是有杂质的，仍旧可以被理解为一种隐蔽的基础伦理学。在海德格尔看来，伦理学首先需要形而上学的奠基，但这种奠基不可能通过本质主义的方式来实现（伦理学不可能以伦理学为前提），而必须是实存哲学的。先要有实存哲学，后才可能有伦理学；伦理学只有作为实存哲学才是可能的。

与前期海德格尔相比较，后期海德格尔倾向于诗艺和玄奥的思想，看起来更不具有伦理意蕴了。的确，“转向”之后的海德格尔放弃了前期实存哲学中残留的主体主义元素，转向了一种后哲学的、后主体主义的本源性思想。海德格尔说这种本源性的思想既非理论的也非实践的，也就是说，他把这种思想视为非伦理的；但我们并不能由此说它是没有伦理关怀和伦理后果的，相反，正如海德格尔本人所言，这种思想仍旧具有“原始伦理学”的性质。从“存在之真理”出发对人的本质进行重新定位，认为人的实存和行为的依据是由“存在之真理”

① 参看孙周兴：《形式显示的现象学——海德格尔早期弗莱堡讲座研究》，载《现代哲学》，2002年第4期；本书第三编第一篇文章。

提供出来的，人的律令和规则是由存在本身来“指派”的，这样一种“原始伦理学”显然具有反主体主义或后主体主义的意义。

我们看到，在今天这个由现代技术规定的虚无主义时代里，海德格尔直面人类心灵生活的贫乏真相，在前期哲学中尝试以实存哲学为伦理学奠基，寻求对个体实存和行动的非本质主义的思与言，从而构成了一种隐含的“基础伦理学”；而在后期思想中，海德格尔通过追问“人应当如何合乎天命地生活？”这样一个根本性问题，从更宏大的视野和更深沉的层面上重新规定人之实存，由此酝酿了一种后主体主义的“原始伦理学”。海德格尔的隐秘之思内含了对于人心世态和人类命运的深度忧心。

如是看来，我们恐怕还不能简单地把海德格尔称为“非道德论者”。

一种非对象性的思与言是如何可能的?[①]

内容提要：海德格尔提出一个现象学的问题：一种非对象性的或非客观化的思与言是如何可能的？这个问题也可以表达为：如何“接近”事物的自在自持的存在？本文认为，海德格尔在一生思想中尝试了多种途径来解答这个问题，主要集中于四个方面：器具分析、作品分析、物的分析和词语分析。所有这些思想努力贯穿着一个主导线索，那就是“存在之真理”，即存在既解蔽又遮蔽的二重性运动。这个主导线索也是与海德格尔的早期希腊之思联系在一起的，希腊思想意义上的“无蔽”（Aletheia）正是海德格尔现象学的主题。

一、问题：一种非对象性的思与言是如何可能的?

在1964年3月11日写的一封书信中，海德格尔提出如下问题：“客观化的思与言是一种特殊的思与言吗？或者，每一种思之为思，每一种言之为言，都必然是客观化的吗？”[②]

---

① 本文系作者在中国现象学哲学学会第五次年会（海南大学，1998年11月30日）上的报告，1998年12月28日在中国美术学院油画系（杭州）以《我们如何接近事物?》为题讲了内容相近，但更为简略的报告，后者收入孙周兴：《我们时代的思想姿态》，北京：东方出版社，2001年，第189页以下。本文原载《中国现象学与哲学评论》第三辑，上海：上海译文出版社，2001年，第30页以下。收入本书时做了修订。

② 海德格尔：《现象学与神学》，载《路标》，德文本，美茵法兰克福，1978年，第70页。

其实可以换一种提法。海德格尔这里真正想追问的是：一种非对象性的或非客观化的思与言是如何可能的？就像康德在《纯粹理性批判》中把知识学（知识论）的问题归结为“先天综合判断是如何可能的?”一样，海德格尔试图提出和解答“非对象性的思与言的可能性”这样一个现代性的哲学难题。如果借用康德的问题提法，我们也不妨把海德格尔的这个问题表述为：一种非对象性的或者非客观化的思与言是否可能，如其可能，如何可能?

在这里，海德格尔设问的意图已经撇开了“是否可能”的问题，或者说，已经预设了一种非对象性的或非客观化的思与言的可能性。不过，海德格尔在同一封书信中讲的一段话，仍可以看作对“是否可能”的问题的回答，值得我们细细品味：

> 对于更宽泛意义上的物的日常经验既不是客观化的，也不是一种对象化。譬如，当我们坐在花园中，欢欣于盛开的玫瑰花，这时，我们并没有使玫瑰花成为一个客体，甚至也没有使之成为一个对象，亦即成为某个专门被表象出来的东西。甚至当我在默然无声的道说（Sagen）中沉醉于玫瑰花的灼灼生辉的红色，沉思玫瑰花的红艳，这时，这种红艳就像绽开的玫瑰花一样，既不是一个客体，也不是一个物，也不是一个对象。玫瑰花在花园中，也许在风中左右摇曳。相反，玫瑰花的红艳既不在花园中，也不可能在风中左右摇曳。但我们却通过对它的命名而思考之、道说之。据此看来，就有一种既不是客观化的也不是对象化的思想与道说。①

现代人浸淫于科学—技术的思维方式之中，久已落入形而上学对象化或客观化的思想和言说习惯之中了。凡事凡物都被当作主体观察的“对象”或者“客体”。凡“东西”（Sache）都与我们相对待；凡

① 海德格尔：《现象学与神学》，载《路标》，德文本，美茵法兰克福，1978 年，第 73 页。

“言说”（sprechen）都必有所指涉。若无所对待，我们就会茫然失措；若无所指涉，我们就会嗒然失言。但海德格尔却要告诉我们：并非每一种思与言都是一种关于作为客体的某物的表象。他断定：只有自然科学的思与言才是客观化的。在自然科学和技术的表象领域里，思与言是“客观化”的，也就是要把给定事物设定为客体的，设定为一个可计算、可作因果说明的客体。而在此领域之外，思与言就决不是客观化的。

在上面引录的这段话中，海德格尔已经提示我们：只要细心体会，我们就会发现，我们日常在事物那里的逗留经验，就未必是一种对象性的或客观化的活动，而且首先并不是一种对象性的或客观化的活动。

海德格尔在此还举出艺术作品和艺术创造。例如，对于一尊阿波罗雕像，我们固然可以把它当作自然科学表象的一个“客体”来加以考察，我们可以计算它的物理重量，研究它的化学特性，给以科学的表达等。然而，海德格尔指出：这种客观化的思与言并没有洞察阿波罗，也没有洞察到阿波罗是如何显示出它的美并且以这种美而作为神的面貌显现出来。① 若我们自始就把艺术作品变成客体，那就阻挡了作品的显现。若一切思与言都是客观化的，则艺术创造就毫无意义可言了。

对象性的或客观化的思与言不可能进入艺术世界。这本身也表明：有一种非对象性的或非客观化的思与言。但问题依然是：这种非对象性的或非客观化的思与言是如何可能的？这是海德格尔毕生孜孜以求解答的一道思想难题，而他的全部运思实践，也正是这样一种解答的尝试。

二、现象学原则：如何接近自在自持的物？

以我们的理解，关于一种非对象性的思与言如何可能的问题，海德格尔的解答是现象学的。此处所谓现象学，固然不是完全胡塞尔意

---

① 海德格尔：《现象学与神学》，载《路标》，德文本，美茵法兰克福，1978 年，第 73 页。

义上的意识现象学，但仍然是贯彻着“面向实事本身”这个原则的现象学。众所周知，海德格尔在《存在与时间》之后已经很少谈论现象学了，很少以“现象学”这个名称标榜自己的思想，但直至20世纪60年代，他依然认定自己“保持了真正的现象学”。①

在前期著作中，海德格尔总是把现象学称为一种“方法”。只有在少数讲座中，海德格尔对作为方法的现象学作了一些扼要的论述。既为“方法”，重要的是“做”而不是“说”。而且，说得少决不能等于做得少，也决不等于做得不好。再有，海德格尔并不把现象学理解为一种哲学或者一个学派，而是把它理解为一种可能性，一种“思想的可能性”。这种表态是大有意味的，表明海德格尔自始就有发展现象学的用心，并不想把自己系在胡塞尔的裤带上。这样看来，人们拘泥于一些字面因素对于海德格尔后期思想是否属于现象学的种种争执，就变得没有多少意义了。

有意思的问题是：后期海德格尔的思与言的实践，究竟是不是一种现象学的“姿态”和“做法”？他所谓的“真正的现象学”又是什么？

在汉语学界，现象学的原则“Zu den Sachen selbst”一般被翻译为“面向事情本身”或者“面向实事本身”。无论在翻译还是在义理上面，这个“原则”中的每一个词都是大可深究的。也许其中的“面向”（zu）就不是好的翻译。因为“面向”所指示的仍是一种“对立”的姿态，而与现象学要求“接近”（zu）“实事本身”或者“让”（lassen）“实事本身”“显现”（erscheinen）的原则并不相合。现象学在原则上就包含着一个“非对象性”或“非客观化”的思想要求。由此亦可见，海德格尔的上述问题乃是一个真正的现象学问题。

根据现象学的原则，海德格尔的问题也完全可以有另一个表达法：如何达到物之“自在”或者“自持”？现象学原则中的“实事本身”之“本身”（selbst），就是“实事”之“自在”（Ansich），后者当然

---

① 海德格尔：《面向思的事情》，德文本，图宾根，1976年，第48页。

有别于古典哲学中与“为我们”（für uns）或“为我”（für mich）相对的——即与主体相对的——“自在”（an sich）。海德格尔本人并不经常使用“自在”这个具有德国古典形而上学色彩的词语。在《艺术作品的本源》中，海德格尔更多地使用了他自己拼造出来的一个词语，即 Insichruhen，后者的字面意思为“基于自身中”“以自身为依据”“安于自身”，我们勉强译之为“自持”。在海德格尔那里，所谓物的“自持”，就是物的“憩息于自身之中使自己归于无的性质”。[①] 按照我们理解，海德格尔在此强调的是物的“内在安宁”。物的“自持”指的是物本身具有“守住自己”的性质和倾向——在德文中，“守住自己”可以用 ansichhalten 这个动词来表示。物不但是“自在的”，而且是“自持的”，可见物是难以为我们“接近”的。物是自在自持的，意思也即说，物自身是幽闭的。物的这种自身幽闭性质，现象学家斯塔罗宾斯基（J. Starobinski）用“致密”一词来形容：

> 人们撞在事物上，深入不进去。人们碰它，触它，掂量它；然而它始终是致密的，其内部是顽固不化的漆黑一团。[②]

物的这样一种致密的“漆黑一团”，海德格尔在《艺术作品的本源》中以“阴沉”或“阴沉之趣”来加以描绘：我们感受到一块石头的沉重，但我们无法穿透它；我们把它砸碎，石头的碎块也决不会显示出任何内在的和被开启的东西，因为石头碎块很快又隐回到其碎块的负荷和硕大的同样的“阴沉之趣”中了。[③] 既如此，我们如何来揭示物的这种“阴沉之趣”，这种自在自持呢？在同一个语境里，海德格尔认为，我们需要借助于艺术作品来实现这种揭示。

由传统哲学和科学所铸定的表象性思维方式不仅不能让我们接近

---

① 海德格尔：《林中路》，德文本，美茵法兰克福，1980 年，第 16 页；中译本，孙周兴译，上海：上海译文出版社，1997 年，第 15 页。实际上，中文用以翻译 Ansich 的“自在”的自然含义或字面含义极佳，“自在”即是毫无干扰的、自足自得的、安于自身的状态，也与海德格尔的 Insichruhen 相合。

② 转引自乔治·布莱：《批评意识》，中译本，郭宏安译，南昌：百花洲文艺出版社，1993 年，第 228 页。

③ 海德格尔：《林中路》，中译本，孙周兴译，上海：上海译文出版社，1997 年，第 30 页。

物，而且扰乱了物本然的自持和安宁。所谓“表象”（Vorstellen）思维是一种对象性思维，它对事物采取一种对立性的态度，把什么都立为观念对象。“表象”思维力求透过“现象”看“本质”，而这个“本质”就在我们通过“普遍化”和“形式化”方法形成的“观念”（“概念”）序列中。在德文中，“表象”的名词就是“观念”（Vorstellung）。自柏拉图就开始了这种本质化（观念化）的表象思维传统；尤其在近代主体形而上学中，“表象”成为“自我”的基本规定性，而物的存在在存在学上被规定为“被表象状态”。随着哲学和科学的发展，表象思维越来越成为人类的基本思维方式，也阻碍着我们去接近事物。

在这个意义上，我们完全可以同意德国当代现象学家黑尔德（Klaus Held）的观点：现象学的“面向（接近）实事本身”这个座右铭，其最深刻的意图乃是“反主体主义”，它要求的是“恢复事物真正的自在存在，即事物的自持”。[①] 这当然更多地是在海德格尔意义上来理解现象学及其原则的，但它显然也不只是海德格尔的呼声。横在现代人与事物之间的屏障越来越厚重。我们多半已经无法直接接近事物了。因此，恢复事物的自在自持的存在，已成为现代艺术和现代思想的一个共同诉求。现象学，特别是经过海德格尔发展的现象学，是这个诉求的最集中的表达。[②]

如何接近自在、自持的物？或者说，如何达到物的自在、自持？在我们看来，这是作为现象学家的海德格尔的基本思想课题。这个基本课题把海德格尔从《存在与时间》中的器具分析到后期思想的作品分析、物的分析和词语分析都串连在一起，形成他的一条独特的现象学思想道路。

---

① 参看黑尔德：《海德格尔通向“实事本身”之路》，孙周兴译，载《浙江学刊》，1999年第2期。又见黑尔德：《世界现象学》，孙周兴编，倪梁康等译，北京：生活·读书·新知三联书店，2003年，第115页以下。

② 具有现象学倾向的日内瓦批评学派的思想家阿尔伯特·贝甘（Albert Beguin）同样表达了这样一个“恢复”要求，要求“恢复物的纯洁性”，“恢复惊奇的观照和物的最初在场的完整性”。参看贝甘：《贝玑的祈祷》第35页以及《浪漫派的心灵和梦》第54页。转引自乔治·布莱：《批评意识》，中译本，郭宏安译，南昌：百花洲文艺出版社，1993年，第126页。

三、器具分析：世界现象学

在《存在与时间》第 15～18 节，海德格尔对“器具”（Zeug）的现象学分析构成了他的“在世”学说的关键部分。对器具的优先地位的强调是海德格尔在 20 世纪 20 年代前期哲学中奠定的“世界现象学”的一个特点。在海德格尔看来，人生在世，日常总要与世内存在者打交道。最切近的交道不是认识世界，而是操作着、使用着的“烦忙”。在此烦忙中照面的是“器具”或“用物”。以现象学的“务实”姿态，日常的行动和日常的用具应有优先地位。“现象学首先问的就是这种在烦忙中照面的存在者的存在”。①

以当下上手的器具为出发点，表明前期海德格尔哲学的极端主体主义立场，尽管他原先的意图是反主体主义的。在他看来，物的存在首先就在于人对物的使用中，就在于物与人的关联状态，是“为我们的”（für uns）存在。这个出发点就透露出海德格尔与胡塞尔现象学的一个基本差异：纯粹理论的知识态度并不具有优先性，以纯粹理论态度是不能把握器具或物的真正存在的。

海德格尔的器具分析已经为我们所熟知，但它的真正意义仍需要我们认真体会。在我们看来，海德格尔器具分析的真义就是一种对物的自在存在的现象学经验。其中有三点值得我们特别注意：

首先，海德格尔告诉我们，我们与器具之间有着一种在先的非知识性、非理论性的“亲熟状态”或“信赖状态”。因为，在我们使用器具之前，我们总是确信，器具已经作为某种可用的东西随时可供我们使用了；正是凭着这样一种对器具的可用性的“信赖”（Vertrauen），我们才不假思索地坚信，在我们把器具作为我们的对象之前它就已经存在了。这样想下去，海德格尔就超出了纯粹知识的眼光，而进入一个现象学存在学的思想境界了。

---

① 海德格尔：《存在与时间》，德文本，图宾根，1986 年，第 67 页。

其次，海德格尔进一步认为，我们对器具的亲熟状态或信赖状态的真正基础是作为“使用境域”的世界，或者说，器具或事物的自在存在只有在世界的自在存在角度才能得到理解。海德格尔是从器具的“因缘性”进入思考的。“上手的东西的存在性质就是因缘。”① 作为上手之物的器具都不是孤立的，而总是有“因缘”的、“结缘”的。海德格尔举过一个例子：锤子与锤打有缘，锤打又与修固有缘，修固又与防风避雨之所有缘，这个防风避雨之所又为此在存在的某种可能性之故而存在。单个器具因何种缘，它的上手状态，是由“因缘整体”决定的。海德格尔说：“因缘整体性‘早于’单个的器具。”② 器具是在作为“因缘联系”（Bewandtnis-zusammenhang）的世界中与我们照面的。因此，在海德格尔看来，我们对器具的可用性的信赖的真正依据并不是由器物本身构成的，而是由作为“境域”的世界构成的。这个世界境域为事物备好了这样一种使用方面的可靠性，从而使我们能够信赖于此，能够在与事物的交道中自由地活动。据此看来，“自在”（das Ansich）就是世界，就是那个首先日常地作为使用境域为我们所信赖的世界。所以，从根本上讲，“面向实事本身”这个座右铭的要求就是针对这种“自在”的，即我们在事物显现中经验到的这种“自在”。这是海德格尔在《存在与时间》中的器具分析所获得的一个基本发现，这个发现显然是从胡塞尔那里发展出来的。

最后，海德格尔还揭示了世界境域的显—隐两重性的发生。器具是有因缘的，是相互指引的，但只有当器具之使用受到扰乱、阻碍时，当器具之间的相互关系被打乱时，这种因缘联系和指引关联才得以显露出来。这就是说：因缘联系为着事物的不受干扰的可用性开放出上手事物，而因缘联系本身始终是隐而不显的。作为敞开维度的“世界”因为本身是完全不显眼的，才为我们在与上手事物的交道中的活动性开放出一个空间。世界的存在是由于它通过克制而开启自身。世界是一种既自行克制又自行开启、既显又隐的“发生”。这是通向对世界之

---

①② 海德格尔：《存在与时间》，德文本，图宾根，1986 年，第 84 页。

自在存在的现象学经验的关键步骤：我们与器物的交道的活动性的依据就在于，作为使用境域或因缘联系的世界克制自己。

我们看到，海德格尔在《存在与时间》中所做的器具分析，虽然在出发点上是主体主义的，但进一步的分析却表明：作为“器具”的事物是在某个“使用境域”中与我们照面的，我们对事物之显现的经验只有在某个先行给定的有限境域的联系中才是有可能的，这样，海德格尔实际上已经找到了克服主体主义的可能性，并且由此超出了胡塞尔，因为后者对事物的自在存在的解释是以“感知”为定向的。[①] 同时，海德格尔借此形成的“世界”观，也为现象学开辟了一个新方向：现象学的基本任务是“境域”分析。由此出发，我们才可能理解泰奥多·德布尔的以下见解：

> 在《存在与时间》中，海德格尔修正了胡塞尔对本质观念的理解。他不认为本质是某种与可感知经验对象相似的先验直观对象。在他看来，本质是区域性的境域。……哲学就是一种对现象之本质境域的阐明。它要澄清这些人类经验的本质结构。海德格尔与胡塞尔的基本区别在于，他认为这种境域就是存在自身。[②]

虽然在《存在与时间》中，海德格尔还没有明确地形成他后期关于世界的两重性发生的境域观，但基本的思想路线和思想课题已经有了：从世界境域角度来理解事物的自在存在。在后期的思想努力中，海德格尔首先力图消除前期哲学中的主体主义阴影，同时把这个课题落实在不同的运思维度上。

---

① 参看克劳斯·黑尔德：《海德格尔通向“实事本身”之路》，孙周兴译，载《浙江学刊》，1999 年第 2 期，第 3 页。又见黑尔德：《世界现象学》，孙周兴编，倪梁康等译，北京：生活·读书·新知三联书店，2003 年，第 115 页以下。

② 泰奥多·德布尔：《胡塞尔思想的发展》，中译本，李河译，北京：生活·读书·新知三联书店，1995 年，中文版前言，第 3 页。

四、作品分析：天空与大地

进一步，海德格尔接近事物本身的努力与艺术联系在一起。在《艺术作品的本源》中，海德格尔对传统美学和艺术哲学进行了颠覆性的批判，而如何接近自在自持的物，仍是他的一个指导性的思想课题。传统西方美学中，客观论美学把艺术作品当作对象性的物，当作客体；主观论美学（如体验美学）把艺术创作和欣赏当作对象化的活动，当作主体的心理体验活动。两者都贯彻着对象性的或者客观化的思维原则。所以，海德格尔认为，传统美学都是以形而上学的存在理解以及关于“物”的概念为前提的。按照海德格尔总结，传统哲学关于“物”的解释盖有三种：其一，实体属性说，物是属性的载体；其二，感觉复合说，物是感觉之多样性的统一；其三，质料形式说，物是具有形式的质料。在海德格尔看来，这三种物的解释都是以形而上学的对象性思维方式为基础的，都基于主—客体对立的思维模式来考察物，因此都是对物的“扰乱”，而不可能启示自在自持的物的本质。海德格尔感叹道：“对物之物性的道说特别艰难而稀罕。”[①] 因为我们人一思一说都有落入对象性的思与言中的危险。但不可说又要强说。怎么办？关键是要换一种思法和说法。问题依然是：一种非对象性或非客观化的思与言是如何可能的？

通过对三个传统的“物”概念的清理和批判，海德格尔已认定：它们都是一种对“自持的”物——物本身、物的自在存在——的“扰乱”。那么，如何现象学地“接近”事物呢？首先当然需要有一种防御性的姿态：与传统形而上学的思维方式和先入之见“保持距离”。进而，海德格尔说，要从存在者之存在角度来思存在者本身，而又使存在者“保持原样”，不受“扰乱”。所谓从存在者之存在角度来思存在者本身，其实就是从“世界境域”出发理解存在者。

① 海德格尔：《林中路》，德文本，美茵法兰克福，1980 年，第 16 页。

在这里，海德格尔同样也把器具分析当作他的入思门径。为了接近自在自持的物，为什么要从“器具”（Zeug）或者“用物”（Gebrauchsding）入手呢？海德格尔提出两条具体的理由：其一，传统对物的解释是以“质料—形式”概念为主导线索的，这种对物的规定起于对器具的解释，因为人制作出来的器具最靠近人的表象；其二，器具在物与作品之间占有一个特别的中间地位。[①] 但究竟哪条道路通往器具的器具因素呢？海德格尔说，我们不能用某种哲学理论，而是要“径直描绘”一个器具。海德格尔举出的例子是一双普通的农鞋。这是一个最寻常不过的用物了。人们一般是从“有用性”或“用途”角度看待这样一个器具的。器具的器具存在就在其“有用性”中。从用途方面看一个用具，这当然不错，但又是不够的。“不错，但不够!”——这是海德格尔的一贯思法。恐怕哲学都要由“不错”进入“不够”，在“不错”的地方思入“不够”处。

与《存在与时间》中的器具分析相接近，海德格尔力图从前现象学的日常经验深入到现象学的经验。他说，“有用性”本身又植根于“可靠性”（Verläßlichkeit），后者被称为“器具之本质存在的充实”。为什么农妇早起穿鞋，晚归脱鞋，总在不经意间？她不至于在“用”鞋之前细细端详，研究、讨论半天鞋的性质、用途等。这都是借着“可靠性”。我在用某个器具之前，总是已经“依靠、信赖”它了。器具用旧用破之后，“有用性”被消耗掉了，也就是“可靠性”消失了。这样一种“可靠性”与“有用性”的关系是不难解说的。比如家具，若是有用的，意思实即可靠的；家具之“破”，可能首先并不在于新旧程度，而倒是在于是否可靠。“家”的感觉亦然。“家”给人庇护，令人感到踏实、安全、温馨，首先是因为它可靠，可依可赖。我黑灯瞎火都能摸到家具，走进家里每一房间，这就是“可靠性”。海德格尔在此看得更深、更玄：

---

① 海德格尔：《林中路》，德文本，美茵法兰克福，1980年，第17页。

> 凭借可靠性，这器具把农妇置入大地的无声的召唤之中，凭借可靠性，农妇才把握了她的世界。……器具的可靠性才给这素朴的世界带来安全，保证了大地无限延展的自由。①

从“有用性”到“可靠性”，这一“跃”十分要紧，可以看作日常目光向现象学目光的转变。有这一“跃”就进入了艺术和艺术作品的领域。如上所述，海德格尔认为我们只有在作为“有用性”之根基的“可靠性”中才能发现器具的真实存在，它的自持的宁静。传统哲学不能触及这种“可靠性”。对一双鞋的实物的描绘，对某人实际使用的鞋的观察，是发现不了“可靠性”的。“有用性”（用途）很具体，是可“知”的；而“可靠性”却虚无缥渺，指向一个意义境域（世界境域），或者说，是在一个意义境域中才得以显现出来的，是不可以“知”的。海德格尔认为，只有通过艺术作品，器具的“可靠性”才被启示出来，聚集在这个器具上的意义境域才被开启出来。已经脍炙人口的关于凡·高的农鞋画的经典描绘，以及另一段同样诗情洋溢的关于希腊神庙的描写文字，都是海德格尔对由艺术作品启示出来的意义境域的思想经验。②

在这里，满足于海德格尔文字的丰盈诗意是不够的。以为海德格尔是借诗意的描写来逃避严格的思想，更是一种常见的轻浮的看法。海德格尔自然不会承认自己放弃了思想的严格性——问题是何种意义上的严格性。要“面向”（“接近”）自在或自持的器具，必须借助于艺术作品。作品为我们打开一个诗意的空间，而我们当下对它的体验和表达是可以多样化的、丰富多彩的。所以对他的上述描写，他不但不以为过度，而且还以为不够。

---

① 海德格尔：《林中路》，德文本，美茵法兰克福，1980年，第19页。
② 海德格尔：《林中路》，德文本，美茵法兰克福，1980年，第18—19页和第27—28页。

我们更要注意的是海德格尔的以下说法：

> 我们绝对无法直接认识物之物因素，即使可能认识，那也是不确定的认识，也需要作品的帮助。①

海德格尔在此已经超出了器具，把眼光转向一般事物。初听起来，这个说法颇令人吃惊。它仿佛是在回答康德式的不可知论难题。我们是不可能直接地去认识和把握事物本身的，但有了“作品”的“帮助”，我们也许可以“接近”事物，形成关于事物本身的经验和认识。看得出来，海德格尔在这里透露的是他一直坚持的基本想法：知识（科学）只是一种衍生性的或者派生性的揭示（解蔽）方式，艺术才是原初的（本源性的）的揭示（解蔽）方式。只有在艺术所开启的原初真理基础上，知识（科学）的揭示活动才是可能的。有了这样的了解，我们就不难理解海德格尔的上述断言了。

海德格尔这一重要思想可以说是对他前期的世界境域观的推进。事物的自在存在既不缘于物本身，也不系于自我主体，而是在“世界境域”中显现出来的，而这个“世界境域”是显—隐两重性的发生和运动。这是海德格尔在《存在与时间》中已经形成的想法。到《艺术作品的本源》一文中，海德格尔进而把这种思考落实到了艺术作品上：我们要通过艺术作品才可能认识物的自在存在，因为艺术作品正是对“世界境域”的开启和确立。海德格尔对“作品存在”的两个基本特征作了如下规定：“建立一个世界”和“制造大地”——在更后期的文本中，海德格尔借用诗人荷尔德林的表达，把这里的“一个世界”说成“天”（Himmel），与之相对应的是“地”（Erde）。海德格尔这时显然以为，他以此能更恰当地描述“世界境域”之两重性发生，即“天”与“地”两个相对的有冲突的世界区域的发生。

“天”—“地”两个世界区域的发生，在海德格尔那里也被称为

① 海德格尔：《林中路》，德文本，美茵法兰克福，1980年，第56页。

存在者之真理的发生。而艺术的本质规定就在于：存在者之真理自行设置入作品中。[①] 存在者之真理在作品中现身为“天”与“地”的“冲突”或“争执”（Streit）。海德格尔由此进一步推出他对于“创作”的理解：

> 为了求得一种对物之物因素的正确而有份量的认识，我们必须看到物对于大地的归属性。大地的本质就是它那无所迫促的仪态和自行锁闭，但大地仅仅是在嵌入一个世界之际，在它与世界的对抗中，才将自己揭示出来。大地与世界的争执在作品的形态或形象（Gestalt）中固定下来，并且通过这一形态或形象才得以敞开出来。[②]

我们看到，海德格尔在《存在与时间》的器具分析中的“世界境域”观，在“艺术作品的本源”中有了进一步的发展。在这里，“世界境域”的显现被思为“存在者之真理”的发生，被思为“天空”与“大地”两大世界区域的差异化运动，艺术被看作“存在之真理”（原始的澄明与遮蔽之争）的发生为“存在者之真理”（天地之争）的根本性方式，用海德格尔的话来说，是“真理把自身建基于由真理开启出来的存在者之中”的根本性方式之一。在作品中实现的世界境域的运动（或存在者之真理的发生），同时也正是物之自在存在的开启。

在这一点上，还是黑尔德做的总结最为明快。黑尔德认为，海德格尔的《艺术作品的本源》一文包含着一个十分重要的现象学的新见解：事物的内在安宁、事物的自在存在并不像近代以来的主体性哲学所认为的那样，是从我们的主观活动性中获得其依据的，而是从“世界”的“发生”中获得其意义的。[③] 任何一种显现都是在“世界境域”

① 海德格尔：《林中路》，德文本，美茵法兰克福，1980 年，第 21 页。
② 海德格尔：《林中路》，德文本，美茵法兰克福，1980 年，第 56 页。
③ 参看克劳斯·黑尔德：《海德格尔通向“实事本身”之路》，孙周兴译，载《浙江学刊》，1999 年第 2 期。又见黑尔德：《世界现象学》，孙周兴编，倪梁康等译，北京：生活·读书·新知三联书店，2003 年，第 115 页以下。

中发生的，都是在“天”—“地”两大世界区域的显隐运动中开展的。在黑尔德看来，海德格尔由此已经进入了非主体主义的思想境界。

《存在与时间》对器具的现象学分析现在落实到了一个新的方向上。在海德格尔看来，对日常经验中照面的器具的直接的现象学分析和描写，现在必须与一种作品分析结合起来。由此我们也得以理解，为什么后期海德格尔更多地实践了对艺术作品和诗歌文本的探讨，他的文风和表达也越来越接近于诗歌——那是“实事本身”所要求的。

五、物的分析：天地神人

我们看到，在《艺术作品的本源》一文中，海德格尔给予“艺术作品”一个特殊重要的地位：因为“物”是在由“作品”所确立的“天”—“地”之境中才得以显现的，所以只有借助于“作品”，我们才能认识物的物性、物的自在存在。在20世纪50年代中，海德格尔更进一步深化，或者可以说修正了他的这个思想。他认识到，借助于作品，从艺术或诗的道路接近物的自在存在是一个方向，但显然不是唯一的方向，除此之外，“思想”（Denken）是另一条基本的道路。

有没有可能直接地接近自在自持的物？海德格尔指出了一种“思念之思”。他有一段话特别重要：

> 物之为物何时以及如何到来？物之为物并非通过人的所作所为而到来。不过，若没有终有一死的人的留神关注，物之为物也不会到来。达到这种关注的第一步，乃是一个返回步伐，即从一味表象性的、亦即说明性的思想返回来，回到思念之思（das andenkende Denken）。[①]

海德格尔在这里指出了两点：其一，物之为物，物的自在自持的

① 海德格尔：《演讲与论文集》，德文本，弗林根，1978年，第174页。

存在并不在于人的主观性活动中；其二，为了让物之为物“到来”，也需要我们人的专心和关注，这种专心和关注的姿态就是“思念之思”。那么，这种“思念之思”有何特性呢？首先它是与哲学和科学的表象性思维截然不同的，与对象性或客观化的思维不同，可以说是一种非对象性的、非客观化的“思”。在《泰然任之》一文中，海德格尔也把它称为“审慎之思”（das besinnliche Denken），并且认为这种“审慎之思”包含着两个要求，即“向着物的泰然任之”和“对于神秘的虚怀敞开”。[①] 总之，这种解脱了主体性的“思念之思”实质上是现象学的，就是“让显现”意义上的思想，也是“让存在”意义上的生存姿态。在许多地方，海德格尔也喜欢把它称为“应合”或“响应”（Enteprechen）。

通过这样一种“思念之思”，我们就有可能接近自在自持的物。思者海德格尔因此形成了一种独特的“物”观。“物”在海德格尔那里也玄了。若问“物”是“什么”，海德格尔就答不上来，只说：“物物化”（Das Ding dingt）。“物”不是一个“什么”。“什么”不是“物”的本性，不是“物”的自持、自在的存在。海德格尔进一步的说法是：“物化聚集”（Das Dingen Versammelt）。在他看来，不是一个“什么”、一个“东西”的“物”，从本性上讲是一种运作，即“聚集”。

海德格尔举出的著名例子是一把壶。如若从科学上来研究，一把壶只不过是一个器皿而已，我们可以在科学上分析之，精确地测定它的物理性质和化学成分。科学的分析当然自有其用处，但这种分析不可能触及壶的本性。海德格尔别出心裁，撇开了实体性的壶，而从壶的“空洞”入思。壶之为壶自然是要能“容纳”什么，但能“容纳”什么的不是壶底和壶壁，而倒是壶的“空洞”。于是就可以认为，壶的本性倒在于“空无”。进一步，空洞的壶之所以“容纳”，原是为了“倾泻”，是为了有所“馈赠”。壶“馈赠”什么呢？自然是饮料，是水和酒。水和酒乃天地造化，既可解渴、欢宴，又可敬神、献祭。这

---

① 海德格尔：《泰然任之》，德文本，弗林根，1979年，第25页。

样就可以说，壶之为壶乃是集“天、地、神、人”于一体，这四者被称为“四重整体”。海德格尔有玄言：

> 物如何成其本质呢？物物化。物化聚集。居有四重整体之际，物化聚集四重整体入于一个当下栖留的东西，即入于此一物彼一物。①

物之本质在于“物化”，即对“四重整体”的聚集。海德格尔这里的思法，仍旧是从世界境域发生的角度来理解物之自在存在。只不过，海德格尔这时的“世界”观已经有所改变。世界已不再是天、地两维，而是“天、地、神、人”这样“四方”构成的“四重整体”。

> 我们把在物之物化中栖留的天、地、神、人的四重整体称为世界……物通过物化来实现世界……。由于物化，物才是物。由于物化，物才承受（实现）一个世界。②

物之成为物是“物化”，而世界之成为世界是“世界化”。所谓“世界化”，在海德格尔那里就是天、地、神、人“四方”的游戏运动。物化实现世界，而世界化允诺物。显然，在海德格尔看来，“物化”和“世界化”乃是世界发生运动的两个方式，而只有从“世界游戏”运动的角度，我们才能接近自在自持的物。

海德格尔所思的物是有独特意义的。“物是从世界之映射游戏的环化中生成、发生的。”这样的物是自然而然的物，但并非所有东西都是“物”。海德格尔认为，技术工业的“对象”就不是物。“作为对象立身于无间距状态中的一切东西都不能简单地转变为物。”所以，“与无数处处等价的对象相比，与过量的作为生物的人类群体相比，物在数

---

① 海德格尔：《演讲与论文集》，德文本，弗林根，1978 年，第 166 页。参看孙周兴：《说不可说之神秘——海德格尔后期思想研究》，上海：生活·读书·新知三联书店上海分店，1994 年，第 237 页。

② 海德格尔：《在通向语言的途中》，德文本，德文本，弗林根，1986 年，第 22 页。

量上也是轻微的。"① 在讨论物的各篇文章中，海德格尔举出的物的例子有：壶和凳、桥和犁、树木和池塘、小溪和山丘、苍鹰和狍子、马和牛、镜子和别针、书和画、王冠和十字架等。其中有自然物，也有器具（用具）。这一类物都是能在物化之际聚集"天地神人""四方"的。但现代工业制造出来的技术产品就不能"物化"，不再能聚集"四方"了。②

"思"要面对技术世界，其中的一个任务就是让技术对象转变为物。以海德格尔的说法：让技术对象进入我们日常世界而同时又让它们出于我们的日常世界，也即让它们作为物栖息于自身。这就是所谓的"向着物的泰然任之"。③ 这是一个"返回步伐"，它是对"世界本质"（Weltwesen）的应合和应答。海德格尔说："惟有作为终有一死者的人才栖居着通达作为世界的世界。惟从世界中结合自身者，终成一物。"④

在海德格尔那里，与物的分析紧密相联系的是词语分析，是他的语言之思。在这个课题上，海德格尔思索的是"词"与"物"的关系问题，而往深远处想，就是"语言"与"存在"的关系问题。众所周知，海德格尔在这方面的一些想法是十分玄奥的。但我们可以看到，海德格尔语言之思仍旧是他的世界境域观的深化和落实，世界境域的二重性发生仍是他的语言——存在思想的主题。

我们可以从一般的"命名"问题入手。命名仿佛是一件简单的事情。先有物后有名。但海德格尔却想反过来说：先有名后才有物。词对物的关系在海德格尔看来始终是一件"莫名其妙的事情"。我们可以给子虚乌有的物立名，就可见通常认为先有物后有名不能成立。人造物如飞机、火箭、卫星等，往往是先有了名才有物的。但在这里，"时

---

① 海德格尔：《演讲与论文集》，德文本，弗林根，1978年，第175页。
② 海德格尔这里对"物"的理解和分析是容易产生歧义的，较难让人信服。
③ 海德格尔：《泰然任之》，德文本，弗林根，1979年，第23页。
④ 海德格尔：《演讲与论文集》，德文本，弗林根，1978年，第175页。

间上”先后还不是最要紧的，要紧的事情是词在“逻辑上”是在先的。以海德格尔的理解，一个名称、一个词语，就是语言发出的“指令”，而我们人总是在语言中接受语言的“指令”，才进行包括制作在内的各种活动。在这个意义上就可以说名称、词语是在先的，就可以说，是“人造卫星”这个词语使人造卫星这个物存在。

如我们上文所述，海德格尔认为物的自在存在在于世界境域的发生，同样地，海德格尔显然也认为词语的自在存在也不在词语本身，而在于语言的二重性发生。词语让物存在，是由于词语同时隐匿入它所从中的语言之中。海德格尔通过对格奥尔格的《词语》一诗的分析，得出了以下两个结论：其一，词语让物成其为物，词语缺失处，无物存在。词语是“让存在”“让显现”意义上的“道说”（Sagen）。词语是物的“造化”（Bedingnis）。其二，词语崩解处，物才存在。词语作为“给出者”唯有进入不存在，返回到它所从出的“寂静之音”中去，才能“给出”存在。“在此崩解（zerbrechen）意谓：有所透露的词语返回到无声之中，返回到它获得允诺的地方：回到寂静之音之中，寂静之音作为道说给世界四方之域进入它们的切近的道路。这种词语的崩解乃是返回到思想之道路的真正步伐”。①

这里所谓“寂静之音”，在海德格尔那里就是作为“道说”（Sage）的语言，是无声的“大音”。“让显现”意义上的词语同时返回到“寂静之音”，这就是语言的显—隐二重性的发生。海德格尔说，“语言是存在之家”，“语言是存在的既澄明又遮蔽的到来”。在他看来，语言的显—隐二重性的发生，也就是作为天空和大地的世界境域的发生，或者说，是“天、地、神、人”世界四方之域的发生。

① 海德格尔：《在通向语言的途中》，德文本，弗林根，1986年，第216页。参看孙周兴：《说不可说之神秘——海德格尔后期思想研究》，上海：三联书店，1994年，第四章第三节。

六、总结

一种非客观化的思与言是如何可能的？这是一个现象学的问题。根据现象学的原则，这个问题也可以表达为：如何“接近”事物的自在自持的存在？海德格尔尝试了多种途径来探讨、解答这个问题。他的努力主要集中在以下四个方面：器具分析、作品分析、物的分析和词语分析。而所有这些工作贯穿着一个主导线索，那就是“存在之真理”，即存在既解蔽又遮蔽的交互运作。这个主导线索的确立是与海德格尔的早期希腊之思联系在一起的。

我们发现，希腊思想意义上的“无蔽”（Aletheia）乃海德格尔现象学的主题。这个主题在早期弗莱堡时期即已确定下来。在《我进入现象学之路》一文中，海德格尔回顾了自己的现象学道路，说自己在早期弗莱堡从事教学活动期间，经过艰苦的思索，终于入现象学之门径，认识到这样一点：

> 意识行为的现象学所理解的现象学的自身显现，在亚里士多德和整个希腊思想以及希腊此在那里，被更原始地思为 Aletheia，即在场者的无蔽状态，它的解蔽，它的自身显示。作为基本的思想行为的现象学研究所重新发现的东西，证明自己就是希腊思想的基本特征，甚至就是哲学本身的基本特征。①

在这段话中，值得我们注意的是两点：首先，海德格尔自觉地把自己的现象学努力与胡塞尔的意识现象学区分开来，在他那里，现象学的“实事本身”不是“意识以及意识的对象性”，而是“在无蔽与遮蔽中的存在者之存在”。其次，海德格尔对现象学作了一种“存在历史”（Seinsgeschichte）意义上的理解，即认为现象学达到的重新发现

① 海德格尔：《面向思的事情》，德文本，图宾根，1976 年，第 87 页。

其实就是希腊思想的基本特征。我们知道，在海德格尔的存在历史观中，前苏格拉底（前哲学）的早期希腊思想被思为“存在历史”的“第一个开端”，从早期思想到后苏格拉底哲学的转变被看作“第一个转向”；而现代人正处于后形而上学的思想境况中，正在经历“存在历史”的“另一个转向”。海德格尔认为这“另一个转向”首先需要对“第一个转向”进行“重演”——当然不是“重复”。现象学开启出来的现代思想需要返回到思想的“第一个开端”，但决不是简单地重新取得早期希腊思想的形态，而是一种既克服了形而上学主体主义思维方式，又在重新居有思想的“第一个开端”的基础上超越了这个开端的新思想。从这样一种“存在历史”的意义上来理解现象学，海德格尔就赋予现象学以一种特别重要的意义。这种意义，显然是现象学的开创者胡塞尔所没有体认到的。

再有，海德格尔这里所说的希腊思想的基本特征又是什么呢？是关于 Aletheia（无蔽）的经验，即关于实事本身之显现的经验。早期希腊思想家已经认识到，实事（事物或事务）是在不同的显现方式中展示出来，而显现方式是受境域（视域）决定的。多数个人局限于自己的境域（私人世界）中，在这个意义上，实事之存在对他们来说多少是遮蔽着的。只有在一个普全的共同境域（对所有人来说的共同世界）中，实事才如其所是地揭示自己，才是无蔽的。这就引发了争论。赫拉克利特在一个残篇中说：

> 清醒者有一个世界，并且因而有一个共同的世界，相反，每个沉睡者都专心于他自己的世界。[1]

思想（哲学）是属于清醒者的，是对这个共同世界的开启。被人们称为相对主义者的普罗泰戈拉否认这个共同世界的存在，提出“人是万物的尺度”，他显然是站在“沉睡者”立场上说话的。巴门尼德又

---

① 参看第尔斯：《前苏格拉底残篇》第一卷，苏黎世，1996 年，第 171 页，赫拉克利特残篇第 89。

回到了“清醒者”立场，走上所谓“真理之路”。在他看来，人具有向一个共同世界敞开自身的精神（nous）能力，一种“思”（noein）的活动——这种noein，海德格尔把它译为“觉悟”（vernehmen），并把它解释为“让到来”“接纳”。凭着这种noein，对私人世界遮蔽着的东西也可以作为当前在场的东西展示给我们。因此，巴门尼德得出一点：对我们的私人境域遮蔽着的存在对我们的精神是敞开的，每一个存在都包含着作为存在之自行揭示的显现，即“觉悟”（noein）。这就是他所谓“觉悟与存在是同一的”的意思。总之，早期思想家已经形成了这样一个基本信条：实事本身的存在与它们的显现是共属一体的。[①] 这就是早期思想家对作为Aletheia的真理的基本经验。

以Aletheia为思想主题的现象学，在海德格尔那里落实为作为“发生事件”的“世界”境域观中。海德格尔所思的“世界”不是一堆质料，不是一个静态的现成的容器，而是一种紧张的“发生”（Geschehen）。“天空”（Himmel）与“大地”（Erde）则是两个“世界区域”，实即世界发生的两个方式，即作为自行开启与自行锁闭之间的冲突。世界通过自行锁闭而开启自身。从自行锁闭角度讲，世界这种“发生”是毫不显眼的。所以，后期海德格尔说：哲学必须变成为一种“关于不显明者的现象学”（Phänomenologie des Unscheinbaren）。

在现象学上，海德格尔超出胡塞尔有多远？表现在哪里？我们须从海德格尔所思的“无蔽”（Aletheia）这个课题来予以认识。海德格尔围绕这个课题进行的思与言的实践是现象学的正道还是歧途？这无疑是一个令人深思的、值得进一步探讨的问题。

回溯早期希腊思想的“无蔽”（Aletheia）经验并不是为了学术考据，更不是为了文化复古，相反，海德格尔关注的问题始终是当下的，是为了直面我们这个技术时代的人类处境。海德格尔看到了今天这个业已全球同质的技术世界的一大危险：

---

① 参看黑尔德：《真理之争——哲学的起源和未来》，倪梁康译，载《浙江学刊》，1999年第1期。又见黑尔德：《世界现象学》，孙周兴编，倪梁康等译，北京：生活·读书·新知三联书店，2003年，第115页以下。

> 在今天这个时代里存在并且增长着一种危险，就是科学—技术的思维方式伸展到生活的一切领域上。由此加强了一种错误的假象，仿佛一切思与言都是客观化的。这个毫无根据地独断地宣布出来的论点推动并且支持着一种灾难性的趋向，即只还在技术—科学上把一切都表象为可能的操纵和控制的客体。①

我们又回到了本文开头提出的问题：每一种思与言都必然是客观化的吗？一种非客观化的、非对象性的思与言是如何可能的？后期海德格尔以其诗—思—言的艰苦思索和不懈努力，为我们给出了一个解答：思与言只在一种派生的和有限的意义上才是客观化的、对象性的。进而，海德格尔也意识到，这一事实决不能在科学上得到证明，决不能通过逻辑演绎出来，因为“思想与道说的特有本质只有在一种毫无偏见的现象洞察中才能认清”。② 为安全起见，海德格尔还提醒我们勿忘亚里士多德的名言：

“未曾受过教育就是不能分辨何处必需寻求证明，而何处毋需寻求证明。”③

①② 海德格尔：《现象学与神学》，载《路标》，德文本，美茵法兰克福，1978 年，第 76 页。

③ 亚里士多德：《形而上学》，第四卷第四章，1006a6 以下；可参看中译本，吴寿彭译，北京：商务印书馆，1991 年，第 63 页。

非推论的思想还能叫哲学吗?①

——海德格尔与后哲学的思想前景

内容提要: 本文描述了海德格尔所尝试的三种思想可能性,或者说思想的三条路径,即:个体此在的实存论沉思/言说、与诗为邻的思想、忠于大地的返回之思。本文认为,海德格尔以自己的"思"与"言"的艰苦尝试和实践,把实存论之思、诗性之思、应合(期待)之思推向了彻底和极致的境界,从而开启了后哲学(后形而上学)的思想的诸可能性面相。而问题还在于:一种后哲学的或非哲学的思想如何保持自己的纯度和尺度?它的非理论性质如何担保它的自律和意义?它的非实践性质又如何可能为它提供对于人类实存的有效性诉求?

西方主流哲学传统的理想是"纯思",因为它致力于一个"先验—本质—形式"领域的探索和思考——这个"超越的"领域被马克思称为"理念王国",也被尼采称为"另一个世界"或"超感性领域"。这是就哲学课题来讲的;若就哲学方法和表达来说,与之相应的是"形式化"思维、抽象推理或推论式辩护。虽然几乎在每一个时代里都有一些哲学思想和表达方面的"异端",如我们所知,即便在欧洲理性主

① 本文系作者在"西方哲学的问题、方法与方式"研讨会(2009 年 9 月 11 日,清华大学哲学系主办)上做的专题报告,感谢北京大学哲学系吴增定博士在会上做的点评,以及王路、王晓朝、靳希平、张志伟、徐向东、郭大为、李猛等教授就报告所做的讨论。后于 2009 年 10 月 15 日下午在同济大学欧洲思想文化研究院重讲一次。原载《社会科学战线》,2010 年第 9 期。

义时代里也出现了像意大利的维柯、德国的哈曼这样的“另类”人物，但就总体情形来讲，哲学传统的主体和主流是追求形式普遍性的，有效的哲学论辩被认为应该是——必须是——理性的、逻辑的、推论式的。

直到19世纪后期，经历了尼采的虚无主义式颠倒，情势为之一变。尤其在以《查拉图斯特拉如是说》为代表的思想作品中，尼采不仅对传统哲学的题域和理想进行了颠覆，而且在方法和表达（语言）方面做了彻底的变革尝试，把哲学降落到“非秘传的”层面上了。而尼采因此也为我们留下一个问题：非推论的思想还能叫哲学吗？如果哲学不再推“理”，那么它的“道理”在哪里，又如何来获得？

就20世纪哲学/思想而言，比较一下现象学家胡塞尔与他的弟子海德格尔将是饶有趣味的。出现在世纪之交的胡塞尔现象学所追求的是一种“纯思”，一种在方法上以逻辑推理和推论式辩护为标识的“纯粹哲学”——而且胡塞尔可能是最后一个“纯粹哲学家”了。无论是哲学还是人生，在胡塞尔那里都是“纯粹的”，以至于有论者指出：“纯粹的”（rein）或“纯粹性”（Reinheit）不仅标志着胡塞尔对其现象学所做的最基本规定，它们同时也意味着胡塞尔作为哲学家对自己的哲学生活所提出的最基本要求。[①] 而与胡塞尔可以构成显著对立的是他的弟子海德格尔。我们知道无论学问还是人生，在海德格尔那里都是“不纯粹的”。就哲学讲，海德格尔显然不是一个传统意义上的“纯粹的”哲学家，他甚至是反“纯粹哲学”的。设若让康德老先生读到海德格尔的思想文本，这位古典哲人一定会说：这不是哲学的堕落嘛！至于人生德行，我们知道海德格尔生平多有丑陋和绯闻，情爱不忠，友谊不牢，更曾有过可污的政治不正确。无论如何，胡塞尔与海德格尔，师生俩之间可以有千差万别，在一点上倒是共同的：他们各自的人生与他们各自的哲学是一体的。

我们这里要来讨论海德格尔的不纯粹的哲学或思想。不过，我们

① 参看倪梁康：《胡塞尔现象学概念通释》，北京：生活·读书·新知三联书店，1999年，第406页。

这种说法就已经有了问题。海德格尔本人立即会抗辩说：我追求的正是纯粹的思想，是前所未有的最纯的思想了。在这里，关键问题就出来了：何种哲学/思想？何种“纯粹”？又如何“纯粹”？在海德格尔那里是极其复杂的情形。我们知道海德格尔前、后期对于传统哲学及其方法都是极为不满的，但前期海德格尔（1930 年前）至少还愿意使用“哲学”一词，而且企图重建“哲学”（“存在学”），而到了后期，他以“思想”区别于“哲学”，甚至公然宣告了“哲学的终结”，再不愿以“哲学”来标榜自己的思想了。于是生发了后哲学的思想的问题。

然而，无论前期海德格尔还是后期海德格尔，实际上都有一个思想（以及表达）的品质问题，我们可以把它标识为思想的“纯粹性”问题，或者说思想的“纯度”和“尺度”问题。而总结起来，我认为海德格尔一生主要探索了“思想”——以及与之一体的“表达”——的三种可能性路径。它们都具有反主流形而上学的动机和指向，从而可以被视为后哲学的思想可能性的尝试。

一、个体此在的实存论沉思/言说

在其思想的开端处，海德格尔就反对当时占主导地位的、在他看来“不纯粹的”哲学，特别是 20 世纪初期在欧洲流行的世界观哲学和价值哲学。海德格尔自始就对“哲学”有自己的规定。作为海德格尔思想开端的 1919 年战时补救学期讲座即以《哲学观念与世界观问题》为题，后收入《全集》第 56/57 卷（该卷被冠名为《论哲学之规定》）。在这个讲座中，海德格尔首先向我们揭示了作为世界观的哲学的内在矛盾。把哲学解为“世界观”，这是从功能角度来看待哲学了，可以视为后基督教时代（虚无主义时代）人们对于宗教替代品的诉求。其次，在康德之后，哲学已经把知识学（认识论）树为基本范式，一切价值体系都有了科学性的要求，世界观成了科学的世界观。因此，实际上在作为世界观的哲学的功能（要处理伦理、审美、信仰之类的价值问题）与世界观哲学的科学性（认识论）要求之间，就存在着不可调和的矛盾。简而言之，世界观的价值指向与它的科学性之间的冲突表明哲学与世界观是不能统一的。①

对于世界观哲学和价值哲学，胡塞尔会说它“不纯”，是因为他认为它们够不到纯粹的、先验的、形式的层次，它们是需要被奠基的，以胡塞尔的行话来讲，“持以为真”（wahrnehmen）才是“持以为有价值”（wertnehmen，“估价”）的基础。而海德格尔主张哲学要抛弃世界观问题，认为世界观哲学和价值哲学是“不纯的”，是因为在他看来，这种哲学无论就其目标来讲还是就其手段来看都是成问题的，都无以达到生命体验本身的原始维度。海德格尔尤其要反对其中所包含的“理论化态度”。他曾经举过一例：我们面前有一个讲台，如若采取“理论化态度”来看这个讲台，我们会怎么说呢？我们会说：“它是棕色的；棕色是一种颜色；颜色是真正的感觉材料；感觉材料是心理过程或者说心理学过程的结果；心理之物是原初的原因；这个原因，这个客观之物，是一定数量的以太波；以太核蜕变为简单的元素；在简单元素之间存在着单一的规律；元素是最终的东西；元素就是一般东西（etwas überhaupt）。”② 我们相信，通过这样一种科学的途径就可以获得某种最根本的东西，即事物的“核心”或“本质”。棕色的讲台不再是它“显现”出来的那个样子了。海德格尔指出了在这种理论的分析还原过程中的一个谜，即把某种东西推到小宇宙层次的亚原子关系中去。但海德格尔认为，人们在此却忽略了在整个还原过程中无法抵达的那个“东西”（Etwas），这个到处存在的“东西”，海德格尔称之为某种“前世界的东西”（Vorweltliches）。③ 这个“东西”属于“生命体验”领域，通过科学和知识是达不到的。海德格尔生造了一个有趣的德文词“Entlebung”，把“理论化态度”规定为“脱离生活”或者“脱弃生命”（Entlebung）——其实我们完全可以把它译为“弃生”。在字面上，“弃生”（Entlebung）这个词恰好与“体验”（Erleben）

---

① 海德格尔：《论哲学之规定》，《全集》第56/57卷，德文本，美茵法兰克福，1987年，第9—12页。

② 海德格尔：《论哲学之规定》，《全集》第56/57卷，德文本，美茵法兰克福，1987年，第113页。

③ 海德格尔：《论哲学之规定》，《全集》第56/57卷，德文本，美茵法兰克福，1987年，第102页。

构成一种对立（通过两个含义相反的前缀），因为 Erleben 的意思就是“经历生命、实行生命”。

海德格尔上述看法已经包含了他的一个基本区分：“前理论的东西”（das vortheoretische Etwas）与“理论的东西”（das theoretische Etwas）之间的区分。他所谓“前理论的东西”包括“前世界的东西”（vorweltl Etwas）与“世界性质的东西”（welthaftes Etwas）；而所谓“理论的东西”则包括“对象性的形式逻辑的东西”（gegenst formallogisches Etwas）与“客体性质的东西”（objektartiges Etwas）。以简化方式来解说，这里“前世界的东西”乃一般生命的基本要素，是最玄秘的部分，“世界性质的东西”是指特定体验领域的基本要素，即真正的体验世界；“对象性的形式逻辑的东西”显然指向形式科学的领域，“客体性质的东西”则是指自然科学的对象性领域。[①]

“理论化态度”涉及“理论的东西”，它之所以是一种“脱弃生命”，是因为它遗忘了“前理论的东西”这个原始基础，这个奠基动因（Motiv）。“理论的东西”不是凭空而来的，而是以生命及其体验世界为起因的，是从中得到发动的。海德格尔的这样一种区分的意图是显赫的，就是要寻求为“理论的东西”奠基的“前理论的东西”——这当然是与胡塞尔的想法完全背道的。我们知道，胡塞尔强调理论科学的优先性，强调客体化行为的奠基作用，在他那里，哲学（现象学）属于形式—观念的科学，哲学的纯粹性就是先验性和形式普遍性。而海德格尔却主张：哲学的真正领域不是“理论的东西”，而在“前理论的东西”，是作为“理论的东西”的原始基础的生命及其体验领域，理论的纯粹性和普遍性根本不是原始的，而是建立在“原始的东西的普遍性”基础上的。[②] 真正的哲学（思想）不是理论的，它的纯粹性是非理论的、前理论的纯粹性。

---

① 海德格尔：《哲学观念与世界观问题》（据布莱希特 1919 年 4 月 8 日的课堂笔记摘录），载《海德格尔研究》，第 12 卷，德文本，柏林，1996 年，第 11 页。此文现已补充到海德格尔《全集》第 56/57 卷第二版中。

② 海德格尔：《哲学观念与世界观问题》（据布莱希特 1919 年 4 月 8 日的课堂笔记摘录），载《海德格尔研究》，第 12 卷，德文本，柏林，1996 年，第 11 页。

海德格尔寻求的是另一种“纯粹”。题域的转变要求思与言的方式转变。如上所述，“前理论的东西”被分成两部分：“前世界的东西”（也被称为“原始的东西”，即一般生命的基本要素），以及“世界性质的东西”（体验世界、生活世界）——两者相当于后来海德格尔在《存在与时间》中所思的“存在”（Sein）与“此在”（Dasein）。按照海德格尔此时形成的想法和思路，讨论“存在”问题的“存在学/本体论”（Ontologia）不再是传统意义上的形式科学了，而必须取得一个“实存论”的基础，也就是说，必须把本质—形式问题“实存论化”。因此，对于此在（个体生命）及其生活世界的现象学描述就成了哲学的一项首要任务。若从哲学史角度来看，我们就可以说：《存在与时间》之前的海德格尔意在重建“存在学”，取的是亚里士多德的实存哲学（实存论）路径。如果说传统意义上的“存在学”是“形式存在学”，处于以“形式对象性区域”为目标的纯粹理论科学的范围之内，那么，前期海德格尔则意在构造一种“实存论的存在学”。

然而，实存论哲学面对有限的个体此在及其生成的、不断流变的生命境域，从而仍旧有一个如何获得普遍意义的难题——毕竟对于哲学来说，单纯个人化的私语是不能成立的。[①] 我认为，这正是海德格尔在早期讲座中不断推敲的一个严重问题。

海德格尔仍旧把个体实存及其生活世界的普遍意义（普遍性）称为“形式的东西”或“形式因素”（das Formale），试图构造一种“关于形式因素的现象学”。此所谓“形式因素”比较容易引发歧义和误解，然而，海德格尔正是想以此来与传统哲学形式化思维的形式对象性区分开来；如果我们从上述“普遍意义”的角度来了解这个“形式因素”，我们大概就能明白海德格尔的用意了。

那么，如何来达到生命此在及其生命世界的“形式因素”呢？海德格尔尝试的是一种被他叫作“形式显示”（formale Anzeige）的现象学方法。海德格尔明言：在“形式显示”中，所谓“形式因素”就是

---

① 可比照后期维特根斯坦对“私人语言”之不可能性的论证。

"关联性的东西"。"形式显示"是要显示出现象的"关联"。"一个现象必须这样被预先给出，以至它的关联意义被保持在悬而不定中"。[①]海德格尔认为现象学的现象乃是由"内容意义""关联意义"和"实行意义"构成的"意义整体"，而现象学的任务就是阐明这个"意义整体"。而且关键在于，海德格尔认为在上列三种意义中，核心的要素是"实行意义"，他所讲的"形式因素"（即"关联意义"）必须在"实行"范围内得到阐明。"形式显示"并不是要把"什么内容"规定下来，也不是要把"关联意义"固定起来，而是要"不确定地给出对象"。以海德格尔的说法，"现象的关联和实行不能事先规定，而是要保持在悬而不定中。……形式显示是一种防御（Abwehr），一种先行的保证（Sicherung），使得实行特征依然保持开放"。[②]

从传统哲学角度来看，海德格尔的上述表述是十分反动的。做一个定义，却并不固定意义，而是使之"悬而不定"，那还能叫定义或规定吗？

海德格尔的"形式显示的现象学"意在寻求一种前理论的、非客观化（非对象化）的经验构成方式，即对个体性实存（生命）体验及其周围世界的现象学的"思"与"言"。它所面临的问题是：如何思想与言说动态生成的、不确定的个体实存（个体生命此在及其生活世界）？从这种"思"与"言"出发，如何达到一个普遍之物或者存在？换种说法，个体言说如何获致普遍意义？海德格尔在20世纪30年代之前（特别是以《存在与时间》为代表）动用了旧哲学（作为实存哲学的形而上学）的表达，借助于现象学的直接启思的力量，对旧哲学词语做了一种激发性的改造，形成了一套在他看来指向此在实际生命、有可能显示此在实际处境，并且对此在生命具有实行诉求的实存论思想词语，从而达到了个体分析和言说——实存论沉思和言说的顶峰。

---

① 海德格尔：《宗教生活现象学》，《全集》第60卷，德文本，美茵法兰克福，1995年，第64页。

② 同上。此处参看孙周兴：《形式显示的现象学》，载《现代哲学》，2002年第4期。又收入海德格尔：《形式显示的现象学——海德格尔早期弗莱堡文选》，孙周兴编译，上海：同济大学出版社，2004年，第73页。

而前期海德格尔所面临的困难也在于：在这样一条实存论存在学——人们通常所谓“存在主义”——的思路中，海德格尔在思想策略上只能通过“此在”之放大和弥散获致普遍性，因而难以避免主体性形而上学的危途；在表达方式上，海德格尔只能动用传统形而上学（实存哲学）的基本词语，虽然颇多创新，但也不免乏力和局促。这种困难正是导致海德格尔转向其他思与言的新尝试的动因所在。

二、与诗为邻的思想

1930 年之后的后期海德格尔对于形而上学的反思更为彻底，而且放弃了前期那种重构哲学的企图。如果说前期海德格尔主要是从存在学哲学的角度批判形而上学，因此提供的是一种以希腊哲学为主线的解构方案，那么，后期海德格尔的“存在历史”分析则是一种更为全面的形而上学批判工作，它包括了对希腊哲学传统线路上的存在学批判和希伯来—基督教传统线路上的神学批判。这是对形而上学问题结构的更深入的揭示。而这里所谓形而上学问题结构，我们可以把它表达为“先验—本质追问”和“超验—实存追问”的双重结构。[①] 不仅如此，海德格尔后期干脆放弃了前期那种通过现象学和实存论来重建哲学的努力，而致力于探索一种后哲学（非哲学）的“思想”。于是形成一个海德格尔“存在历史”观意义上的“转向”，即：从哲学到思想的“转向”（Kehre）。

促使海德格尔实行这样一种“转向”的关键人物，无疑是哲人尼采和诗人荷尔德林。在 20 世纪 30 年代中期，海德格尔辞去弗莱堡大学校长之职后，开始同时关注和阐释尼采的哲学与荷尔德林的诗歌，用力甚巨，令人惊奇和赞叹。从哲人尼采那里，海德格尔所汲取的东西不仅仅是对西方哲学和神学传统的全盘否定和颠覆精神，而且还有

① 主要可参看孙周兴：《本质与实存：西方形而上学的实存哲学路线》，载《中国社会科学》，2004 年第 6 期。

尼采通过研究希腊悲剧时代的文化而形成的文化理想或者文化观点。而从诗人荷尔德林身上，海德格尔找到了自己思想的一个诗意配对物，他把荷尔德林称为“诗人中的诗人”，引为自己的同路人。海德格尔在荷尔德林身上发现了诗的力量，声称：“很可能有一天，我们必须从日常性中退出，必须退到诗的力量中去，然后再也不会像我们离开时那个样子回到日常生活中去了。”①

哲人尼采对荷尔德林的推崇显然构成一大助力，促使海德格尔去关注这位差不多在文学史上死而复生的诗人。还不止于此，海德格尔关于“诗”（Dichten）—“思”（Denken）分合的思想，显然源自尼采关于希腊悲剧时代艺术与哲学之关系的观点。尼采主要着眼于艺术的肯定性（创造性）与哲学的否定性（批判性），把艺术与哲学视为文化中两种基本力量；尼采认为，希腊悲剧时代之所以构成希腊文明的最高峰，乃是因为在悲剧文化中艺术与哲学这两种基本文化要素达到了一种控制性协调。② 海德格尔完全接受了尼采这种艺术—哲学观，确认了“诗”的创造性（肯定）与“思”的保存性（否定），甚至也接受了尼采关于“诗人哲学家”（Dichter-Philosoph）这一“新人类”类型的预期；进一步，海德格尔更喜欢把“诗”与“思”的关系喻为“近邻”，以此来暗示“诗”与“思”——艺术与哲学——之间应有的相互交织、亲密区分的理想状态。我们知道海德格尔也与尼采一样，设定了前苏格拉底（悲剧时代）的完美文化状态，而这种设定是有当下指向的，在经过哲学（形而上学）时代的文化畸变之后，现在的关键问题是要探测后哲学的文化前景。海德格尔为自己找到了一个诗的“近邻”——诗人荷尔德林。因此正如萨弗兰斯基指出的那样：“荷尔德林是诗的诗人，海德格尔想通过诗本身的诗这一媒介来把握自己的活动：思想本身的思想。”③

---

① 海德格尔：《全集》第39卷，德文本，美茵法兰克福，1989年，第22页。

② 参看孙周兴：《开启一种本源性的诗思关系》，载《同济大学学报（社会科学版）》，2005年第4期。

③ 萨弗兰斯基：《海德格尔传》，中译本，靳希平译，北京：商务印书馆，1999年，第382页。这位传记作者接着又说：海德格尔“在荷尔德林那里画了一幅自己的形象，一幅自己想让人看到的形象”。后面这句话可能是过于轻佻了。

我们知道，荷尔德林赋予诗人以介于“民众”与“诸神”之间的“半神”（Halbgott）地位，刚刚从权力—政治舞台上退出来的海德格尔似乎由此找到了自己作为思想家的相应定位。这是一个方面，而另一方面，从20世纪30年代以后，海德格尔把“诗”与“思”规定为“存在之真理”的发生方式，而并不仅仅是——并不首先是——人类的主体性活动方式。这一点在30年代中期的《艺术作品的本源》一文中已有清晰的表现：在那里，艺术（诗）被规定为原始的“存在之真理”（澄明与遮蔽）向“存在者之真理”（世界与大地）实现的基本方式。在相应语境中，海德格尔也提到了“思想”“牺牲”和“政治”（“建国”）等。而在这样一种规定中，我们一方面看到海德格尔对于“诗”与“思”、诗人与思想家的显突地位的强调，另一方面又看到他对于主体性哲学及其对象性思想方式的自觉防御。愈到后期，海德格尔这种自觉益发明显，把“诗”与“思”看作人“应合”“响应”于存在（本有）的方式，是“从……而来”（von）的方式，而非“对……”（über）的方式。海德格尔希望唤起这样一种经验：“一切凝神之思都是诗，而一切诗都是思。两者从那种道说而来相互归属，这种道说已经把自身允诺给被道说者，因为道说乃是作为谢恩的思想。”①

与诗为邻的思想是一种诗意之“思”。这种诗意之“思”如何来确证自己的力量呢？我们看到，20世纪30年代以后，除了讲课稿，海德格尔的大部分思想文本是诗意盎然的，多半已经成了“诗文本”。这种诗意不仅表现在海德格尔经常依据诗歌文本进行的论述和言说，而根本在于海德格尔“思想著作”的字里行间已经充满着诗情诗性，以至于1957年柏林艺术研究院在吸收海德格尔为会员时，多数人同意如下意见：必须把海德格尔的著作当作“诗”来读。② 这没有什么不好，若按海德格尔自己的愿望，这恰恰表明他自己的思想写作是成功了——达到了与“诗”为邻的“思”。

---

① 海德格尔：《在通向语言的途中》，中译本，孙周兴译，北京：商务印书馆，2004年，第270页。
② 萨弗兰斯基：《海德格尔传》，中译本，靳希平译，北京：商务印书馆，1999年，第545页。

在海德格尔那里，诗从来不是一个狭义的文体概念。诗是艺术的本质，艺术本质上就是诗。在造型艺术中，晚年海德格尔最喜欢后期印象派画家塞尚，曾多次造访塞尚的家乡普罗旺斯。事出有因，因为据说海德格尔在看了塞尚的画作之后曾大发感叹：一个人若能像塞尚这样直接地思想就好了。[①] 注意其中的说法是“直接地思想”。我们可以问一问，倘若艺术家塞尚活了过来，读了海德格尔的思想作品，是不是也会来一阵感叹：一个人若能像海德格尔这样直接地作诗（创作）就好了？

然而问题仍然在于：这种“思”——与“诗”为邻的“思”——如何可能守住自己的内在品质和内在尺度？这种“思”在言说上如何免于过度或失度？如果思想沦于完全的诗化，终于成为文学写作，那么，思想（哲思）写作本身究竟还有何意义呢？我们何不径直去读荷尔德林、里尔克，甚至卡夫卡的作品呢？毕竟，连海德格尔本人也曾明言：“诗”与“思”的“近邻关系”同时意味着“诗”与“思”的“相互面对”（das Gegen-einander-über）。[②] 那么，与“诗”为邻的“思”如何可能在诗化之际又与诗艺区分开来，从而保持自身的思想品质呢？

我们提出来的这种种疑问，大概也是令海德格尔深感头痛的问题了。

三、忠于大地的返回之思

一方面，我们似乎并没有太多的理由在后期海德格尔那里区分出“思想”（Denken）的两种可能性，不能认为 20 世纪 30 年代的海德格尔除了“诗意之思”的寻求外，还尝试了另一种思想的可能性。不过，在另一方面，我们显然也应该注意到海德格尔用力倾向和重点的变化以及他的思想的多维面性。今天我们已经可以看到，在 20 世纪 30 年

① 布赫纳（Hartmut Buchner）：《片断》，载纳斯克编：《回忆海德格尔》，德文本，弗林根，1977 年，第 47 页。

② 海德格尔：《在通向语言的途中》，中译本，孙周兴译，北京：商务印书馆，2004 年，第 178 页。

代中期，特别是在生前已成稿，但一直扣压未发，死后才得以公布的《哲学论稿（从本有而来）》（即《海德格尔全集》第65卷，1989年出版）中，海德格尔已经形成了以“本有”（Ereignis）之思为核心的“存在/存有”历史观，从而也形成了后期思想的基本定向和总体框架。此后，特别是在20世纪40年代，海德格尔主要借助于诗（艺术）的力量，围绕存在之真理的开启、揭示、解蔽（即希腊意义上的'Aλήθεια），来尝试一种响应“存在”（“本有”）的诗性之思。而20世纪50年代以后，我们差不多可以说，海德格尔更多地是关注一种后哲学的思想如何直接地入思，如何对技术世界做出直接的反应，如何以一种沉潜、节制、持守的思想力量去应合“存在”（“本有”）的隐匿、聚合、遮蔽（即希腊意义上的Λόγos）。[①] 显然，这方面的努力更合乎“思想”的本色要求。在这个意义上，我们可以认为海德格尔是在探索又一种思想的可能性，即直接地运思的可能性。而在这里，思想的纯度和尺度问题变得愈加突出了。

就这种思想努力来说，海德格尔提供的基本规定或要求实际上只有一个：思想是一种“回行”，思想必须实行“返回步伐”（der Schritt zurück）。与此相联系的是海德格尔所讲的“转向”（Kehre）。这个规定首先涉及思想态度。在战后复出后作的最著名演讲《技术的追问》（1953年）中，海德格尔对技术的本质作了独特的思考，进一步深化了他在1949年不莱梅演讲中对作为“集置”（Gestell）的技术之本质的规定。我们今天的世界已经成了技术的世界，它是由我们对于自然的不当和不良态度即所谓的“促逼”（Herausfordern）造成的。我们不再让事物自然地“产出”（Hervorbringen），而是采取了种种“摆、置”（Stellen）方式对自然事物进行挑衅、索取、逼迫。现代人已经在由人类自己做成的技术“集置”面前失去了自由，失去与原初（原本）自然的本真关联，面临着失去自己的危险。如何来应对呢？海德格尔呼吁思想的“转向”（Kehre）：让技术对象入于我们日常世界又让它们出

① 参看孙周兴：《语言存在论——海德格尔后期思想研究》，北京：生活·读书·新知商务印书馆，2011年。

于我们的日常世界，即让它们作为物栖息于自身。这种对技术世界既肯定又否定的态度，被海德格尔称为“向着物的泰然任之”（das Gelassenheit zu den Dingen）。[①]

海德格尔进一步赋予这种思想态度的“转向”以一种存在历史的意义。“转向”不只是在技术世界面前一种思想的“转向”，而更是存在历史的“转向”，存在历史意义上的一种“回行”。道理也许是简单的：唯有回到早期希腊的存在历史开端，我们才能重新经验到那种有别于科学技术思维的、应合于自然并且任（让）自然生长的原初思想境界，然后才能返回到“存在历史”的新开端。

海德格尔于20世纪50年代作的演讲《物》为我们提供了一个有趣的范例：思想如何以“泰然任之”的姿态、以非对象性和非技术化的态度直接思入物之存在。海德格尔讨论的是一把壶。如果从科学的眼光看，一把壶是一个器皿，有各种可以步步还原的物理化学性质。若壶是空的，里面充满了空气，若是装了酒水，空气变成了液体。无论气态还是液态，物理学会认为壶其实都是一样充满的，都是物质形态嘛，仅此而已。这样说当然不错，但肯定是错失了什么，海德格尔甚至在这里看到了科学的“强制力”，即它迫使我们放弃这把装酒的壶，而代之以“可盛液体的空穴”，由此实际上是把壶这个物变成“某种虚无的东西”了。[②] 然而，在我们的生活世界里，我们碰到的是这个具体的、切近的装酒的壶，而不是一个一般的、抽象的“可装液体的空穴”。

这壶到底容纳什么，以及如何起容纳作用？海德格尔从“倾注/馈赠”角度来说壶的容纳，进而展开“天、地、神、人”“四重整体”（Geviert）的宏论。[③] 这一番议论不无玄奥也不无惊人之处，其基本意思是说：壶这个物凝聚着“天、地、神、人”四大元素，或者说是这

---

① 海德格尔：《泰然任之》，德文本，弗林根，1979年，第23页。

② 海德格尔：《演讲与论文集》，中译本，孙周兴译，北京：生活·读书·新知三联书店，2005年，第177页。

③ 海德格尔的“天、地、神、人”“世界游戏”之说经常受人误解，被认为太过玄虚，不着边际之论。实际上，海氏的“天、地、神、人”“四方”首先并非四大实体对象或实质区域，而是方向性的，指示着四个意义方向：“人”（终有一死者）指示人的有限性，“神”（神性者）指示人类生活的超拔神圣维度，“天”指示世界的敞开、上升维度，“地”指示世界的幽闭、下降维度。若如此来了解，则海氏的“天、地、神、人”并无神秘性可言。

四大元素的“聚集”。我们在此不拟铺展海德格尔的论述，只想简单指出一点：海德格尔其实是要我们“转变目光”，摆脱科学的强制定向，而以非科学的态度去思量在富有意蕴的生活世界中的这个切近的物的呈现。这样的物是与我们亲近的，是关联着我们的，而不是等着我们去抽象的对象。

思想在此表现出一种沉潜有力的本色。但它仍旧免不了受到指责，特别是其中的“天、地、神、人”四方之说，仍免不了被指控为无节制的诗化浪漫。最大的指责指向思想的纯度和尺度。海德格尔本人自然也觉悟到这一点，在他1950年致一位青年学生的信中，意在回答后者提出的这样一个问题：存在之思想从何处获得“指引”？[①] 海德格尔反问道：为什么没有人问问，柏拉图是从何处得到指引的，才把存在思考为“ἰδέα”（“相”）的？康德是从何处得到指引，才把存在思考为“对象性之先验性质”，思考为“断定”（“被设定性”）的？在这种反问里含着海德格尔的大不满，而实际上，海德格尔自己心里也明白，人们之所以要这样来责问他，是因为他把“存在之思想”规定为“应合”（Entsprechen），因此“看起来好像是无法无天的任意之举”。[②]

“应合”之思想乃忠于大地的返回之思。在后期海德格尔那里，个体思想与言说自始受到“召唤”，受到一个比人更强大的“大东西”（普遍者、存在、存有、本有）的引领。“应合”之思脱出了科学、逻辑和计算，那么，它从哪里获得自己的尺度和规则？一种非哲学的思与言如何可能是严格的？应取得何种严格性？如何不流于放肆和无度？[③]

---

① 海德格尔：《演讲与论文集》，中译本，孙周兴译，北京：生活·读书·新知三联书店，2005年，第192页。

② 海德格尔：《演讲与论文集》，中译本，孙周兴译，北京：生活·读书·新知三联书店，2005年，第195页。

③ 在《路标》中，海德格尔也谈到这种疑惑：由于存在之思的简单本质，让人无法加以识别。于是我们就会产生一种怀疑——“这种存在之思想有陷入任意专断的危险；因为这种思想是不能以存在者为根据的。这种思想是从哪里取得它的尺度的呢？它的行为的规律是何种规律呢？”（中译本，第427页）

我们且把海德格尔本人的一段辩护词记在下面：

作为应合，存在之思想是一件十分令人迷惑的事情，因此是一件十分贫乏的事情。也许说到底，思想乃是一条无可回避的道路，这条道路并不想成为拯救之路，也并不带来任何新的智慧。这条道路充其量是一条田间小路（Feldweg），一条穿过田野的道路，它不光是谈论一种放弃，而且已经放弃了，即放弃了对一种约束性的学说和一种有效的文化成就或精神行为的要求。所有这一切都取决于那个充满迷误的返回步伐，即返回到一种思索，这种思索关注着那个在存在之命运中预先确定的存在之被遗忘状态的转向（Kehre）。这个从形而上学的表象性思想中脱身出来的返回步伐并不摈弃这种表象性思想，但它开启出达乎存在之真理（Wahrheit des Seins）的要求的那种远景，而应合就在存在之真理中立身和运作。[①]

四、结语：非推论的思想还能叫哲学吗?

上面我们概略地描述了海德格尔尝试过的三种思想可能性，或者干脆说思想的三条可能路径，即个体此在的实存论沉思/言说、与诗为邻的思想、忠于大地的返回之思。正如我们前面已经有所提示的那样，这种区分是必要的，但显然不能由此认为三者是各自孤立、互不关联的，甚至截然不同的思想类型。我们显然也不能把“这三种”——如果可以这样说的话——思想方式完全归于海德格尔。实际上，“个体此在的实存论沉思/言说”本来就是欧洲形而上学传统中的重要一支，亦即与本质主义（柏拉图主义）传统相对峙，又与基督教神学的超验追问传统难解难分的实存哲学（实存论）路线，尽管这个思想路线在现

① 海德格尔：《演讲与论文集》，中译本，孙周兴译，北京：生活·读书·新知三联书店，2005 年，第 194 页。

代哲学以前（19 世纪中期以前）一直处于隐而未发的边缘状态。[①] 至于我们所谓的“与诗为邻的思想”，也还不能说是海德格尔的独创，不仅像维柯这样的近代思想家有过类似的文化理想，现代哲学中的尼采等哲人更是亲身践行了这样一种诗性之思。“忠于大地的返回之思”看起来似乎更具海德格尔特性，但究其实质，无非是一种带有节制姿态和神性期待的审慎之思——虽然海德格尔曾申言它并无“拯救”之义。

海德格尔的高人之处也许在于，他以自己的“思”与“言”的艰苦尝试和实践，把上列实存论之思、诗性之思、应合（期待）之思推向了彻底和极致境界，从而开启了后哲学（后形而上学）的思想的诸可能性面相。

在前几年的一篇文章中，我表达了自己对于后哲学的“思想”的期待。我的基本看法是：后哲学的思想是一种非形而上学的思想，但它依然需要获得一种高度或深度，一种我愿意把它表述为“准形而上学”的高度或深度。我为此罗列了若干个理由，其中主要有两项：其一，后哲学的“思想”面对着一个被欧洲—西方哲学或形而上学所规定的普遍技术化了的现实，对此现实的政治—伦理维度的探讨是完全必然的，但仅有此类区域性的局部探讨又是不充分的；其二，人类今天所面临的文化形势可能是极端的、终结性的，用海德格尔的词语用法，人类大约正处于“完成”阶段，在此情况下，就必须有一种透彻的、深沉的、全局的思想来观照后哲学的全球文化状态。[②]

不难看出，这样一种想法多半带有海德格尔意味，而且差不多是逆流而动了。它所逆反的甚至可能是两种“主流”：一是西方哲学形而上学主流，因为我们所讲的思想是以哲学批判或反形而上学为前提的；二是当今哲学的主流，因为战后世界哲学，特别是后海德格尔的世界哲学，越来越表现出政治—伦理哲学或者实践哲学的偏向。而我们所期待的思想却要求着一种**非形而上学的形而上学性**，而不仅仅是具有

---

① 参看孙周兴：《本质与实存：西方形而上学的实存哲学路线》，载《中国社会科学》，2004 年第 6 期。后收入拙著《后哲学的哲学问题》，北京：商务印书馆，2009 年，第 42 页以下。

② 参看拙文：《后哲学的哲学问题》，载《中国社会科学》，2006 年第 5 期。

政治—伦理的实践功效诉求的，这恰如海德格尔所讲的超出了理论与实践之二分的“存在之思想”。

虽然如本文所示，海德格尔尝试了后哲学思想的不同样式，但他的问题意识却是鲜明而集中的。在《现象学与神学》一文的“附录”（作于 1964 年）中，海德格尔把根本问题表达为：一种非客观化的（非对象性的）思与言的可能性问题。在这里，海德格尔也十分难得地提到了自己所代表的思想传统与卡尔纳普等哲学家的科学哲学传统（他称之为“技术—科学主义”）的尖锐对立。而海德格尔的重点则在于表明：只有在自然科学和技术的表象领域里，思与言才是客观化的，也即是要把事物设定为客体的。“而在此领域之外，思与言决不是客观化的。”① 如若不然，如若一切思想一概都是客观化的，那么，艺术和艺术创造就毫无意义了，那么，人文世界就毫无意义了。②

海德格尔又何尝不知道时势之艰难，又何尝不知道思想之危险——一种后哲学的思想，一种非客观化的、非对象性的思与言本身就是一种历险。问题在于：一种超越传统二分法的思想，一种后哲学的或非哲学的思想，它如何保持自己的纯度和尺度？如果说纯度乃是思想之为思想的品质，那么这种“思想”到底具有何种品质？如果说尺度乃是思想之为思想的严格性，那么它的严格性何在？它的非理论性质如何担保它的自律和意义？它的非实践性质又如何可能为它提供对于人类实存的有效性诉求？

在《关于人道主义的书信》一文的结尾处，海德格尔似乎意在为我们释疑。首先是要做一种必要的区分。思想的尺度是有别于哲学的规矩、法则和要求的。海德格尔指出：“从作为真理之天命的存在而来的道说的合适性，乃是思想的第一规律。它不是逻辑的各种规则，逻

---

① 海德格尔：《现象学与神学》附录，载《路标》，中译本，孙周兴译，北京：商务印书馆，2007 年，第 84 页。

② 即便在今天中国的讨论语境中，我们也时常碰到这样的主张：凡是不能客观化，不能成为我们表象、计算思维的对象的东西，不能以科学逻辑的语言清楚地加以表达的东西，是没有意义的。另一种稍有变异的主张是：凡不能还原到日常语言，或者不能用日常语言来加以说明的东西，都是没有意义的，是维特根斯坦意义上的“空转”。

辑的各种规则只能从存在的规律而来才变成规则。”[1] 进一步，根据存在历史之思想的合适性的规律，海德格尔向我们——向世人、也向自己——提出三项要求：“沉思之严格、道说之细心、词语之节约。”并且说：“在当今的世界困境中必需的是：少一些哲学，多一些思想的细心；少一些文学，而多一些文字的保养。”[2]

这些都不是趋时附势之论，而是逆流而动的思想坚持。后海德格尔的思想课题首先恐怕仍旧是一种抵抗姿态——现在，当我们追问“一种非推论的思想还能叫哲学吗?”之时，我们也许只是与海德格尔一道来传达一种抵抗，一种后哲学的思想期待。

① 海德格尔：《关于人道主义的书信》，载《路标》，中译本，孙周兴译，北京：商务印书馆，2007年，第428页。

② 海德格尔：《关于人道主义的书信》，载《路标》，中译本，孙周兴译，北京：商务印书馆，2000年，第429页。

第二编 西哲汉译

学术翻译的几个原则[①]

——以海德格尔著作之汉译为例证

内容提要： 本文主要以海德格尔著作的汉语翻译为例证，提出学术翻译的四个原则，即“语境原则”“硬译原则”“统一原则”和“可读原则”，并且依次做了解说和论证。文中传达出作者所主张的尊重母语语境、字面意义优先、软硬相济相宜的学术翻译理想。

这个题目应该是清楚的，我们主要是谈学术翻译。学术翻译有其特殊性，既与日常语文的翻译不同，也与科技文献的翻译以及文学作品的翻译大不相同。这大概是没有什么异议的。但“学术翻译的原则”就不好说了，也少见讨论。学术翻译有大家必须遵守的原则吗？难说。不过，做事都要讲个道理的，且不说“一定之规”，总有大概的做法罢。若这样想来，我这个题目还是可以成立的。

我这里就来说说学术翻译的做法，当然不是说要推广自己的什么法子，好像自己有多么高明似的，好像我有多少宝贵经验可传授似的，或者，非把自己的一丁点儿东西发扬光大一下似的——我哪里敢！只不过自己做事时也经常地、不断地受着种种困惑，往往想之不通，所

① 本文初稿作于2001年12月10日，部分内容已纳入作者有关学术翻译的两篇文章《后期海德格尔基本词语的汉译》和《我们如何敲打词语?》，载孙周兴《我们时代的思想姿态》，北京：东方出版社，2001年；上海：同济大学出版社，2009年。增补文本提交给浙江大学主办的“人文学术文献翻译与传播国际学术研讨会”（中国杭州，2011年11月11—13日）。

以愿意端出一些想法来跟大家讨论。

我要讲的是四个原则，即：语境原则、硬译原则、统一原则和可读原则。这四项，实际上是我认为在学术翻译中值得注意的四个原则性要求，或者更准确地说，是我们在从事学术翻译时需要注意的四个重要的角度。

一、语境原则[①]

学术翻译的第一原则，在我看来应该是“语境原则”。真正做到了这一条，其实译事就已经成了。但显然，这是一个可以松动的、相对的原则，因为语境终归是变动不居的。这里所谓的“语境”，意思又可以分两项：一是原文的语境，就是译者要依原文上下文的“理”和“路”，把本义传达出来，这也就接近于通常所谓的译事之“信”的要求了；二是母语的语境，就是译者应该充分考虑、关注、照顾母语学术的历史性处境，不可妄自僭越，在译名、表达方式的选择和改造上保持一定的分寸、一定的张力。

在我们下面将举出的关于海德格尔思想的“基本词语”的汉译例子中，有几个就关系到如何服从原文语境的问题。譬如“澄明”（Lichtung）这个词语，是已故的熊伟先生的译法，近几年来颇受人们的怀疑。较典型者，如陈嘉映教授建议把它译为“疏明”，理由只有一个，谓原译名“澄明”带有极强的佛学意味，根本就是一个佛学语汇。更有甚者，因为海德格尔曾经以接近譬喻的方式，把 Lichtung 解为“林中空地”（而且确实的，德语词典里对 Lichtung 一词的释义就是“林中空地”），于是就有人主张：我们不应该把海德格尔的 Lichtung 译为“澄明”，而应译之为“林中空地”。然而，只要看过几页海德格尔原著的，就会发现“存在的林中空地”（die Lichtung des Seins）终究不

① 参看孙周兴：《后期海德格尔基本词语的汉译》，载孙周兴《我们时代的思想姿态》，北京：东方出版社，2001 年，第 234 页以下。

是好听的、适当的译法，特别是在具体的语境中会显得十分别扭。再说，这种译法如何显明原文语境中 Lichtung 与动词 lichten 的基于词根的直接关联呢？海德格尔经常的用法是一组对立，即：Lichtung und Verbergung，译为“澄明与遮蔽”可，但改译为“林中空地与遮蔽”，就近乎发疯了，明显是一种完全不照顾原文语境的译法。还有，我们知道，在《关于人道主义的书信》一文中，海德格尔曾说过：Sprache ist lichtend-verbergende Ankunft des Seins selbst。① 我们好意思把这个句子译为“语言是存在本身的既林中空地着又遮蔽着的到达”吗？所以，从原文语境来考虑，我以为还是把 Lichtung 译为“澄明”好，既与动词 lichten（澄明）合，也可与 Verbergung（遮蔽）相对应。此外我还提供过一个理由：我们也未必要在佛学意义上来了解“澄明”嘛！

母语语境的问题。我们都在母语语境里活动，思想或者生活。我们的翻译活动自然要尊重母语和母语语境。我甚至想说，在翻译这件事上，我们必须建立起“母语优先”的原则。有的译者外文并不好，但母语感觉特好，能把译事做得很出色；相反的例证是，有的译者外文很好，竟做出不堪卒读的译文来，原因正在于他/她的母语没过关。我们的经验方式是由母语组建起来的，或者说是以母语为基础的。因此，在翻译这件事上，无论从哪个角度说，母语始终是头等重要的。

我们仍旧拿海德格尔为例。海德格尔著作的汉译，除了错译、漏译、意义偏失等“技术性”毛病会受到应有的责难外，另外还会受到一种责怪：把海德格尔过于“中国化”了。这个责怪本身就值得我们细细考量一番。人们译康德或者黑格尔，好像就没有受到此类的责难。这是为什么呢？值得我们想一想。我且把这个问题先摆在这里。什么叫“中国化”？其实也是成问题的。我认为，至少这个责难是一个“无度”或“失度”的责难。这个责难包含着一种“原汁原味”的要求。人们要求看到一个“原本的”海德格尔。这听起来好像是一个蛮合理的要求，实则不然亦不该。我们汉语思想者研究海德格尔自然要着眼

① 海德格尔：《路标》，德文本，美茵法兰克福，1996 年，第 326 页。

于汉语语境，“做”出来的海德格尔应该是而且必然是“汉语的海德格尔”——除非你放弃汉语，全盘用西文写作。

我这样说，并不是要为前些年流行的中西哲学文化比较研究中的“拉郎配”现象张目，例如，把海德格尔与老子、庄子、王阳明，甚至朱熹等拉在一起“配种”。这样的“配种”，首先已经设定被配双方是“同类”，最后得出结论确是“同类”。我所谓遵从汉语语境，意在强调两点：其一，中国的西学研究者必须充分地自觉我们的研究的“中国性”或“汉语性”，从思想—语言的共属一体性的角度，去体悟中—西思想之间的近与远、同一与差异。其二，从技术性角度讲，我们在做翻译时，特别在确定译名时，必须照顾到既有的学术语境，例如要充分考虑译名的基本的稳定性和连贯性，否则就会流于“无度”。在这方面，目前学界（特别在海德格尔著作的译介中）已出现许多混乱，可谓译名上的“百家争鸣”了。“百家争鸣”当然好，但不可无边无际，乱了方寸。我觉得，这方面最大问题是，一些人往往以词语的“解释义”代替“翻译义”，譬如前几年有人主张以“人类中心主义”代替“人道主义”（Humanismus），有时甚至是故作惊人状，从而动摇了译名的基本恒定性和一贯性，对于学术讨论并无好处。

二、硬译原则

依我的分法，翻译一般采取两法：“硬译”与“软译”。[①] 当然你也可以说，有“不硬不软”或“亦硬亦软”的译法（那甚至是更高、最高的境界呢!)。但这种折中的“辩证法”往往会流于空转，于事无补。在实践中，我们常常碰到的不是“硬”东西，就是“软”的东西。就翻译的“硬”和“软”而言，我原则上还是倾向于鲁迅先生的“硬译”主张的。先生的理由当然也没得说：翻译本来就有改造自家语

① 我曾经以“上行”与“下行”来表达这里的意思，主张学术（思想）文本和诗性文本的翻译以“上行”为要求。参看孙周兴：《我们如何敲打词语?》，载孙周兴《我们时代的思想姿态》，北京：东方出版社，2001 年，第 225 页以下。

言和文化的意义在。若是译得与当下的日常语言毫无分别，“软”不啦叽的，则翻译这件事情的意义就失去了一半。

但在这里，我也要补充一句：翻译的“硬”与“软”，也要视具体情况分别对待，主要看译的是什么。若是文学作品，或者普及读物，是需要让大众喜闻乐见的东西，或者是旨在娱乐群众的东西，我以为以“软”译为妙（虽然文学作品特别是诗性文本本身也具有学术性，与大众读物有根本的区别），否则就难以达到大众“教化”或者“消遣”的目标（这方面我不太能同意鲁迅先生一刀切的硬译主张）。但对于哲学—思想学术类的作品，我是坚持“硬”译的（这方面我仍旧同意鲁迅先生的主张）。哲学—思想类的译文就要“蓄意地”做得“硬邦邦”的，让一般的人们看不懂——因为原著本身就不是一般人所能接近的。若是把学术品也译得喜闻乐见——一般来说这也是不可能的——则学术翻译的意义已经丧失了大半。我想，当年汉唐佛经之译文，也不是当时的平常人可以了解的，但鲁迅先生所说的改造语言的目的，甚至是改造思想文化的目的，最后不也达到了么？学术是为少数人的——这不是什么“贵族主义”，而是文化之“实事”。

硬译怎么个“硬”法，“硬”到什么程度才比较合适，这也是一个问题。翻译与一般做事一样，不会有绝对固定的标准做法。因为毕竟是“手工活”，而不是机器做的事——以后机器（计算机）是不是可以代替我们人类做翻译工作，甚至做文学和学术思想的翻译，我现在还吃不准。据说并非没有可能。但这个问题我们先可以放一放。

我在此愿意强调的是与“硬译”原则相关的一个小原则，即：宁取“字面义”而勿取“解释义”。这一点前面已经点到过，这里还值得重复一下。译者从做事的角度出发，一般会倾向于把译文落实于“字面义”；而研究者因为觉得自己比普通译者和读者高明，有时候就比较任意地取了“解释义”，并且会以此来指责译者。比如前述的把 Humanism 译为“人类中心主义”的意见就是这样。我以为是在“捣浆糊”（上海话，意为“瞎搞”）。再比如海德格尔的 Ereignis，我自己曾译之为“大道”，是理应受到指责的；后来在国内出了许多个奇奇怪怪的译名，诸如“本有”（孙周兴）、“本然”（张灿辉）、“本是”（陈嘉映）、“本成”（倪梁康）、“自身的缘构发生”（张祥龙）等，自然也有译为日常性的“发生”“事件”之类的。而且说不定还有我没见到的译法呢。算起来差不多已经有十几种译法了，算得上西文中译的译名中歧义最多者，堪称一绝。我自己在不同文本语境中竟然采取了两种不同的翻译，让别人讨厌，自己也是哭笑不得。现在我觉得，“大道”这个译名虽然并非全然胡思乱想，但确实倾向于“解释义”，所以是不妥当的。“本有”一译就比较靠近“字面”了，取的是 Ereignis 的“本来就有”“居有本身”之义。英译本把 Ereignis 译为 enowing，特别好，就比较接近于我们这里讲的要求了。

集中讨论 Ereignis 的《哲学论稿（从本有而来）》（海德格尔《全集》第65卷）的中译本将于明年春天出版，我作为译者是特别希望引发一些讨论和批评的。[①]

三、统一原则

所谓“统一原则”，我指的是“译名一贯性和统一性原则”。这个原则是前述“语境原则”的必然要求。相关问题我已在多处议论过[②]。我的意思是：对于同一个词语或者概念，我们要尽可能做到一以贯之地、统一地翻译，无论是在个别思想家的文本中还是在不同思想家共现的文本语境中。这一点大家都不会反对，但说来容易做来难。兹举例说明之。

我们举 Dasein 和 Existenz 两个概念为例。海德格尔的 Dasein，现有的比较为学界所同意的译名是陈嘉映、王庆节作的“此在”。我认为这个译名是好的，恰当的。有挑剔者说：Dasein 之 Da 也有“彼”的意思嘛，为何非要译成“此”？我以为这个责难不能成立。中文的“此”

① 现在可参看海德格尔：《哲学论稿（从本有而来）》，中译本，孙周兴译，北京：商务印书馆，2012 年。

② 参看孙周兴：《我们如何敲打词语?》，载孙周兴《我们时代的思想姿态》，北京：东方出版社，2001 年，第 225 页以下。

弹性较大，且比“彼”要宽大，我们总说“如此”而不说或少说“如彼”。

但大家知道，海德格尔用的这个德文概念也是德国古典哲学的重要概念。康德谈论“上帝存在”时，用的正是这个 Dasein，是“上帝之此在”。在黑格尔那里，我们一般把 Dasein 译为“定在”。古典哲学中的 Dasein 意思接近于“现实性”（Wirklichkeit），是指一般事物的现实存在；到尼采那儿，Dasein 经常是指“人生、生命”（我有时把它译为“人生此在”）；更后来的海德格尔则以此词专指“人的存在”。要不要、能不能在译名上加以统一呢？例如，一概把 Dasein 译成“此在”如何？如若不加以统一，就会出现以下情形：康德讲的“存在”、黑格尔讲的“定在”、尼采讲的“人生”和海德格尔讲的“此在”，其实都是同一个 Dasein。

同样艰难的是 Existenz。此词有译“实存”的，有译“存在”的，也有译“生存”的，很不像话。于是就有：康德的“实存”，萨特尔的“存在”（以及所谓“存在主义”），海德格尔的“生存”，其实，用的都是同一个 Existenz。这就让人犯糊涂了。

从翻译操作的角度看，如果在同一篇文章、同一个段落甚至于同一个句子中出现不同哲学家使用的同一个 Dasein 或者 Existenz，则如何是好呢？作为译者，我是经常碰到这个问题或者类似情形的，有时候没有办法，只能加注释予以说明，但终究不是良策，感觉上也是极不痛快的。

一个译名投入市场（语境）之后，就会形成所谓“约定俗成”的惯性力量。所以，大家明明知道只有一门“存在学”（Ontologie），而没有什么“存在”（Sein）的“主义”（-ismus），但还是舍弃不了“存在主义”（Existenzialismus）这个译名。其实，对于以德文为母语的人群来说，Sein、Dasein、Existenz 三个词的区别是十分直观的：Sein 是一般的存在，凡事凡物都“存在”，都“是”或“在”；Dasein 是“在此存在”，是“在这儿”，即事物的现实的存在；Existenz 则是实际地展开出来的存在，因为前缀 Ek－（出离、绽出）和词根－sistenz（持立）

的缘故而更带有动词性。这种词语间的微妙差异，对于母语人群来说应该是不难分辨的；但对我们“外人”来说，却有了感受上的困难和混乱。

从译名上讲，Sein 译成“存在”，原先差不多已经定型，但现在有不少人不以为然，甚至还有坚决反对的，反对的基本理由其实大家都能理解：西文中的名词 On、Sein、Being（“存在”）是系动词 einai、sein、be（“是”）的名词化，若把前者中译为“存在”，就难以显出它与“是”的联系了。所以，为强调这种语法/逻辑形式上的联系，有人就主张把前面这个名词也译成“是”，而不应译成“存在”。我认为这个理由并不多么充分，因为即使在希腊文中，名词 On 与系词 einai（不定式）也是两个词，两者之间也并不具有同一个词形，两者在字面上也没有表现出什么联系，何以在我们汉语翻译中就一定要把两者统一起来、强求词形上的一致呢？在德语中，名词 Sein 与系词 sein 倒是只有大小写的差别，但显然这并不能支持人们把名词 Sein 译成“是”。在这个问题上，我的基本想法是：显示“存在”与“是”的联系，这主要是理解和解释的事，而不是翻译工作的首要考虑，虽然翻译总是理解性和解释性的。另外，可能更为关键的是，把 Sein 改译为“是”，即把 On 与 einai 统一译为“是”，并不能建立汉语“名词”与系动词“是”之间的语法/逻辑联系——词类界线不明、没有词类形式转换体系的汉语本来就没有这种联系。总之，把名词 On 译为“存在”，把系动词 einai 译为“是”，我认为仍然是最好的方案。①

再说 Dasein 和 Existenz，我认为目前已经有了统一译名的可能性。以“此在”翻译 Dasein，是较为合适、妥当的一个办法，无论是康德的还是黑格尔的、尼采的、海德格尔的 Dasein，都不妨统一为“此在”。至于 Existenz，无论是古典哲学的，还是现代哲学的，一概译成“实存”也是可以的，到底是事物的“实存”还是人的“实存”，则要

---

① 有关此题，现在可参看孙周兴：《存在与超越：西哲汉译的困境及其语言哲学意蕴》，载《中国社会科学》，2012 年第 9 期，第 28 页以下（即本书第二编第四篇文章）。

在具体语境里领会。但这样一种“统一工作”谁来做、谁能做呢？毕竟学术上的事，不是谁能说了就算的，而需要在语境里自然地磨合。我这里只能表达一下自己的意见。

四、可读原则

前面强调“硬译”，又说“统一”，都是“硬”的要求，但还有“软”的要求，就是你无论怎么做，都要让人可读。我说这个“可读”，固然比较接近于严复老先生所讲的“信、达、雅”的要求，但好像还没有这等高度。我只是想说，无论有多少艰难险阻，无论语言之间的距离有多远，我们作出来的译文必须是可以让人——让母语人群——读懂的，就学术翻译来说，至少是可以让专业人士读懂的。否则，我们的译事和译文就没有任何意义了。这就意味着，我们必须在学术著作“硬”的品质与译文的通达要求之间保持一定的张力，既不因后者损害前者，也不因前者而放弃后者。

讲了半天，这一条其实是最难的了。可以说学术翻译逼近的是两门语言的界限，无论是外文还是母语，我们都必须突破日常语言的束缚，经常需要抛开词典，“教材外语”和“词典外语”是不够的，有时候，甚至连母语词典也不够了①，正因为这样，要遵循“可读原则”就变得十分困难了，“不可译”的喟叹也特别常见。

就海德格尔著作的汉译来说，可译—不可译的争执是常有的事。②大家知道，海德格尔自己就经常有“不可译”的感叹。例如他说，他孜孜以思的 Ereignis 和中文的“道”之类，就是“不可译”的（所以也难怪现在出现有关 Ereignis 之译名的乱象了）。但以我的理解，海德

① 例如我刚刚做完的海德格尔《全集》65 卷《哲学论稿〈从本有而来〉》的翻译，其中好些词语，或者是日常德语中没有的，或者已经不是日常德语里的含义了，无奈中我也只好造词了，诸如“本有”“谋制”“启思”“离基”“迷移”等。

② 作为海德格尔著作的中文译者之一，我当然时常感觉到译事的难度和限度，“不可译”的感慨也是常有的事。但我以为，“不可译”是在译了之后才说的。若根本还没有译，如何知道可与不可？所以，首先是大胆地译，译了之后感觉有些累，或者感觉有些言不尽意、词不达意，甚至竟有些偏失，再来感叹“不可译”。

格尔这种意思，主要是强调译事之“难”、跨语言文化沟通之“难”，而不是强调译事之“不能”，或者沟通之“不能”。但我们学界中也有一些学者，特别是懂一点西文的学者，自以为可以接近“原汁原味”的西方思想，就干脆主张“不能译”的，强横一点的，甚至就主张“不许译”了。此类主张无论出于何种动机，在我看，都是不当的态度，有时甚至可以理解为学风的不端，就是对母语学术传统和当下汉语学术语境的不尊重。事实上，以我之见，只要海德格尔的基本著作还没有变成汉语，则海德格尔思想就还不能真正地进入汉语学术思想的氛围之中，我国的“海学”研究学就还未免悬空，未免隔靴。

可译与不可译之间、可读与不可读之间，这个“之间”，原是译事最艰难处，也是译者最纠结的地方。

五、结束语

前面讨论了学术翻译的四项原则，或者说四个重要的角度：语境、硬译、统一和可读。总括起来，我的四项原则好像也没有超出严复先生所讲的译事之“信、达、雅”的理想要求。这没办法，严复老先生太有高度了。当然，无论是我说的“四项原则”还是“信、达、雅”，都还是高谈阔论，离实际的译事操作还有距离的。译事毕竟是手工活，可能更重要的是“行规”而非“理想”。做出中规中矩的活来才是最要紧的。

不过最后我仍得说些大话。今天汉语世界所谓的“学术翻译”差不多就是西方/欧洲学术的翻译，如果再明确一点说，主要是指西方/欧洲人文科学和社会科学的翻译。就此而言，这事在中国还是新鲜的。古有佛经翻译，近有科技翻译，但都还不是今天意义上的“学术翻译”，即西式人文社会科学的翻译。这事我们已经做了一个多世纪，虽然艰难曲折，但已经做出了个大概，基础工作应该说已经完成了，故确实应该有一些反省和反思了。

在我们这个“普遍交往”的时代里，翻译早就是一种普遍化的活动了。我们一般的西方哲学和文化研究，实际上都可以理解为一种“翻译”，一种广义的“翻译”。海德格尔曾把“翻译”解为思想之“转渡”（Übersetzen）。如此解来，则我们对于“翻译”和“研究”都应该有新的了解；而对于狭义的“翻译”事业，就会多一些同情的理解，而不至于重现鲁迅先生当年所讲的把译者称为“阿狗阿猫”，甚至“围剿翻译”的情形了。

2001 年 12 月 10 日初稿

2011 年 11 月 10 日改定

翻译的限度与译者的责任①

——由安乐哲的汉英翻译经验引发的若干思考

内容提要： 本文主要参照美国学者安乐哲的汉英哲学翻译经验，尝试探讨汉语言和汉语思想的特性，指出汉语思想传统中缺失欧洲哲学的超越性维度，揭示欧洲哲学与汉语思想之间翻译转换过程中的语言限度问题。本文进而主张，在这个多元文化交往的世界时代里，译者首先应当坚持“差异化原则”，尽力避免把目标语言（母语）与被翻译的外来语言同一化。而今天中国的西方哲学译者不得不面临一个紧张的难题：汉语言如何可能表达异质的西方哲学思维？我们是否需要以及如何可能防止把汉语思想传统“哲学化”？

一

在我们今天这个世界化的时代里，翻译已经成为人类的一种普遍性的活动了——实际上可以说，现在人人都是“翻译家”，只不过有人（少数人）是直接的“翻译家”，有人（大多数人）是间接的“翻译家”——不论我们自觉不自觉，总之我们总是在“翻译”之中。翻译

① 本文起于作者在同济大学哲学系与香港中文大学哲学系联合举办的“经典与翻译”学术研讨会（2005年4月，浙江安吉）上的发言，当时未能成稿，会后加工而成。后于2007年10月24日晚在南京大学高级研究院演讲。发表时做了修订，但演讲风格仍予以保留。原载《中国翻译》，2008年第2期。收入本书时略作修订。

问题已经不仅仅是一个语言学方面的问题，而是越来越成为一个哲学的问题了。这话的意思自然不只是说，全球诸民族语言之间、诸思想文化类型之间，正在越来越多地相互“翻译”着，而毋宁说，“翻译”本身已然是一个哲学的课题了，而且尤其是比较哲学（思想）研究领域里的首要课题。[①] 举例来说，国内学界近几年来多有争议的“中国哲学的合法性”问题，在我看首先就是一个翻译的问题，因为这个问题本身是由近代以来西方文化的引入、西方哲学的汉语翻译发起的，如若没有东渐而来的欧洲—西方哲学文化，则我们今天所谓的“中国现代哲学”根本还无从谈起。

因此，从“翻译”的角度来检讨和反思中国现代思想学术史，无疑已经成为当代汉语哲学（思想）讨论的一项基础性工作了。在这方面，国内的研究尚未见有特别可观的成绩，这是令人遗憾的。长期以来，我们多半沉缅于大而化之的主义和立场之争，而少有基于交互文化的词语经验和翻译实践之上的切实批判性分析和检讨。当然，前述“中国哲学的合法性”问题的提出，也许已经标志着学界同仁的一种自觉反省态度的生成。

毫无疑问，相对于欧洲—西方的哲学文化来说，汉语思想文化具有的最大的异质性，是前者的一个最鲜明的“他者”。[②] 而因为汉语“思想”与欧洲“哲学”之间的极端差异性，两者之间翻译的张力也是最极端的。

在20世纪50年代，马丁·海德格尔与日本东京帝国大学的手冢富雄（Tezuka）教授做过一次关于语言问题的著名对话。当海德格尔问手冢富雄为何要动用欧洲的美学概念来解释东亚艺术时，这位日本人答道：因为自从与欧洲文化发生遭遇以来，我们东亚语言就显露出某种“无能”，它缺少一种规范力量，不能在一种明确的秩序中把相关

---

① 关于“翻译”的哲学研究，现在国内已有若干扎实的成果，主要有李河：《巴别塔的重建与解构——解释学视野中的翻译问题》，昆明：云南大学出版社，2005年；单继刚：《翻译的哲学方面》，北京：中国社会科学出版社，2007年。

② 法国当代学者于连的“迂回与进入”策略，其着眼点即在于此。参看弗朗索瓦·于连：《迂回与进入》，中译本，杜小真译，北京：生活·读书·新知三联书店，1998年。

的事物表象为相互包涵和隶属的对象。海德格尔却进一步追问，这种“无能”难道真的是东亚语言的一个缺陷吗？对于东亚人来说，刻意去追求欧洲的概念系统，这是否有必要，并且是否恰当？手冢富雄给出了一个十分具有代表性的回答：看起来似乎我们不再有什么退路了，因为现代的技术化和工业化已经席卷了全球。[①]

正是基于类似于上面这位日本人的心态，一种完全可以理解和同情的对于欧洲—西方主导的现代技术世界的“东亚态度”，近代以来的一个多世纪里，我们中国人对自己的母语失去了信心，我们一直在怀疑母语的能力，我们努力改造汉语，力图使之具有西式逻辑的规范力量和把握能力，以适应社会向技术世界转变的现代化进程。在这一点上，甚至连鲁迅这样一位对现代汉语写作方式和语感特性具有塑造作用和决定意义的伟大作家竟也未能免俗，着实令人扼腕。而同样令人喟叹也令人深感诡异的是，一直要到20世纪的末期，恰恰是通过来自西方的现代技术发展的成果（计算机汉化技术，汉字进入电脑），国人才开始恢复了对于母语的一点儿信心。

在学理上，我们一直疏于提出上述海德格尔式的疑问：我们假定的汉语缺陷当真是一个缺陷吗？以曲折变化的印欧语言及其语法为典范来“改造”非曲折变化的汉语，是否可能，以及是否必要？如若可能而且必要，则这种“改造”的后果如何，其限度何在？现在应该已经是时候了，我们需要重新提出和审视诸如此类的问题。而从欧洲“哲学”与汉语“思想”相互翻译的角度进入，可能更有利于我们从根本上，也即从文化的深层和语言的边界处着手来探讨此类问题。

二

即便在汉语经过了百年现代化“改造”的今天，我们似乎仍然可以断言：因为语言上的根本差异，欧洲“哲学”与汉语“思想”之间

---

① 海德格尔：《在通向语言的途中》，《全集》第12卷，德文本，美茵法兰克福，1985年，第82—83页。

的互译可能是最纯粹的翻译，因而也可能是最危险的翻译。[①] 因为“最纯粹”，也就带出了翻译的可能性的问题；因为“最危险”，也就形成了翻译的限度的问题。在这方面，美国当代哲学家、汉学家安乐哲关于西方世界对中国思想的迻译工作的批判性思考，为我们提供了一个有趣的比照，可供我们借鉴。

安乐哲（R. T. Ames）与郝大维（D. L. Hall）一起，用自己的母语（英语）合作了多部中国哲学（思想）研究著作（近年来多已译成中文），并且独译或者与人合译了诸多中国思想典籍，诸如《孙子》《孙膑》《中庸》《道德经》《淮南子·原道篇》等（汉译英）。我们知道，这些典籍早就有了最初出自传教士、后来出自近现代汉学家们的西文译本，而且多半不只有一种译本了。所以，安乐哲的工作属于“经典重译”。何以要进行“重译”呢？安乐哲明确地指出，这是基于如下认识：西方学术界对于中国哲学的了解方式存在着致命的缺陷。西方哲学研究视野中的关于中国哲学的探讨，往往是将中国哲学置入与其自身毫不相干的西方哲学范畴和问题框架中加以讨论。[②]

更具体地说，原因在于语言。安乐哲认为，西方学者在迻译中国古代思想术语时，经常会采取欧洲—西方的“超越性语言”，例如，对儒家的“天”和道家的“道”作神学意义上的释译。“我们总是试图在我们自己的超越语言中寻找方式来描述我们自以为是超越的概念，而‘天’被译作‘Heaven’、‘道’被译作‘God’或‘the Way’便是这种释译方式的结果。我们认为这种方式的翻译及其带来的混乱是最不幸的。”[③] 在这里，安乐哲把西方世界对于中国传统思想的种种轻视和误解直接看成了一个“翻译”问题。在安乐哲看来，当人们采取上述释译方式时，实际上是把中国传统文化语言中根本就不存在的“超

---

① 我们的这个断言涉及翻译文体差异和分类问题：在我看来，翻译大致可以分为基于学院语言的思想学术翻译、基于日常语言的文学翻译、基于数理语言的科技翻译。比较而言，基于学院语言的思想学术翻译更直接、更深入地关乎民族精神的实质差异性，因而更能显突翻译的危险。

② 安乐哲：《和而不同：比较哲学与中西会通》，温海明编，北京：北京大学出版社，2002 年，第 7 页。

③ 同上书，第 31 页。把“道”译成 the Way 倒未必属于安乐哲所指责的情形，比如同样反对以欧洲哲学方式译解中国思想语言的海德格尔就主张把“道”译成德文的 der Weg（道路）。参看海德格尔：《在通向语言的途中》，《全集》第 12 卷，德文本，美茵法兰克福，1985 年，第 187 页。

越概念”当作中国哲学思想的属性了。

在此我们需要提出两个相互关联的问题：其一，什么是安乐哲所讲的西方的“超越性语言”？其二，为什么西方的“超越性语言”不适合于表达中国传统思想？或者也可以换种说法，不适合于转化为西式“超越性语言”的中国古代思想有何固有的语言特性？

安乐哲更多地是在神学意义上理解“超越”或“超越性”（Transcendence）的，因此在我看来，他并没有完整地把握和揭示作为形而上学基本问题的“超越”（transcendence）问题，即“存在学”（Ontologia）的“先验—本质”（transcendental-essence）追问意义的“超越”，与“神学”（Theologia）的“超验—实存”（transcendent-existence）追问意义上的“超越”，但他仍旧十分深刻地洞察到了有关问题的实质。① 安乐哲对“超越”（Transcendence）下了一个他所谓的“严格的”定义：“一项原则甲是乙的原则，如果不诉诸甲，乙的意义和涵意就无法得到充分的分析和解释，则甲对于乙是超越的；反之则不然。”② 不过，安乐哲似乎更愿意把“严格的超越”简化为一种“上帝模式”，即：A 决定 B，反之则不能，则 A 对于 B 就是超越的。在安乐哲看来，与这样一种超越性思维方式相联系的，是西方哲学典型的超越性语言及其范畴—概念体系。而这样一种超越性的思维方式和表达方式是汉语思想和汉语言所不备的。

与西方“超越性思维”相区别，安乐哲把中国古代思想（汉哲学）的思维规定为“关联性思维”（correlative thinking），并且把与此相联系的汉语哲学（汉语思想）语言称为“关联性语言”（或者“过程语言”）。③ 在这里，安乐哲也提示我们，所谓“关联性思维”之说或可追溯到马塞尔·格拉耐（Marcel Granet）的《中国人的思维》（1934 年）；而卡西尔在《符号形式的哲学》中尽管没有使用这个术

① 此处可参看孙周兴：《超越之辩与中西哲学的差异——评安乐哲北大学术讲演》，载《中国书评》，复刊第一辑，桂林：广西师范大学出版社，2005 年，第 70 页以下。

② 安乐哲：《和而不同：比较哲学与中西会通》，温海明编，北京：北京大学出版社，2002 年，第 27 页。

③ 主要可参看安乐哲：《和而不同：比较哲学与中西会通》，温海明编，北京：北京大学出版社，2002 年，第 51 页以下和第 111 页以下。

语，但其实也已经在讨论与“神话思维”相关的“关联性思维”了。

那么，什么是“关联性思维”和“关联性语言”呢？以安乐哲的讲法：“关联性语言就是过程语言，是唯一使我们接近‘一切皆流’之直接感觉的语言。比喻和意象语言植根于关联性之中。关联性语言是对事物流变之感觉的结果、迹象和奖励。这样一种语言是去感觉事物流变的门票。”① 如果说欧洲—西方的“超越性语言”力图把握“一切是一”，把握事物的本质和世界的统一性，那么，“关联性语言”则是对“一切皆流”的事物流变过程的直觉，它关注的是过程、变化、特殊，而不是终极的实在。“如果说过程被认为是第一性的，那么美学秩序就应当是根本性的。因此，在理解任何一个特定事件上，不一致优于一致、多元性优于一元性、分离优于连接。因此，所有的统一体都是特定的：不可能有任何终极意义上的宇宙。”② 安乐哲说，迄今为止，多数欧洲哲学家仍然回避这种过程思维和过程语言，而更喜欢逻辑与辩证分析的因果性思维和言说。

实际上，在20世纪欧洲—西方思想的巨大变动中，除了安乐哲举出的卡西尔、怀特海等之外，还有一大批思想家在自觉地反思和超越西方传统的“超越性思想”和“超越性语言”，而尝试一种非形而上学哲学的“思想—言说”方式。其中最具典型意义的莫过于德国思想家马丁·海德格尔。

在其思想道路的开端，也即在其早期弗莱堡时期的讲座（1919—1923年）中，海德格尔就开始尝试所谓的“形式显示的现象学”。海德格尔把“现象学”的“现象”了解为“内涵意义”“关联意义”和“实行意义”的统一体，实际上就是“经验内容”“经验方式”与“经验方式的实行”三者的统一。海德格尔所谓的“关联意义”（Bezugssinn）接续了胡塞尔关于意向性意识的“先天相关性”思想，也即意义的给予总是与意向行为的方式相关。但海德格尔作了进一步

---

① 安乐哲：《和而不同：比较哲学与中西会通》，温海明编，北京：北京大学出版社，2002年，第79页。
② 安乐哲：《和而不同：比较哲学与中西会通》，温海明编，北京：北京大学出版社，2002年，第81页。

的推进，强调了上述的意义三元素中“实行意义”的优先性，认为“关联意义”必须在“实行”范围内才可能得到阐明。传统的“形式存在学”（包括胡塞尔）仍旧容易把“形式因素”（“关联意义”）对象化，也就是说，仍旧难以挣脱“对象性”思维的危险。唯有引入“实行”之维，“内容意义”和“关联意义”才能在理解处境中具体化，从而成就活生生的意义发生。显然，作为一种“思想策略”，海德格尔所谓“形式显示”的现象学方法实际上也是一种“表达（语言）策略”。海德格尔明确提出要形成一种别具一格的“形式显示的定义”，它们不在于固定的内容和命题，不在于对内容作规范性的确定，而是要“不确定地给出对象”，旨在显示实际的生命处境，激发向来个体化的实际生命的实行。海德格尔前期“此在分析”（所谓“基本存在学”）中的“实存畴”（如“死亡”“决断”“本真性”“历史”“实存”等），以及后期海德格尔思想中的“泰然任之”和“虚怀敞开”之类的词语表达，均具有这种以“不确定”（内容上不确定的）给出“确定”（实行上具体的和确定的）的特性。①

在“关联性思维”和“关联性语言”这一课题上，安乐哲似乎并没有给予海德格尔充分的关注，不过，他对于汉语特性的理解，让我们觉得恰恰是对海德格尔的表达策略和诉求的一次回应。在安乐哲看来，“关联性语言”表达的是一种能动的、不确定的秩序感。安乐哲列举了多个例子来加以说明。例如，汉语的“势”，有“趋势”“倾向”“势能”“优势”等多种颇具差异的含义，描述了一种西方文化不熟悉的秩序感。另一个可能更为典型的例子是汉语的“几”。“几”首先意味着“微小”“即刻”“几乎”；又意味着“可能性”“时刻”；进一步还扩展为“关键时刻”“转折点”“枢纽”“危险”等；然后又意味着“推动力”“原动力”“扳机”；最后是“机会”；等等。所有这些构成一系列不确定的、不断转化的意蕴，我们无法给予单义的、明确的把

① 参看海德格尔：《形式显示的现象学：海德格尔早期弗莱堡文选》，孙周兴编译，上海：同济大学出版社，2004 年。重点参看其中的“编者前言”。

握。所以，安乐哲认为，“正是中国古典传统所理解的秩序中的这种无所不在的非确定方面，使得西方超越性语言在这里不适用，因而也迫使我们回到中华世界本身中去寻找更方便、更合适的语言”。[①]

正是基于上述对汉语特性的经验和体认，安乐哲主张，在由汉语向欧洲语言的翻译过程中，“翻译”与“诠释”是分不开的：“在中国这样一个不存在西方超越意义上的文化里硬要将翻译与诠释分开，这本身就是矛盾的。”[②] 按说任何“翻译”本身都是一种“诠释”，或者至少部分地是一种“诠释”，不过，安乐哲显然认为，当人们把汉语译为欧洲语言时，翻译的“诠释性”是尤为显赫的。这自然也是安乐哲刻意要重译汉语思想经典的理由，安乐哲说：“从一开始，我们就认定作为翻译的目标语言的英语自身附带着诠释性的重担。”[③]

反过来，以我们的母语（汉语）来翻译欧洲—西方哲学，是不是也有相应的情形呢？我们是不是也只能做一种“诠释性的”翻译呢？或者又反过来讲，当我们以非超越性的汉语翻译超越性的欧洲语言时，是不是自始就构成一种对我们母语的损害呢？翻译的“诠释性”实际上意味着翻译的限度，是我们必须正视的。这个限度要如何来确认和把握呢？这实在不是能轻松回答的问题。

三

上面我们已经说到安乐哲的一个判断：以西式的“超越性语言”来翻译中国思想构成一种“大不幸”。安乐哲进一步把矛头指向了词典，指出现行词典（汉—英词典）的可疑和可怕之处，甚至于断言：读我们现在的词典简直是“一大灾难”。个中原因也有了：“现在的汉英词典蕴涵着一种与它们所要翻译的文化格格不入的世界观。”而这意

---

① 安乐哲：《和而不同：比较哲学与中西会通》，温海明编，北京：北京大学出版社，2002 年，第 49 页。
② 安乐哲：《和而不同：比较哲学与中西会通》，温海明编，北京：北京大学出版社，2002 年，第 114 页。
③ 安乐哲：《和而不同：比较哲学与中西会通》，温海明编，北京：北京大学出版社，2002 年，第 7 页。

思也就是说，“辞典自身就渲染着严重文化偏见的油彩”。①

或问：安乐哲的这个指责是不是小题大作了，或者夸大其辞了？我们且来看看安乐哲举出的一个例子：汉词“天”的英语翻译。在标准汉英词典里，“天”的词条译文有：1. the material heavens, the firmament, the sky; 2. the weather; 3. a day; 4. Heaven, Providence, God, Nature; 5. husband; 6. indispensible。这种英译与汉语词典里的汉语解释形成了鲜明的对照。我们看到，“天”在汉语词典里概有如下释义：1. 天空；2. 气；3. 天的运行；4. 太阳；5. 神；6. 自然；7. 君；8. 父；9. 不可少的；10. 一段时间；11. 一日；12. 阳（相反于阴）；13. 命运；14. 性，身；15. 大。安乐哲指出，比较起来，两者最大的差异在于：汉语词典中的“天”明显不存在西方 Heaven, Providence, God, Nature 的意思。

在上列汉语词典关于“天”的释义中，固然也出现了“神”的含义。不过，安乐哲坚持认为，Heaven, Providence, God, Nature 等词语，在西方特别被用来阐述一个超越现世的神的观念，它是创世的、超越的，超然于它所创造的事物而独立存在，具有超时间、超空间、纯意识等特征。而这样一种“二元论”的思想方式与中国传统哲学其实是风马牛不相及的。② 在安乐哲看来，汉语的“天”是没有西方的 Heaven, Providence, God, Nature 之类所具有的“超越性”以及相应的“二元论”观念的。

反观汉语界，我们的外—汉翻译词典情况又怎样呢？是不是也有类似于安乐哲提示出来的情形呢？由于汉语语义的丰富关联性和不确定性，特别是由于汉语构词方面的灵活性，我们在翻译欧洲—西方语言时应该比对方做得更好些，从而我们的外—汉翻译词典也应该比对方（汉—外翻译词典）做得更好些。不过，实际情形恐怕也不能让人特别乐观。一方面，安乐哲上面所指控的辞典中的“文化偏见”，在我

① 安乐哲：《和而不同：比较哲学与中西会通》，温海明编，北京：北京大学出版社，2002 年，第 7 页。
② 安乐哲：《和而不同：比较哲学与中西会通》，温海明编，北京：北京大学出版社，2002 年，第 115—116 页。

们的外—汉翻译词典中同样也是不可避免的——而且几乎是不可消除的；而另一方面，我们的翻译词典与现代汉语的现代化（西化）进程同步，也就是说，受到了西方语言文化的深刻影响，在一定程度上采取了西方语言和语法的标准。就此而言，我们倒是丧失了母语固有的一点优势，完全有可能比西方人翻译汉语时做得更差了。

对外—汉翻译词典状况的考察和讨论不是本文的重点，也不是本文能够承担的。而以本人的初步经验来看，我们的外—汉翻译词典至少有如下几个方面的问题：第一，过于科技化和实用化，轻视和忽略人文学术和文学艺术方面的语汇及释义。实用化是我们时代的通病，自然也表现在词典中了。实际上差不多可以说，凭借现在通用的外—汉词典，我们是难以从事人文学术方面的研究的。第二，与前述的倾向相关，我们的词典提供的释义过于单一、狭隘、僵化。举个简单的例子来讲，在时下国内最流行的《新英汉词典》（上海译文出版社出版）中，含义殊为丰富的 Logos（逻各斯）竟然只有两条释义（即 1.“理性、理念”；2. “道、圣子”），连最基本的含义（“话”“话语”）都没有被纳入其中，更遑论它原初所包涵的十几种基本含义了。第三，在现代欧洲语言的汉语翻译词典中，缺少必要的词源联系的提示，特别是现代欧洲语言与两门基本的古代语言（古希腊语、拉丁语）之间的词源联系。这个要求也许过于苛刻了，但一本成熟而有效的词典应该尽可能呈现词语和语义的历史性。①

词典当然是必需的。无论是母语学习还是外语学习，人们都离不开词典。出于习惯，人们经常会过于信赖和依赖词典。而这是基于一种假设的确信：我们总是首先假定词典是可靠的、完备的、可信的。如果我们先就怀疑了词典，则我们简直无从下手了。然而，我们完全可以同意安乐哲对基于词典的翻译的批判。对于词典的过于信赖确是

① 这方面的工作应该有专门的探讨，甚至需要统计学上的研究。另外，笔者在此绝无贬低和否定现有翻译词典以及相关编纂者的意思，相反，我认为一个多世纪来产生的各种外—汉词典对于中国现代文化的意义是怎么高估都不为过的。但毫无疑问，安乐哲对于词典的批评同样也能为我们的翻译词典提供一种警示。

大成问题的，基于词典的翻译（特别是学术翻译）是有危险的。

这方面我愿意从自己的个人经验中举出两个例证：其一，一些严格而认真的出版社编辑经常会以现有词典的词义例释来要求和检查译者的学术译文，而完全没有意识到，如果他们的要求得到实现，实际上就堵塞了学术翻译和学术研究的可能性和必要性，从而也就消除了学术翻译的真正意义。多年前，有位可敬的编辑根据我们现有的德—汉词典，把我的一本译著中的基本词语重新处理（“订正”）了一遍，比如我译“存在学”的 Ontologie，又被改为词典里的释义“本体论”，我译“本有”的 Ereignis，统统根据词典被处理为通用含义“事件”，我译“集置”的 Gestell，则被改为词典里的“框架”，如此等等。为了说服这位认真而固执的编辑，我花了整整一个下午的时间“据理力争”，才得以维持自己的新译法。我并不是说学术翻译容不得置疑和讨论，而是要指出：译者和编辑之间这样一种错位正暗合了安乐哲所讲的基于词典的翻译的危险。

其二，国内外语专业的学生更偏向于“教材外语”或“词典外语”，而且会形成近乎牢不可破的定式，在进入学术—思想语言时往往存在着更大的困难。尤其在研究生招生和培养中，我们经常会碰到此类现象。在学术翻译领域，我们也能看到这样的情况：有的外语专业出身的译者来做学术翻译，会译得不知所云，无法解读；而有的学术专业出身的译者，虽然日常外语的能力并不好，可能比不上前者，但却能做出相当成熟和漂亮的译文。我甚至想说：日常外语能力与翻译（特别是学术翻译）的品质之间没有必然的联系；翻译的品质更多地取决于译者的母语能力而非外语能力。

这里顺便也想就我们的外语教学体系发表一点个人意见。中国大学里的“外语系”早年多半叫“外文系”，从属于“文学院”或者“人文学院”，新中国成立后多被改为“外语系”，20 世纪 80 年代以后则被设置为独立的“外语学院”。以“语”换“文”以后有许多不良的后果，先就在形式上把“人文教学”的意义和目标抽掉了，只剩下了外国语言的教与学，而严重轻视外国文化的教与学，自然更忽略了母语和母语文化的教与学。加上今日西方文明的强势地位，外语学院甚至就有点"恃强欺弱"的况味了，"殖民心态"时有表现，比如，国内高校外语专业研究生的学位论文竟然都要用相关的外语来完成，实在是一件令人发笑也大可悲哀的事。研究生是做学术研究的或者是准备做学术研究的，试问我们是要为谁研究？当然我们可以说自己是一个"世界主义者"，是要为世界人民提供精神产品的。这话听起来不错，但恐怕只能是空洞的说辞而已。关键问题在于，我们必须意识到，我们的经验方式和认知方式是以母语为根基的，我们的语感和理解力主要是通过母语来塑造的。如若失去了母语和母语文化这个根基，则不但我们的研究工作失去了切实的意义，而且我们的外语理解力也将是无根的。①

四

由上面最后一点，我们实际上已经提出了一个原则，即：母语优先原则。这个原则也可以表达为"差异化原则"，后者意即这样一个主张：对差异性的确认比对同一性的追求更重要。我认为，这是今天这个后西方—后现代的世界多元文化时代里应有的学术和思想姿态，自然也可以成为翻译事业的一个基本准则，落实到翻译上来。我们所谓的"母语优先性原则"或"差异化原则"要求我们：尽力避免把目标语言（母语）与被翻译语言（外语）同一化，而且要维护和坚持他者立场，保持母语相对于外语的差异性（异质性）。

母语优先原则蕴含着对于翻译策略和译者责任的要求。既然有上述种种差异、限度和风险，我们应该采取何种适恰的翻译策略？译者应该负起何种对于语言（母语）的责任？于此我们仍旧想引用安乐哲

---

① 汉语作为我们的母语正面临国际化挑战，特别是强势英语的挤压，在此情势下，对国内现有外语教学制度的反思就显得尤为迫切了。有关这方面的课题，可参看关子尹：《莱布尼兹与现代德语之沧桑——兼论"语文作育"与民族语言命运问题》，载《同济大学学报》，2005 年第 1 期。关子尹教授的这篇文章在随后爆发的香港中文大学师生抗议校方教学语言国际化政策（意在淡化中文角色的"双语政策"）的运动中发挥了重要的作用。

的建议。从汉—英翻译的角度，安乐哲把问题表达为：如何避免将汉语翻译搞成我们随心所欲要说的话呢？如何建立负责的语言限制呢？安乐哲形成的一个策略是：在把汉语思想典籍翻译成英文过程中，尽量不要使用哲学术语而使用一般词汇。[①]

安乐哲为英文学界开出一个词汇表，包括他建议需要警惕、尽量不予采用的哲学术语以及他认为可以替代的词语。例如“绝对的”（absolute），他建议采用 superlative 或 supreme；“本质的”（essential），他建议采用 core 或 conecntrated；动词“超越”（transcend），他建议采用 goes beyond；“性”（nature），他建议用 character；“存在”（being）与“非存在”（non-being），他建议用 something 与 nothing；“天”（heaven）与“地”（earth），他建议可用 the heavens 与 the earth；“原理”（principle）和“法则”（rule），他建议采用 coherence，pattern，model；“物质”（matter）和“实体”（substance），他建议用 stuff；等等。[②] 安乐哲的此类建议是否妥帖自当别论，关键在于觉悟和姿态。

安乐哲的办法倒是简单：“非哲学的东西”需要以非哲学的方式来翻译，要避免以西方哲学的概念方式来损害非哲学的汉语思想。但问题出来了：我们中国人在翻译西方哲学的概念时应该怎么办呢？难道我们不是应该采取与安乐哲相反的策略，即“哲学的东西”要以哲学的方式来翻译，从而尽量避免以非哲学的方式来损害西方的哲学？然而，“哲学的方式”对于汉语思想究竟意味着什么？如果说从西方哲学的超越性思想方式和概念方式来看，汉语思想传统具有非哲学的特性，那么，两者如何可能相容？我们如何可能采取哲学的方式来翻译西方的哲学呢？

更进一步的问题在于：现代汉语思想如何可能表达异质的西方思维？把西方哲学“翻译”成汉语，这到底意味着什么？现代中国哲学

① 安乐哲：《和而不同：比较哲学与中西会通》，温海明编，北京：北京大学出版社，2002 年，第 117 页，第 146 页。

② 安乐哲：《和而不同：比较哲学与中西会通》，温海明编，北京：北京大学出版社，2002 年，第 146—147 页。

已经走在通向西方哲学式的“超越性”思维的途中吗？或者，因为语言的基本限制，我们借着近代以后百来年的“哲学翻译”的艰苦努力，仍旧无以达到西方哲学式的“超越性”的境界？而若是后者，则现代汉语哲学的合法性问题就不得不一再被提出来。连带着需要提出来的问题还有：现代中国是否需要以及如何可能防止把汉语思想文化传统“哲学化”？

这些问题就摆在这儿了。无论如何，作为译者，保持一份安乐哲式的警觉是应该的和必需的。我们必得承担起一种作为译者的责任：关注并且守住语言的限度。

超越之辩与中西哲学的差异[①]

——评安乐哲北大学术讲演

内容提要：美国汉学家安乐哲教授认为，中国传统思想文化根本上缺失“超越性”维度，汉语言思维没有明确的“超越”意识；如若要以西方哲学文化的“超越”概念以及西方形而上学的超越性语言来阐释中国思想文化，则必致误解和曲解。本文试图从海德格尔哲学出发，支持和补充安乐哲的这一观点。本文认为，西方形而上学具有“先验—超验”二重超越结构，相应地也有两种“超越性”类型，即“形式的超越性”与“实质的超越性”，与之对应的学科是哲学——“存在学/本体论”——和“神学”。受语言的限制，汉语思想和文化则没有形成欧洲哲学和神学的“超越”之问。这是中西文化的最大差异。

---

① 本文系作者在“中西哲学交流中的翻译问题”学术会议（华东师范大学哲学系主办，2005 年 1 月 7—9 日）上的报告。原载邓正来主编：《中国书评》，复刊第一辑，桂林：广西师范大学出版社，2005 年，第 70—80 页。

本文作者更愿意对“哲学”一词作狭义的或者严格意义的使用，也就是说，更愿意主张“哲学是欧洲—西方的”。这方面的讨论可参看拙文《在何种意义上讲哲学是西方的?》，载孙周兴：《我们时代的思想姿态》，北京：东方出版社，2001 年，第 3 页以下。狭义的“哲学”（Philosophia）不是各种思想方式，而是西方的思想方式。中国传统文化中没有形成西方“哲学”的超越性的形式化思维方式。这就意味着，本文作者并不想使用用来指称中国传统思想方式的“中国哲学”这样一个名称。正如中国传统中没有“基督教神学”，所谓“中国基督教”只不过是近代以后的产物，我们也可以在一定意义上说“中国近代（现代）哲学”，但这显然不表明中国传统文化中即有“哲学”这种成分。不过在本文中，因为所涉及的安乐哲和牟宗三等学者都使用了宽泛意义上的“哲学”概念，另外也为约定俗成起见，我们在论述中亦不可避免使用“中国哲学”“中西哲学”等用法。

但在后来的几篇相关文章中，我对自己的上述看法和用法做了修正，更多地从普遍化的观念构成方式角度来理解“哲学”。胡塞尔区分“普遍化”的两个类型（方式），即“形式化”和“总体化”，“形式化”思维对于欧洲哲学来说是标志性的，构成我所谓的狭义的“哲学”，而非欧民族文化多半是以“总体化”为观念构成方式。现在可参看孙周兴：《我们可以通过汉语做何种哲学?》，载《学术月刊》，2018 年第 8 期（也收入本书第二编）。

一

当代新儒家大哲牟宗三倡导中国文化与西方哲学的“会通”，以为自康德区分 phenomena 与 noumena 两个世界，即我们通常所谓“现象”与“本体”之二分后，中西哲学方才有了沟通与比较的可能性。进而，在牟宗三看来，康德此二分即“经验”与“超越”“现象—知识”与“价值—理想”之分，而中国文化之精髓正在于关注和重视“超越层”的 noumena（本体）世界，此乃中国智慧之高明特长，恰恰与关注和偏重 phenomena（现象）的西方哲学构成对照，亦可期待在未来构成两厢互补的局面。

美国夏威夷大学的哲学家安乐哲教授则认为：中国传统文化根本就缺失“超越性”之维度，汉语言思维没有明确的“超越”意识；而如若要以西方哲学文化的“超越”概念以及西方形而上学的超越性语言来阐释中国思想文化，则必致误解和曲解。[①] 安乐哲在多处重申了他这个坚定的主张。

在这里，围绕着“超越”（Transcendence）问题，一种明显的对阵已经摆开：牟宗三说中国文化重在“超越”，安乐哲则针锋相对，说“超越性”原是西方文化的基本特质，中国传统文化没有“超越”可言。

牟宗三的看法差不多就是我们久已熟悉了的西方物质科技—东方（中国）精神道德的老式套路。中国传统文化中虽然没开出科学技术，然而我们有安身立命的道德之心思、超越之境界。观当今世界，物质泛滥，道德沦丧，正是发扬和广大中华文化的时候。所谓“一心开二门”，如若科学与道德联合，则未来世界文化大局可定矣。

---

① 本文的讨论涉及两位美国哲学家赫大维（David Hall）和安乐哲（Roger Ames）多年合作的思想，但由于我主要的文本依据是安乐哲教授在北京大学的演讲稿《和而不同：比较哲学与中西会通》（北大学术讲演丛书之十八，北京大学出版社，2002 年版），故文中凡出现“安乐哲认为”“在安乐哲看来”“安乐哲说”等处，均属于方便偷懒说法，都有可能指涉赫大维和安乐哲两位哲学家的共同思想。

安乐哲毫无掩饰地指责牟宗三，说后者不仅心存误解，而且大有可能贻误了青年一代学人。

以牟宗三的重要影响，又加以安乐哲的“外人”身份，这场争辩大可深思。

二

安乐哲大约是近些年来在中国学术界最有影响的当代西方汉学家之一了。就在最近十年间，安乐哲（与郝大维）的主要著作多半已经被迻译成中文了，如《主术——中国古代政治艺术之研究》（北京大学出版社，1995 年）、《汉哲学思维的文化探源》（与郝大维合著，江苏人民出版社，1999 年）、《先贤的民主：杜威、孔子与中国民主之希望》（与郝大维合著，江苏人民出版社，2004 年）等。

安乐哲在中国学界的“成功登陆”并非毫无来由。在我看来，主要原因还在于时机相宜：特别最近十几年以来，国内学术界通过对现当代西方的形而上学批判和启蒙理性批判的日益增进的了解，开始做出一种努力，尝试以一种“非种族中心主义”（特别是非欧洲中心主义）的立场来重新审视世界文化格局，尤其是我们自身的思想传统。而作为一位西方学者的安乐哲教授的基本用力恰恰在于：抵御种族中心主义的文化偏见和文化误读，反对以西方哲学的概念框架来理解中国思想。安乐哲明确地指出：

> 迄今为止，西方哲学研究视野中的关于中国哲学的探讨，往往是将中国哲学置入与其自身毫不相干的西方哲学范畴和问题框架中加以讨论。[①]

安乐哲把西方学术界（汉学界）这种西方明显的文化中心主义的

---

① 安乐哲：《和而不同：比较哲学与中西会通》，温海明编，北京：北京大学出版社，2002 年，第 7 页。

做法称为“文化简化主义”。在他看来，“比较哲学”的任务就在于认清这种“文化简化主义”的危害，努力避免这种倾向，并且要对西方文化居高临下的“普适主义”立场采取怀疑的态度。[①] 显然，安乐哲谋求的是一种维护多元文化平等权利的非种族中心主义的学术立场，而这种立场修正恰恰是20世纪西方学术思想的最大成绩。

安乐哲的上述指控不仅指向西方学术界，而且显然也可以指向中国学术界——在我看来可能更适合于中国学术界。一个多世纪以来，一部“中国现代哲学史”在很大程度上可以看作以西方哲学的概念和范畴“整理”中国传统思想资源的历史。西方学界以强势姿态来统摄他者文化类型，而在我们一方，如就中国哲学界来说，则明显是以不得已顺应潮流、谋求自身文化变革的弱势地位来接纳西方哲学的概念体系。即便自负如牟宗三者，亦不得不动用康德哲学来求重振儒学。

在20世纪50年代初与日本学者手冢富雄（Tezuka）的一场对话中，海德格尔一开始就发问：“对东亚人来说，去追求欧洲的概念系统，这是否必要，并且是否恰当?”这位日本人的回答何其简单：看起来似乎不再有什么退路了，因为现代的技术化和工业化已经席卷了全球。这种论调是我们所熟悉的了。日本人还说，与欧洲哲学的遭遇使他们的语言显得无能，因为他们的语言缺少一种“规范力量”，无力对现象作明确有序的概念性把握。海德格尔则质疑这种所谓的“无能”。[②]

安乐哲的指控与海德格尔的问题是一致的。不过，仅仅提出这样一个指控还是不够的。在我看来，安乐哲教授高明之处乃在于他触及到了问题的实质部位，他围绕“超越（超越性）”（Transcendence）课题展开对中西哲学（思想）的根本差异的讨论。而正是在这个课题上，安乐哲与牟宗三有一番贴身肉搏。

“超越”（Transcendence）问题是一个什么样的问题呢？它何以如

---

① 汤一介：《和而不同：比较哲学与中西会通》，载温海明编《和而不同：比较哲学与中西会通》，北京：北京大学出版社，2002年，序，第2页。

② 参看海德格尔：《在通向语言的途中》，中译本，孙周兴译，北京：商务印书馆，2004年，第87—88页。

此重要?[①] 我们已经习惯于把“超越”理解为“超出”“越过”“逾越”。“今非昔比”是一种超越，“克服自我”是一种超越，“胜出一筹”是一种超越。不过，西方形而上学—哲学意义上的“超越”却不是我们日常所设想的意思。日常汉语中的“超越”一词，恐怕还不是西方语言中的 Transcendence，虽然在字面上，Transcendence 起于拉丁文动词 transcendere，而后者同样也意味着“超出”“跨越”“越界”，颇接近于我们的日常想法。

西方人看到 Transcendence 一词，首先会想到的是作为最高者的神性上帝，因为正如安乐哲所言，Transcendence 在西方通常被用来表示“独立于被创造之秩序”。这样一种基于文化传承的直接贴身的词语感觉是我们所没有，也不可能有的。再说了，我们今天多半是在最早由康德所规定的学理意义上使用这个词的。而在康德意义上，“超越”(Transcendence) 被落实到两个形容词 transzendental (先验的) 与 transzendent (超验的) 的区分上。

究竟何谓“超越”(Transcendence) 呢? 安乐哲显然也不想排除对“超越”一词的宽泛使用，但他明确地提出了一个“严格的超越”(strict transcendence) 定义:

> 一项原则甲是乙的原则，如果不诉诸甲，乙的意义和涵意就无法得到充分的分析和解释，则甲对于乙是超越的；反之则不然。[②]

在另一处，安乐哲对这个形式的定义稍稍做了字面上的改动:“如果 B 的存在、意义和重要性只有依靠 A 才能获得充分的说明，然而反

① 据安乐哲说，列维－斯特劳斯认为，一个文化只有当它发现了“超越性”才可能在轴心世纪完成向高级文明的转化（参看安乐哲:《和而不同：比较哲学与中西会通》，温海明编，北京：北京大学出版社，2002 年，第 25 页）。如果列维－斯特劳斯是在安乐哲意义上使用“超越”的，那么这显然是一个欧洲中心主义的观点了。不过，安乐哲在此没有给出具体的出处，也没有进一步地议论，故我们无从查考斯特劳斯的观点。

② 安乐哲:《和而不同：比较哲学与中西会通》，温海明编，北京：北京大学出版社，2002 年，第 27 页。

之则不然，那么，对于B来说，A是超越的。”①

更有一处，安乐哲干脆把这个定义简化了：“简而言之，严格的超越是‘上帝模式’：A决定B，反之则不能。一个完美的上帝决定这个宇宙并独立于这个宇宙而存在。所以，世界对上帝不具有决定性的影响”。②

安乐哲对于“超越”的理解颇有启人之处，可以说给出了一个“形式的”定义。安乐哲进而对超越、超越因素或者超越性质做了一些哲学史的描写和分析，概括起来，其要义大致有两条：

其一，“超越的意识表达了富有成效的独立性和自足，在按照美学、宗教、科学和哲学上的价值和信念形成西方文化特性的过程中，这种超越的意识一直发挥最大的影响”。③ 这种超越的意识尤其表现在基督教神学上。上帝超越于世界，意即独立于世界，是不受世界的影响的。而在神学之外，还在基督教神学之前，哲学家柏拉图提出了一个不变的形式的世界，它们独立于、不受影响于它们赋予形式的那些事物。

其二，无论在哲学还是神学中都产生了规定自然界运动的规则，即严格地超越于自然界的“自然法则”，它们具有“逻辑的必然性”，按照莱布尼茨的说法，这种必然性就是指“出现在所有可能的世界中”。安乐哲举了莱布尼茨的“充足理由律”：任何事情发生都必有其发生的理由。我们知道，这个充足理由律也在字面上被表述为“根据律”：“没有根据便一无所有”（nihil est sine ratione），或者“任何存在者都有一个根据”（omme ens habet rationem）。安乐哲说，这个定律毫无例外地适用于世界上所有的活动以及世界本身，但这个定律本身却是超越世界及其活动的。④

---

① 赫大维、安乐哲：《汉哲学思维的文化探源》，中译本，施忠连译，南京：江苏人民出版社，1999年，第194页。

② 安乐哲：《和而不同：比较哲学与中西会通》，温海明编，北京：北京大学出版社，2002年，第113页。

③ 赫大维、安乐哲：《汉哲学思维的文化探源》，中译本，施忠连译，南京：江苏人民出版社，1999年，第195页。

④ 安乐哲：《和而不同：比较哲学与中西会通》，温海明编，北京：北京大学出版社，2002年，第30页。安乐哲认为，充足理由律以及同类定律涉及“超越的理性”（transcendent rationality）的概念，因为理性在逻辑法则的支配下去发现永恒不变的规律和本质，因此是“超越的”。此外，安乐哲还认为，“超越”观念也反映在表达或话语中，无论在哲学还是神学中，超越的概念都是通过最严密的词语来规定的。参看赫大维、安乐哲：《汉哲学思维的文化探源》，中译本，施忠连译，南京：江苏人民出版社，1999年，第196—197页。

由上可见，安乐哲关于“超越”的界定强调了超越因素的两个特性：独立自足性和逻辑必然性。不过，安乐哲对于“超越”的理解和规定仍有不足之处。虽然安乐哲也看到了希腊哲学传统的超越性，但他似乎更愿意强调基督教神学意义上的超越性。而在我们看来，对“超越”（Transcendence）的真正切实而恰当的理解还得落实到西方形而上学的问题结构上，也就是由康德首先明确地区分开来的“先验—超验”二重超越结构。当海德格尔指出形而上学是通过“先验—超验地”（transcendental-transcendent）超出存在者的方式来追问存在者时，他恰恰正确地看到了康德哲学的二元论的真义，即：以“先验”问题为标识的知识学—存在学追问和以“超验”问题为标识的神学追问。[①]

如果从西方形而上学的“先验—超验”二重超越结构来看，我们就可以区分出两种“超越”方式，相应地，也有两种“超越性”类型，我们不妨把它们称为“形式的超越性”与“实质的超越性”。所谓“形式的超越性”，我们指示的是以“形式普遍性”为指归、以形式化思维为途径、通过“先验—本质”的追问而达到的“超越”（“普遍者”），它落实为“存在学”（Ontologia，旧译“本体论”）以及与之相关的形式科学的课题；而所谓“实质的超越性”，我们指称的是以类的终极等级为目标、主要以“总体化”思维为途径、通过“超验—实存”的追问而达到的“超越”（“至高者”“神性者”），它落实为“神学”（Theologia）以及与之相关的实存论的课题。[②]

三

众所周知，牟宗三是一位康德专家，曾译注过康德的三大批判，对于康德哲学有过相当深入的研究。他的“超越”观也是从康德的二

① 参看孙周兴：《形而上学问题》，载《江苏社会科学》，2003 年第 5 期；《超验·先验·超验》，载孙周兴、陈家琪编：《德意志思想评论》第一卷，上海：同济大学出版社，2003 年，第 82 页以下。

② 有关这方面的较细致论述，可参看孙周兴：《超越·先验·超验》，载孙周兴、陈家琪主编：《德意志思想评论》第一卷，上海：同济大学出版社，2003 年，第 82 页以下；本书第三编第二篇文章。

元论哲学中接受来的。牟宗三对于康德哲学以及相应的对于“超越”问题的理解显得十分简明，并且带有中国色彩。在牟宗三看来，康德全部的思想是“经验的实在论”与“超越的观念论”，继之而有“感触界”与“智思界”的分别。前者属于知解理性的经验层，为现象界、知识世界；后者只限于实践理性超越层，为价值世界、理想世界。牟宗三认为，这两者的分别就犹如佛教里区分的“生灭门”与“真如门”了。

牟宗三对于“哲学”的了解采取了辩证法的狡计，他一方面强调哲学的“普遍性”。哲学讲的是普遍性的真理，故只有一个普遍的哲学，无所谓中国哲学或者西方哲学，就如同科学一样，无所谓中国的科学或西方的科学。这是一个“大同”的想法，听起来不错。然而另一方面，牟宗三又说哲学是有特殊性的，有特殊就有限制，由于有特殊性，所以才有中国的哲学和西方的哲学。哲学的普遍性要通过观念、概念来了解，就此而言它与科学相同；但另一方面，哲学的普遍性真理和观念是要由特殊的生命来表现的，这就与科学有了分别。[①] 在这样一个普遍性—特殊性的辩证框架里，牟宗三认为就可以来讨论中西哲学的“会通”了。

着眼于哲学的普遍性，牟宗三笼而统之地认为，把世界分成phenomena与noumena、经验与超越两层，不仅仅是西方哲学的大传统，古今中外皆然。然而，牟宗三又不无矛盾地指出，只有当康德开出的phenomena（现象）与noumena（本体）两个世界成立之后，才能够讲“中西哲学之会通”，然后进一步看其“分际与限度”。

有了古今中外普遍的二分世界，牟宗三就可以为中国“天道”定位了，他的说法是：

> 天道高高在上，有超越的意义。天道贯注于人身之时，又内在于人而为人的性，这时天道又是内在的（immanent）。因此，我

① 牟宗三：《中西哲学会通之十四讲》，上海：上海古籍出版社，1997年，第2—4页。

> 们可以康德喜用的字眼，说天道一方面是超越的（transcendent），另一方面又是内在的（immanent 与 transcentent 是相反字）。天道既超越又内在，此时可谓兼具宗教与道德的意味，宗教重超越义，而道德重内在义。[①]

牟宗三断然把中国文化归入“超越”之维。比如道家，以牟宗三的讲法，就是达到了“超越”的境界：“道家讲玄览，讲齐物，讲‘天地与我并生，万物与我为一’，这是超过知识层而属于超越层的领域。”[②] 在牟宗三看来，“超越”的问题是普遍的，东西方概莫例外，只不过在东西方的不同文化传统中，形成了不同的通达“超越”的途径：“西方哲学通过‘实体’（entity）的观念来了解‘人格神’（personal God），中国则是通过‘作用’（function）的观念来了解天道，这是东西方了解超越存在的不同路径。”[③]

牟宗三认为，中国人几千年的智慧工夫用在“超越层”的noumena（本体）上，在这方面持积极的态度，而且已经达到了清楚通透的高明境界。相比之下，康德在这方面却是不通不透的，所以，我们倒可以反过来用我们中国哲学的智慧来观照康德哲学的毛病了。当然，牟宗三也承认，中国哲学传统在phenomena（现象）这方面是比较消极的，故而没有开出理论科学，没有形成严格意义上的知识论。因此，中西哲学都要在会通中自我调节，互相充实，共同发展。[④] 中西哲学的会通是心灵本源处的会通，此即所谓“一心开二门”。

牟宗三大约是把“超越”提升为现当代中国学术讨论的关键词语的第一人，至少是在这方面用力最多者。安乐哲极不满意牟宗三的做法，就此提出了三点批评：

---

① 牟宗三：《中国哲学的特质》，上海：上海古籍出版社，1997年，第21页。在这里牟宗三又过于为己所用了：康德所谓“内在的形而上学”原是一种知识学，而牟宗三拿它来指示道德学。

② 牟宗三：《中西哲学之会通十四讲》，上海：上海古籍出版社，1997年，第73页。

③ 牟宗三：《中国哲学的特质》，上海：上海古籍出版社，1997年，第22页。

④ 参看牟宗三：《中西哲学之会通十四讲》，上海：上海古籍出版社，1997年，第73—74页。

> 第一，轻率地使用超越的语汇，可能会在不知不觉之中产生了西方常见的、对中国传统的误解。第二，姑且不论对中国哲学的理解，使用严格超越的语言，鼓励了后来数代中国学者主张，西方和中国的古典文化传统之间有太多的共同基础存在，这样，也就低估了中国哲学作为真正不同于西方主导感悟方式的传统对世界文化所作的贡献。第三，不应忽视目前我们中西交谈所处的、令人困扰的可笑状态。①

第一点批评建立在安乐哲对于中国传统文化的基本看法上，即中国文化中缺失“超越”之维度。“中国智识文化最明显的特征之一就是，在其精神、道德和政治的感悟方式的表达中，缺少对于超越性的真正充分的意识。”② 然而，安乐哲认为，在这方面，由于西方文化在现代世界的强势特征，无论中外都存在着严重的误解和误释。

第二点说的是上述误解可能带来的后果。牟宗三对中国传统文化作了一种康德哲学式的理解和解释，为此动用了大量康德哲学的概念和术语。而如前所述，牟宗三在讨论中西哲学之会通和比较时，首先强调了哲学的普遍性，这也就是说，他自始就假定了中西哲学——甚至一般哲学——的共同性，在这个共同性的前提下再来讨论个性。这就引起了安乐哲所讲的不良后果：看似公允之论，或者本意在提高中国思想文化的地位以及它对于世界文化的贡献，但实际上却通过把中国思想文化传统纳入到西方哲学的概念框架里面，从而导致了对中国思想文化的“低估”。③

对于中国当代学者引入和使用“超越性”范畴，安乐哲甚至看到一个大危险，那就是可能使我们丧失掉“中国传统中的那种哲学的谦

① 赫大维、安乐哲：《汉哲学思维的文化探源》，中译本，施忠连译，南京：江苏人民出版社，1999 年，第 235 页。

② 赫大维、安乐哲：《汉哲学思维的文化探源》，中译本，施忠连译，南京：江苏人民出版社，1999 年，第 193 页。

③ 牟宗三把主张中国没有哲学的人们痛斥为“不肖之徒”“败类”等，措辞极为刻薄（参看牟宗三：《中国哲学的特质》，上海：上海古籍出版社，1997 年，第 4 页）。而如若以安乐哲这里的看法，倒是可以“反唇相讥”，把这个将“超越性”强加于中国传统文化的牟宗三斥为“败类”了。

逊（modesty）和谨慎”[①]。安乐哲的这一批评是富有意义的。问题仍旧关涉到思维特质以及规定着思维特质的语言。安乐哲花了大功夫来揭示汉哲学的“关联性思维”以及相应的“关联性语言”（“过程语言”）。有关这方面的具体内容，限于篇幅，我们这里不能展开讨论了。[②]

就语言（表达）来说，安乐哲指出了由翻译引发的重大问题。他指责西方汉学界在移译中国古代思想术语时采取的西方化姿态，即采用超越性语言[③]来翻译中国古代思想基本词语的做法，如对儒家的“天”和道家的“道”对神学的释译。“我们总是试图在我们自己的超越语言中寻找方式来描述我们自以为是超越的概念，而‘天’被译作‘Heaven’、‘道’被译作‘God’或‘the Way’便是这种释译方式的结果。我们认为这种方式的翻译及其带来的混乱是最不幸的。”[④] 在安乐哲看来，这实际上就是把中国传统文化语言中根本不存在的超越概念当作中国思想的属性了。

为什么西方的超越性语言不适合于表达中国传统思想？安乐哲举了“几”的例子给予解说。“几”首先意味着“微小”“即刻”“几乎”；又意味着“可能性”“时刻”；进一步还扩展为“关键时刻”“转折点”“枢纽”“危险”等；然后意味着“推动力”“原动力”“扳机”；最后是“机会”等。[⑤] 所有这些构成一系列不确定的、不断转化的意蕴，我们无法给予单义的、明确的把握。所以安乐哲说：“正是中国古典传统所理解的秩序中的这种无所不在的非确定方面，使得西方

① 安乐哲：《和而不同：比较哲学与中西会通》，温海明编，北京：北京大学出版社，2002 年，第 42 页。

② 主要可参看安乐哲：《和而不同：比较哲学与中西会通》，温海明编，北京：北京大学出版社，2002 年，第 51 页以下和第 111 页以下。

③ 西方“超越性语言”的特质到底是什么？这是个待解的复杂问题。我们在此至少可以指出几点：其一，先验性，即指向形式—本质区域；其二，明晰性，具有明确的包含秩序；其三，确定性，构成形式的、不涉实质的表达，故具有确定性。

④ 安乐哲：《和而不同：比较哲学与中西会通》，温海明编，北京：北京大学出版社，2002 年，第 31 页。

⑤ 安乐哲：《和而不同：比较哲学与中西会通》，温海明编，北京：北京大学出版社，2002 年，第 48 页。

超越性语言在这里不适用，因而也迫使我们回到中华世界本身中去寻找更方便、更合适的语言。”①

四

最后我们来谈谈安乐哲上面提出的第三点批评意见，以此结束本文。什么是安乐哲所讲的“目前我们中西交谈所处的、令人困扰的可笑状态”呢？他的基本想法是：“超越”概念在西方本身已经没落了，而我们中西方的对话者却仍旧试图通过西方的“超越”范畴来寻找一个“共同基础”，当然就是十分可笑的做法了。

安乐哲触及了一种持久而严重的错位。自 19 世纪后半叶以来，西方哲学已经进入一个自我反思和自我批判的时期，形而上学批判成为一个越来越热门的课题，并且在此基础上逐步出现了后形而上学的思想努力和实践。在我看来，无论是马克思对“理念王国”的批判，还是尼采所谓的“上帝死了”“最高价值的贬黜”，还是海德格尔的“柏拉图主义批判”以及他所尝试的后哲学的思想，乃至于以德里达等为代表的对传统形而上学的解构，要旨都在于对以存在学（Ontologia）和“神学”（Theologia）为基本成分的西方形而上学传统的反思和批判。而这也就意味着，形而上学的两个维面的“超越性”结构以及在形而上学传统中形成的超越性概念体系已经失去了效力，失去了对于现实的反应能力。

然而，长期以来，无论是安乐哲所批评的西方汉学界，还是同样受到安乐哲指责的牟宗三式的中国哲学家，都仍旧守着旧形而上学的立场，旧形而上学的思维—表达方式（即形式性—超越性思维以及超越性概念方式），由此来展开中西比较哲学的讨论和研究。西方汉学界的情况且撇开不谈。就中国现代哲学来讲，我们的主流哲学形态，虽

---

① 安乐哲：《和而不同：比较哲学与中西会通》，温海明编，北京：北京大学出版社，2002 年，第 49 页。有关此课题的进一步讨论，现在可参看孙周兴：《翻译的限度与译者的责任》，载《中国翻译》，2008 年第 2 期。（也见本书第二编第三篇文章）

然历史语境多有差异，立场表现亦各个不同，但就对于西方哲学文化的接纳而言，总体取向却是一致的。在现代中国的马克思主义哲学和新儒家哲学中，德国古典哲学一直占据着十分突出的地位，成为现代中国哲学变革和构造的基本范式。这难道是偶然的吗？

安乐哲的工作留给我们许多教训和问题。安乐哲强调的“超越性”问题是否可作为中西比较哲学的基本课题？或者，如何理解西方形而上学的“超越性”特征及其在思维—语言上的表现？以及相应地，如何来理解中国传统思想文化（哲学和宗教）的特征？而更为严重而紧迫的问题是：“中国哲学”的合法性基础何在？中西比较哲学的基础何在？西式的概念化——或者如安乐哲所谓“超越性的语言”——是否就是中国思想文化传统再生的唯一通道？在思想和表达两方面均经受了概念化浸淫的现代中国，我们是否需要、以及如何可能防止对本土思想资源的哲学化？

安乐哲对西方形而上学的“超越”概念在中国现代哲学中的移植的强烈反对，以及他对于中西哲学思想及其表达方式的根本差异的揭示，有许多值得进一步讨论的地方，至少可以给我们一种警示，提醒我们在东方与西方、历史与现实、想象与抽象、不确定与确定的两难处境中应充分注意思的慎重和词的节约。而从安乐哲的想法出发，我们也许可以进一步期待的是：唯在后形而上学、后种族中心主义的时代语境里，一种公允的多文化的或者文化间的交往（比较、探讨）才有可能生成。

存在与超越[①]

——西哲汉译的困境及其语言哲学意蕴

内容提要： 本文首先对学界近些年来关于“存在/是”和“先验的/超越论的”的译名争论作了评论，反驳了把 On 和 einai 统一译为“是”的主张，以及把 transzendental（先验的）改译为“超越论的”的建议，为旧译“存在”和“先验的”提供了辩护，进而试图揭示相关译名争论的学理背景和文化意蕴。作者认为，语言差异（特别是区别于欧洲语言的汉语的非形式性）以及由此带来的限制乃西哲汉译的困难的根本原因；“存在”（Sein）与“超越”（Transzendenz）标识着欧洲—西方形而上学的两门核心科学即“存在学/本体论”和“神学”的核心课题，这两门科学建立在以形式语法为特征的欧洲语言体系基础上，反过来也促进了欧洲语言形式语法的形成和发展；而汉语尽管在现代化进程中受到形式语法的影响和改造，但依然具备对外来词语和语法的坚强抵制力，从而依然维持着自身的非形式化的语言特质。这恐怕也正是汉语世界未能深入确当地理解“存在学/本体论”和“神学”这两门西方根本学问，至今依然纠缠于译词之争论的原因所在。

① 本文系作者2011年7月11日在柏林自由大学做的演讲（德文本）；中文本提交给北京大学外国哲学研究所、中国现象学专业委员会主办的“存在、现象与理性——纪念熊伟诞辰100周年现象学研讨会”（2011年10月8—9日，北京）。感谢柏林自由大学汉斯·费格（Hans Feger）博士和北京对外经贸大学冯晓虎教授对本文提出的批评意见。眼下的文本为扩充修订本。原载《中国社会科学》，2012年第9期，第28页以下。

一、问题的提出

最近一些年来，中国哲学界越来越重视对西方哲学汉语译名的反省和检讨，特别是围绕“存在”（Sein，Being）和“超越”（Transzendenz，Transcendence）以及相关的基本词语的汉译展开了激辩。参与辩论者数量之众和激起的反响之大颇令人惊奇，由此引出的问题之繁多和复杂，值得我们进一步加以讨论、总结和反思。

其中最大的争议可以概括为两项：

一是有关“存在”与“是”的译名之争，即汉语学界是否应该把通译为“存在”的名词 On（希腊文）、Sein（德文）、Being（英文）改译为“是”，从而使之与系词“是”——einai（希腊文）、sein（德文）、to be（英文）——达成一致？[①]

二是有关“先验”与“超越论”的译名之争，即汉语学界是否应该把“先验的”（transzendental）这个通译名改译为“超越论的”，从而使之更能与名词“超越”（Transzendenz）以及相应的形容词“超越的”（transzendent）达成统一？[②]

首先，撇开义理不说，我们必须意识到这种改译所带来的巨大影响。多年以来，差不多有一个世纪了，我们一直都在说“存在”（在中国港台地区则多半用“存有”）以及“存在者”（在港台地区则多半用“存有者”），而现在则被改变为“是”以及“是者”了。我们一直都在使用“存在论”或“存在学”译名（在港台地区则多半是用“存有论”）——当然还有流传更久更广的旧译名“本体论”，而现在则被改

---

① 有关“存在”和“是”的争论的主要文献，参见宋继杰主编：《BEING 与西方哲学传统》，两卷本，保定：河北大学出版社，2002 年。

② 据我所知，国内学者中主张把 transzendental 译为“超越论的”，主要有王炳文、倪梁康、王庆节等学者，多半具有胡塞尔现象学的研究背景。参见胡塞尔：《欧洲科学的危机与超越论的现象学》，王炳文译，北京：商务印书馆，2002 年；倪梁康首先在其《胡塞尔现象学概念通释》（北京：生活·读书·新知三联书店，1999 年）第 456 页上参考日语译法，提出了“超越论的”一译，但并未放弃“先验的”这个通译名。近年来则有多位学者介入有关 transzendental 译名的讨论，如邓晓芒、王庆节、钱捷等。

译成“是论”了。我们一直听的和说的都是“先验论”“先验哲学”“先验方法”和“先验现象学”之类，[①] 而按照现在的改译法，只好是“超越论的哲学”“超越论的方法”和“超越论的现象学”了。毫不夸张地讲，这种对“基本词语”的改变是有某种震撼作用的，在语言感觉和语言经验上给人的冲击是相当强烈的，对当下汉语学术讨论语境有破坏和摧毁的效果。

其次，这种对“基本词语”的大幅度的改译以一种激烈的方式让我们想到，一个多世纪以来渐渐形成的中国现代汉语学术语言，其实还是很不可靠和不稳固的，是可以动摇的。而这同时也就表明，我们现代/当代中国人的经验方式和表达方式，在一定程度上也是不稳定的，甚至是相当脆弱的。毕竟“思想”与“表达”是一体的，“表达”是由“基本词语”来构造的。一方面，我们固然应当对“基本词语”的恒定性和僵固化保持必要的警觉，但另一方面，对于“基本词语”的稳定性的动摇和丧失，我们也不得不给予关注。

再者，我们实在还应该来想一想：在这场有关译名改译的热烈争论中，为什么首当其冲的恰恰是“存在”（Sein）和“超越”（Transzendenz）这两个基本词语以及与之相关联的词语呢？这两个哲学术语，以及与之相关联的系列概念，诸如“存在学/本体论”（ontologia）、“先验的”（transzendental）和“超验的”（transzendent）等，进入中国也已经有一个世纪了，经历了好几代学者反反复复的译名推敲和意义辨析，然而竟然至今仍未能形成“定译”，这是何故呢？这不是也表明它们委实是十分重要的词语——重要到我们非欧洲人用非欧洲语言难以把握，甚至不能把握的地步了？

---

① 尤其在“文化大革命”中，经由毛泽东对与“唯物论的反映论”相对立的“唯心论的先验论”的批判，“先验论”一词在中国可谓已经深入人心，不仅是学术话语，甚至也已经进入日常语境中了——虽然更多地是带有贬义的。

二、“存在”还是“是”？

先说“存在”或“是”。笔者一直没有介入国内哲学界前些年里关于“是/存在”（希腊文 einai/on，德文 sein/Sein，英文 to be/Being 等）的译名讨论，甚至觉得这种过于持久的讨论最后也未免流于空疏了。不过，由于相关的议论差不多已经成了学界常设项目，所以，我在一些会议争辩的场合里也发表过自己的一点意见，也在一篇文章里对这场讨论作了一点评论。我的看法后来被当作反驳“是”派的主张之一，基本说法是：把名词的 on、Sein、Being 改译为“是”，把 ontologia（“存在学/本体论”）改译为“是论”，可谓用心良苦，但由于汉语本身的非形式语法特性（例如汉语并不具备词类的形式转换功能），因而这种改译将是不成功的，也无助于增进义理的理解。[①]

我至今仍然认为，把西文系动词 einai 与名词 on 统一译为“是”，也许意图是好的，也不乏理由，但根本上却是徒劳无功之举；而一般地把系动词 einai 或 sein 译为“是”（在特定语境里也可译作“存在”），而把名词 on 或 das Sein 译为“存在”，相应地把学科名 ontologia 译为“存在论”或“存在学”，是可以成立的译法——哪怕是一个勉强可以成立的译法。我因此自觉地把自己归入“存在”派了——更准确的说法，我应该属于“存在/是”派，因为我主张分别以“存在”和“是”来对译希腊文的 on 和 einai，德文的 Sein 和 sein，英文的 Being 和 to be，但有时也把系动词 einai 译为“存在”。在今天的国内哲学界，“是”派似乎占了上风，“存在”派——或者准确地说是“存在/是”派[②]——已处于弱势小众。而我既然已经公布了上述初步看法，就有必要作进一步的阐明。

---

① 参见孙周兴：《形而上学问题》，载《江苏社会科学》，2003 年第 5 期，第 7—12 页；后收入孙周兴：《后哲学的哲学问题》，北京：商务印书馆，2009 年，第 3 页以下。相关评论见赵敦华：《BEING 与当代中国哲学的一个基本问题》，载《江海学刊》，2004 年第 1 期。

② 真正来说，并没有真正的“存在”派，因为主张把名词 on 译为“存在”的学者们都不至于反对把系动词 einai 译为“是”或“存在”。

在我看来，一个译词的适恰性应当尽可能满足以下两条要求：其一，要符合原词词义，力争对应，至少可以通过阐释获得意义上的对应性；其二，要符合母语语感，能够在母语（译文）上下文中构造出可理解的语句。一个译名若不能满足这两条要求，那就不能算是一个合格的译词。我认为，“存在/是”（on/einai，Sein/sein）的译法是能够满足这两条的，而主张不加区分地把名词和系动词统统译成“是”的所谓“是”派，恐怕是不能满足和应对上述两条要求的。

兹举最常见的几例来解说。巴门尼德的著名残篇“因为思想与存在是同一的”，希腊文原文为：to gar auto noein estin te kai einai.（DK28 B4）[①]。其中的“思想”（noein）与“存在”（einai）都是动词不定式形式，而非名词。虽然把其中的动词（不定式）einai 译成“存在”，的确带有一点名词化的危险——但，中文的“存在”为何不可能是动词性的呢？如果我们按照“是”派的做法，把动词（系动词）不定式 einai 译成“是”，把系动词 einai 的现在时直陈式第三人称 estin 也译成“是”，从而把这个残篇译成“因为思想与是是同一的”，我实在没有看出来这样的做法对于意义的了解到底有何益处。情形倒很有可能是这种译法反而堵塞了意义解释的可能空间。

把笛卡尔的命题“我思故我在”（ego cogito，ergo sum）[②] 改译成“我思故我是”，在汉语语感上似乎问题并不太大，但同样并未让人看出有什么增进意义理解的益处，毕竟，笛卡尔是要从“我思”（cogito）推出作为主体的“自我”（ego）之“存在”（esse），进而推出上帝的“存在”以及物质世界的“存在”。若一定要说“我的是”“上帝的是”和“世界的是”，那是不免让人痛苦的。问题还不止于此。关键还在于，在《第一哲学沉思集》中，笛卡尔对此命题的表述是：ego sum，

① 海尔曼·第尔斯：《前苏格拉底残篇》，第一卷，德文本，苏黎世，1996 年，第 231 页。

② 这是笛卡尔在《哲学原理》中的表述，而在《谈谈方法》中，笛卡尔把此原理写作 cogito，ergo sum。参看弗里德里希·基希纳等编：《哲学概念辞典》，德文本，汉堡，1998 年，第 127 页。

ego existo。[①] 要我来译，这话就是："我存在，我实存。"[②] 我更愿意把它理解为笛卡尔对他的"我思故我在"命题的进一步表述，它透露出笛卡尔的本质主义哲学立场，即认为个体性实存是要从观念/本质性的存在中推出来的，或者可以说，存在（本质）先于实存。[③] 就我们本文讨论的课题而言，如若我们按照"是"派的做法，把 ego sum，ego existo 译为"我是，我实存"，那么，姑且不说语感方面的问题，这个译文至少是未能充分显示和传达其中 sum 的"实存"意义指向。

再有，最为困难的大概是对康德著名的存在论题的处理了。如若我们按照"是"派的做法，贸然把康德的存在论题"显然，存在不是一个实在的谓词"（Sein ist offenbar kein reales Prädikat）译成"显然，是不是一个实在的谓词"，那实在是让人吃紧和担心的做法，且不说这种译文未能区分原文的不同词性（名词与动词），听起来也不免有些可怕了——是不是啊？[④]

在这方面，我愿意端出如下几点总结性的想法：

其一，即便在希腊文中，作为系动词不定式"是"的 einai 与作为名词的 on 也不是同一个词，而是两个词，是两个不同的词形，自然也分属不同的词类。[⑤] 更何况，系动词 einai 要根据多样的人称和时态而发生变化，从而有着丰富多样的词形；而名词 on 则要随着数和格而发生变化，也有着丰富多样的词形。为什么我们在汉语中就一定要把它们统一译为同一个"是"呢？难道这种无差别的译名不是消灭了印欧

---

① 冯俊认为这个表述是最正规的，因为与相对通俗的《谈谈方法》和《哲学原理》相比，《沉思集》是更成熟的专门表达第一哲学思想的学术专著。但冯俊把 ego sum，ego existo 译成"我是其所是"或"我是我所是的那个人"，恐怕是不妥当的，因为这种译法未区分 being 与 existence。参看冯俊：《开启理性之门：笛卡尔哲学研究》，北京：中国人民大学出版社，2005 年，第 50—51 页。

② 现有中译本把它译成"有我，我存在"，同样未区分 being 与 existence。参看笛卡尔：《第一哲学沉思集》，中译本，庞景仁译，北京：商务印书馆，1996 年，第 23 页。

③ 我们知道，20 世纪的海德格尔（以及萨特尔）对此做了个颠倒，主张"实存先于本质"。

④ 康德：《纯粹理性批判》，德文本，美茵法兰克福，1974 年，A598，B626。李秋零译本用加引号的"是"来翻译名词 Sein，以区别于系动词 ist，也只能说是一种权宜之计。参看康德：《纯粹理性批判》，中译本，李秋零译，北京：中国人民大学出版社，2011 年，第 417 页。

⑤ 与此对应的英文是 to be 与 being，分属不同的词类。"是"派代表人物王路认为：being 的通常用法是系词。参看王路：《读不懂的西方哲学》，北京：北京大学出版社，2011 年，第 2 页。王路这个看法大成问题，因为英文中的 being 是系动词 to be 的分词和名词，本身并非系词。以"being 是系词"立论，后面的推断也难免让人生疑。

语系中系动词及其名词的原本具有的多样词形，从而掩盖了相应的含义变化和含义差异吗?[①]

其二，把系动词 einai（是）与名词 on（存在）统一译为“是”，并没有达到预期的目的和效果，亦即要在中文译名上体现系动词 einai 与名词 on 的语法的和逻辑的联系，更没有改变这样一个事实：汉语本没有（欧式）形式化的语法，词类界限不明，词类之间没有形式转换（语法上的形式联系，如欧洲语言中动词、分词、名词等词类之间的基于语法规则的形式转换）。即便在经历了“轻度语法化”的现代汉语中，这个非形式语法化的语言特性仍然维持着。

其三，译文毕竟是要讲“人话”的，是要照顾母语语感和表达的，而“是”派在这一点上的表现难如人意，甚至令人痛苦。例如德文的 das Sein ist，译成“存在是”尚可理解，甚至于译成“存在存在”也还勉强可解（虽然也相当费劲），但如果译成“是是”就实在太不像话了；又比如德文的 das Sein ist nicht，译成“存在不是”或者“存在不存在”尚可一听（虽然也难以了解），而译成“是不是”就有点胡言乱语，全不可听、不可理解了。[②] 这方面的例子不胜枚举，如此译法，即便不说是“语言（译文）的暴力”，至少也是不尊重母语的表现。

脱离母语学术语境，无视译词在母语语境里的基本可理解性，抽象地谈论某个译名，甚至于固执一端，结果就难免沦于黑格尔对谢林的指责：黑夜观牛，凡牛皆黑。我认为，“是”派是担着这样一个风险的。

有关上面所说的译文要基于母语语境、尽可能地照顾母语语感和表达的主张，我仍愿意举出一个例子来加以说明。

---

① 在此我完全同意赵敦华的下列说法：用中文的“有”“在”“是”来翻译 being 是正当的、合理的，“我们不必为在中文中找不出一个与西文‘是’动词的动名词相应的词汇而感到遗憾，在我看来，这甚至还是一件幸事呢!”参看赵敦华：《“是”、“在”、“有”的形而上学之辨》，载《学人》第 4 辑，南京：江苏文艺出版社，1993 年，第 395 页。

② 陈嘉映举过一个例子：若持“是”译法，则碰到 Das Ontologisch-sein des Dasein ist…这样的句子，我们能把它译作“此是之是论之是是……”之类吗？这个技术性的困难是无法克服的。参见陈嘉映：《思远道》，福州：福建教育出版社，2000 年，第 165 页。

在《形而上学导论》一书第三章中，海德格尔有一段话例述了系动词 sein 的不同用法，诸如“上帝在”“地球在”“大厅中在演讲”“这个杯子是银做的”“农夫在种地”“这本书是我的”“敌人在退却”“狗在花园里”“群峰在入静”等等[①]——这是现有中文译本的译法，译者熊伟先生对各句子中出现的系动词 sein 的现在时直陈式单数第三人称形式“ist”未做统一处理，而是分别把它们译成“（存）在”与“是”，应该说，这是合乎原义的译法（因为系动词 sein 本来就有表存在和表判断的双重用法），也是照顾到汉语语感的译法。然而，“是”派代表人物之一王路却坚持要把这些句子中出现的系动词 sein 毫无区别地统一译为汉语系词“是”，于是，上面的句子就成了：“上帝是”“地球是”“大厅中是在演讲”“这个杯子是银做的”“农夫是在种地”“这本书是我的”“敌人是在退却”“狗是在花园里”“群峰是/一派寂静”。[②]

这委实是一项颇为有趣的译文试验；而在我看来，也正是这种改译暴露了“是”派的主要问题和困难。且不说王路所建议的译文“上帝是”（德语原文为 Gott ist）和“地球是”（德语原文为 Die Erde ist）完全没有传达出原文句子中应有的“存在”之义，像“狗是在花园里”——德语原文为 Der Hund ist im Garten——这样的译文，我认为就不是正常的翻译，甚至完全可以说是一个错误的翻译，因为在日常的（正常的）语境里，我们总是会问“狗在哪儿?”——答曰“狗在花园里”，而不至于问“狗是在哪儿?”——答曰“狗是在花园里呀”。只有在异常的、需要特别加以强调的情境下，比方说，当“狗在花园里”这个陈述句的真实被置疑而受到进一步追问时，我们才会说“狗是在花园里呀!”不过，在后一种情况下，句子中的“是”与其说是一个系

---

① 参见海德格尔：《形而上学导论》，中译本，熊伟、王庆节译，北京：商务印书馆，2010 年，第 89 页（此处引文有省略）。

② 王路：《“在”、“存在”与“是”——纪念熊伟先生诞辰 100 周年》，第十六届中国现象学年会论文集《存在、现象与理性》，北京大学哲学系，2011 年 10 月，第 68 页。同样内容也见王路：《读不懂的西方哲学》，北京：北京大学出版社，2011 年，第 199 页。

词，还不如说是一个副词了。①

一“是”到底的“是”派主张的窘境于此可见一斑了。我们认为，哪怕是学术文本的翻译，尊重母语语感的恰当性和表达的自然性也应该是一项基本的要求。无论有何种理由，狗是不能被“是”在花园里的!

三、语言特性和语言的限制

有论者总结了“是”派的三个理由：其一，on（Sein，Being）是最普遍的概念和范畴，中译名自然要有相当的普遍性，而“有”和“存在”这个汉语词语都达不到这种普遍性，只有“是”最适合；其二，作为系词的 einai（sein，to be）是印欧语言中非常基本的词语，包含该词的语言结构是一种非常基本的语言结构，我们不能把它翻译成一个无法根据句法来判定的词语；其三，on（Sein，Being）之所以难译，是因为它反映了中西哲学的差异，故把它直译为“是”，可以显示这种差异。②

这三条好听的理由其实都是经不起推敲的。我们在这里只设如下三问：其一，为何“存在”的普遍性程度就一定不及这个“是”呢?汉语中作为名词的“是”是生造出来的，它的普遍性又是如何获得的呢?③ 其二，把系词 einai 译成“是”，恐怕谁都不会反对（“存在/是”派或“存在”派也没有反对过），但因此就能推出名词 on 也得译成“是”吗? 通过把 on 也译成“是”，我们在作为名词的“是”与作为

---

① 王力早就指出过，“是”字并非在任何情况下都是系词，比如，当谓语不是名词性质的时候，谓语前的“是”就不是系词，如“他实在是很爱你”。参见王力：《汉语语法史》，北京：商务印书馆，2003年，第 181 页。

② 参见杨学功：《从 Ontology 的译名之争看哲学术语的翻译原则》，载宋继杰主编：《BEING 与西方哲学传统》上卷，保定：河北大学出版社，2002 年，第 296 页以下。

③ 这里我们撇开了汉语中系词的“是”的形成史问题。按照王力的看法，汉语在上古时代没有系词产生，上古汉语的判断句一般以“也”字煞句；汉语真正系词的产生，大约在公元一世纪前后，即西汉末年或东汉初年，由指示代词发展出来的系词“是”，代替语气词“也”字而在判断句中起经常作用，乃是中古时期的事。参见王力：《汉语语法史》，北京：商务印书馆，2003 年，第 181 页以下。

系动词的“是”之间建立了语法联系了吗？其三，这样一种无差别的译文处理真能更好地反映中西哲学的差异吗？刻意地追求译名的奇异费解（如汉语中作为名词的“是”）是通向异质文化理解的可靠通道吗？

无论“是”派还是“存在”派，估计在一点上面是有共识的，即einai和on难以译成中文。中国最早的古希腊哲学研究者陈康早就指出过：希腊文的on和它的动词einai以及拉丁、英、法、德文里与它们相当的字皆非中文所能译，因为中文里无一词的外延是这样广大的；作为最早的“是派”，陈康也看到：“这也许不仅是翻译上的问题，进而牵涉到可怕的问题。”①

这当然是对的。那么，陈康所谓“可怕的问题”是什么呢？我想，无非是指中西哲学传统之间的交流和沟通之难，两者之间的隔阂之深。但关键是要了解这种困难和隔阂的原因所在。原因在于语言差异以及由此引起的限制。

与陈康同时代的哲学家张东荪已经认识到了这一点，并且从语言差异的角度对中国思想文化传统的特质做了探讨。在题为《从中国言语构造看中国哲学》的重要论文中，张东荪提出了他的总体观点：“中国言语上没有语尾变化，以致主语与谓语不能十分分别，这件事在思想上产生了很大的影响。现在以我所见可举出四点：第一点是因为主语不分明，遂致中国人没有‘主体’（subject）的观念；第二点是因为主语不分明，遂致谓语亦不成立；第三点是因没有语尾，遂致没有tense与mood等语格；第四点是因此遂没有逻辑上的‘辞句’（proposition）。”② 张东荪进一步展开分析了上述四点的后果，大致的想法和结论是：主体不分明，乃致思想上“主体”（subject）与“本体”（substance）的概念不发达；谓语不分明，必致思想上不但没有本体

① 这是陈康在1940年的《尼古拉·哈特曼》一文中注释中的表态，见汪子嵩、王太庆编：《陈康：论希腊哲学》，北京：商务印书馆，1990年，第476页。尼古拉·哈特曼为陈康的导师，德国20世纪上半叶著名哲学家，恰以“存在学/本体论”（Ontologie）研究著称，著有“存在学三部曲”。

② 张东荪：《从中国言语构造上看中国哲学》，载张汝伦编选：《理性与良知——张东荪文选》，上海：上海远东出版社，1995年，第337页。张氏此处所谓“辞句”现在通译为“命题”。

论，而且还偏于现象论（phenomenalism）；没有语尾变化以致在思想上范畴的观念不会发达；文言中没有与 to be 相当的系动词，逻辑命题难以成立，也就难有逻辑的推演体系。①

张东荪上述关于汉语特性的观点当然是不无争议的，尤其在语言学界。首先我们注意到，张东荪的观点也不能算新鲜的观点了，欧洲 18、19 世纪的一些研究者，包括哲学家莱布尼茨与语言学家威廉·冯·洪堡特等，都持有类似的观点，但已经受当今欧洲学者和中国学者的一些质疑。确实，无论是张东荪所谓“主语不分明，所以中国人没有主体观念”以及所谓“谓语亦不成立”之说，还是所谓“没有语尾，就没有 tense 和 mood”之说，还是关于汉语没有逻辑上的“辞句”（即命题）的主张，都是值得商榷的，而且这些是不难通过一些具体的语词和语句的例证来加以置疑的。

若撇开这些细部的争议不谈，我仍旧愿意说，张东荪对于母语（汉语）特性的体认不乏高明之处。其实，张东荪强调的只是一点：汉语没有词尾变化，不是欧式屈折语。这一点也是威廉·洪堡特的观点。洪堡把汉语当作典型的孤立语，而与作为典型的屈折语的梵语构成明显的两极。洪堡特认为，汉语与其他语言之间的区别可以归于一个根本的事实：“在把词联结为句子时，汉语并不利用语法范畴，其语法并非建立在词的分类的基础之上，而是以另一种方式在思想中把语言要素的关系固定下来。其他语言的语法有词源和句法两个部分，而汉语只有句法部分。”② 汉语缺乏语法形式，洪堡特由此认为，这一点就使得汉语落后于那些具有完善的语法形式的语言，③ 又说“汉语的风格以其令人惊诧的效果束缚了形式表达的发展”。④ 应该承认，洪堡特此说是受到了当时主流时代精神的影响，明显带有“印欧语言中心论”的倾向。但我们认为，这种倾向并不影响洪堡特对汉语语言特性的认识

① 参见张东荪：《从中国言语构造上看中国哲学》，载张汝伦编选：《理性与良知——张东荪文选》，上海：上海远东出版社，1995 年，第 337—349 页。

② 洪堡特：《洪堡特语言哲学文集》，姚小平编译，长沙：湖南教育出版社，2001 年，第 123 页。

③ 洪堡特：《洪堡特语言哲学文集》，姚小平编译，长沙：湖南教育出版社，2001 年，第 164 页。

④ 洪堡特：《洪堡特语言哲学文集》，姚小平编译，长沙：湖南教育出版社，2001 年，第 121 页。

和把握，相反，洪堡从语法形式角度对汉语特性的分析是十分深刻的。

同样地，张东荪也特别关注词尾变化，并且十分高明地把这一语法现象与哲学范畴联系起来。他认为，亚里士多德的“十范畴”完全是由文法上言语的格式而成的，均以词尾变化表现出来；而没有词尾变化的东方语言就不可能形成范畴。① 张东荪此说与法国语言学家邦文尼斯特（Benveniste）的观点不谋而合，邦氏也认为，亚里士多德的“十范畴”乃是“一种特定语言状态的观念反射”。② 法国汉学家谢和耐进一步发挥说，中国文明是建立在一种与印欧语言完全不同的“语言模式”之上的；汉语不具备任何语法范畴，词法独特，汉语中的动词与形容词、副词与补语、主语与表语表面上没有任何区别；汉语也没有表示“存在”的动词，因此中国人没有那种稳定的、永久的和超越可见事实的“存在”观念。③ 在这里，中国的张东荪和欧洲的谢和耐一并触及的问题实质和核心在于：汉语本身的非语法性、非形式性，限制了汉语思维中的形式化因素和逻辑化倾向的生成。

大家知道，希腊的名词 on 与动词 einai 具有语法上的形式联系；而后世关于 on 的学问，即 ontologia（存在学/本体论），是一个首先由希腊语来表达的形式范畴体系。希腊语的形式语法为希腊形式思维的出现提供了基础，当然，反过来我们也可以说，希腊形式思维（哲学和形式科学的思维）是希腊语走向语法化的前提，这两方面是互为条件和互为因果的，差不多有“先鸡后蛋”还是“先蛋后鸡”的不可逆溯的关系。一个历史证据是：起源于古希腊的两门形式科学，即几何学和逻辑学（形式逻辑），与希腊语法学差不多是在同时期出现的，都在公元前四世纪至三世纪之间。

反观我们这里讨论的中文方面的情况，名词“存在”和作为系动

---

① 张东荪：《从中国言语构造上看中国哲学》，载张汝伦编选：《理性与良知——张东荪文选》，上海：上海远东出版社，1995 年，第 344 页。

② 参见邦文尼斯特：《思想的类型和语言的类别》，转引自谢和耐：《中国和基督教》，耿昇译，上海：上海古籍出版社，1991 年，第 346 页。

③ 谢和耐：《中国和基督教》，耿昇译，上海：上海古籍出版社，1991 年，第 347—348 页。

词的“是”严格来说都属于译词，[1] 在两词之间当然是不可能有语法上的形式联系的；然而，“是”派现在主张以“是”来统一翻译名词 on 和系动词 einai，于是就得出了两个“是”，亦即与 on 对应的名词“是”和与 einai 对应的系动词“是”（例如在康德的存在论题中的“是不是”，前“是”为名词，后“是”为动词），那么，这两个“是”之间因此就有语法联系了吗？显然不可能有——两者连“之间”（Zwischen）都没有了，何来联系呢？

四、“先验的”还是“超越论的”？

上面讲的是国内哲学界围绕“存在”（Sein）译名的争论，接着我们还要说说有关“超越”（Transzendenz）的译名和问题。需要预先指明的是，“存在”问题与“超越”问题本就是紧密关联着的，甚至就是一体的问题，但在汉语学界，关于“存在”译名的争论与关于“超越”译名的争论却并没有相互关联起来，这在一定程度上也表明，我们的争论多半停留在表层，未能深入到实质义理之中。

有关“先验的/超越论的”这个译名之争，我已经撰文予以讨论，这里再做一次总结和补充。[2] 名词 Transzendenz 通译为“超越（性）”“超越者”等，问题不大，似乎还没有人特别提出过异议。而汉语学界对与之相关的两个形容词的理解和翻译就乱套了，至今未能形成定译。transzendental 一词有“先验的”“超验的”“验前的”等译法，现在更增加了“超越论的”一译；而 transzendent 一词则有“超验的”“超越的”等译法。我个人主张维持“先验的—超验的”这个已经比较定型

① 此说自然会受到大多数语言学家的反对。按照王力的看法，中古时期在汉语中出现了系词句，“是”成为一个必要的系词，且可以被副词所修饰，可以在前面加否定词“不”字。参见王力：《汉语语法史》，北京：商务印书馆，2003 年，第 193 页以下。哲学家张东荪则坚持认为，“中国言语中没有和西文动词 to be 相当的字”。参见张东荪：《知识与文化》，长沙：岳麓书社，2011 年，第 210 页。我们的说法只有在作为语法范畴的“是”的意义上才是成立的。

② 孙周兴：《超越·先验·超验》，载孙周兴、陈家琪主编：《德意志思想评论》第一卷，上海：同济大学出版社，2003 年，第 82—100 页；后收入孙周兴：《后哲学的哲学问题》，北京：商务印书馆，2009 年，第 20 页以下。

的译法。

最近的争议集中在 transzendental 一词的汉译上。我们通常译为“先验的”，王炳文、倪梁康等学者主张把它改译为“超越论的”。他们的主要理由都停留在知识论层面上，认为该词标识的是一种知识论的立场和态度。王炳文在把“先验现象学”改译为“超越论的现象学”时指出，在胡塞尔那里，transzendental 一词指的是一种区别于“自然的”思想态度、超出生活和科学的自然的实证性的研究态度。① 倪梁康认为，transzendental 在康德那里不仅是指经验的可能性条件，而且也指示着自我的反思维度，所以要译为“超越论的”。我不想说他们提出来的理由有什么不对。但问题的关键在于，transzendental 仅标识一种知识论立场吗？即使在康德那里，transzendental 的问题也不只是知识论的问题，否则，我们如何来理解康德所谓的“一般经验的可能性条件同时也是经验对象的可能性条件”一说呢？②

于是，相关的争议实际上落实到一个根本问题上了：transzendental 问题只是一个知识论的问题吗？抑或它同时也是——甚至首先是一个“存在学/本体论”（ontologia）的问题？如果它只是一个知识论的问题，那么，我们可以认为，把 transzendental 译为“超越论的”在一定程度上是成立的——尽管这个译法未必能很好地传达康德所谓“经验的可能性条件”之义。然而，在我看来，特别是根据海德格尔的形而上学观来看，transzendental 问题首先是一个存在学/本体论的问题，而不只是在康德那里出现的知识论的问题。在海德格尔关于形而上学问题结构的描述中，他用 transzendental 来表示欧洲哲学自柏拉图以来的本质主义追问方式和思想方式，即指向“共相”“理念”“本质”“普遍”——一个“形式在先”的领域的哲学追问，而用 transzendent 来表示对于神性者或上帝——一个“等级在先”的领域的神学追问。

简单说来，transzendental 与 transzendent 表示的是形而上学传统的

① 胡塞尔：《欧洲科学的危机与超越论的现象学》，王炳文译，北京：商务印书馆，2001 年，译后记，第 662 页以下。

② 康德：《纯粹理性批判》，德文本，美茵法兰克福，1974 年，A158，B197。

两个追问路向，其一是先验—本质的追问（即存在学/本体论），其二是超验—实存的追问（即实存论和神学）。① 这是形而上学的两个“超越”方向。那么，什么是“超越”呢？我们这里不妨采纳美国学者安乐哲（Roger Ames）的说法，后者把所谓的“超越”关系简化表达为：A决定B，是B的条件，而B反过来不能影响A，则A就是超越B的。② 安乐哲似乎主要关注神学意义上的“超越”，即他所谓的“上帝模式”。但实际上，在所谓的“超越”关系中，A之于B，是有两种可能的关系的：其一，A可能是B的形式条件，在形式上先在于B——这就是我们所讲的存在学/本体论或者本质主义的思想方式；其二，A也可能在等级上高于B，构成对B的支配和决定——此即我们所讲的实存论/神学的思想方式。前一种关系是“先验的”，后一种关系是“超验的”。如果这样来理解，则人们把transzendental译为“超越论的”就不好了，难以确当地表达上述关系。

从根本上讲，无论是本质—存在学/本体论还是实存—神学，两者都不外乎是“超越论”，只不过，它们是两种不同路向的“超越论”。而为了有所区分地传达两种不同的“超越”关系和“超越”路向，用“先验的/超验的/超越”来对译德文的transzendental/transzendent/Transzendenz，显然要胜于“超越论的/超越的/超越”这种几乎不加区分的译名选择。

五、存在与超越的交织关系

我们已经分别讨论了“存在”（Sein）译名和“超越”（Transzendenz）译名以及相关译名。在本文中，我们提出了一种相当保守的主张，要求维持“存在”和“先验—超验—超越”的通译（旧译）法。上面的

---

① 有关讨论可参见孙周兴：《后哲学的哲学问题》，北京：商务印书馆，2009年，特别是其中的《形而上学的本质之问与实存之问》《超越·先验·超验》和《西方形而上学的实存哲学路线》等文。

② 参见安乐哲：《和而不同：比较哲学与中西会通》，温海明编，北京：北京大学出版社，2002年，第113页。安乐哲把这种“超越”关系称为“上帝模式”。

讨论应该已经为我们的主张提供了理由。现在我们还要来说说本文主题“存在与超越”中的“与”，也即“存在”与“超越”的“关系”。

“存在”与“超越”有“关系”吗？是我们在此用“与”所表达的并列关系吗？“存在”（Sein）当然是“存在学/本体论”（ontologia）的主题，ontologia 的直接释义就是“关于存在的学说”（Lehre vom Sein）。“超越”（Transzendenz）无疑首先是“神学”（theologia）的课题，至少在康德从中区分出“先验的”（transzendental）与“超验的”（transzendent）两个形容词之前，名词“超越”或“超越者”（Transzendenz）一直都是神性上帝的指称，因而一直都是“神学”的主题。然而，如果我们把“存在”仅仅理解为“存在学/本体论”的课题，而把“超越”仅仅理解为“实存哲学/神学”的课题，我们就未免把事情简单化了，因为我们显然过于简单地理解了西方形而上学的两门核心科学之间的关系。

值得说明的是，当我们把“存在学/本体论”和“神学”说成“形而上学”的两门核心科学时，我们并不是在“形而上学”的通常被贬义化的含义上来使用这个词的；相反，我们采纳的“形而上学”的本来意义，既是康德的形而上学概念，同样也是尼采和海德格尔的形而上学理解。在康德的概念中，“存在学/本体论”“心理学”“宇宙学”和“神学”被视为形而上学的四大部门，而其中的 Ontologia 与 Theologia 显然是最持久、最核心的两个部门。尼采把一切形而上学都称为“柏拉图主义”，断定一切形而上学都是根据“超感性领域”来评价一切的“价值形而上学”，而当尼采说虚无主义者“对于如其所是地存在的世界，他断定它不应当存在；对于如其应当是地存在的世界，他断定它并不实存”① 时，他无疑地是以否定的方式表达了形而上学之“存在学/本体论”与“神学”的两分结构：“存在世界”（本质世界）不应当“存在”（sein），而“应当世界”（理想世界）并不“实存”

① 尼采：《权力意志》，第 585 条；科利版《尼采著作全集》，第 12 卷，9［60］，柏林，1988 年；据科利版译出的《权力意志》上卷，中译本，孙周兴译，北京：商务印书馆，2007 年，第 418 页。

(existieren)。海德格尔关于形而上学的思路则更为清晰，他从问题入手，认为存在问题具有双重形态，一方面要问“存在者一般地作为存在者是什么?”，这是要追问“普遍”“共相”“本质”；另一方面它又要问“何者是以及如何是最高存在者意义上的存在者?”，这是要追问“神性之物”和“上帝”。海德格尔由此提出了体现存在问题之双重形态的“存在—神—逻辑学”（Onto-Theo-Logik）一说。①

作为形而上学的两个部门，“存在学/本体论”与“神学”绝不是相互独立、互不相干的，而毋宁说，两者无论在论题上还是在方法和表达（概念）上，都是相互依赖和相互影响的，是有着内在联系的。由于希腊哲学及其概念体系的形成在先，所以总的来说，在历史上，尤其在中古和近代时期，（基督教）神学受起于希腊的存在学/本体论哲学的影响更为强烈，原始基督教的生命经验在历史过程中被课题化和理论化了，形成了近代理性—思辨神学的体系，这个过程可以理解为神学的存在学化/本体论化，其后果则是基督教信仰体系归于颓败和衰落，乃至于尼采终于喊出“上帝死了”。但如果我们把尼采的“上帝之死”仅仅理解为基督教神学和基督教道德的没落，那我们就想得太过短浅了；而毋宁说，尼采的“上帝之死”指示着以“存在学/本体论”与“神学”为标识的欧洲形而上学“超越性世界”——“本质世界”与“理想世界”的式微。

康德的著名的存在论题——“显然，存在不是一个实在的谓词”——正是为应对上述形势而提出的。神学总是在动用存在学/本体论哲学的方式方法、概念范畴，结局却导致了基督信仰的式微。康德指出，旧形而上学关于“上帝此在”的存在学/本体论证明是“抽掉一切经验，并完全先天地从单纯概念中推出一个最高原因的此在”。② 康德希望从根本上摧毁理性神学的根基，否定存在学上/本体论上的神学言说的正当性。在康德看来，说“这块石头是重的”，其中“重的”

① 海德格尔:《路标》，中译本，孙周兴译，北京：商务印书馆，2000 年，第 526—527 页。
② 康德:《纯粹理性批判》，美茵法兰克福，1974 年，A590，B618；参见中译本，邓晓芒译，北京：人民出版社，2004 年，第 471 页。

是一个实在的谓词；而说“这块石头在此存在（是）”，其中“存在（是）”却显然不是一个实在的谓词了，因为它表达的只是个体事物的存在情况，说的是个体的此在、实存，而不是述说个体的普遍本质。如此看来，康德所谓“存在不是一个实在的谓词”，用意在于否定理性神学用存在学/本体论的概念和方法来证明上帝之此在——超验的上帝是不能通过先验—本质的普遍化知识方法来证明的。①

在康德之后，在“存在”与“超越”问题上用力最多的西方思想家无疑就是马丁·海德格尔了。海德格尔在其前、后期思想中对“存在—超越”关系做了不同的理解。在其前期哲学中，海德格尔的哲思目标是为先验的存在学/本体论（ontologia）寻求一个实存论—超验神学的基础，因此他才说：“存在地地道道是超越。”② 海德格尔这里使用的“超越”（或“超越性”）一词是拉丁文的transcendens，赋予存在以“超越”含义，并非简单地把“存在学/本体论”与“实存论/神学”等同起来，而是指引着两者在路径上的关联，意即作为超越的存在是通过个体化的此在之存在的超越来实现的。正因此，海德格尔进一步说道：“此在之存在的超越（性）是一种别具一格的超越（性），因为最彻底化的个体化的可能性与必然性就在此在之存在的超越（性）中。存在这种transcendens［超越（性）］的一切开展都是先验的认识（transzendentale Erkenntnis）。现象学的真理（存在之展开状态）乃是veritas transcendentalis［先验的真理］。”③ 海德格尔的此在实存论分析具有形式—先验的意义，因此才有“先验的认识”一说，指示着以此

① 参见孙周兴：《后哲学的哲学问题》，北京：商务印书馆，2009年，第55—56页。赵敦华正确地指出：“康德的批判在哲学史上有石破天惊的意义，它从逻辑上割断了形而上学范畴与系词的联系。”参看赵敦华：《中西形而上学的有无之辨》，载《北京大学学报》，1998年第2期；收入宋继杰主编：《BEING与西方哲学传统》上卷，保定：河北大学出版社，2002年，第93页。

② 海德格尔：《存在与时间》，德文本，图宾根，1993年，第38页；参见海德格尔：《存在与时间》，修订译本，陈嘉映、王庆节译，北京：生活·读书·新知三联书店，1999年，第44页。

③ 海德格尔：《存在与时间》，德文本，图宾根，1993年，第38页；参见海德格尔：《存在与时间》，修订译本，陈嘉映、王庆节译，北京：生活·读书·新知三联书店，1999年，第44—45页。中译本把这里的transcendens、transzendental和transcendentalis统统译为“超越（者）”或“超越的”，显然未充分传达海德格尔前期哲学的基本思路：从此在实存论形式结构的分析入手达到对“存在学/本体论”的重建。海德格尔的“此在分析”具有他所谓的“形式显示的现象学”意义的形式意义（das Formale），故可名为“先验的”（transzendental）。

在实存论意义上的存在学/本体论构造，从而完成对传统主流形而上学“本质先于实存”的颠倒。

在1930年之后展开的形而上学史批判工作中，海德格尔径直对“存在学/本体论”与“实在论—神学”及其相互关系做了结构性的宏观思考和探讨，认为两者所代表的，正是形而上学的“先验—本质”追问和“超验—实存”追问的双重路径。两者当然是有区分的，但又是相互交织在一起的，是相互“调校”（Korrektiv）的。[1] 这同时也就给出了对“存在”与“超越”之关系的历史性理解。

就本文讨论的课题而言，上述“存在”与“超越”的交织——“调校”——关系将再度构成一个坚实的理由，让我们借以反驳一“是”到底的“是”派的译法。我们显然无法把上面讨论过的海德格尔的命题“Sein ist das transcendens schlechthin”（“存在地地道道是超越”）翻译为“是地地道道是超越”，这不但是因为这种翻译完全脱离了我们母语的基本语感，而且——更主要的是因为它完全错失了在此“存在”（Sein）被赋予的“实存”（Existenz）之义。无论是中古以来关于上帝此在的存在学/本体论证明，还是后期海德格尔所揭示的作为“存在—神—逻辑学”（Onto-Theo-Logik）的形而上学，都显示了“存在”与“实存/超越”的内在关系以及“存在”的“实存”意义，从而让我们不可能仅仅在系词意义上来译解“存在”（Sein）。特别是像Gott ist（“上帝存在”）这样的句子，如果我们按照“是”派的建议把它译为“上帝是”，那将是相当无理、相当失败的，因为这种译法根本就没有传达出原文Gott ist中的系动词“ist”所具有“实存—超越”之义。

六、余论：西哲汉译的限度

围绕“存在”和“超越”的译名争论实际上涉及西方形而上学的根本部位，关系到我们对于ontologia（存在学/本体论）和theologia

---

① 海德格尔：《路标》，德文本，美茵法兰克福，1996年，第65页；参见海德格尔：《路标》，孙周兴译，北京：商务印书馆，2000年，第71页。

（神学）这两门学问（或者科学）的理解。如我们所说的，它们之所以如此让国人深感费解，也表明了它们的极端重要性，是“西学”中的根本之“学”。可以认为，有关“存在”和“超越”的译名争论显示出中国学者企图突破语言界限、深入了解和移植存在学/本体论和神学的努力。作为西方—欧洲形式科学的基础和核心，存在学/本体论（ontologia）是与印欧语系语言的形式/语法特性紧密联结的；而与存在学/本体论难解难分的神学体现的是西方—欧洲式的超验神性追问，同样植根于欧洲语言文化传统之中。企图用非形式/非语法的汉语言来表达欧洲—西方存在学/本体论的先验形式性，用非超越的汉语言①来传达神学的超验神性，这正是一个多世纪以来中国学术界的一项基本任务，是中国几代学者的共同努力目标。这种长期的努力注定是艰苦的、惨烈的，甚至是不无危险的。

或许有人会反驳：近代以来，我们汉语世界不是已经移植了西方—欧洲的包括形式科学（几何学、逻辑学、算术等）在内的全部科学类型吗？我们不是已经开始用汉语讨论西方哲学的学说、概念和问题了么？我们不是也渐渐学会了西方哲学式的形式推论和逻辑思维么？特别是在中国大陆地区，我们不是也已经把汉字简化了，把汉语语法化了吗？到最后，至20世纪的90年代，我们不是也已经成功地使汉语进入了计算机，从而使之与现代形式科学（数理科学）结合在一起了吗？

这些都是不容否认的事实。我也愿意承认，现代汉语和汉语思维在所谓的现代化过程中已经在一定程度上被改变了，可以说是已经被“轻度形式化”或者“弱形式化”了。但我依旧认为，汉语的基本特性未曾动摇，并没有发生根本性的改变。首先，正如美国汉学家罗杰瑞所言，“汉语对外来词表现了极大的抵制性”。② 差不多在一个多世纪的时间里，汉语世界已经消化了欧洲的知识体系及其语汇，汉语

① 安乐哲把以哲学和神学为核心标志的思想方式称为“超越性的思维”，把印欧语言称为“超越性的语言”，并认为汉语思想和汉语言是完全不同的“关联性的思维”和“关联性的语言”。参见安乐哲：《和而不同：比较哲学与中西会通》，温海明编，北京：北京大学出版社，2002年，第51页以下和第111页以下。

② 参见罗杰瑞：《汉语概说》，中译本，张惠英译，北京：语文出版社，1995年，第21页。

（现代汉语）语汇有了巨量的增加（特别是双音词的大幅增加），但常用汉字却并没有增加。[①] 我们完全可以说，在现代化过程中，汉语世界用不到2500个汉字“解决”了——“消化”了2500年的西方文明（书写文明）。其次，语法化进程并未真正触动汉语的根本。我们当然不至于否认，自19世纪末《马氏文通》以来，欧洲语法的引入使得汉语走向严密化，现代汉语词类的区分变得明晰起来了，句子结构变得更加严谨了，但汉语的基本特性——我们所谓的“非形式性”，或者通常所谓“汉语无形态变化”——依然保留了下来。也正因此，“现代汉语哲学”的合法性问题才会一再地被重新提出来。

同样地，或许也有人会反驳：虽然在历史上欧洲基督教几次进出中国，在中国屡屡受到抵制和排斥，但近代以来，它不也已经在中国“安家落户”了吗？基督教的教理体系不是已经全盘被译成汉语了吗？整个基督教的制度、仪式、节日、信条等，不是已经在中国生根开花，成为中国人信仰实存生活的重要组成部分了么？如今在我们身边，不是已经有了，而且从趋势上看会有越来越多的讲汉语的基督信徒吗？

这些也都是无可否认的事实。我自然也看到，在汉语神学的理论言述与以民间乡里为主体的基督教信仰现实之间存在着某种落差，或者说，在汉语神学的理论思考与实存论意义上的中国基督教实际信仰生活之间，是存在着某种紧张关系的。但这种情况也依然不能减免我们的问题的严重性：以关联性、非形式性为特征的汉语，是否能够——以及在何种程度上能够真正地传达由欧洲语言来表达的基督教的超验神性关系？这个问题与前述“汉语哲学”的问题是可以完全对应的。

总之，今天我们必须从思想与语言的一体性出发，来重审欧洲—西方哲学和神学的特性，进而来考量“汉语哲学”和“汉语神学”的可能性。安乐哲正是由此角度否定了“汉语 + 哲学”，即汉语哲学和“汉语 + 神学”，即汉语神学的可能性。在他看来，汉语思想和汉语言

---

① 1988年公布的《现代汉语常用字表》共收入常用字2500个，次常用字1000个，两者相加为3500个汉字；饶有趣味的是，《2005年中国语言状况报告》显示，我国常用汉字不增反减，降至2300个左右。

与西方哲学思维和概念方式具有完全的异质性，若硬要用“拉郎配”的方式把它们配合起来，结果只能是相互伤害；西方哲学界往往用西方哲学（以及神学）的概念来翻译中国思想典籍，解释中国思想，结果就免不了对中国思想文化构成歪曲和损害。① 说白了，安乐哲的意思无非是：中国是中国，西方是西方，我们要守住语言的边界，不可妄自僭越。这种试图完全撇清汉语思想与西方文化之关系的努力是否能有效地应对当今文化现实，还是值得置疑和讨论的，但这代表着一道至20世纪才得以开启出来的后种族中心主义（后西方中心主义）的思想眼界，其警示意义不可不察。

无论如何，我们今天面临着如下无可回避的课题和任务：首先，对西学东渐史的语言和文化意义（后果）的清理和评估。身处多元文明交织、竞争和冲突的世界性文化现实中，我们现在需要认真清理当下汉语语言和生活经验的基本构成元素，给出确当的评估，从而为指向未来的思想文化的开展和创造做准备。其次，对中西思想和语言差异的辨析和确认，以及在此基础上对于翻译（转渡）的可能性及其限度的确认。我的主张是，在今天这个以美国技术工业文化为主导的、越来越一体化（同质化）的多元文化时代里，沟通和理解固然是十分重要的，但确认差异也许是一项更为迫切的任务。与上述任务相关的还有研究者和译者之责任的确立。安乐哲竭力主张建立起负责的“语言限制”，要求中西哲学文化的研究者和译者不要搞“拉郎配”的勾当。在今天的思想文化处境里，这个要求似乎不免苛严了，因为交互文化的研究者和译者本就是媒婆和中介，翻译事业本就是力求“同化”，力求达到同一性或者为同一性的理解提供条件。——不过，恐怕话又得说回来：也正因为这样，我们才需要表达的谨慎和语言的节制。

① 参见安乐哲：《和而不同：比较哲学与中西会通》，温海明编，北京：北京大学出版社，2002年，第146页。

我们可以通过汉语做何种哲学？①

内容提要： 汉语哲学之问是一道涉及古今中西之争的现代性难题，问题结构和向度极其繁复。本文尝试把汉语哲学问题表达为“我们可以通过汉语做何种哲学?”。一方面，作者认为，汉语无形式语法，故中国传统文化中未形成欧式的形式化超越思维，也即未开展出欧洲哲学的“形式超越性”之维；另一方面，包括中国文化在内的人类各民族普遍观念世界的形成方式不只有欧式的“形式化”，还有胡塞尔所谓的“总体化”，但胡塞尔的理解过于局限，因为“总体化”不仅是经验科学的观念来源，也是个体性的实存哲学的基本方法，甚至也是文艺的“诗性共相”的构成方式。所以，我们固然可以在形式存在学（本体论）的意义上把哲学看作西方唯一的，但更应该开放地把哲学理解为复数，从而为世界多元文化传统和思想方式留下平等沟通的机会。

很高兴参加今天的北京大学汉语哲学论坛，据说这是北大举办的第二届，据说在复旦大学也已经举行过一次，想来同行们已经对此题做了深入的研讨。遗憾的是我没有参加前面的讨论，不知道到什么地步了。不过，本人对“汉语哲学”这个论题也是深有兴趣的，以为它

---

① 本文初稿系作者2017年12月9日—10日在“第二届北大汉语哲学论坛”上的报告；经修改和扩充之后于2018年5月18日下午在深圳大学人文学院演讲。原载《学术月刊》，2018年第7期；转载于《新华文摘》，2018年第23期。

是一个具有重大意义的题目。所以，本次论坛主持人韩水法教授邀我参加今天的会议，我就满口答应了。后来自己做了一次清算，发现我对此题目的论述委实已经不少了，虽然多半是零散的和短小的，系统完整的专题论述不在多数。一开始，我对于“汉语哲学”的兴趣主要跟哲学翻译（西哲汉译）有关，尤其是与“存在/是”（on/einai）的译名讨论有关，早在我1992年完成的博士论文中就有此议论了。[①] 之后有《超越之辩与中西哲学的差异》一文以及几篇短章评论，算是业余做的事。[②] 唯一的一个长篇论文，是《存在与超越——西哲汉译的困境及其语言哲学意蕴》，而此篇也依然是从译名讨论切入的。[③]

所以我想，我是不是能够利用这次论坛的机会，把自己有关“汉语哲学”这个主题的基本想法综合和清理一下，甚至也稍稍深化一下？或也可求教于诸位同仁。我形成的一个问题是：何种意义上的汉语哲学？或者也可以问：我们可以通过汉语做何种哲学？但立下这个题目，我马上就有些后悔了——因为即便是现代欧式学科制度上的哲学，我们也已经用汉语做了近百年，今天不但有所谓“中西马”，而且在体制上哲学有八个二级学科，无论何种哲学，我们早已经用汉语在做了，从业人员甚众，大家经常还做得不亦乐乎。这个时候问我们可以通过汉语做何种哲学，岂不是有点无厘头么？

其实正如我们所知道的，不但“我们可以用汉语做何种哲学”是一个问题，到底能不能用汉语做哲学竟也成了一个问题，而且是一个被争议得更为激烈的问题。后面这个问题也经常被表达为：中国到底有没有“哲学”？或者也就是中国哲学界前些年争论颇多的关于“中国哲学的合法性”的问题。我想，这也是我们在做的“汉语哲学论坛”

---

① 参看孙周兴：《语言存在论——海德格尔后期思想研究》，北京：商务印书馆，2011年，特别是第二章第2节。

② 载孙周兴：《后哲学的哲学问题》，北京：商务印书馆，2009年，第106页以下。相关短论有《汉语神学与汉语哲学》，载孙周兴：《边界上的行者》，上海：上海人民出版社，2011年，第6页以下；以及《汉语哲学的做法》和《实存哲学与现代汉语哲学》等，载孙周兴：《一只革命的手》，北京：商务印书馆，2017年，第141页和149页以下。

③ 载《中国社会科学》，2012年第9期。后收入孙周兴：《存在与超越：海德格尔与西哲汉译问题》，上海：复旦大学出版社，2013年，第110页以下。

的问题背景吧。汉语哲学的可能性问题首先起源于语言差异，特别是中西语言的差异；但同样关键的问题是，我们如何来理解“哲学”，取什么样的哲学定义。所以，汉语是一个问题，哲学也是一个问题，合起来的“汉语哲学”当然更是一个问题了。

我们尝试把汉语哲学问题表达为“我们可以通过汉语做何种哲学?”，由此有可能把这道难题具体化为三个层面的问题：第一，与欧洲语言相比较，汉语有何根本特性？汉语言的特性为汉语思维带来了何种规定和限制；第二，当我们说“汉语哲学”时，我们应当采取何种哲学定义？到底是一种哲学还是多种哲学？第三，进一步，与古代汉语相比较，现代汉语是否已经变得更适合于哲思了？所有这些区分性的问题都歧义丛生，难缠难解，而在我看来，这恰恰也表征着汉语哲学问题本身的重要性。

一、语言特性与中西思维差异①

据我所知，头一个明确地从语言差异的角度讨论汉语哲学的中国现代哲学家应该是张东荪（1886—1973 年）。张东荪具有自觉的语言哲学立场，这在今天看来是十分高明和超前的，因为我们知道，中国学界（主要是哲学界和文艺理论界）大概要到 20 世纪 90 年代才开始进入语言哲学领域和论题，大谈所谓“语言（学）转向”，从而逐步获得了语言哲学的方法论意识。而早在 1936 年发表的《从中国言语构造看中国哲学》一文中，张东荪就提出了如下基本主张：

> 中国言语上没有语尾变化，以致主语与谓语不能十分分别，这件事在思想上产生了很大的影响。现在以我所见可举出四点：第一点是因为主语不分明，遂致中国人没有“主体”（subject）的

① 此节可详见孙周兴《存在与超越——西哲汉译的困境及其语言哲学意蕴》，载《中国社会科学》，2012 年第 9 期。

> 观念；第二点是因为主语不分明，遂致谓语亦不成立；第三点是因没有语尾，遂致没有 tense 与 mood 等语格；第四点是因此遂没有逻辑上的“辞句”（proposition）。[①]

上面讲的四点自然是有严重后果的，值得我们深思。而若要细究起来，张东荪的上述断言也是不无问题的，至少显得比较粗疏，未经细密的论证，但毕竟他敏感地把握到了汉语的一些本质性的东西，特别是看到了一个要害：汉语是没有词尾变化的，不是欧式的屈折语。德国语言学家威廉·冯·洪堡特也认为，汉语是典型的孤立语（分析语），而不是像梵语这样的典型的屈折语。洪堡特进一步说，汉语不是通过语法范畴来连接句子的，汉语语法不是以词的分类为基础的；欧洲语言的语法有词源和句法，而汉语只有句法部分；等等。汉语这种语法上的缺失使洪堡得出一个结论：汉语是一门落后的语言，因为它没有欧式的语法，“汉语的风格以其令人惊诧的效果束缚了形式表达的发展”。[②] 今天我们看到，洪堡特显然是拿欧洲语言的尺子来衡量汉语的，由此自然会得出这样一个不妙的结论。

看起来，问题的焦点在于汉语有无形式语法——我们不能简单地断定汉语没有语法，而只能说汉语没有欧式语法。但说汉语没有欧式语法，这听起来差不多是一句废话，汉语怎么可能有欧式语法呢？所以我宁愿说：汉语没有形式语法。关键还在于落到实处，比如洪堡特认为汉语语法不是以词的分类为基础的，而张东荪更进一步，说汉语没有词尾变化。确实，汉语词类界限不明，是因为汉语不像欧洲语言，后者通过词尾变化来实现词的形态变化，即词类之间的形式转换和区分。由此出发，张东荪把语法问题与哲学问题联系起来了，或者说，把形式语法视为哲学范畴的基础，认为亚里士多德的范畴是由文法上言语的格式而成的，均以词尾变化表现出来，而没有词尾变化的东方

---

① 张东荪：《从中国言语构造上看中国哲学》，载张汝伦编选：《理性与良知——张东荪文选》，上海：上海远东出版社，1995 年，第 337 页。

② 洪堡特：《洪堡特语言哲学文集》，姚小平编译，长沙：湖南教育出版社，2001 年，第 121 页。

语言就不可能形成范畴。① 张东荪的这一看法是深刻的。亚里士多德的范畴论是欧洲哲学史上第一个形式存在论/本体论体系，它首先确立了思维形式与存在形式的同一性②。要是没有形式语法的成熟在先，如何可能有这种存在论/本体论的形式规定?

于此必定触及一个在汉语学界聚讼纷纭的问题，即围绕“存在”（On）范畴以及所谓“存在学/本体论”（ontologia）展开的中西哲学之争。“存在”（On）范畴是西方—欧洲文明特有的吗？中国传统哲学中有没有“存在”范畴？“存在学/本体论”到底是一门什么样的学问？西方哲学进入汉语世界已经超百年，这些问题尚未得到彻底的澄清，特别在最近一些年的“中国哲学合法性”讨论中又得到了彰显和尖锐化。

笼统地说中国传统哲学中没有“存在”范畴，说古汉语中没有欧式的系动词“是”和“存在”，其实还是没有太大意义的。没有“存在”范畴，我们汉语中有“道”“有”等之类的基本词语，难道就不能与欧洲的“存在”对应起来吗？难道不能用它们来翻译表示“存在”的欧洲语言的词语吗？关键是要看到欧洲“存在”范畴所内含的形式语法特性和形式思维特性。比如在古希腊语中，名词“存在”（On）是由系动词“是”（einai）的分词形式转换而来的，在“是”（einai）的各个词类（动词、分词、名词等）以及相应的数、性、格、态之间，有着一套形式转换规则；而汉语没有靠词尾变化来实现的不同词类和数、性、格、态的转换体系，比如在汉语的系词“是”与名词“存在”之间，就不是通过语法形式规则来实现词类区分的，汉语的“是”与“存在”（严格来说它们是两个译词）之间是完全没有语

① 张东荪：《从中国言语构造上看中国哲学》，载张汝伦编选：《理性与良知——张东荪文选》，上海：上海远东出版社，1995 年，第 344 页。张东荪此说与法国语言学家邦文尼斯特（Benveniste）的观点不谋而合，后者也认为，亚里士多德的“十范畴”乃是“一种特定语言状态的观念反射”。参见邦文尼斯特：《思想的类型和语言的类别》，转引自谢和耐：《中国和基督教》，耿昇译，上海：上海古籍出版社，1991 年，第 346 页。

② 或可简称为：思维与存在的同一性。黑格尔把这种同一性的建立归于巴门尼德，但就思想史的总体进展来说，我们更愿意同意海德格尔的说法：巴门尼德所谓“思想与存在是同一的”还不是哲学性的或者概念性的规定，而顶多只是对这种同一性的开端性猜度。

法上的联系的。①

法国汉学家谢和耐认识到了汉语言的特征以及中国文明的特殊性，并且认为中国人没有那种稳定的、永久的和超越可见事实的“存在”观念。② 诚如上述，简单地断定中国古代没有“存在”观念，是没有多大意思的；在谢和耐的这个判断中，重要的是“存在”观念具有的“超越性”（Transzendenz），中国思想文化中没有“超越的”“存在”观念。这就涉及欧洲—西方形而上学思维的本质特征问题了。在哲学—存在学/本体论层面上，我认为欧洲思维的根本特质是形式化思维，“存在”观念的“超越性”也必须在这种形式化思维意义上来理解，或者可以说，发端于希腊的哲学的“超越性”是一种形式的超越性，不同于后来从基督教神学中发展出来的“超越性”，后者是一种神性的超越性——为简化起见，我们完全可以把哲学（存在学/本体论）的“超越性”和神学的“超越性”分别命名为“形式超越性”与“神性超越性”，而这正是康德断然区分“先验的”（transzendental）与“超验的”（transzendent）两者的动机和原因。③

欧洲—西方哲学的“超越性”最典型地表现在前述的亚里士多德的形式范畴体系中，它当然建立在欧洲语言（希腊语）的基础之上。我们可以说，希腊语的形式语法是希腊哲学和科学的形式化思维的基础，希腊语法发生在希腊哲学之前；当然也可以说，希腊哲学和形式科学的思维的形成和发展，进一步促成了希腊语法走向成熟。但这只是大体上的说法，而且这种发生学的描述根本上只可能是一种猜度。不过无论如何，希腊哲学、希腊语法、希腊形式科学（几何学和逻辑学）之间究竟是何种关系？这无疑更是一个思想的课题。

---

① 似乎有越来越多的研究者主张要以统一的“是”来对译欧洲语言中的名词“存在”和动词“是”，但他们这种改译并不能改变我们这里揭示的情况。

② 谢和耐：《中国和基督教》，耿昇译，上海：上海古籍出版社，1991年，第347—348页。

③ 根据笔者在此的描述，近几年来渐成趋势的对 transzendental 一词的改译，即把“先验的”改译为“超越论的”，就是一个不当的建议。

二、何种哲学？一种还是多种哲学？

至此，我们似乎已经达到了一个否定性的结论：不具有欧式形式语法的汉语不是哲学语言，或者说，它不适合于做哲学，是不能用来从事哲思的。但显然，这个结论是会有问题的，因为它预设的前提是：哲学只是一种形式化思考，是一个形式范畴体系。应当承认，这种狭义的哲学规定合乎西方哲学主流传统，后者在现代形而上学批判思潮中经常被称为“本质主义”或“柏拉图主义”；但它显然太过狭隘了，甚至也不合西方哲学的整体实情。

哲学当然首先是指向本质—共相、构成观念的思维。在现象学哲学家胡塞尔看来，哲学以及由哲学衍生出来的科学是一种“普遍化”（Verallgemeinerung）的思想方式，而所谓“普遍化”可分为两种：一是“总体化”（Generalisierung），二是“形式化”（Formalisierung）。胡塞尔并且认为，在这两种方式之间存在着一个“断裂”（Bruch）。所谓“总体化”是“按照种类的普遍化”，它对应于某个“实事区域”，或者说是受某个“实事区域”制约的，后者预先规定了“总体化”的方向，也就是说，“总体化”是实指的，好比我说“苏格拉底是男人，男人是人，人是动物，动物是生物，生物是生命”等，在这里，无论“男人”“人”“动物”“生物”“生命”等虽然“普遍化”程度不等，但都是实指的，都指示着某个“实事区域”。相反，所谓“形式化”则不是实指的，是与“实事”无关的，并不受制于对象的确定内容。比如在上列说法中，如果我们接着说下去，说“生命是物质，物质是存在，存在是虚无”，我们就进入了“形式化”层次中了，不再有所实指了，“物质”“存在”“虚无”等只是形式的规定性，而非实事对象的描述。进一步，“总体化”与“形式化”还有一项区别：“总体化”是一种排序，它达到的“普遍性”构成一个相对的等级序列（属、种）；而“形式化”则不然，它所达到的“普遍性”是形式的规定性，是所谓“一般对象”，相互之间并没有等级关系。于是我们可以看出，胡塞尔所讲的“断裂”实际上是指在“普遍化”过程达到“纯化/纯形式”层面出现的状况。①

必须看到，虽然胡塞尔区分了“普遍化”的两种方式，但他心里推崇的却是“形式化”，以及相应的“形式存在学/本体论”和“形式科学”。这也就是说，胡塞尔其实是在“总体化”与“形式化”之间设定了一个等级差别，认为“形式化”是高于“总体化”的。欧洲—西方哲学的主体是以存在学/本体论（Ontologia）为核心的形式范畴体系。正是这种存在学/本体论的形式范畴体系为希腊的形式科学奠定了观念基础，从而也为近代欧洲的“普遍数理”的知识理想提供了一个可能性前提。

关键在于，“总体化”作为具体的经验科学的方法，并不能体现欧洲—西方思维的本质特征，相反，作为形式科学方法的“形式化”才真正构成欧洲—西方思维的根本要素及其特殊性，或者说欧洲—西方思维的标准范式。进一步我们似乎可以说，“形式化”是非欧民族文化都没有发展出来的思维方式，而“总体化”则是非欧民族文化（包括中国文化）也可能包含和具有的思维—表达方式。倘若不是这样的话，倘若非欧民族没有“总体化”的普遍化思维方法，那么，我们如何理解非欧民族的文化世界和观念世界呢？我们总不能干脆否认非欧民族是有观念世界的吧？

就此而言，胡塞尔所揭示的“总体化”与“形式化”之间的“断裂”就显得极为重要了，因为这个“断裂”（Bruch）可能恰恰意味着欧洲思维与非欧思维的根本差别的分界，或者说，非欧民族的思维方式都没有达到“纯化/纯形式”的层面，完成这个“突破”——超越这个“断裂”——而形成“形式化思维”和“形式科学”。在哲学上讲，非欧民族的思想方式恐怕没有达到欧洲以形式范畴关系的论证为重点和基本任务的先验哲学境界。在此意义上，结论当然只可能是：哲学只是欧洲—西方的，非欧民族文化没有“哲学”，非欧民族的思维

① 参看孙周兴：《后哲学的哲学问题》，北京：商务印书馆，2009年，第231页以下。

都不是“哲学思维”。

然而问题的关键在于：只有这种形式范畴论证的哲学吗？只有这一种哲学还是有多种哲学呢？

答案是显而易见的。即使在西方内部，除了以本质主义或者柏拉图主义为特征的欧洲主流的哲学传统之外，还有一支在欧洲历史上一直未显山露水的支流，即可以说以“总体化”思维为特征的实存哲学，其中也理当包括欧洲历史上出现过的各色经验主义哲学。作为主流本质主义传统的对立面，实存主义或者以个体—实存为定向的哲学思考，在历史上向来都是欧洲—西方哲学科学文化传统的“异类”，在19世纪中期以来更是在欧洲哲学中兴起的形而上学传统批判工作的集中表现；而在学术立场上，实存哲学/实存主义本身包含着“非欧洲中心主义”的倾向，或者至少可以说，它推动了以本质主义、理性主义为基础和内核的欧洲哲学对于自身的欧洲中心主义立场的反省和批判。这其中的内在联系不难理解。因为个体—实存之思在起点上就含有反对普遍—本质—形式思维的特质，而“欧洲中心主义”立场正是以本质主义为基础的（这在黑格尔那里是多么显赫！）。

前些年中国哲学界关于中国哲学的合法性问题的讨论，恐怕更多的是取“本质主义”哲学为西方哲学的标本，甚至一般哲学的标本，以此来比照中国传统思想文化。而近些年来的关于“存在”和“是”之译名的持久争论，同样地——更是——预设了一个简单等式：哲学＝存在学/本体论＝本质主义或者柏拉图主义。如果采用前述的胡塞尔所做的区分，这个等式也就忽略了“普遍化”思维方式中的“总体化”方式，只把“形式化”思维方式当作西方哲学思维的全部。然则我们很少思量：撇开了源远流长的“实存主义”或“实存哲学”的西方哲学还是完整的西方哲学吗？在哲学史上，就哲思的起点而言，实存哲学的开端至少应该落在亚里士多德那儿。

对于“总体化”这种“普遍化”方式，也即观念构成方式，我们更应该超出胡塞尔的区分和规定，做一种广义的和多元的理解。我们认为，“总体化”不仅是经验科学的观念来源，也是个体性的实存哲学的基本方法，而且也是文艺的诗意言说的方式，亦即维柯所谓的“诗性共相”的形成方式。这三者（经验科学、实存哲学与诗性文艺）之间的关系是相当复杂的。当年维柯就强调自己与经验主义者培根的亲近关系，认为培根的归纳法也就是他所谓“综合殊相来得出共相的方法”，也正是早期人类的创建者们（即神话诗人们）所用的想象的诗性方法。[①] 只不过，维柯是要把培根的方法转用到“研究人类事务方面”的学问上去。

在近世，海德格尔在前期实存哲学和后期诗性言说两方面的努力最具典型性。前期海德格尔的“形式显示的现象学”正是从胡塞尔关于“总体化”与“形式化”这两种“普遍化”方法的区分入思的。海德格尔同意胡塞尔的这个区分，尤其赞赏胡塞尔通过意向性学说对“关联性思维”的启示，但认为这样还是不够的，还只是停留在“理论”层面。对应于胡塞尔讲的“总体化”与“形式化”，海德格尔区分了“客体性质的东西”与“对象性的形式逻辑的东西”，认为这两者构成“理论的东西”；进一步，海德格尔要向“前理论的东西”挺进，认为“理论的东西”是奠基于“前理论的东西”的，“客体性质的东西”起因于“真正的体验世界”（即“世界性质的东西”），而所谓“对象性的形式逻辑的东西”起因于“原始的东西”（即“前世界的东西”）。[②] 海德格尔的这种理解已经把胡塞尔的思路实存哲学化了，从而深化和改造了胡塞尔的现象学，也扩大了胡塞尔的“总体化”方法。海德格尔所谓“前理论的东西”其实首先是行动优先的实存生活世界以及更原始的神秘域（“原始的东西”）。正因为这样，海德格尔才把“现象”理解为“内容意义—关联意义—实行意义”三个方向构成的意义整体，并且认为“实行意义”才是其中的核心。在《存在与时间》之前，海德格尔显然是想以“形式显示的现象学”作为他的实存论（实存哲学）的方法，以区别于胡塞尔所说的两种“普遍化”方

① 维柯：《新科学》，中译本，朱光潜译，北京：人民文学出版社，1986 年，第 93 页。
② 参看海德格尔：《论哲学的规定》，中译本，孙周兴、高松译，北京：商务印书馆，2015 年，第 232 页。

式。但他这种尝试的哲学后果并不理想。[①] 这才有了后期海德格尔向诗性言说的转向。不过，这种转向并不意味着海德格尔彻底放弃了前期的实存之思以及所谓“形式显示的现象学”的方法要求，而毋宁说是这种实存之思和方法要求的实现。[②]

有关实存哲学及其与现代汉语哲学的关系，我在别处已有所讨论。[③] 在此我愿意再次强调指出的是，欧洲—西方主流哲学和科学的基本特征是“形式超越性”，是一种形式化思维，而因为汉语的非形式语法特性，也即说汉语无形式语法，所以在中国传统文化中未形成欧式的形式化超越思维，也即未开展出欧洲哲学的“形式超越性”之维，当然也没有形成欧式的形式科学体系（逻辑、几何、算术等），后者是当今全球技术工业的基础。然而，各民族普遍观念世界的形成方式是多样的，非欧民族文化的文化观念世界不是通过“形式化”方法，而是通过“总体化”方法来构成的。而正如上述，这种“总体化”即便在欧洲哲学范围内也是可以被广义理解的，它不光与具体科学（经验科学）的方法纠缠在一起，也可以用来标识实存哲学（实存主义）的观念构成方式，甚至可以渗透到文艺之中，成为诗意的普遍意义表达的方式，就像海德格尔后期尝试的诗性之思。

因此，我们固然可以在形式存在学（本体论）意义上把哲学看作西方唯一的，在此意义上就可以说“哲学是西方的”[④]，但根据现实的语境以及我们上面揭示的理由，我们更应该开放地把哲学理解为复数、理解为多种哲学，从而为世界多元文化传统和思想方式留下平等交通的机会。我们看到，汉语思想文化一直保持着关联性思维的传统，与

① 海德格尔前期哲学（以《存在与时间》为代表）的困难在于：以主体主义批判为出发点，但反而走向了极端主体主义的此在—世界论；以激活哲学语言的力量为己任，但仍旧囿于传统哲学的表达方式。

② 此处可参看拙文：《非推论的思想还能叫哲学吗？——海德格尔与后哲学的思想前景》，载《社会科学战线》，2010 年第 9 期，后收入孙周兴：《以创造抵御平庸——艺术现象学演讲录》，杭州：中国美术学院出版社，2014 年，第 27 页以下。

③ 主要参看孙周兴：《后哲学的哲学问题》，北京：商务印书馆，2009 年，第 42 页以下；以及孙周兴：《一只革命的手》，北京：商务印书馆，2017 年，第 149 页以下。

④ 20 世纪的思想家如海德格尔和德里达，当他们说“哲学是希腊的或西方的”时，其实并不持有“欧洲中心主义”的立场，倒是为了通过这种区分，让非欧思想文化免受“哲学”的伤害。

西方主流文化传统的超越性思维方式具有格格不入的异质性。与之相反，现代西方的实存哲学，特别是经过现象学哲学和方法的洗礼之后，开启出一种有别于传统哲学思维的关联性思维方式，从而更能与中国思想文化传统相互沟通和印证。

三、余论：现代汉语变得更适合于哲学了吗?

正如我们会追问“何种哲学”一样，我们似乎同样也得提出一个问题：“何种汉语?”尤其应该问一问：经过现代化——语法化和逻辑化——改造之后的现代汉语，是不是更适合于哲学了?

关于这个问题，我曾经在“存在与超越”一文的结尾部分做过一次讨论。[①] 我在文中指出：作为西方—欧洲形式科学的基础和核心，存在学/本体论（ontologia）是与印欧语系语言的形式/语法特性紧密联结的；而与存在学/本体论难解难分的神学体现的是西方—欧洲式的超验神性追问，同样植根于欧洲语言文化传统之中。企图用非形式/非语法的汉语言来表达欧洲—西方存在学/本体论的先验形式性，用非超越的汉语言[②]来传达神学的超验神性，这正是一个多世纪以来中国学术界的一项基本任务，是中国几代学者的共同努力目标。

我们这种努力成功了吗?确实，令人吃惊的是汉语所具有的强大的吸收能力和对外来语的抵抗力。特别是在过去一个世纪里，我们汉语世界差不多吸纳了全部西方文明的内容，包括哲学、宗教、科学、艺术、技术等，而现代汉语的常用词汇却是不增反减。这在今日全球人类语言中恐怕是绝无仅有的一例了。而从五四一代知识分子对汉语的悲观和绝望心态，到今天国人终于重塑对于母语的信心，这种态度

---

① 孙周兴：《存在与超越——西哲汉译的困境及其语言哲学意蕴》，载《中国社会科学》，2012 年第 9 期。后收入孙周兴：《存在与超越：海德格尔与西哲汉译问题》，上海：复旦大学出版社，2013 年，第 110 页以下。

② 安乐哲把以哲学和神学为核心标志的思想方式称为“超越性的思维”，把印欧语言称为“超越性的语言”，并认为汉语思想和汉语言是完全不同的“关联性的思维”和“关联性的语言”。参见安乐哲：《和而不同：比较哲学与中西会通》，温海明编北京：北京大学出版社，2002 年，第 51 页以下和第 111 页以下。

的巨大转变的基本动因却是技术上的，主要是因为20世纪90年代汉字进入了电脑系统。我们突然发现，汉字不仅进入了电脑和互联网，而且已经成了全球语言中输入操作速度最快的文字。

但我们的问题是：现代汉语是否变得更适合于哲学了？与古代汉语相比较，经过语法的引进、白话文运动、汉字简化运动，特别是通过大规模的学术文化的翻译，现代汉语无疑具有了相对而言的"弱语法"特性，但依然没有改变我们上文所讲的无形式语法的性质。拿前述张东荪的断言"中国言语上没有语尾变化"来说，现代汉语固然发生了巨大的变化，新兴词尾日益增加，并且得到普遍化使用，比如名词词尾"品""性""度"等，动词词尾"化"等，它们是在西语汉译过程中出现的，是为了对译西语中的词尾（比如"性"对应于英语词尾-ty，-ce，-ness；"度"对应于英语词尾-th；"化"对应于英语词尾-ize），而且多半受到日本译文的影响。[①] 如此，张东荪所谓汉语无词尾变化的说法是不是还成立呢？问题恐怕在于，现代汉语中被丰富化的汉语词尾（诸如名词词尾"性"和动词词尾"化"等）是否构成一套形式转换规则，从而形成一个涉及词类区分和数、性、格、态转换的形式语法体系？

这个问题不好轻松作答，需要另行探讨。本人倾向于认为，现代汉语更多地在胡塞尔所谓"总体化"意义上获得语法范畴，但仍旧没有突入"形式化"意义上的作为形式科学的语法。在技术工业和全球现代性的巨大压力下，现代汉语思维不断尝试向"超越性思维"（"形式超越性"和"神性超越性"）接近，但其主体仍旧是"关联性思维"——时至今日汉语在形式科学的表达上的局限，以及在西方哲学/存在学核心范畴的传译上的困难，比如汉语哲学界围绕"存在"（Sein）与"超越"（Transzendenz）这两个译名（以及相关译名）展开的持久争论，都可以表明这一点。

---

① 参看王力：《汉语语法史》，北京：商务印书馆，2003年，第16—17页和第100页。特别值得关注的是现代汉语中名词词尾"性"和动词词尾"化"的普遍使用，所发挥的效果令人惊奇。

现代汉语固然已经变得更适于哲学了，但这是相对的和有限的，只是就它更能通过“总体化”方法表达实存经验来说的。这种表达变得愈加丰富，甚至也在一定程度上变得愈加明晰，但胡塞尔的“断裂”（Bruch）仍旧构成一种界限和限度。原因在于汉语和汉语思维与欧洲语言和思维的根本异质性，或者说，就在于汉语对于外来语的强大抵抗性。

第三编

后哲学的哲学

形而上学的本质之问与实存之问①

内容提要：本文主要从海德格尔的形而上学批判工作出发，探讨西方形而上学的问题结构。本文认为，本质与实存是欧洲形而上学的两个基本问题，相应地，存在学（本体论）和神学标志着形而上学的两个追问路向和超越方式。存在学（本体论）通过“本质之问”（“先验之问”）达到“最普遍者”，神学通过“实存之问”（“超验之问”）达到“至高者”。两者都是一种“超越性”，前者是“形式超越性”，后者为“神性超越性”，而途径也有所不同，存在学的途径是理性，而神学的途径则是信仰，因而分别对应着希腊哲学文化和希伯来—基督教文化。

一

今天与大家来讨论形而上学问题。“形而上学”（Metaphysics）在汉语学术界也经常被译解为“玄学”，可见是一门特别玄奥怪异的学问。作为西方文化学院—学术制度的核心和基础，“形而上学”还是一门严格而枯燥的学问。我只希望利用今天这个机会，主要以尼采和海

① 本文根据作者2002年9月20日下午在中山大学哲学系做的报告（禾田讲座）修改而成，报告形式仍予以保留。原以《形而上学问题》为题刊于《江苏社会科学》，2003年第5期。收入本书时有修正。

德格尔的形而上学批判为背景，从形而上学的问题提法入手讨论形而上学的双重问题结构和追问路向，即存在学路向的先验追问与神学路向的超验追问。

首先似乎还有必要指出一个误解。长期以来，“形而上学”在我们的教科书中差不多成了一个贬义词，与之相联系的是“机械的”“片面的”“静止的”等修饰词。“形而上学”被理解为一种“坏的”思维方式，与“好的”辩证法相对立。这种看法其实来自一种苏联化的“机械的”“片面的”“静止的”马克思主义哲学。在今天的哲学学者和读者中间，这样的偏见和误解已经不应该有了。我们当然可以说“形而上学”——一般而言也就是“哲学”——有“好”与“不好”之分，可能有的哲学家想得好些、想得深邃些，有的想得不够理想、不够深入。但问题在于，“形而上学”不止是一种思维方式或方法，而且首先不是一种思维方式或方法。即便我们承认它是一种思维方式（它的确也是），也不是所有的形而上学类型和形而上学思维都是“机械的”“片面的”“静止的”。

“形而上学”是什么？我们先得从这个名称说起。众所周知，西文 Metaphysics 这个名称起源于古希腊哲学家亚里士多德的一本书。不过，亚里士多德本人并没有使用过这个词语，而且在古希腊文中也根本没有这样一个词。有一种解释认为，是一位叫叙明安得洛尼可的人（盛年约公元前 40 年）在编辑完亚里士多德的物理学著作之后，发现还有一些文章是讲我们今天所谓的“哲学”的，把它们集在一起，却无以名之了，姑且立题为“物理之后”（ta meta ta physika）。[①] 后来拉丁文的编者把其中的两个希腊文冠词 ta 省去，“物理之后”就成了 Metaphysica。实际上，亚里士多德自己在这本书里并不讲“形而上学”，而是讲“第一哲学”（prote philosophia），以区别于作为“物理学”（今日意义上的自然科学）的“第二哲学”。后来人们就把这个书名当作一个学科名称了。如此看来，“形而上学”（Metaphysics）这个

① 参看亚里士多德：《形而上学》，中译本，吴寿彭译，北京：商务印书馆，1991 年，译后记，第 329 页。

名称就是偶然形成的，甚至可以说是多余的，我们完全可以用亚里士多德所谓的“第一哲学”替而代之。

作为学科的“形而上学”是什么？亚里士多德明言：“第一哲学”是这样一门科学，它研究 on he on［存在者作为存在者］——也有中译本译之为“实是之所以为实是”。[①] 这个定义貌似简单，实则不然，其中的“存在者”（on）和“作为”（he）都值得我们深究一番。眼下如若限于初步的了解，它至少已经提示我们：各门具体科学（“第二哲学”）是研究个别存在者区域的，而作为“第一哲学”的形而上学却要研究“存在者作为存在者”。这就已经赋予形而上学以一种根本性的意义了。

作为学科，形而上学是哲学—科学的“基础科学”，所有其他哲学—科学都建立在这门基础科学之上。按照法国哲学家笛卡尔的一个著名比喻来讲：哲学就好比一棵树，形而上学是“树根”，物理学是“树干”，而其他科学（笛卡尔认为主要有医学、机械学和道德学三门）就是“树枝”。[②] 这个比喻十分形象地说明了形而上学在欧洲科学—知识体系中的核心地位和基础意义。

在近代，主要是根据德国哲学家沃尔夫、康德的理解，形而上学被划分为四大部门：“存在学”“心理学”“宇宙学”和“神学”。“存在学”（Ontologia，通译为“本体论”，又有“存在论”“万有论”“是论”等多种译法）是关于存在者本身或存在者之存在的学说；“心理学”（Psychologia，也可以包括后来的哲学人类学）是关于灵魂的学说（以及关于人的学说）；“宇宙学”（Kosmologia，通译为“宇宙论”）是关于世界（宇宙）之本质的学说；“神学”（Theologia）是关于上帝之实存和本质的学说。由此看来，形而上学这门科学的领域简直是无所不包的了。它的问题涉及心物、天地、神人；举凡存在、虚无、自由、不朽、神、生命、力、质料、真理、灵魂、生成、精神、自然等重大

---

① 亚里士多德：《形而上学》，中译本，吴寿彭译，北京：商务印书馆，1991 年，第 56 页。希腊文的 on 为系动词 einai 的中性分词形式，所谓“分词”乃分有动词性与名词性者，这就是说，on 既有“存在着”之义又有“存在者”之义。

② 笛卡尔：《谈谈方法》，中译本，王太庆译，北京：商务印书馆，2000 年，第 70 页。

课题，均在形而上学的讨论范围之内。

作为学科的形而上学是广大而复杂的，但自近代以来，随着自然科学的兴起和发展，形而上学的领域已经越来越被科学所占领了，譬如说心理学和宇宙学的题域，就差不多已经被具体科学蚕食了。即便高超如存在学（本体论）和神学，在马克思之后，特别是在尼采之后，也已经面临深刻的危机。

二

虽然作为学科的形而上学有无所不包的领域，但亚里士多德式的形而上学问题差不多可以简化为：存在者是什么？（What is the being? Was ist das Seiende?）你一定会说：谁不会问如此简单的问题！三岁稚儿都会嘛。至少，你会说，这并不是只有莫测高深的哲学家才提得出来的问题，更不是只有西方—欧洲人才提得出来的问题。所以，我们先有必要来了解一下这个问题本身。

这个问题只有三个词："什么"（what）、"是"（is）、"存在者"（the being）。说来都是最明明白白的词。但在哲学中，最明白的往往也是最可置疑的。首先我们应该意识到，这个问题是一个"形式的"问题。它不是问苏格拉底是什么，也不是问这棵树或者这块石头是什么，而是问："存在者"是什么？所谓"形式的"是指它不涉及实质。另外，这个问题的形式性也表现在：它甚至可以被译为"是者的东西是什么？"或者"是者是什么？"因为希腊文的"存在者"（on）是系动词"是"（einai）的中性分词的名词化形式，可以译为"是者"。中文把这个 on 译成"存在者"，确实没有传达出它与"是"的语法形式上的联系。但若真的把它译成"是者"，又似乎不合汉语习惯。①

以我的说法，这个"是"（einai）是欧洲语言中最小的也是最大的

---

① 近年来有不少学者主张把名词的 on、Sein、Being 译为"是"，把 Ontologie（我们译为"存在学"）译为"是论"，可谓用心良苦，但不待说，这种做法丝毫没有改变汉语本身的非语法特性，比如，并不能使汉语具备词类的形式转换功能，因而对于增进义理的理解并无多少益处。

词、最有意思的也是最没意思的词。一方面，大家知道，“是”是所谓“系词”，只具有形式上的联系作用，而没有实质的意义，所以是“最没意思的”。在古希腊文中，这个“是”经常被省略掉；你若在一个希腊文句子中找不到动词，多半就是“是”不见了。然而，“不见了”还在——这正是“是”的魔力。在这个意义上我们也可以说，“是”是一个无所不在的大词，像一个幽灵漂浮在欧洲语言中。而另一方面，“是”有时候又是绝对不能缺省的。“我是人”，古代中国人会说：“吾，人也”，完全可以不要“是”。[①] 但在欧洲的古典语言（古希腊语和拉丁语）中，却可以省去“吾”而不能没有“是”（eimi，sum），因为人称已经包含在相应的动词形式中了。譬如笛卡尔讲的“我思故我在”（ego cogito ergo sum），其中的“我”（ego）是完全可以省略的，完全可以写成 cogito ergo sum；[②] 反之，“是”或“在”（sum）则是绝不可省的。当然，这种情况在我们熟悉的现代欧洲语言中已经没有了。

再就是“这是什么?”（ti estin?）的提问方式。德国现代思想家海德格尔曾经提出一个断言：“这是什么”的提问方式是属于希腊的，是由苏格拉底、柏拉图和亚里士多德等希腊哲学家们发展出来的。[③] 海德格尔此话当然不是随随便便讲的。这话的意思也并不是说：非希腊、非欧洲民族的人们都是弱智低能，以至于连如此简单的问题都提不出来。依我理解，这话的意思毋宁是说：“这是什么?”（ti estin?）的问题背后隐含着提问者（希腊—欧洲人）的超越性的形式化思维。要问的是这个“什么”（ti），把这个“什么”名词化，就成为 to ti；在拉丁文中，就是 quid（什么）变成名词 quidditas（什么性），在德文中就是由 was 变成名词 Washeit，即英文的 whatness。拉丁文中的 quidditas（什么性）意即 essentia（本质）。由此看来，“这是什么?”（ti estin?）这个问题就是一种“本质”之问。可以说西方哲学史上形形色色的哲

① 20 世纪德国语言学家约翰纳斯·罗曼（J. Lohmann）主张汉语的“也”一词具有与印欧语系中的“是”同样重要的系词意义，不失为一种有趣的想法。参看罗曼编：《词语》（Lexis）第一卷，德文本，拉尔，1948 年。

② 参看海德格尔：《尼采》下卷，德文本，斯图加特，1998 年，第 140 页以下。

③ 孙周兴选编：《海德格尔选集》上卷，中译本，上海：上海三联书店，1996 年，第 593 页。

学首先都得对这个“什么”（ti）作出解答，无论是柏拉图的“相”（idea，通译为“理念”），还是亚里士多德的“在场”（ousia，通译为“实体”），都是对这个“什么”（ti）的意思的阐释。

这个问题的形式特性进一步体现在它的另一种表述上：存在者作为存在者是什么？用上面亚里士多德的讲法，就是 on he on［存在者作为存在者、有作为有］，用拉丁文来讲是 ens qua ens。在这里，关键是其中的“作为”（he、qua、als、as）。从语法形式上来看，“作为”是一个连词，并没有实质的意义。但这个“作为”具有指示或指引的功能。海德格尔曾区分“命题的作为”与“交道的作为”（后者又被称为“解释学的作为”）。[①] 就“命题的作为”而言，我们大概可以区分出“作为”的两种指示作用：A as B（比如，我作为公民，我作为教师，我作为父亲，等等）是实质性的指示；而 A as A（存在者作为存在者）则可以说是形式性的指示。在 on he on［存在者作为存在者］这个形而上学问题中，“作为”（he，als）指引着意义基础，指引着形式性的超越。这个“作为”大有魔力。“语言以如此简单的词语……如此毫不显眼地隐含着这样一种意蕴”——这在海德格尔看来是大可惊奇的。[②]

从“存在者是什么？”这个形而上学问题中，我们可以引出——区分出——如下两个子问题：

其一，to ti estin，即“什么存在”（what-being）的问题。形而上学首先要揭示出存在者作为存在者是“什么”（Was），即存在者的“存在状态”（Seindheit），也被称为“什么存在”（Was-sein），用德国哲学家尼古拉·哈特曼的词语用法就是“本在”（Sosein）[③] ——此即拉丁文的“本质”（essentia），英文的 essence。

其二，hoti estin，即“如此存在”（that-being）的问题。除“什么

① 在海德格尔那里，“交道的作为”或者“解释学的作为”与他前期所思考的“形式显示”的现象学方法相联系，具有反形而上学的意义，我们这里且放过。

② 海德格尔：《尼采》下卷，德文本，斯图加特，1998 年，第 317 页；参看中译本，孙周兴译，北京：商务印书馆，2002 年，第 982 页。

③ 德文的 Sosein 如何译成中文，仍是一个问题。倪梁康博士曾建议可译之为“如在”，但 Sosein 乃在“本质”（essentia）意义上讲的，故我们译之为“本在”。

存在”（what-being）外，形而上学还要揭示存在者整体存在的“情况”，存在者整体存在的“如此实情”（Daβ）和存在者整体的存在“方式”（Wie），它完全在字面上被称为“如此存在”（Daβ-sein，that-being），用尼古拉·哈特曼的术语，就是与“本在”（Sosein）相对的“此在”（Dasein）——此即拉丁文的“实存”（existentia），英文的existence。海德格尔的Dasein显然也在此意义层面上，虽然他对Dasein的特定用法与哈特曼的用法是大不相同的。

“本质”（essentia）和“实存”（existentia）是形而上学的两个最基本的范畴。进一步，作为一种关于存在者整体的揭示活动，形而上学是一种“真理”，这种“真理”是“历史性的”，又需要有特定种类的“人”来加以保存。因此，海德格尔认为，除了“本质”和“实存”问题外，形而上学还有“真理”“历史”“人类”三大问题。海德格尔把“本质”“实存”“真理”“历史”“人类”这样五个环节称为“形而上学统一本质”的“五重性”。这对所有形而上学都是可以适用的。举例说来，在海德格尔的尼采阐释中，尼采形而上学的本质结构就可以由五个基本词语标识出来：“权力意志（强力意志）”对应于“本质”、对应于“什么”，即存在者本身之存在；“相同者的永恒轮回”对应于“实存”、对应于“如此—如何”，即存在者整体的存在方式；“公正”对应于“真理”，即作为权力意志的存在者之真理的本质；“虚无主义”对应于“历史”，即在权力意义上得到规定的存在者之真理的历史；“超人”对应于“人类”，即为权力意志和相同者的永恒轮回所要求的那个人类。[①]

虽然海德格尔强调上列“本质—实存—真理—历史—人类”五个环节是共属一体的，但毫无疑问，其中的“本质”（essentia）和“实存”（existentia）仍旧是形而上学中两个最根本的要素，以至于历史上的各种形而上学首先都必须回答“本质”和“实存”这两个基本问题，总不免在这两个范畴之间颠来倒去。最典型者如大家所熟悉的现

① 参看海德格尔：《尼采》下卷，德文本，斯图加特，1998年，第231页以下。

代实存主义。[1] 萨特曾以“实存先于本质”——通常人们把它译为“存在先于本质”——这个反动命题来反对传统的本质优先的形而上学（本质主义）。一方面，海德格尔认为萨特做的这样一种颠倒并不能真正解决问题，并不能真正地构成对形而上学传统的反动；但另一方面，正如我们知道的那样，其实恰恰是海德格尔在前期的《存在与时间》中确立了“实存”（Existenz）和“此在”（Dasein）的优先地位。

三

与“存在者作为存在者是什么”这个形而上学问题相关，近代德国哲学家莱布尼茨提出形而上学的基本问题是：“为什么存在者存在而无倒不存在？”（why is the being at all and not rather nothing?）如果换一种译法，这个句子几乎可作：“为什么是者是而无倒不是？”我们应该如何来理解这个“基本问题”呢？这当然是一个玄妙至极的问题。在这里我们至少可以指出两点：首先，这个问题标明了形而上学的问题是一种彻底的追问，是一种超出“存在者整体”而直抵“虚无”的追问，是关于“整全”“普遍性”的追问——下面我们会看到，这就是一种“存在学”的追问。其次，“为什么、为何之故”（Warum）的问题涉及“根据”和“原因”，它要追问“第一原因”和存在者的“最高实存根据”，是关于“神性”的问题，在此意义上讲，形而上学也必然是神学。

这就涉及西方形而上学的根本问题：“超越”问题。所谓“超越”（Transczndenz）源自拉丁文的动词 transcendere，指跨越两个区域的界线，特别是指从“此岸”到“彼岸”的逾越。“超越”问题在形而上学中具有根本性意义，形而上学的 meta-本来就意味着一种“超越、超出”（trans-）。

---

① 根据我们这里的讨论，通常把 Existenzialismus 译为“存在主义”显然是十分不妥的，这个译名无法体现形而上学的基本区分：“本质”（essentia）与“实存”（existentia）之分。

与上面讲的“本质”和“实存”问题提法相应，形而上学的“超越”也有两个方向，或者说，是在两个方向上进行的：

其一，向“本质”（essentia）的超逾，即作为“先验之物”（das Transzendentale）的“超越”。这是“什么存在”（to ti estin）方向上的“超越”。形而上学在“最普遍的特性”（即普遍有效的东西）意义上表象存在者整体（koinon）。具体地讲，这是“存在学”的任务，存在学是着眼于存在者的“本质”（essentia）对“存在者作为存在者”的规定。

其二，向“实存”（existentia）的超逾，也就是存在者的第一实存根据意义上的超逾，即作为“超验之物”（das Transzendente）的超越。这是“如此存在”（hoti estin）方向上的“超越”。“超验之物”意义上的“超越”就是“神”（神性的东西）。也正是在这个意义上，“超越”（Transzendenz）经常被解作“超越者”，而后者经常被视为“神”或者“神性者”的代名词。这就是说，形而上学也在最高的、因而神性的存在者（大全、万物之上的最高者）意义上表象存在者整体（theion）。这是神学的任务。

上述两种“超越”之间的关系，合乎“本质”与“实存”的形而上学区分。存在学把“超越（者）”表象为“先验之物”。神学把“超越（者）”表象为“超验之物”。正因为这样，海德格尔把形而上学的本质机制刻划为“存在学”与“神学”的一个结合体，称之为“存在—神—逻辑学”（Onto-Theo-Logik）。[①] 海德格尔还断言：

> 形而上学通过先验地—超验地（transzendental-transzendent）超出存在者来思考存在者。[②]

---

① 孙周兴选编：《海德格尔选集》下卷，中译本，上海：上海三联书店，1996 年，第 820 页以下。

② 海德格尔：《尼采》下卷，德文本，斯图加特，1998 年，第 315 页。由此亦可见出，中文世界对 transzendental（先验的）和 transzendent（超验的）的混乱翻译是不利于对义理的切实理解的，特别是近些年来有学者建议把 transzendental 译为“超越论的”，引起了关注和争议。可参看孙周兴：《超越·先验·超验》，载孙周兴、陈家琪主编：《德意志思想评论》第一卷，上海：同济大学出版社，2003 年，第 82 页以下；本书第三编第二篇文章。

海德格尔这里的表述是极为精细而毫不含糊的，所谓“先验地—超验地超出”，意思就是以“存在学的”方式和“神学的”方式超出。“存在学”在探究普遍存在者（即普遍有效的东西、共相）的统一性之际思考存在者之存在；而“神学”在论证整体存在者、大全（即万物之上的最高者）的统一性之际思考存在者之存在。

必须指出的是，存在学与神学虽然在追问和思考方向上是相互区分的，但两者又是相互依赖、相互交织在一起的。以海德格尔的说法：

> 神学从存在学中推出存在者的本质（essentia），存在学则着眼于存在者的实存（existentia），把存在者当作实存者移置入神学所表象的第一根据之中。形而上学的存在—神学本质从本质和实存的角度来思考存在者。①

这样一种相互交织的依赖关系，海德格尔曾经把它称为“调校”。② 正确地理解这样一种关系就显得十分重要了。“本质”和“实存”只是标明了存在学和神学的追问角度和路径，我们并不能由此得出结论：“本质”仅仅是存在学的问题，而“实存”只是神学的课题。

四

我曾提出过一个断言：在西学东渐过程中，“存在学”在中国受误解最多，而“神学”受抵触最大。作为学科的 Ontologia 在今天的汉语学术中还有五六种之多的译名，这在学科专名的翻译上是极其少见的；至于神学，按说基督教流入中国也有几百年的历史了，特别是最近一百年来，中国移植了欧式学院教育制度和学术学科建制，我们的大学里已经有了几乎所有西式科学，但唯独没有神学——而我们知道，在

① 海德格尔：《尼采》下卷，德文本，斯图加特，1998 年，第 314 页。
② 海德格尔：《路标》，德文本，美茵法兰克福，1996 年，第 65 页。

欧洲的综合大学里，神学始终是第一门。这难道是偶然的吗？撇开政治—革命—意识形态方面的因素，难道就没有更深层的文化原因？

我的一个基本想法是：正是“存在学”和“神学”这两门形而上学的学科标志着西方—欧洲文化的最根本特性，通过这两门科学，我们碰触到了西方文明的根本核心。对于东西方的文化交流来说，这是一个无比坚硬的内核。①

那么，这个“硬核”，欧洲—西方文化的最根本特性到底是什么呢？我们上面其实已经对此做了传达。要再来总结一下，我们可以把它表述为：由“存在学”和“神学”这两门形而上学的根本学问来表现的“形式性”和“超越性”。

如上所述，存在学和神学是形而上学的两个追问路向和超越方式。存在学通过“本质之问”（“先验之问”）达到“最普遍者”，神学通过“实存之问”（“超验之问”）达到“至高者”。两者都是一种“超越”，而途径有所不同。若笼统地讲，存在学的途径是理性，而神学的途径则是信仰。通常我们把西方文化传统了解为“两希文化”（即希腊文化和希伯来—基督教文化），着眼点正在于理性与信仰这两个基本组分。

进一步还要具体落实到思维方式或方法上。形而上学的超越途径是与所谓“普遍化”（Verallgemeinerung）的方法联系在一起的。根据现象学哲学家胡塞尔所做的区分，“普遍化”有两种方式，即“总体化”（Generalisierung）和“形式化”（Formalisierung）。所谓“总体化”也就是“概括”，就是传统哲学和逻辑的“属加种差”的概念定义方法，是“按照种类的普遍化”，例如“人是两足动物”“人是理性的动物”“人是政治的动物”等，就属于这种方法。当我们说“红”是一种“颜色”，“颜色”是一种“感性性质”时，这是一种“总体化”；但如果我们继续下去，说“一般性质”是“本质”（Wesen），“本质”是“对象”（Gegenstand），那就不是“总体化”而是“形式化”了，

① 参看孙周兴：《在何种意义上讲哲学是西方的?》，收入拙著《我们时代的思想姿态》，北京：东方出版社，2001 年，第 3 页以下。

因为在这里“本质”“对象”并不是一个实质的规定。“总体化”是实质的规定（排序），而“形式化”则是不含实质的、与实事无关的形式规定。两者之间存在着一个“断裂”。[①]

胡塞尔（以及稍后的海德格尔）对这个“断裂”的揭示具有重要意义，因为它实际上是在思维方法上区分了形而上学的两种超越方式。可以说，“总体化”是实证科学（经验科学）的基本方法，而“形式化”则是形式科学的基本方法。作为关于实存论状态上的信仰的科学，神学的“超越”方式是“实存—总体化”，也正是在此意义上，神学可以被理解为一种“实证科学”。[②] 而毫无疑问，对于存在学—哲学思维来说，“本质—形式化”的超越方式具有构成性和决定性的意义。

我们熟知的典型的形式科学是逻辑学和几何学，两者都成立于古希腊。逻辑学在它的创始人亚里士多德那里被称为“形式逻辑”，它只涉及“形式”——亚里士多德称之为“完满的形式”——而无关乎具体的实质对象。同样的，欧几里德几何学只涉及抽象的点、线、面（理想的抽象的对象），而不涉及实质内容和实际对象。当我们在几何学上证明三角形时，我们指向一个理想的三角形，而非某个画在黑板上或者纸上的三角形。它们要达到的是“形式的普遍性”，而唯有后者才是最普遍者，是普遍有效的。虽然近代以来出现了其他类型的逻辑学（如辩证逻辑、数理逻辑等），也出现了其他几何学类型（非欧几何学），但这两门希腊的形式科学——形式逻辑和欧氏几何——历经两千多年依然有效，原理上未有本质性的变化。而古希腊其他区域性的实证—经验科学却多半已经过时了，如古希腊的物理学、天文学等。在这个意义上就可以说，以逻辑学和几何学为代表的形式科学是最能体现古希腊精神的，是古希腊留给人类的永恒精神财富。

不过，在我看来，最根本的形式科学却是存在学（Ontologia）。逻

---

① 参看海德格尔：《宗教生活现象学》，《全集》第60卷，德文本，美茵法兰克福，1995年，第58页以下。

② 参看海德格尔：《路标》，中译本，孙周兴译，北京：商务印书馆，2000年，第52页以下。有关此点，可参看孙周兴：《海德格尔与作为形而上学的神学》，载《哲学与文化》第33卷第2期，台北：台湾五南图书出版有限公司，2006年，第23—35页。

辑学和几何学具有存在学的基础。存在学是以“存在”范畴为核心的抽象范畴体系，它的确立其实就是古希腊文化中一个形式的观念领域的确立，一种形式化思维的成熟。这就为逻辑学和几何学等形式科学（演绎科学）的出现提供了观念前提和精神基础。事实上，柏拉图之后才有亚里士多德的形式逻辑，一百年之后才有欧几里德的几何学。

与上述形式科学的出现同步，希腊语言也形成了语法。各门形式科学的形成是与古希腊语言的抽象化程度相关的。海德格尔曾断言：

> 我们西方的诸种语言乃是形而上学思维的语言，各具不同的方式而已。[①]

海德格尔这里的意思无非是说：西方语言为形而上学的形式化思维提供了基础，是适合于形式化思维的。

再说到我们中国。我们知道，“形而上学”这个中文译名取自《周易·系辞上传》，其中讲到：“是故形而上者谓之道；形而下者谓之器；化而裁之谓之变；推而行之谓之通；举而措之天下之民，谓之事业。”看得出来，我们的先人固然也已经有了形而上—形而下、道—器之分，形而上之“上”似乎也标识着一种“超越”意向和方向，但并不纯粹，紧接着就要“化而裁之”“推而行之”“举而措之”了，其实践旨趣过于显赫。正是由于受到过于强烈的实践目的和功效的限制，此外就是汉语本身的特性，中国文化没有形成欧洲式的超越性的形式化思维。[②] 正是在这个意义上，我主张中国传统文化中没有“哲学”，没有“形而上学”，更具体地讲，就是没有形成存在学的“先验追问”和神学的“超验追问”路向。

---

① 孙周兴选编：《海德格尔选集》下卷，中译本，上海：三联书店，1996 年，第 842 页。

② 西方形而上学的“形式性”和“超越性”也表现在西洋音乐中。东方音乐可以听出内容，高山流水鸟啼马叫；西洋音乐则具有超验特性。你什么也没有听到很可能倒是对头了。

五

欧洲哲学史上的哲学大家们喜欢把形而上学了解为人的天性，是不可或缺的人性要素。柏拉图说：人在天性中就包含有哲学的成分。亚里士多德的名言说“求知是人的天性”——而在希腊，“知”具有形而上学性。近世的康德把形而上学称为“人类理性的自然倾向”，凡是人，凡是能思考的人，都是要有形而上学的。① 黑格尔说得更绝了：如若没有形而上学，没有哲学，就好像建了一座庙而其中没有菩萨一样。② 海德格尔在其前期哲学中贯穿了这样一个基本意图：从人的“天性”、人的“实存（生存）”结构出发重建一种形而上学（此在的形而上学、基础存在学）。

我们这个时代已经成为康德所谓“游牧民族”（怀疑论者）的时代。旧形而上学受到了经验主义（实证主义）、语言分析哲学（维特根斯坦等）、存在史解析（尼采、海德格尔）以及后现代主义诸思潮的普遍而深入的批判。然而，如果形而上学属于“人的天性”，如果形而上学倾向构成我们人类生存的根基要素，那么，在旧形而上学受到批判、怀疑之后，在所谓旧形而上学、哲学“终结”之后，我们岂不是不得不着力于重建形而上学？否则，我们这些现代的“游牧民”将何以立身，何所依靠？形而上学的终结到底意味着什么？形而上学的前景如何，还有没有前景？③

20世纪德国哲学家施太格缪勒（Stegmuller Wolfgang）认为，今天人类精神生活中存在着两大“分裂”：一是形而上学的欲望与怀疑的基本态度之间的对立；二是生活的不安与决断的必要性之间的矛盾（一方面生活不安定和不知道生活的最终意义，另一方面又必须做出明确

---

① 康德：《未来形而上学导论》，中译本，庞景仁译，北京：商务印书馆，1982年，第160页以下。

② 参看张世英等著：《康德的〈纯粹理性批判〉》，北京：北京大学出版社，1987年，第47页。

③ 关于后哲学的文化处境和思想前景，可参看孙周兴：《后哲学的哲学问题》，载《中国社会科学》，2006年第5期；本书第三编第五篇文章。

的实际决定之间的矛盾）。[①] 在我们这个全球一体的技术—商业社会里，人类精神生活越来越内在化和平面化了，但与此同时，形而上学的冲动却有增无减。

而所谓形而上学的冲动，对于西方—欧洲文化来说，就是指向普遍性的形式冲动和力求精神提升的超越冲动。

看来问题既复杂又不复杂：人可以像猪一样生活，而且通常我们的确也像猪一样生活着，但人之为人，是因为人有仰望星空的欲望。

① 施太格缪勒：《当代哲学主流》上卷，中译本，王炳文等译，北京：商务印书馆，1986 年，第 25 页。

超越·先验·超验

——海德格尔与形而上学问题①

内容提要： 本文首先反驳了国内哲学界关于“先验的”（transzendental）和“超验的”（transzendent）这两个译名的改译建议，认为把“先验的”改译为“超越论的”以及把“超验的”改译为“超越的”有失妥当，无助于增进理解。虽然“先验的”和“超验的”是近代哲学的语汇，但它们指示的是西方形而上学超越追问的两个平行的、相互区分又相互作用的方向，也即存在学与神学的方向。本文分析了西方哲学史上最重要的几位哲学家不同的形而上学追问路径，表明他们的哲学完全合乎我们描述的形而上学问题结构，从而也为我们维持“先验—超验”译名提供了支持。

一

我今天报告的标题采用了三个相近、相关的词语，如果把它们回译成德文原文就是：Transzendenz（超越）、transzendental（先验的）和transzendent（超验的）。这是我个人愿意采取的译法。众所周知现在汉

---

① 本文系作者2003年3月17日在香港中文大学哲学系做的报告，为作者对另一个报告《形而上学问题》（2002年9月20日中山大学哲学系，刊于《江苏社会科学》，2003年第5期）的补充。本文原载《德意志思想评论》第一卷，孙周兴、陈家琪主编，上海：同济大学出版社，2003年，第82—100页；后收入拙著《后哲学的哲学问题》，北京：商务印书馆，2009年，第20—41页。

语学术的译名有点混乱，有时简直让人不知所从。对于名词 Transzendenz，人们没有太多分歧，通常把它译作“超越”，但也有“超越性”“超越者”的译法，因上下文的不同都是可以成立的。问题出在另外两个形容词上面。人们一般把 transzendental 译为“先验的”，但也有译为“超验的”；而把 transzendent 译为“超验的”，但也有译为“超越的”。我这里采取的“先验的—超验的”译法，有韦卓民先生在先，也有庞景仁先生的提倡。①

我考虑这几个译名以及相关的问题可谓由来已久，一直在琢磨这几个同根的词语。最近读到王炳文先生翻译的胡塞尔《欧洲科学的危机与超越论的现象学》②，引起了我的不安，才想起来要发表一点意见。王炳文先生保留了 Transzendenz（超越）和 transzendent（超越的）的旧译，但把 transzendental 改译为“超越论的”；此外还把 a priori（通译“先天的”）改译为“先验的”。这种改动在我看来会引起大动乱。我就此问题请教过一些同行，比如倪梁康博士，后者说：改得不错嘛，他在《胡塞尔现象学概念通释》一书里就已经这样建议过了；但他也承认王炳文先生此次改动可能过于猛烈。③ 兹事体大，非一般的译名之争可比。我们中国哲学界一个多世纪以来好不容易建立起来的哲学基本理解眼看就要动摇了——试想：我们一直都在思想的“先验问题”“先验现象学”和“先验哲学”之类，现在却成了“超越论问题”“超越论的现象学”和“超越论哲学”了！这是何等的震动！至少在我，是有一点不知所措了。

王炳文先生是我尊敬的一位学者。他这次把 transzendental 改译成“超越论的”，说是参考了日本学者的译法，也肯定是经过认真考虑的。但我仍旧认为理由是不充分的。概括王炳文先生提供的理由，盖有三项。其一，当 transzendental 与 Erfahrung 在一起组成词组时（如在胡塞

① 参看康德：《纯粹理性批判》，中译本，韦卓民译，武汉：华中师范大学出版社，1999 年；以及康德：《任何一种能够作为科学出现的未来形而上学导论》，中译本，庞景仁译，北京：商务印书馆，1978 年。

② 胡塞尔：《欧洲科学的危机与超越论的现象学》，中译本，王炳文译，北京：商务印书馆，2001 年。

③ 倪梁康：《胡塞尔现象学概念通释》，北京：商务印书馆，1999 年，第 456 页。

尔那里)，译为“先验的经验”就好比“圆的方”或者“方的圆”。其二，通常把 Transzendenz 译为“超越”或“超越性”，把 transzendent 译为“超越的”，为什么非得把 transzendental 译为“先验的”（或者“超验的”）呢？其三，胡塞尔以 transzendental 一词指称一种超自然的存在的、超出自然的世界的、超出生活和科学的自然的实证性的研究态度，故应当译为“超越论的”，如若把它译成“先验的”，就有可能混淆“超越论的”态度与“自然的”态度。[①]

关于第一个理由，我认为是不能成立的。若要这么想，那么，康德所谓“先天综合判断”也同样是“圆的方”或者“方的圆”——哪怕依照王炳文先生的改动，把它译为“先验综合判断”也仍是如此。第二个理由是基于字面上的考虑，比较能成立，但也并不能支持“超越论的”这个译法。因为从词源上来看，在中世纪经院哲学中，transzendental 与 transzendent 的意义是相同的，两者都是从拉丁文的动词 transcendere 派生出来的，而后者的意思是“超越、跨越、越界”(hinübersteigen)。[②] 如此看来，若要统一，我们就得把 transzendental 与 transzendent 一律译为“超越的”，仍不至于推出“超越论的”这个译名。第三个理由涉及义理，我们可以同意王炳文先生的理解，但问题在于:“先验的”一词为什么就不能指称“一种超自然的存在的、超出自然的世界的、超出生活和科学的自然的实证性的研究态度”呢?

至于日本学者的译法，我以为只能作为参考，并不能构成真正切实的依据。

的确，如前所述，如果从中世纪经院哲学的用法来看，我们似乎有理由把这两个起源于拉丁文动词 transcendere（超越）的形容词 transzendental 与 transzendent 统一译为“超越的”。然而，关键问题在于，我们现在并不是在中世纪意义上使用这两个词语，而是在康德哲学以及后康德哲学意义上理解它们。如我们所知，正是康德首先赋予

---

① 胡塞尔:《欧洲科学的危机与超越论的现象学》，中译本，王炳文译，北京：商务印书馆，2001 年，译后记，第 662 页以下。

② 参看海因里希·施密特编:《哲学辞典》，德文本，斯图加特，1978 年，第 452 页。

这两个形容词不同的含义，认为不能把 transzendental 与 transzendent 混为一谈。①

另外，至少在康德的意义上，我们在翻译这两个词语时，似乎还不能轻松地放弃“验”这个组分，因为这两个词语在康德那里都是相对于“经验”来说的——尽管 transzendental 是“先行于”经验，而 transzendent 是“超出于”经验范围之外。这也正是我依然主张“先验的—超验的”这个译法的原因之一。“先验”之“先”固然没有很好地传达出“超”的意义，但只要用心，也许我们仍旧能够体会到它的“逻辑在先”意义上的“超”。

二

以上还只是引子。我的目的不止于讨论几个译名而已。尽管译名的澄清是正确理解义理的前提，但倒过来的说法似乎更能成立。本文的真正意图是要从这几个基本词语入手，讨论形而上学的问题结构和问题方向。对此我已经做过一个题为“形而上学问题”的报告。在此报告中，我已经试图借助于海德格尔的思想，从问题提法的角度探讨形而上学的问题结构。这里有必要先作一综述。②

形而上学的问题似乎特别简单：存在者是什么？但从此问题中，我们可以引出如下两个并不简单的问题：一是“什么存在”（what-being）的问题，用希腊文表示就是 to ti estin 的问题。存在者是“什么”（Was），也就是存在者的“存在状态”，是形而上学首先要解答的问题。这个“什么”“什么存在”（Was-sein），实即拉丁文的“本质”（essentia）。二是“如此存在”（that-being）的问题，用希腊文表示就

① 参看康德：《纯粹理性批判》，A296，B352。中译本，韦卓民译，武汉：华中师范大学出版社，1999 年，第 317 页。我们通常更多的在“自我提高”或者“自我进步”意义上来理解“超越”。的确，“超越”（Tranzendenz）的动词形式 transcendere 的意思好像恰好与我们的日常理解相合。但拉丁文的“超越”是特指的，主要是指从“此岸”到“彼岸”的逾越。在具有存在学—神学结构的形而上学意义上的“超越”，离上面这种通俗理解益发远了。

② 参看孙周兴：《形而上学问题》，载《江苏社会科学》，2003 年第 5 期。

是 hoti estin 的问题。存在者“如何”（Wie）存在、存在者的“如此实情”（Daβ），是形而上学进一步要关心的问题。这个“如何”“如此”，实即拉丁文的“实存”（existentia）。

与形而上学的上述两个问题相应，形而上学的“超越”也有两个方向。其一是“什么存在”（to ti estin）方向上的“超越”，即向“本质”（essentia）的超逾，也就是作为“先验之物”（das Transzendentale）或“先验性质”（Transzendentalien）的“超越”。这是“存在学”（即旧译“本体论”）要承担的任务。“存在学”是在最普遍的特性意义上表象存在者整体（keinon），着眼于存在者的本质（essentia）规定存在者作为存在者。其二是“如此存在”（hoti estin）方向上的“超越”，即向“实存”（existentia）的超逾，也就是存在者的第一实存根据、作为“超验之物”（das Transzendente）的超越。这个“超验之物”具有神性指向，是“神性的东西”。这是“神学”要承担的任务。“神学”是在最高的、神性的存在者意义上表象存在者整体（theion）。

于是我们就完全可以理解海德格尔下面这段总结性的议论了：

> 如果我们再度回忆一下西方—欧洲思想史，我们就会了解到：存在之问题作为存在者之存在的问题是有双重形态的。它一方面问：存在者一般地作为存在者是什么？在哲学史进程中，在这个问题领域内的考察是在“存在学”（Ontologie）这个名目下进行的。而另一方面，“什么是存在者？”这个问题也追问：何者是以及如何是最高存在者意义上的存在者？这就是对神性的东西和上帝的追问。这个问题的领域乃是神学（Theologie）。我们可以把关于存在者之存在的问题的双重形态概括在“存在—神—逻辑学”这个名称之中。“什么是存在者？”这个二重性的问题一方面是说：（究竟）什么是存在者？另一方面是说：什么（何者）是（绝对）存在者？①

① 海德格尔：《路标》，中译本，孙周兴译，北京：商务印书馆，2000 年，第 526—527 页。

这段话的意思已经十分显赫。海德格尔明确地把形而上学的存在问题区分为两个方向：一为“什么是存在者?”这是“存在学”的问题；二为“何者以及如何是最高存在者（绝对存在者)?”这是“神学”的问题。对于这个区分，如上所述，海德格尔也在字面上把它表述为“什么存在”（Was-sein）与“如此存在”（Daβ-sein）的区分、“本质”（essentia）与“实存”（existentia）的区分。

这也就是“先验问题”与“超验问题”之间的区分了。虽然“先验的”（transzendental）和“超验的”（transzendent）是近代哲学的语汇，但根据我们上面的讨论，它们指示的是西方形而上学超越追问的两个平行的、相互区分又相互作用的方向，也即存在学与神学的方向。存在学试图达到形式的“普遍性”（先验的形式范畴），而神学试图达到实质的（等级的）“至高者”（超验的至高者、超越者）。

上述看法能不能在哲学史上得到印证呢？下面我们试图对此做一番讨论。我们的讨论显然只可能是粗线条的，出发点仍然是海德格尔，特别是海德格尔后期关于“存在历史”意义上的形而上学的思索。①如果上述看法能够得到哲学史意义上的支持，那么也就可能为我们提供一个证据，表明把 transzendental（先验的）和 transzendent（超验的）改译（理解）为“超越论的”和“超越的”是不合适的，因为这种改译无法准确地传达出形而上学两个问题方向之间的区别和联系，反而可能把两者混淆起来。

三

不少现代思想家（特别如尼采和海德格尔）把西方形而上学规定为“柏拉图主义”，可见柏拉图对于西方哲学传统的主导性意义。柏拉

① 因此我们把本文副标题立为“海德格尔与形而上学问题”。

图的哲学是所谓“相论”。[①] 在他看来，感官接触的具体世界是不真实的幻影世界，唯一真实的是“相”的世界。由此出现了两个世界的关系问题：感性世界与超感性世界，即虚假的个别事物的经验世界与真实的共相世界。在这个问题上，众所周知柏拉图的处理是比较笨拙的，他提出了“摹仿说”和“分有说”：“相”是原型，个别事物是“摹本”，个别事物之所以存在，是“分有”了“相”。进一步，柏拉图又用目的论来加以解释，以“善”为最高“相”的世界形成了一个目的论体系。

撇开这些老生常谈不说，我们现在的问题是：柏拉图的相论是不是合乎我们上面描述的形而上学问题结构呢？或者，形而上学的“先验之问”（存在学路向的追问）与“超验之问”（神学路向的追问）在柏拉图那里有何表现呢？

我们且来看柏拉图著名的“洞穴比喻”。它经常被解释为一个教育譬喻，从《理想国》的语境来看，这种解释是不错的，但显然又是不够的。柏拉图的教育理想是以他的相论形而上学为基础的。在《理想国》第七卷开头，柏拉图写道：“接下来让我们把受过教育的人与没受过教育的人的本质比作下述情形。”[②] 这是通常的译解。海德格尔试图突破这种通常的见解，他建议把这段文字译作：“接下来让我们根据（下面描述的）情形来获得‘造形’以及无造形状态（的本质）的一个样子，后者（其实是共属一体的）关系到我们人的存在的根基。”[③] 关键在于对其中的希腊文 paideia（通译为“教育”）的翻译，海德格尔改译为“造形”或“赋形”（Bildung）。[④] “造形”是对人的本质位置的改变，后者又是与作为“无蔽”（aletheia）的真理的本质的转变

① 人们通常以“理念”“观念”来译解柏拉图的 idea、eidos，从而对之做了一种偏向于主观、精神方面的理解。实际上，“理”（ratio）、“念”（idea）是在近代哲学中发展出来的意义。希腊文名词 idea、eidos 出于动词 idein，“看”“见”“观”。所“看”所“见”为“形”“相”，故把 idea 译为“相”应该是比较适合的。

② 参看柏拉图：《理想国》，中译本，郭斌和、张竹明译，北京：商务印书馆，1986 年，第 272 页。

③ 海德格尔：《路标》，中译本，孙周兴译，北京：商务印书馆，2000 年，第 251 页。

④ 此处“造形”或“赋形”（Bildung）通译为“教化”。但海德格尔认为，该词的“教化”之义是迟至 19 世纪才具有的。

相关联的。由此，海德格尔认为，“洞穴比喻”所描写的洞中囚徒、在洞中被解放者、洞穴外的被解放者就是人的居留的三个阶段，与之相应的是“无蔽之物”的三个等级（阴影、比较无蔽者、最无蔽者）。不同等级的“无蔽之物”实即显现之物的“外观”（eidos）和“相”（idea）的等级。“相”是通过“看”（idein）来通达的。因此，“看”的正确性成为关键。洞穴比喻中三个阶段的居留之间的过渡也就是人的“看”变得越来越正确的过程。这就暗示着真理之本质的一种转变。海德格尔指出：“从相（idea）和看（idein）对于真理（aletheia）的优先地位中，就产生出真理之本质的一种变化。真理变成了正确性（orthotes），变成了觉知和陈述的正确性。”[①]

因此，根据海德格尔的理解，柏拉图的“洞穴比喻”就具有一种形而上学的意义了。它形象地说明了处于日常幻影世界中的人向作为“相”的真实世界的转变过程，实际上就是解说了对“什么是存在者？”问题的形而上学追问进程，从而也就说明了形而上学的基本形态。甚至“形而上学”一词也已经在这个故事的描述中有了苗头。在说明目光对于“相”的适应时，柏拉图说：思想“超越”（meta ekeina）那种仅仅阴影般地被经验的东西而“走向”（epi tauta）“相”。[②] 这里已经有了形而上学的“超越”之义。“相”是超感性的，是感官不能把握的存在者之存在。而最高的“相”是“善”的“相”，它是一切“相”的“相”，是一切存在者持存和显现的原因。这个最高的原因也被称为“神”（theion）。有鉴于此，海德格尔认为，自从柏拉图把存在解释为“相”（idea），对存在者之存在的思考就是形而上学的了，而形而上学同时也就是神学的了。[③] 这就是说，柏拉图的相论已经包含着形而上学的两个基本路向，即存在学的先验追问和神学的超验追问。

不过，需要强调指出的是，柏拉图相论形而上学的追问还是有自

---

① 海德格尔：《路标》，中译本，孙周兴译，北京：商务印书馆，2000 年，第 266 页。

② 参看柏拉图：《理想国》，516C3；中译本未能译出原义，见中译本，郭斌和、张竹明译，北京：商务印书馆，1986 年，第 275 页。另可参看海德格尔：《柏拉图的真理学说》，载《路标》，中译本，孙周兴译，北京：商务印书馆，2000 年，第 234 页以下。

③ 海德格尔：《路标》，中译本，孙周兴译，北京：商务印书馆，2000 年，第 271 页。

己的侧重点的：对“什么存在”（Was-sein）、“本质”（essentia）的先验追问始终是柏拉图哲学的基本着眼点和出发点，或者换句话说，柏拉图是从“本质之问”（先验之问）达到“实存之问”（超验之问）、是通过“本质之问”来实现和完成“实存之问”的。也正是在这个意义上，我们可以把西方形而上学传统称为“柏拉图主义”或者“本质主义”。

四

我们经常说亚里士多德是希腊哲学的集大成者。这个说法在形而上学的“存在学—神学”或者“先验—超验”双重结构上看能不能成立呢？

亚里士多德认为柏拉图的“相论”并不能说明事物的存在。柏拉图所谓“分有”“摹仿”之类，在亚里士多德看来只是打比方而已，它们尤其不能说明事物的运动变化。亚里士多德首先提出了“实体”（Ousia）说。[①] 根据我们熟悉的哲学史描写，Ousia 的基本含义是“本体”“基质”“基础”。这个“实体”概念有三项基本规定：“实体”是客观独立存在的，不依赖于任何东西；“实体”在逻辑上是主词，不能表述其他东西，其他概念、范畴是表述“实体”的；“实体”在定义上、时间上、认识秩序上都是第一性的。可以说“苏格拉底是人”“人是动物”，但绝不能倒过来说“人是苏格拉底”“动物是人”。在这里，作为个体的“苏格拉底”是“第一实体”，“属”“种”是“第二实体”，它们作为宾词能够说明“第一实体”“是什么”，而其他宾词只能说明主词的数量、性质、状态等。[②]

亚里士多德实体说的根本意义在于：它把存在学与逻辑学结合起

① 海德格尔则以“在场、在场者”（das Anwesen，das Anwesende）翻译亚里士多德的 ousia。见我们下面的进一步讨论。

② 承认“属”“种”是“第二实体”，这是十分重要的一着，它实际上为亚里士多德的存在学先验追问留下了可能性空间。

来，预设了存在形式与思维形式的同一性。这种学说把判断中的主词—宾词（S—P）的关系看作客观世界中个别事物与一般概念（即属、种）的关系，实体—属性的存在学结构。亚里士多德由此形成了他的范畴理论。[①] 他提出的“十范畴”（实体、数量、性质、关系、地点/场所、时间、姿态、状态/领有、动作、遭受），既是纯粹的语言（逻辑）形式，又是存在的最基本形式的表达。其中只有“实体”能充当判断的主词。在亚里士多德看来，“十范畴”可表示个体的一切属性，例如：某某个体（实体）、黄的（性质）、中等高度（关系）、下午（时间）、在教室里（地点）、站着（姿态）、着装（状态）、被指定（遭受）、讲课（动作）。于是，我们就可以把某某的当下状态描述为：黄颜色的中等高度的着装的某某下午在教室里站着被指定讲课。关子尹先生举的例子是“黄狗”：“某甲的三岁大的黄狗昨日在市集上狂吠，给打了一棍子。”[②] 范畴既是思维形式又是存在形式。范畴是纯形式的、是先验的，与实质无关。

亚里士多德的范畴论可以说是哲学史上第一个存在学的先验范畴体系。一方面，它是在柏拉图相论基础上建立起来的，如若没有后者提供的形式化思维方式的基本准备，前者就还是不可能的；而另一方面，亚里士多德的范畴论又是对柏拉图相论形而上学的一个推进，只有到亚里士多德那里，一个“形式—本质”的领域才构造起来了，形而上学的存在学追问（先验追问）路向才真正地确立起来了。

与柏拉图哲学相比较，亚里士多德的形而上学路向还另有侧重。如前所述，亚里士多德认为柏拉图的相论根本不能说明事物的运动变化，也就是说，相论不能说明事物到底是如何在场的。因此在亚里士多德那里，个别事物即 tode ti（个体、这个）的“在场”就成了一个关键问题。正是在此意义上，海德格尔认为，对于亚里士多德的

---

① 参看关子尹：《从哲学的观点看》，台北：台北东大图书公司，1994 年，第 170 页以下。

② 关子尹：《从哲学的观点看》，第 176 页。关子尹先生在此上下文中主要强调了亚里士多德“十范畴”的日常语言基础，所论固然深刻。但我的观察方向可能正好与关先生相左，我认为亚里士多德用意在于日常语言背后的东西，那个使我们之所以能如此描述事物的东西，就是先验形式层面的东西。

Ousia，我们不能把它译为“实体”，而应当把它译为“在场”和“在场者”。[①] 当亚里士多德把tode ti（个体、这个）设为“第一实体”，把属、种设为“第二实体”时，他实际上是区分了两种“在场”方式：“第一位意义上的在场乃是在hoti estin（如此存在）中被表达出来的存在，即如此—存在（Daβ-sein）、existentia（实存）。第二位意义上的在场则是在ti estin（什么存在）中被追踪的存在，即什么—存在（Was-sein）、essentia（本质）”。[②] 进一步，亚里士多德认为，“如此—存在”与“什么—存在”这两种“在场方式”的基本特征就是energeia（实现）。

“个体”（tode ti）的在场是energeia。人们通常以后世所谓的Energie（能、潜能）来译解这个energeia。人们经常这样来解说亚里士多德的想法：他用形式—质料，潜能—现实来说明事物的存在、变化。任何个体（实体）都是“形式”与“质料”的结合，例如一座房子，砖、瓦是房子的“质料”，但不是砖瓦任意堆起来就成为一座房子，决定房子成其为房子的是“形式”。“形式”“相”“属”在希腊语中是同一个词，即eidos。柏拉图说是事物分有了“相”。亚里士多德说不对，那是质料的形式化。质料是被动的基质，是一种潜能，形式给质料以规定性，使质料确定而成个体（现实）。这样一种解说看起来不错，但其实是让亚里士多德自相矛盾，也抹煞了他与柏拉图之间的基本差别。

亚里士多德关心的是个体事物（tode ti）的运动和变化，即个体如何“在场”，如何“产出”。在希腊人那里，这种在场、产出不外乎有两种方式，一是以physis（自然）的方式发生，即让某物自发地涌现出来，二是以poiesis（制作）的方式发生，即把某物制造和表象出来。亚里士多德显然更倾向于从“制作”（poiesis）、“作品”（ergon）角度来理解事物的在场方式。[③] “作品”当然是一个完成了的东西。但海德

---

① 在海德格尔看来，“实体”（Substanz）与“理念”（Idea）一样都是近代哲学的概念。

② 海德格尔：《尼采》下卷，第八章，德文本，斯图加特，1998年，第363页以下。

③ 这一点也影响了海德格尔的现象学的器具分析和作品分析。主要可参看海德格尔：《存在与时间》，德文本，图宾根，1993年版；中译本，陈嘉映、王庆节译，北京：生活·读书·新知三联书店，1999年；以及《艺术作品的本源》，载《林中路》，德文本，美茵法兰克福，1994年；中译本，孙周兴译，上海：上海译文出版社，1997年。

格尔主张，亚里士多德对“作品”（ergon）做了一种动态的、动词性的理解。“作品”不是单纯的结果、成果，而是“在进入其外观的无蔽之物之中被展览出来、并且作为如此这般地站立或者呈放之物而逗留的东西意义上的作品”。也就是说，“作品”（ergon）更多的还是动作性的，指示着一种出场、在场的方式。[①] 亚里士多德的 energeia 必须在这样一种“作品”（ergon）意义上来了解。值得注意的是，希腊文 energeia 在字面上直接地意味着“在作品中”。这种“在作品中作为作品本质而出场”的 energeia，海德格尔把它译解为“实现”。“这个 energeia（实现）乃是 tode ti（个体、这个）即当下这个和当下那个东西的 ousia（即在场状态）”。[②]

亚里士多德进一步还用他自造的 entelecheia（隐德莱希）一词来说明这个 energeia（实现）。Entelecheia 的词根是 telos，后者指的是“终点”“终结”（而非一般译解的“目的”）。Entelecheia 是“在终点中拥有自身”。制造运动到了“终点”，“作品”完成了，就完全具有了自身，达到了纯粹直接的在场，这就是 entelecheia。诚然，亚里士多德的 energeia（实现）说仍旧可以推向柏拉图式的目的论。即便我们没有把 telos 译成“目的”而是译成“终点”，仍旧会产生一个问题：最后的“终点”是什么？或者说，“实现”的动力是什么？由此势必推出“第一动因”，即“神”。

对于亚里士多德的形而上学追问路向，海德格尔做过一个简明扼要的总结：亚里士多德把第一位意义上的 ousia（在场）看作 energeia（实现），而这种在场在后世经常被解释为 actualitas（现实性）、“实存”（existentia）和“此在”（Dasein）。因此，亚里士多德实际上揭示了后来所谓的 existentia（实存）对于 essentia（本质）的优先地位。柏拉图所思考的存在者之存在状态［ousia（在场状态）］，即 idea（相）或者 eidos（爱多斯），在亚里士多德那里就成为存在的第二等级了。[③]

① 据海德格尔这里提供的解释，也许我们更应该把 ergon 译为“作业”，后者显得更有动感。
② 海德格尔：《尼采》下卷，第八章，德文本，斯图加特，1998 年，第 367 页。
③ 海德格尔：《尼采》下卷，第八章，德文本，斯图加特，1998 年，第 369 页。

我们已经看到，柏拉图与亚里士多德以各自的方式对 ti estin（什么存在）与 hoti estin（如此存在）、essentia（本质）与 existentia（实存）做了追问和解答。两者的重点各有不同。柏拉图首先开启的是一个先验本质追问的形而上学传统，即一般所谓观念论、唯心主义传统；而亚里士多德借助于 ousia（在场）和 energeia（实现）之论，开启了形而上学实存论的超验追问传统。在中世纪神学形而上学对于希腊哲学的转换中，亚里士多德哲学受到的特别重视是完全可以理解的了。

当然，我们上面这种分别的说法容易令人误解，就仿佛柏拉图和亚里士多德各执一端、南辕北辙似的。实际上，我们认为，两者的区别更多的是在入思途径和追问路向上：柏拉图试图通过“本质”之问完成“实存”之问，而亚里士多德则主张唯有通过“实存”之问才能达到“本质”领域。以海德格尔的讲法，柏拉图为 essentia（本质）与 existentia（实存）的区分作了准备，而亚里士多德为这个区分找到了概念表达。[①]

五

我们说“超越”是形而上学的基本问题，形而上学所从事的就是一种“超越的”的追问，即存在学的先验追问与神学的超验追问。我们这个说法首先会碰到如下一个问题：难道“先验”问题不是一个知识学（认识论）的问题吗？确实，我们已经习惯于在康德意义上把“先验问题”了解为“知识的可能性条件”问题，把“先验哲学”（例如康德的先验哲学）视为一种知识学哲学。

按照康德本人的说法，所谓“先验的”，“并不意味着超过一切经验的什么东西，而是指虽然是先于经验的（先天的），然而却仅仅是为

---

① 海德格尔：《尼采》下卷，第八章，德文本，斯图加特，1998 年，第 366 页。进一步的讨论可参看孙周兴：《本质与实存——西方形而上学的实存哲学路线》，载《中国社会科学》，2004 年第 6 期；本书第三编第四篇文章。

了使经验知识成为可能的东西”。[①] 它并不是就我们的认识对于物的关系说的，而只是从我们的认识对认识能力的关系来说的。[②] 至于“超验的”，则是超出一切可能经验界限之外，与之相对的是“内在的”（immanent）。康德据此把形而上学区分为“内在的”形而上学与“超验的”形而上学，前者研究出于纯粹知性的知识，后者研究出于纯粹理性的知识。

作为近代知识学哲学的集大成者，康德首先试图在“内在的形而上学”意义上解决知识问题：知识是否可能？如其可能，如何可能？康德把自己的哲学称为“先验唯心论”，表明他对知识问题提供了一个先验的解决方案。知识的起点仍在于经验，“自在之物”（thing-in-itself）“刺激”感官而生感觉。知识盖有两个成分：外来的感觉材料，内心有条理的先天形式（先天感性直观即时间、空间，先天知性范畴）。在“感性”层面上，康德力图阐明时间、空间直观形式如何运用于经验材料而得数学知识。进一步在“知性”层面上，康德阐明了“知性”如何运用先天的范畴对经验直观加以进一步整理，使其具有规律性，从而证明自然科学知识的可能性和有效性。这里又出现了范畴问题。与亚里士多德不同的是，康德是根据逻辑学中的判断表推出了他的范畴表的，推出由“量的范畴”（单一性、复多性、总体性）、“质的范畴”（实在性、否定性、限定性）、“关系范畴”（实体性、因果性、共存性）、“样式范畴”（可能—不可能性、存在—不存在性、必然—偶然性）构成的十二个“知性范畴”。[③] 但康德也像亚里士多德一样赋予范畴以“先验形式”的意义。在康德那里，知性范畴不仅是知识的条件，也是知识对象的条件。因为在他看来，感觉材料加上时空直观形式，再加上知性范畴，不仅是知识的构成，也是现象界（知识的对象）的构成。在这个意义上讲，人就是现象学（自然界）的

---

① 康德：《未来形而上学导论》，中译本，庞景仁译，北京：商务印书馆，1982 年，第 172 页。
② 康德：《未来形而上学导论》，中译本，庞景仁译，北京：商务印书馆，1982 年，第 57 页。
③ 康德：《纯粹理性批判》，A70/B95 以下；中译本，韦卓民译，武汉：华中师范大学出版社，1999 年，第 105 页以下。

“立法者”。这个“立法者”被称为“自我”（Ich）或者“先验统觉”(transcendental apperception)。

上面还只是康德在先验追问方向上对知识问题和现象问题的解答。康德哲学还有更高远的目标，即致力于完成“超验形而上学”的任务。康德在此引出了理性问题。理性企图用“理念”（Idee）整理和统一知性知识，以达到无条件的绝对完整的知识。理性企图达到三个大全的“理念”：“灵魂”“世界”与“上帝”。不过，理性在证明三个“理念”的存在时却缺乏更高明的手段，只能借助于知性范畴，而后者作为现象以及现象知识的条件只适用于有限局部现象界，并不适用于无限大全的本体界，故理性在证明“理念”时必然陷于“二律背反”。所以，康德得出结论：不可能有关于“灵魂”“世界”“上帝”的知识。它们是“超验的”。这是康德对旧形而上学——理性神学——的否定，但并不是对形而上学的“超验”之维的否定，更不是对形而上学本身的拒绝。

我们知道，康德哲学具有十分典型的二元论特征。这种二元论固然表现在康德对本体与现象、实践与理论、道德与知性的分裂上，但最根本的表征却在于他对“先验追问”与“超验追问”的明晰区分上。[①] 在“先验追问”路向上，康德把“先验自我”视为知识和现象的“极点”；而在“超验追问”路向上，康德把“超验的”“理念”设为超越于知识和现象的、归于道德信仰领域的本体。就现象界来说，“先验自我”构成知识的条件，而“超验理念”构成知识的限界。

把康德的先验哲学理解为一种知识学，这是完全合法的，但又是不够的。我们同样知道康德的形而上学奠基的最高原理是：

> 一般的经验的可能性的各种条件也就是经验的对象的可能性的条件。[②]

---

① 正是因为形而上学具有先验—超验双重问题结构，所以一般而言，形而上学本质上是二元论的。

② 康德：《纯粹理性批判》，A158，B197以下；中译本，韦卓民译，武汉：华中师范大学出版社，1999年，第202页。

康德这话难道仅仅是一个知识学的表述吗？显然不全是。康德在此实际上提出了知识学—存在学的双重问题。在海德格尔看来，康德这个最高原理表达了现代主体性形而上学的基本要义：存在是“被表象状态”（Vorgestelltheit）。[①] 因此我们就可以认为，康德在“先验”与“超验”之间的划分实质上就是“存在学”与“神学”之间的划界，其根本意义在于揭示：通过先验形式范畴是达不到超验之物的；不能把存在学的先验“本质之问”与神学的超验“实存之问”混为一谈。[②]

六

如果说旧形而上学往往通过存在学途径来为超验神学奠基的话，那么，经过康德哲学的划界，在康德之后的现代哲学（特别是在现代实存哲学）中，新形而上学所尝试的就可以说是一种相反方向的努力了：通过“实存”的追问来为存在学奠基，或者更准确地说，要为存在学寻获一个“实存”基础。

在这方面，海德格尔的“基本存在学”（“现象学存在学”）是一个典范。在《存在与时间》中，海德格尔明言：存在绝对是“超越”（transcendens），而只有从此在的“超越性”（Transzendenz）结构入手才能达到绝对的超越；在此意义上，海德格尔主张“对作为超越（transcendens）的存在的每一种展开都是先验的（transzendental）认识”。[③] 毫无疑问，这里所谓“先验的认识”指的是“存在学的认识”，而决非“知识学的认识”。前期海德格尔的进路显然是亚里士多德式

---

① 海德格尔：《尼采》下卷，德文本，斯图加特，1998 年，第 207 页。

② 这同样也就意味着，唯有依据上面描述的形而上学追问路向和问题结构，我们才能理解和赞同海德格尔的康德阐释：不仅把康德的纯粹理性批判理解为一种知识学，而且更把它把握为一种存在学或形而上学。

③ 海德格尔：《存在与时间》，德文本，图宾根，1993 年版，第 38 页；参看中译本，陈嘉映、王庆节译，北京：生活·读书·新知三联书店，1999 年，第 44—45 页。中译本对这几个词语的处理并不妥当。我们认为，即便在《存在与时间》中，海德格尔对“先验—超验”（transzendental—transzendent）的区分也是十分清晰的。当海德格尔说“现象学的真理乃是 veritas transcendentalis（先验的真理）”时，他指的是存在学的先验追问。中译者把这里的 veritas transcendentalis 译为“超越的真理”，未能显明作者真义。

的，就是试图从人的“实存”（Existenz）和“此在”（Dasein）入手，重新提出“存在问题”，重构存在学，达到存在学的“先验的认识”；这就是说，海德格尔也试图通过“实存”“此在”之问通达“本质”（essentia）之问。[①] 在这个意义上——在追问和入思的途径上，我们就可以认为海德格尔前期存在学具有超验神学的性质，至少在起点上具有神学的超验追问路向。

自 19 世纪中叶以来，西方形而上学名声不佳。克尔凯郭尔、马克思、尼采等大哲都是激烈的形而上学批判者。克尔凯郭尔以个体实存为出发点反对基督教理性神学传统；而马克思把哲学批判的矛头指向柏拉图本质主义的观念论（或唯心论）传统，其出发点同样也是个体实存（生活实践）。

尼采把形而上学的历史称为“虚无主义”（Nihilismus）。他是从价值思想的角度解释形而上学的，从而把一切形而上学都规定为“柏拉图主义”，即“价值形而上学”。形而上学的本质是“柏拉图主义”。什么是柏拉图主义呢？简言之就是“两个世界”学说。以马克思的说法，就是世界被“二重化”；尼采说是“另一个世界”。柏拉图主义的基本特征是构造出一个“感性—超感性”的二元对立。一切都是根据一个“超感性领域”而得到评价的。这个“超感性领域”（即最高价值）可以是上帝、道德法则，也可以是理性权威、进步、普遍幸福等。而基督教就是“民众的柏拉图主义”（尼采原话）。现在，尼采从其权力意志形而上学出发，认为由传统形而上学提供的“最高价值”都已经失去了对现实的构成力量，都已经沦丧了，也就是“迄今为止关于存在者整体本身的真理的崩溃”。于是得出了一个虚无主义的结论。虚无主义是“最高价值的自行贬黜”。[②]

---

① 现在我们完全可以理解，前期海德格尔对亚里士多德的关注远多于柏拉图。进一步，我们差不多可以说，胡塞尔与海德格尔之间，几乎重演了柏拉图与亚里士多德之间的老故事。

② 尼采：《权力意志》，第 2 条；科利版《尼采著作全集》第 12 卷，9［35］，柏林，1988 年；据科利版译出的《权力意志》上卷，中译本，孙周兴译，北京：商务印书馆，2007 年，第 400 页。

尼采自称为“虚无主义者”。尼采是如何否定形而上学的呢？他说，“虚无主义者”是这样一种人：

> 对于如其所是地存在的世界，他断定它不应当存在；对于如其应当是地存在的世界，他断定它并不实存。①

意思是：存在世界（本质世界）不应当“存在”（sein），而应当世界（理想世界）并不“实存”（existieren）。现在我们已经可以充分理解尼采这个断言了：这句话的前半句是一个存在学的否定，后半句则是一个神学的否定。尼采以虚无主义方式极其明快地拒斥了形而上学的“先验—超验”双重结构。

在这里我们也看到，思想—词语的严格性要求即便对于尼采也同样有效。② 尼采之为尼采，哪里是“癫狂”两字可以轻松了断？

① 尼采：《权力意志》，第585条；科利版《尼采著作全集》第12卷，9［60］，柏林，1988年；据科利版译出的《权力意志》上卷，中译本，孙周兴译，北京：商务印书馆，2007年，第418页。

② 翻译的细心和精确要求在此得到了充分体现。如果我们没有在译文字面上把其中的动词“存在”（sein）和“实存”（existieren）准确地区分开来，这话就无法得到完全确当的理解。

后神学的神思

——海德格尔《哲学论稿》中的上帝问题①

内容提要：海德格尔在《哲学论稿》中讨论了“存在历史”的六个环节，即“回响”—“传送”—“跳跃”—“建基”—“将来者”—“最后的上帝”，其中最后一个环节即“最后的上帝”应该是最重要的一个环节，一方面海德格尔把它设为“存在历史性的思想”运动的“终点”或“极点”，另一方面又在后神学的时代里重提“上帝”问题，意义非凡。本文认为，“最后的上帝”这一环节是海德格尔后期思想中关于“上帝”或“神性”的集中言说，意在追问：一种后神学的“神思”与“神言”是如何可能的？

作为20世纪最重要的欧洲思想家，马丁·海德格尔（Martin Heidegger）自然也已经成了当代神学不可或缺的思想资源。尽管从表面上看，海德格尔并没有形成过专门的，更不要说系统的神学著作，但学科门户之见并不能掩盖和阻碍本真思想的力量。我们看到，海德格尔的“神思”已经广受关注和响应，也必将在神学内外引发更多的争辩。

海德格尔的“神思”，我认为大致有如下三个维面（或三个问题）：

① 本文系作者在香港道风山汉语基督教文化研究所访学期间（2008年7月15日至8月13日）的研究成果之一。2008年9月12日下午应邀在香港中文大学哲学系做公开演讲。后于2009年12月27日在山东大学哲学学院做演讲。原载《世界哲学》，2010年第3期。

其一，宗教现象学（神学现象学）的探索。这是海德格尔前期哲学中的一项工作，主要体现在弗莱堡时期讲座《宗教生活现象学》和“现象学与神学”的专题论文中，其宗旨是要通过对原始基督教生活经验的回溯和重构，取得关于一般此在实存结构的理解，而反过来，这同时也意味着，要为基督教神学奠定一个实存论（生存论）的基础。

其二，对神学的形而上学探讨。这种“探讨”实际上是对神学的形而上学“定位”。无论在其前期哲学中，还是在其前期思想中，海德格尔都开展了这项工作。只不过，海德格尔前期是把神学定位为一门实存论意义上的“实证科学”；而在后期思想中，海德格尔则更多的从形而上学的问题结构和“超越”方向的角度，把神学规定为与“存在学”（“本体论”）的“先验—形式追问”相区分的“超验—实存”追问。关于此点，本人已有专文研讨。①

其三，对后神学的神性（上帝）问题的沉思。这是海德格尔在其后期思想中主要展开的工作，与之对应、并且密切相关的是海氏对于后哲学的思想处境和思想前景的思索。我把海德格尔的问题归结为：一种后神学的神性（神学）之思如何可能？听起来矛盾，却是海氏思想的实情，也是与当代思想的基本处境相合的。

今天我们主要来讨论海德格尔《哲学论稿》［Beiträge zur Philosophie（vom Ereignis）］中的上帝问题。而若以问题来讲，正如本文标题所示，我们今天的讨论侧重于上列第三个维面，即海德格尔在《哲学论稿》中关于后神学的神性问题的沉思。

一、《哲学论稿》：关节与脉络

我们先要来谈谈这本《哲学论稿》，以便为我们的讨论提供一个宏观的理解背景。这本书出版于1989年，时为海德格尔百岁诞辰。但海

① 可参看孙周兴：《海德格尔与作为形而上学的神学》，载《哲学与文化》第33卷第2期，台北：台湾五南图书出版有限公司，2006年，第23—35页。

德格尔实际上在20世纪30年代（1936至1938年）就已经写好了这本书。本书出版后，即被不少研究者视为海氏最重要的两本著作之一。而若从后哲学思想前景的开启这个角度来看，《哲学论稿》的意义显然比海氏前期的《存在与时间》还更大些。这部书表面上带有残篇性质，共由281节文字构成，其中有的是比较规范的论述，有的则是笔记性质的东西。不过，海德格尔把这281节文字分为八个部分，除了开头的"前瞻"（Vorblick）和末尾的"存有"（Seyn）两个部分，中间六个部分被海德格尔称为六个"关节"（Fuge）："回响"—"传送"—"跳跃"—"建基"—"将来者"—"最后的上帝"。由此看来，这本著作也是有内部结构的。

要理解这本书，关键是要接近其中的"本有"（Ereignis）思想以及与之相关的"存有历史"（Seynsgeschichte）观。这里要来简单说一说。

首先是"本有"（Ereignis）。这是个神秘莫测的词语。或问"本有"是什么？一问就错了。"本有"（Ereignis）是不能看作一个"什么"的。就其通常含义讲，Ereignis是"事件"。但海德格尔并不把Ereignis理解为"事件"，倒是赋予它我们眼下这个中译名所取的两个自然含义，即："居有本己（本身）"与"本来就有"。也就是说，我们这个中译名的赋义可以暗示出海德格尔"本有"的基本意义指向："有自己"和"有本来"。在技术时代里这两点都已经成了大问题，无论是"有自己"还是"有本来"都不是容易的事了，都处于危机中了。我们这个时代已经完全放肆无度，物质畸变，心思漂浮，而海德格尔的"本有"（Ereignis）却提醒我们去"持守"，并且猜度我们今人所处时代——存在历史的"另一个开端"——的"基本情调"是"抑制"（Verhaltenheit）。显然在海德格尔看来，唯"抑制"方可"本有"。[①] 我认为，必须从这个方向上来了解海德格尔的"本有"

① 正是在此意义上，海德格尔说"最后的上帝的主宰地位惟有朝向抑制才出现"，见海德格尔：《哲学论稿》，德文本，第13节。

（Ereignis），方可避免重归形而上学的高估解释或者过于浅显的日常化的低估理解。

前面已经说到有六个“关节”，即“回响”—“传送”—“跳跃”—“建基”—“将来者”—“最后的上帝”，把它们贯通起来的“基本脉络”乃是“存在（存有）历史”，这就是说，只有在“存有历史”意义上我们才能了解海德格尔对这六个“关节”的布置和安排。海德格尔的存有历史之思描述了在两个“开端”之间伸展的存有思想进程。“存有历史”的“第一个开端”的历史是关于存在者之存在的追问的历史，即形而上学的存在问题的历史；而在“另一个开端”中，存在不再仅仅被经验为存在者之存在和存在者之存在状态了，而是被经验为在其无蔽状态中和在其历史性“本现”（Wesen，Wesung）中的“存在本身”，海德格尔也称之为作为“自行遮蔽之澄明”的“存有之真理”，即“本有”。这两个“开端”各有自己的“基本情调”，“第一个开端”的基本情调是“惊奇”，而“另一个开端”的基本情调则是“抑制”。我们今天处于“过渡”中，即在“存在历史”的“第一个开端”的“终结”（形而上学的终结）向“另一个开端”的“过渡”中。这种从“第一个开端”向存有之本现的“另一个开端”的“过渡”，无疑就成了存在历史性的思想的焦点所在。

第一个“关节”是“回响”（Anklang）。所谓“回响”不是人的声音，而是“本有”之响，指在“存在离弃状态之危难”（Not der Seinverlassenheit）中的“存有之回响”。[①] 关于存在者的“存在离弃状态”的经验构成了存在历史性的思想的起点。在海德格尔看来，在“存在离弃状态”中回响着“存有之本现”（die Wesung des Seyns），其方式是“拒绝”或“拒不给予”（Verweigerung）。这是就存有（存在）本身来说的，而就人方面来说，对应的是我们已经耳熟能详的“存在之被遗忘状态”（Seinsvergessenheit）。在这个“关节”里，海德格尔还

① 海德格尔：《哲学论稿》，德文本，第7页。

提出两个基本词语，一是“谋制”（Machenschaft），[①] 二是“体验”（Erlebnis）。“谋制”作为一种存在本现的方式，显然与希腊的techne（技艺）和poiesis（制作）相关，是指存在者的被制作存在，由此引出海德格尔对于现代技术和虚无主义的沉思。至于“体验”，海德格尔指的是存在的“谋制”本质在现代的表现。

第二个“关节”是“传送”（Zuspiel）。何谓“传送”？简单说来，就是两个“开端”之间的“传送”。因为在“回响”中关于“存在离弃状态”的经验指引着“第一个开端”的历史，又指引着“另一个开端”，所以存在历史性的思想必定活动在两个开端的“相互传送”中。“开端性思想之历史的传送……乃是对另一个开端的准备”。[②]

第三个“关节”是“跳跃”（Sprung）。思想使两个开端相互“传送”，从而就准备了“跳跃”。不过，“跳跃”是要跳入“存有之本现”中，以海德格尔本人的说法，作为“跳跃”的思想首次开启出“那种与在其完全本现中的存有（作为本有）的归属性”，[③] 亦即人之本质对于作为本有的存在之本现的归属性。显然，这样一种作为“跳跃”的思想也暗示着海德格尔本人前、后期思想的“转向”，意味着海氏对他前期此在—存在学的“先验”开端的克服。现在，海德格尔不再突出“此在”的别具一格地位，而是强调人对于存有（本有）的归属性，人是为存有（本有）所居有、所需要的。

第四个“关节”是“建基”（Gründung）。海德格尔以此讨论的是存在（存有）之真理与人之存在（此—在）的关联性。存在之真理乃是具有建基作用的基础，但这个基础是通过此方式来建立的。海德格尔说，存在之真理的建基本质上包含着“真理进入存在者之中的庇护”，不过这种“庇护”却是“保存”，是通过大地与世界的“争执之纷争来实现的本有之保存”。[④] 我们知道，在《艺术作品的本源》一文

---

① 此处“谋制”是我的试译，Machenschaft是日常德语中没有的词，但在英语中有machination一词（《哲学论稿》英译本也以此对译），其意为“阴谋诡计”。

② 海德格尔：《哲学论稿》，德文本，第169页。

③ 海德格尔：《哲学论稿》，德文本，第227页。

④ 海德格尔：《哲学论稿》，德文本，第390页、第392页。

中，海德格尔认为最基本的真理“保存”方式有：艺术、思想、建国、牺牲等。①

第五个“关节”是“将来者”（die Zukünftigen）。前二个“关节”显然已经含着对人之存在的重新定位。在《存在与时间》中海德格尔对人之存在的本质的规定是“实存”（Existenz）；而在《哲学论稿》中则强调“实存”的“绽出性”（ekstatisch，Entrückung），更有甚者，海氏创设了一个新词 Intändigkeit（内立性），以此思考将来此—在的“内立本质”。海德格尔有言：“将来者乃是以抑制心情内立于被建基的此—在中的那些人，惟有他们才能获得作为本有的存在（跳跃），作为本有的存在居有他们，并且授权给他们去庇护存在之真理。”② 这种“将来者”到底是谁？海德格尔也明说了：诗人荷尔德林是最具将来性的人。

第六个“关节”是“最后的上帝”（Der letzte Gott）。这一“关节”自然必定与上一个“关节”紧紧贯通，因为“将来者”接受和保存那种“对于本有的归属状态”，并且因此“站到最后的上帝的暗示面前”。③ 在这一“关节”中，海德格尔所思乃“一个上帝从作为存在之本现的本有而来的可能显现”。④

通过上述粗线条的概述，我们已经可以看到海德格尔《哲学论稿》的“轮廓”（Aufriβ），也就是“存在历史性的思想”的“轮廓”。这个由六个“关节”组成的“轮廓”是清晰的，甚至是“统一的”，六个“关节”之间固然有其内在贯通的“脉络”，体现了一种相互生发、相互激荡的力量，但并不构成一个逻辑推演意义上的“体系”。因为思想的“关节”本身应合于“存在”（“本有”）的“关节”。

---

① 参看海德格尔：《艺术作品的本源》，载《林中路》，德文本，第 49 页。
② 海德格尔：《哲学论稿》，德文本，第 401 页。
③ 海德格尔：《哲学论稿》，德文本，第 82 页。
④ 参看冯·海尔曼：《通向本有之路》，德文本，第 366 页。

二、最后的上帝：本有的神性之维

无论是就思想理路的推进还是就思想课题的性质来说，最后一个“关节”——“最后的上帝”——都应该是《哲学论稿》中最重要的一个“关节”。一方面，这个“关节”处于海德格尔“存在历史性的思想”运动的“终点”，一个“极点”或者“完成点”；另一方面，在基督教世界里，尤其在后神学的时代里，“上帝”问题在海德格尔思想中的重新提出，自然可以被认为是意义非凡的了；再有，海德格尔后期思想中关于“上帝”的直接的集中言说，现在看来就只有《哲学论稿》的这个“关节”，即“最后的上帝”。

在思想运动戛然而止的地方，问题的紧张性也推到了极致。“最后的上帝”——这是怎样的一种“神思”呢？何种“上帝”？又为何“最后”？这“最后的上帝”与海德格尔的“存有/本有”之思又是何种关系？进一步的问题是：这“最后的上帝”与基督教的上帝是何种关系？这“最后的上帝”指引着什么？与今天的人类生活又有何相干？——凡此种种，都将是当代神学的和非神学的思想所要思索的问题。

虽说“最后的上帝”应该属于最重要的一个“关节”，但饶有趣味的是，在《哲学论稿》六个“关节”中，“最后的上帝”却是最简略的，总共只有四节文字，德文不足13页，译成中文也就万字左右。[①] 这四节文字中，第一节（253，最后者）只是对所谓“最后的”（das Letzte）的简短解说，因此，这一“关节”实际上只有三节：254，拒绝（Verweigerung）；255，本有中的转向（Die Kehre im Ereignis）；256，最后的上帝（Der letzte Gott）。

这三节文字都极其费解，是这本玄奥奇书中最为玄奥的部分，着

① 参看海德格尔：《哲学论稿》，德文本，第405—417页。当然，在该书其他部分中也有关于“最后的上帝”这个主题的论述，毕竟它是一个由六个“关节”组成的“构造”（Gefüge）。

实令人头疼，我们只能试着提取大义。[①] 在我看来，思想的解释工作的要旨不外乎是：把复杂的东西弄简单，把简单的东西弄复杂。但在海德格尔这里却是难以做到的。什么叫玄言？各位可以听听下面这段话：

> 拒绝（Verweigerung）乃是一种最高贵的赠予和自行遮蔽的基本特征，这种自行遮蔽的敞开状态（Offenbarkeit）构成存有之真理的原始本现（Wesen）。惟有这样，存有（Seyn）才成为奇异化（Befremdung）本身，即最后的上帝的穿越（Vorbeigang）之寂静。而此—在（Da-sein）乃在存有中被居有的，才成为此种寂静（Stille）之守护的建基。[②]

就这段话来说，我提供的中译文应该说是比较忠实的，我想已经不可能把它做得更明白易懂些了。但作为译者，我很是担心把这样的中译文端给读者——偏偏《哲学论稿》中充满了这样的神奇话语。[③] 神思若然，谁人能听？

我故意挑出上面这段话，因为据我理解，它差不多传达了海德格尔的“本有/上帝”之思的基本内容，把存有—上帝—人之间的关联性都表达出来了。

首先，我们可以体会到，海德格尔在此讲的是存有与上帝的关系，他是在“存有之真理”意义上来思“最后的上帝”的。初读之下我们不免要奇怪，讨论“最后的上帝”，为何先要说到“拒绝”，要从“拒绝”开始呢？“拒绝”到底是何意？所谓“拒绝”（“拒不给予”）不是

---

① 我在道风山汉语基督教文化研究所主持了三次关于这部分内容的读书班，参与者有林子淳博士、陈家富博士等，三次未读完二页。大概痛苦是大家的共同感受了。

② 海德格尔：《哲学论稿》，德文本，第406页。

③ 我在翻译海德格尔《哲学论稿》时形成的一个问题是：纯形式地描述存在—存有—本有，这是如何可能的？这里所谓“纯形式地”，意即不含实质地，没有道具，全无事例，无可援引，甚至也不是采取隐喻、转喻等文艺修辞手法。我们知道海德格尔20世纪30年代以后经常涉及艺术、诗歌，也比前期（20年代）更多地关注思想史和哲学史，专题讨论了差不多全部欧洲哲学大家；但在《哲学论稿》中，海德格尔却并没有这样做，既没有突出地关注诗艺，也没有太多的思想史的引证和论述。我认为这是海德格尔自早期弗莱堡时期开始所专注的一个核心问题，也就是说，海氏在其中的用力仍可与他早期的形式显示的现象学相贯通。

指一种纯然消极的性质或态度，而是指“存有之本现”（存有之真理）的基本方式——在此意义上方可以说“拒绝”是一种“赠予”。简言之，“拒绝”是在存有之真理的澄明—遮蔽之“二重性”意义上讲的，且首先是在“遮蔽”意义上讲的。但为什么说这样一来，“存有”就成为“奇异化”（Befremdung）本身，即“最后的上帝的穿越之寂静”呢？这话几乎把“存有”与“上帝”等同起来了。“存有/本有”即“最后的上帝”吗？这个话题大矣，我们待下面再议。

其次，海德格尔在此讲到了上帝与人的关系，即他所谓“最后的上帝”与“此—在”的关系。这里的定位还是清楚的：人为存有所居有，是“内立的”，这种具有内立性的“此—在”（人之存在）有着“守护”之责。我们知道，海德格尔后期常说人是存在（存有）的看护者，而在这里则说：此在是对“最后的上帝”的“穿越”之“寂静”的“守护”的“建基”。这意思显得更玄了，其中几乎每个词都需要解释。关键性的“穿越”一词用的是德文的 Vorbeigang，有“从一旁走过、交臂而过”的意思，甚至有“消逝、过去”之意。[1] 海德格尔为何不干脆说“Gang”（运行），而要说 Vorbeigang？我们猜解，是要强调“最后的上帝”在与不在、予与不予、显而不显的紧张性，以及人的守护和期备的重要性。

对于海德格尔的神思而言，关键问题还在于如何理解本有（存有）与上帝的关系。这个关系问题极为复杂，因为它一方面涉及海德格尔关于传统意义上的哲学（存在学）与神学的关系的讨论，另一方面又涉及海氏在《哲学论稿》及以后相关著作中展开的后神学的神性之思。我们需要依次予以论述。

如前所述，海德格尔把哲学（存在学）与神学视为“形而上学”的两个基本要素。形而上学固然要思考存在者之存在，但有两个不同方向：“形而上学既在探究最普遍的东西（也即普遍有效的东西）的统

① 香港道风山基督教文化研究所的林子淳博士建议把 Vorbeigang 译为“掠过”，似亦有点意味。参看林子淳：《后期海格尔的神圣探索之路》，载赵敦华主编：《哲学门》第八卷第一册，北京：北京大学出版社，2007 年，第 201 页以下。

一性之际思考存在者之存在，又在论证大全（也即万物之上的最高者）的统一性之际思考存在者之存在。”[①] 由此分出存在学（Ontologia）与神学（Theologia）两门学科，以及相应的“本质—先验”追问与“实存—超验”追问两个问题方向。但我们还不能说，存在学与神学是互不相干的，相反，在海德格尔看来，两者之间始终是相互交织、相互论证的。“神学从存在学中推出存在者的 essentia［本质］。存在学——无论是有意还是无意地——则着眼于存在者的 existentia［实存］，把存在者当作实存者移置入神学所表象的第一根据（Grund）之中。”[②] 这样一种了解应该是合乎形而上学史的历史实情的，尽管在西方哲学史上不断地出现从哲学抵制神学的入侵以及相反的从神学角度还定存在学论证路径的努力（最典型的是康德的工作），但这并没有驳斥海德格尔的论断，相反倒是为之提供了支持。

基于上述理解，海德格尔坚持认为形而上学具有希腊性质，无论是存在学还是神学都具有共同的希腊来源。在他看来，所谓基督教神学把希腊哲学神学化了之类的说法是不免浅薄的，因为希腊哲学本身就是神学的。关于海氏这个想法，我们在此不予深究。[③] 我们仍旧要关心的问题是存在与上帝、存在学与神学的关系。在《同一与差异》中，海德格尔把这个问题表述为：上帝如何进入哲学之中？对此问题，海氏提供的答案也让人奇怪：上帝通过“分解”（Austrag）进入哲学之中。这里的“分解”，海氏是从存在本身的差异化运动角度来说的，从而表达的是“存在学差异”的本质来源。海德格尔的意思是，存在学追问“最普遍者”意义上的存在者之存在，而神学追问“最高者”意义上的存在者之存在，两者既区分又统一，其根源仍旧在于存在的差异化运动——因为这种“分解”体现了极端的普遍化与极端的个体化

---

① 海德格尔：《同一与差异》，德文本，弗林根，1957 年，第 55 页；参看孙周兴选编：《海德格尔选集》下卷，上海：上海三联书店，1996 年，第 831 页。

② 海德格尔：《尼采》下卷，德文本，斯图加特，1998 年，第 314 页；参看中译本，孙周兴译，北京：商务印书馆，2002 年，第 979 页。

③ 可参看孙周兴：《海德格尔与作为形而上学的神学》，载《哲学与文化》第 33 卷第 2 期，台北：台湾五南图书出版有限公司，2006 年，第 23—35 页。

的统一。说到底，要在形而上学体系范围内弄清楚存在学与神学两大元素的不同特性以及两者之间的关系并非难理，难的是穷根究底，追问存在问题与上帝问题及其相互关系的起源。不难看出，海德格尔希望在存在历史的“第一个开端”意义上——也即形而上学之发生史意义上——探讨“上帝如何进入哲学”的问题。

现在，在《哲学论稿》中，海德格尔对于存在与上帝关系的考虑却是在存在/存有历史的“另一个开端”意义上，因此具有了后形而上学的性质。海德格尔在这方面的言说的复杂性也由此而来，因为人们仍旧会倾向于在传统哲学—神学的形而上学框架内理解他的神思和言说。现在，海德格尔说的是“存有/本有”与“最后的上帝”。

海德格尔首先做了一种区分：“存有本身之本现并不是最后的上帝……”[①] 这已经是一个明确的表态：与旧形而上学的上帝观——Deus est suum esse——不同，海氏的“最后的上帝”已经不是在存在学化的神学意义上来了解的，也就是说，“存有/本有”与“最后的上帝”之间已经没有传统神学中“存在”与“上帝”的并置或等值关系。那么，“存有/本有”与“最后的上帝”究竟是何种关系呢？海德格尔使用了“需要”（brauchen，bedürfen）一词来加以表达。“因为存有从来不是一种对上帝本身的规定，相反，存有倒是那种东西，它为上帝之神性化所需要，方使得上帝仍然能完全区别于存有。”“最后之上帝并不是本有本身，但可能需要本有——作为此之建基者（Dagründer）所归属的东西。”[②]

冯·海尔曼就此发表评论，引申出他所谓的“神学差异”（theologische Differenz）：“在基于存在学差异的思想中，上帝不是一个存在者，也不是最高存在者。但它也不是存在本身，不是在其作为本有的本现中的存在之真理。在存在学差异之思中所思的上帝，也不同于作为本有的存在，但这个上帝却是在存在之本现及其真理中显现出

---

① 海德格尔：《哲学论稿》，德文本，第 262 页。

② 海德格尔：《哲学论稿》，德文本，第 240 页，第 409 页。后句中的“此之建基者”指人类，或者准确地说，为本有所居有、内立于此—在中的人。

来的。这乃是上帝与存在之真理的神学差异。"[①] 冯·海尔曼的这个议论给人启发，但可以说是用词不当，或者说把海德格尔的思想回置到了旧形而上学的表达中了。无论是"存在学差异"还是冯·海尔曼所讲的"神学差异"，都不是海德格尔在言说"最后的上帝"时所想采用的表述了。

但无疑，冯·海尔曼正确地看到了一点：在海德格尔那里，"最后的上帝"不是"存有/本有"，不同于"存有"，但它又是在"存有"之本现及其真理中显现出来的——正是在此意义上，海氏说上帝"需要"存有（本有）。"最后的上帝"为何"需要"本有呢？这要从本有与人的关系来讲。差不多可以说，上帝之所以需要本有，是因为本有需要人（"用"人）。海德格尔说，在"本有"的"转向"中，"本有必定需要此在，在需要此在之际，本有把此在置入召唤（Zuruf），并且因而使此在直面最后之上帝的穿越"。[②] 在另一处，海氏说得更直接："本有通过使人归本于上帝而把上帝转让给人。"[③] 如果我们把这里所描述的本有、上帝、人的关系置入海德格尔更后期的关于"天、地、神、人"四方的四重性运动的思想语境中，我们便不难理解个中奥义了。

三、后神学的神思：转向与暗示

"最后的上帝"到底是何种上帝？指向何方？也许会让基督教神学家们失望的是，海德格尔在这个"关节"的开头《题记》中就干脆声明：

> 此完全不同的上帝对立于
> 曾在的诸神
> 尤其对立于基督教的上帝

---

① 参看冯·海尔曼：《通向本有之路》，德文本，第366页。

② 海德格尔：《哲学论稿》，德文本，第407页。

③ 海德格尔：《哲学论稿》，德文本，第280页。

诸神时代早就过去了，基督教的上帝也已经日薄西山了。海德格尔关于“最后的上帝”的沉思是在一个预设的前提基础上进行的，这个前提就是主要由尼采传达的虚无主义式的神学否定，即基督教神性世界的沦丧。所谓“尤其对立于基督教的上帝”，表明了海德格尔关于“最后的上帝”之思的坚定的后神学立场。在《同一与差异》中，海德格尔更明确地表达这种立场，指出一种后神学（后形而上学）的思想可能更接近神性，更能向上帝开放：“那种必须背弃哲学的上帝、作为自因的上帝的失去神性的思想，也许更切近于神性的上帝。”① 这里所谓“失去神性的思想”自然是指非基督教神学的思想，海氏也说，是一种对形而上学的存在—神—逻辑学机制加以否定的思想。

或问：一种后神学的“失神的”思想为何还要进行神思呢？一种后神学的神思，即便是所谓“最后的上帝”之思，难道不是自相矛盾的吗？

现代人通过海德格尔所谓的“谋制”和“体验”不断地扩张着自己的强力。一种唯我独大的人类中心的立场使人彻底放纵意志，丧失了最基本的“抑制”和“持守”，神性维度荡然无存。然而，只要人终究还承认有比人更强大的东西，就必然有“神性”维度，就必定有上帝问题出现。以我浅见，海德格尔的“本有”之思，及其基于“本有”、指向未来的“神思”，首先恰恰就在于这样一种警示，要求我们重新确认人类生活的前提——有比人类更强大者——从而唤起这样一种敬畏和期待。②

如此我们方可理解，海德格尔在“最后的上帝”这一“关节”中，专列一节来讨论“本有中的转向”（Die Kehre im Ereignis）。人们通常从两个意义上来了解和议论海德格尔的“转向”（Kehre），一是海德格尔本人前后期思想的“转向”，二是海氏后期所思的“存在/存有

---

① 海德格尔：《同一与差异》，德文本，弗林根，1957 年，第 71 页；参看孙周兴选编：《海德格尔选集》下卷，上海：生活·读书·新知三联书店，1996 年，第 841 页。

② 承认这个前提也正是我们理解海德格尔后期思想的一个必备条件。不然的话，我们只可能本着蛮横的知识和逻辑要求对之提出不着边际的疑问和指责。

历史”的“转向”——关于后者，人们一般会以为，无非是从形而上学哲学向非形而上学思想的转折。但海德格尔却说：“本有中的转向”乃是“所有其他转向、循环和圆圈的隐蔽基础”。[①] 根本的“转向”是发自本有的“转向”，而非人力所为。唯“本有中的转向”才是“存有历史”的“另一个开端”意义上的“转向”；海德格尔更会认为，他本人思想的“转向”无非是对“本有中的转向”的应合。

在海德格尔的讨论中我们可以看到，所谓“本有中的转向”同时，而且首先意味着“存有/本有”与“人/此在”的关系的一个“转向”。海德格尔所描述的大致框架是：存有/本有“需要”人，而同时把人置入“呼唤”（Zuruf）中，从而使之能够直面“最后的上帝”的穿越。存有对人的“需要”（brauchen）实为“使用”，因为人是“归属者”和“被呼唤者”。海德格尔在此提出了如下十分古怪的说法：“转向在呼唤（归属者）与（被召唤者的）归属之间本质性地现身。转向乃是反—转（Wider-kehre）。对向居有过程的跳跃（Zu-sprung）的召唤（Anruf）乃是最隐蔽的自识的伟大寂静。此—在之全部语言即由此获得其本源，并且因此在本质上就是沉默（Schweigen）。”[②] 这话含义殊为丰富而艰涩，而根据前面的讨论，我们已经约略可以领会个中要义了。

情形似乎是：存有/本有“需要”人，就得发出一种“呼唤”；而人“归属”于存有/本有，实际上就是人对存有/本有的“呼唤”的响应。可以说，正是这种“呼唤”与“被呼唤”的关系暗示着神性之维，暗示着“最后的上帝”的不可或缺——在“存有/本有”“最后的上帝”与“人”三方之间，“最后的上帝”是不能少的，因为它实际上就是这种“呼唤”本身。海德格尔也把这种“呼唤”称为“暗示”（Winke）：“在转向中运作的是最后之上帝的暗示”，“在这种暗示中，最后之上帝的法则得到了暗示，那此—在中的伟大个体化的法则，牺

① 海德格尔：《哲学论稿》，德文本，第407页。
② 海德格尔：《哲学论稿》，德文本，第408页。

性的孤独状态、最短和最陡的道路的选择的惟一性的法则”。[①]

我们已经看到，海德格尔在描述“最后的上帝”时动用了一些前所未有的、令人奇怪的词语，诸如“穿越”（Vorbeignag）、“呼唤”（Zuruf）、“暗示”（Winke）等。这种既非哲学、亦非神学的思想词语的采用，显示了海德格尔的一种明确觉悟：在向存有历史的“另一个开端”的“过渡”中，后神学的神思既然是非形而上学的（非哲学和非神学的），那就必然也要求表达（语言）方式的转换。

问题依然紧张：与后哲学的思想处境一样，对于后神学的神性讨论来说，我们今天仍旧需要追问：一种后神学的“神思”与“神言”是如何可能的？海德格尔下面这段仍旧玄妙费解，但对于他的“最后的上帝”之思来说具有总结性的意义：

> 起于一种由“形而上学”规定的对于存在者的态度，我们将只可能艰难而缓慢地知道另一点，即：无论在“个人的”还是在“群体的”“体验”中，上帝都还不会显现，相反地，上帝惟一地只显现于存有本身的离基深渊般的“空间”中。所有迄今为止的“礼拜”和“教堂”以及诸如此类的东西，都根本不可能成为对上帝与人在存有之中心中的碰撞的根本性准备。因为存有之真理本身必须首先得到建基，而且为了这样一种任务，一切创造都必须取得另一个开端。上帝等待着存有之真理的建基，因而等待着人进入此—在之中的跳跃——知道这一点的人是多么少啊。[②]

---

① 海德格尔：《哲学论稿》，德文本，第 408 页。
② 海德格尔：《哲学论稿》，德文本，第 417 页。

本质与实存

——西方形而上学的实存哲学路线①

内容提要：本文尝试从海德格尔的存在历史观出发，根据“本质—先验”之问与“实存—超验”之问的形而上学基本问题结构来清理作为形而上学的实存哲学的路线。作为西方形而上学史上的一条隐线，实存哲学的渊源可以追溯到古希腊的亚里士多德。但后世的阐释重点多半落在亚里士多德的实体（本质）—范畴论上；至于他的个体实现之论，在中古（中世纪）哲学中被转化为神性作用—现实论，进一步在近代哲学中被纳入主体—客体现实论之中了。近世基督教神秘主义思潮中的实存哲学倾向未能形成气候。自谢林以降，通常所谓的现代非理性主义哲学把实存问题与意志、情绪等内在因素联系在一起，其反本质主义形而上学传统的动机日益彰现，终于在20世纪上半叶成就了实存哲学—实存主义主潮。而至少在后期海德格尔看来，现代实存主义思潮本身却并没有构成对旧形而上学的彻底反动，相反的倒是依然囿于现代主体性形而上学的窠臼。这也正是海德格尔前期的实存论存在学（基础存在学）的命运。

① 本文原载《中国社会科学》，2004年第6期；后收入拙著《后哲学的哲学问题》，北京：商务印书馆，2009年，第42页以下。

一、实存哲学是一种形而上学

本文建议把人们通常译为“生存”或“存在”的拉丁文 existentia 改译为“实存”。① 理由大致有如下几项：其一，在汉语中“生存”多半是指人的，至少是指动物、活物的，是一个与“死亡”相对的概念，通常我们不至于说“石头生存”“大海生存”等，而西文中的 existentia 却是泛指的，可用来指示生命体，也可用来指示非生命体，甚至也可用来指示上帝——虽然在现代“实存主义”（通常被译为“存在主义”）哲学中，它确实往往是特指人的存在的。② 其二，“存在”这个译名，依照翻译工作中约定俗成的相对原则，我们认为还是留给 Sein、Being 为好，尽管这个 Sein、Being 怎么译成中文，至今也还是一道聚讼纷纭的难题。其三，也是最为重要的一点，与作为“共相”“一般”“普遍”的“本质”（essentia）相比较，existentia 一词强调的是个别性、实际性、此在性（在场性）、实现和展开（即亚里士多德意义上的 energeia，“实现”），故把它译为“实存”应该是适恰的。

与此相应，我们把 Existenzphilosophie 译为“实存哲学”，而并不作“生存哲学”，更不作“存在哲学”（关于“存在”的哲学乃是 Ontologia，即“存在学”，或旧译“本体论”），把 Existentialismus 译为“实存主义”，而不作“生存主义”，更不作“存在主义”（关于“存在”从未形成过什么“主义”）。同样的，前期海德格尔和萨特尔的著名命题“存在先于本质”或者“生存先于本质”，以我们的主张，就

---

① 把 existentia、Existenz 译为“实存”当然不是笔者的首创，不少前辈哲学译家有此设想和做法。比如，贺麟先生在《小逻辑》“新版序言”中陈述了把 Existenz 译为“实存”的理由。参看黑格尔：《小逻辑》，中译本，贺麟译，北京：商务印书馆，1980 年，新版序言，第 xx—xii 页。惜乎此译未及推广，现代“实存主义”（通译“存在主义”）思潮涌入，更促使人们仅仅从人的存在或生存角度理解 existentia 了。

② 在“实存”（existentia）概念史上，基尔凯郭尔是一个转折点，因为他开始用此前泛指任何存在者的 existentia 来特指人的存在。参看海德格尔：《实存主义》，载《海德格尔学会年度特刊》，1995 年，第 11 页。

要改译为“实存先于本质”了。[①]

我们知道，雅斯贝尔斯把自己的哲学径直命名为“实存哲学”，而并不愿意接受“实存主义”（Existentialismus）这个称号，称后者乃是前者的坟墓；萨特尔首创了“实存主义”这个名目；海德格尔既不承认自己属于“实存哲学”，又不免有点讨厌“实存主义”这个名称。但所有这些歧义均不影响我们这里关于“实存哲学”的讨论。

我们这里要讨论形而上学意义上的“实存哲学”。“实存哲学”经常被了解为“人学”，这是不妥的，至少是不够的。在我们看来，“实存哲学”可以是一种“人学”，但未必是“人学”，因为它首先是一种形而上学。讨论人之“实存”的“实存哲学”只不过是“一般实存哲学”之一种——正是在此意义上，我们不希望把 Existenz 译为“生存”。仅仅在人的“实存”之论（通常所谓“生存论”）的意义上来了解“实存哲学”（Existenzphilosophie），那是十分不当的。

法国学者保罗·富尔基埃把一部西方哲学史描写为“本质主义哲学”与“实存主义哲学”两大路线，虽然此外还加上两者的综合物，即所谓“本质主义的实存主义”，但后者并未形成重大影响，差不多可以忽略不计。[②] 与我们所熟悉的“唯心主义—唯物主义”的哲学史描述框架相类似，“本质主义—实存主义”的框架亦有其问题，或者说也有简化之危险和嫌疑。然而，至少就形而上学及其现代批判来说，“本质主义—实存主义”或者“本质—实存”的描述框架还是合乎实事的；在现代实存哲学中，这一点尤为明显。

① 这样做应该有利于澄清一些歧义和混乱。举例说来，在今天的汉语学术语境里，当人们把雅斯贝尔斯的“Existenzphilosophie”一书译为《生存哲学》（王玖兴译，上海：上海译文出版社，1994 年），而把让·瓦尔的“Philosophies of Existence”一书译为《存在哲学》（翁绍军译，北京：三联书店，1987 年）时，读者阅读理解上的痛苦可想而知了，因为两书其实是同名的。不夸张地说，把 existentia 译为“存在”或“生存”，可能属于当今汉语学界中最大的译名混乱之一了。尤其当人们把 existentia 译为“存在”时，差不多已经模糊了形而上学的基本区分：“本质”（essentia）与“实存”（existentia）之分，从而也就掩盖了形而上学的问题结构，因为在我们看来，作为存在的两个基本方式，“本质”与“实存”标志着形而上学的两大追问方向。

② 所谓“本质主义的实存主义”，富尔基埃指的是路易·拉韦尔和乔治·居斯多夫的哲学。参看富尔基埃：《实存主义》（中译本书名作《存在主义》），潘培庆、郝珉译，上海：上海译文出版社，1988 年，第 120 页以下。在我们看来，此处的“存在主义”应译为“实存主义”。

富尔基埃的哲学眼界有其局限性，未能把“本质—实存”问题了解为贯穿哲学史整体的形而上学基本结构。在他看来，哲学史无非是“本质主义”的历史加上后起的现代“实存主义”的历史，仿佛“实存”问题在此前从未形成为一个形而上学的课题似的。此外，富尔基埃把柏拉图哲学称为“神学的本质主义”，而把亚里士多德哲学命名为“概念论的本质主义”，也显得不着边际，至少是不尽得体的。

但无疑，富尔基埃也正确地看到了一点：本质主义乃是形而上学的主流，恰如尼采和海德格尔所谓“形而上学就是柏拉图主义”；而“实存”问题向来就是一个等而次之的课题，甚至在一定程度上讲是一个被遗忘的课题。关于这一点，海德格尔给出过如下断言：

> 对形而上学来说具有标识性的事情乃是：在形而上学中普遍地，实存（existentia）——如果一般而言——始终仅仅是简短地、犹如某种不言自明的东西一样被讨论的。①

在此意义上，海德格尔所谓“存在之被遗忘状态”（Seinsvergessenheit）就可以表述为“实存之被遗忘状态”，而非“本质之被遗忘状态”。

更确切地说，这里所谓“实存之被遗忘状态”还应当表达为：“本质”对于“实存”的优先地位。海德格尔也采用了另一种讲法，他设问：

> 为什么 ti 即什么—存在（Was-Sein）进入对于如此（hoti）的优先地位之中了？②

---

① 海德格尔：《演讲与论文集》，德文本，美茵法兰克福，2000 年，第 74 页。

② 海德格尔：《演讲与论文集》，德文本，美茵法兰克福，2000 年，第 74 页。此句中的 ti（什么）是希腊文的疑问代词，hoti（如此）是希腊文的连词。

这一问联系到海德格尔对于形而上学问题的基本理解。① 在《什么是哲学?》一文中，海德格尔认为，形而上学意义上的“哲学”是希腊—欧洲所特有的，“这是什么”（ti estin）的提问方式是由智者时代以后的苏格拉底、柏拉图和亚里士多德等希腊哲学家们发展起来的问题形式。② 这个“什么”（ti）的意思后来被称为 quid est，即 quidditas，用德文来说就是 Washeit（“什么性”“所是”），在拉丁文里也就是 essentia（“本质”）。拉丁文的 essentia 与 quidditas 本就是同义词。后世的哲学家实际上都在集中解答这个“什么”（ti、quid）的问题，即“本质”（essentia）的问题。“什么—存在”“本质”的问题指向“存在状态”（Seindheit），它构成了“存在学”（Ontologia，旧译“本体论”）的课题。

形而上学的另一个问题方向是由希腊文中起引导作用的连词 hoti 来标识的。这个 hoti 即德文的 daβ，英文的 that，我们勉强可以用中文“如此”译之。它是解答“如何”（wie）问题的，引出对实际情况的具体陈述。如果说“什么存在”（to ti estin）指示存在者的普遍本质、一般、共相，则“如此存在”（to hoti estin）就指示着特殊个体存在者的存在方式和存在实情。存在者的“如何—如此”情况，即是拉丁文的“实存”（existentia）的本来意义，这是作为神学的形而上学或者具有神学指向的形而上学的课题领域。③

无论是存在学的“本质”追问还是神学的“实存”追问，都是一种“超越”的追问，都是指向“超越（者）”（Transzendenz）的。存在学对“本质”（essentia）的追问是要问“存在者一般地作为存在者是什么”，就是要追问“共相”（keinon）、“最普遍之物”，后者在形而上学史上经常被称为“先验之物”（das Transzendentale）或“先验性质”（Transzendentalien）。与此相区别，形而上学在神学路向上对“实

① 参看孙周兴：《形而上学问题》，载《江苏社会科学》，2003 年第 5 期。

② 海德格尔：《什么是哲学?》，英译本，W. 克鲁巴克和 J. 瓦尔德译，纽黑汶，1958 年，第 36 页以下。

③ 需要说明的是，我们这里把“本质”问题归于“存在学”，把“实存”问题归于“神学”，这是就问题开端和问题重点来讲的，而不能把这两个问题方向完全隔离开来。

存”（existentia）的追问是要问“何者以及如何是最高存在者意义上的存在者”，就是要追问“终极之物” “最高之物”，即“神性者”（theion），后者在形而上学史上经常被称为“超验之物”（das Transzendente）。可见，“本质”与“实存”标识的是形而上学“超越”问题的两个路向，构成海德格尔所讲的形而上学本质机制，或者说形而上学的基本问题结构，即：“存在—神—逻辑学”（Onto-Theo-Logik）。当尼采否定理念世界（本质领域）和应当世界（道德领域）时，他指向的也正是“存在学”和“神学”，指向形而上学的“先验—超验”双重结构。

在形而上学史上，上述“本质—先验”问题与“实存—超验”问题均得到了展开；实际上，任何一个形而上学哲学类型、任何一个形而上学哲学家都脱不了这两个问题方向。不过，这两个问题并不是在同等意义上得到展开的，而毋宁说，在柏拉图以降的形而上学传统中，第一个问题，即“本质—先验”的追问一直是占据着优势地位的。在海德格尔看来，虽然“什么—存在只不过是如此（hoti）的一个中止，是那个还不可把握、并且已经作为自然（physis）涌现出来的本有事件（Ereignis）之‘如此’（Daβ）的中止”，但在这里，甚至在柏拉图哲学中，就已经“普遍地出现了相（idea）的优先地位；实存（existentia）变成了一种表示无可回避的、但不可知的东西的名称”。①

二、实存哲学是个体—此在论

我们今天对实存哲学的反思仍得从头开始。追本溯源，亚里士多德可以说是实存哲学的祖师，尽管在古希腊哲学语汇中并没有出现与后来的拉丁文“实存”（existentia）相对应的词语。如果说柏拉图的哲思重点在于“什么存在”（to ti estin），即在于普遍之物、本质之相，那么，与之相区别，亚里士多德的思想起点和重点就在于个别事物的

① 海德格尔：《演讲与论文集》，德文本，美茵法兰克福，2000年，第74页以下。

存在，即“个体、这个”（tode ti）的“在场”（ousia）。

我们知道，亚里士多德区分了“第一实体”与“第二实体”。在《范畴篇》第五节中，亚里士多德有一段话如下：

> 实体，在最严格、最原始、最根本的意义上说，是既不述说一个主体，也不存在一个主体之中，如“个别的人”“个别的马”。而人们所说的第二实体，是指作为属而包含第一实体的东西，就像种包含属一样，如某个具体的人被包含在“人”这个属之中，而“人”这个属自身又被包含在“动物”这个种之中。所以，这些是第二实体，如“人”“动物”。[①]

这是通常的译法和解法。根据这种译法，上面这段话似乎用不着专门解说了，意思十分显豁：“第一实体”是个体，“第二实体”是属、种。但海德格尔却为我们提供了另一种相当繁复的翻译，我们且把他的翻译译在下面：

> 但在场者，在支配性地现身出场、因此首先而且多半已被言说的（在场状态）意义上，既不是着眼于某个已经呈放出来的东西而得到陈述的，也不是在一个已经以某种方式呈放出来的东西中（首先）出现的，例如这个人、这匹马。……而第二位的在场者指的是那些东西［注意：复数］，在其中，首先作为在场者被谈论的东西（作为向来具体的这样一个东西）已经作为外观方式而先行起着支配作用。（被命名的）外观方式以及这些方式的起源即属此类。这个人站在那里，具有人的外观，但对于“人”这个外观来说，（其外观的）起源却是“动物”。所以，第二位的在场者

① 亚里士多德：《范畴篇》，2a11 以下，《亚里士多德全集》第一卷，苗力田主编，北京：中国人民大学出版社，1990 年，第 6 页。

指的是这样一些在场者：诸如“人”（一般）以及“动物”（一般）。[①]

两相对照，海德格尔这里的译文做出了几处重大的改动：首先是亚里士多德的 ousia，通常译为“实体”，海氏译之为“在场者”；其次是亚里士多德的 hypokeimenon，通常译为“主体”，海氏主张把它译为“已经呈放出来的东西”；再就是亚里士多德的 eidos，通常译为“属”，海氏则把它译为“外观”。通过这几个基本词语的改译，亚里士多德上面这段话的意思已经大有变化。海德格尔认为，所谓“实体”“主体”之类，属于现代哲学用法，并不合古希腊—亚里士多德思想的本意。现在，海德格尔用“在场”“呈放”来译解，按我们的理解，就没有对亚里士多德的 ousia 和 hypokeimenon 做一种实体化、主体化的解读，而是恢复了它们活生生的动词性意义。在海德格尔看来，当亚里士多德在此区分“第一位的在场者”与“第二位的在场者”时，他实际上区分了两种“在场”方式：一是“个体、这个”（tode ti）的在场，即“如此存在”（hoti estin）、“实存”（existentia）；二是“外观”（eidos）的在场，即“什么存在”（ti estin）、“本质”（essentia）。[②] 在亚里士多德那里，“个体、这个”（tode ti）的在场方式具有优先性。“个体、这个”（tode ti）如何在场、如何呈现，“个体、这个”在场的“如何实情”，是亚里士多德关心的主要课题。

如果我们仅仅就作为“什么存在”（ti estin）的“在场”（ousia）来理解亚里士多德，那么，亚里士多德的哲学就无异于通过“相”（idea）来规定“什么存在”的柏拉图哲学了。的确，亚里士多德也经常从“什么存在”（ti estin）角度谈论“相”（idea）或“外观、形式”（eidos）的问题，但他思考的重点还是放在作为“如此存在”（hoti

---

① 参看海德格尔：《尼采》下卷，德文本，斯图加特，1998 年，第 369—370 页；中译本，孙周兴译，北京：商务印书馆，2002 年，第 1041—1042 页。

② 海德格尔：《尼采》下卷，德文本，斯图加特，1998 年，第 370 页；参看中译本，孙周兴译，北京：商务印书馆，2002 年，第 1042 页。

estin）的“在场”（ousia）上的。这个意义上的“在场”方式的基本特征，亚里士多德把它规定为“实现”（energeia）。这个“实现”（energeia）是亚里士多德哲学的基本词语，人们经常以实指的“现实”译之，也是现代哲学的办法，丢失了其原本的动态含义。

在我们常见的哲学史教程中，人们喜欢谈论亚里士多德那里的“潜能”与“现实”的关系。亚里士多德在《形而上学》中提出过一个重要命题：“现实显然是先于潜能。”① 句中的“现实”原文为 energeia，“潜能”原文为 dynamis。这个句子也经常被翻译成：“显然，现实性先于可能性。”在海德格尔看来，此类译法和看法都不是希腊式的，亚里士多德根本还不至于这样来想问题。海德格尔建议把这个句子改译为：

显然，在作品中立身先于适合于……的状态。②

与通译相比较，其中的变化着实令人吃惊。海德格尔把这个句子中的 energeia 译为“在作品中立身”（das Im-Werk-Stehen），把 dynamis 译为“适合于……的状态”（Geeignetheit zu ...）或者“适合性”（Eignung），其依据何在呢？我们知道，亚里士多德区分了存在者的两种“在场”方式：一是“自然”（physis）的在场方式，二是“制作”（poiesis）的在场方式。③ 亚里士多德更多地着眼于“制作”（poiesis）来展开讨论。如果从“制作”方面来了解，那么“作品”（ergon）就显得十分重要了。“作品”（ergon）在我们看来是“制作”的成果和结果，但海德格尔说这并不是“作品”（ergon）的希腊意义。“作品”（ergon）的希腊意义是“进入其外观的无蔽之物之中而被展览出来、

① 亚里士多德：《形而上学》，1049b5，《亚里士多德全集》第七卷，苗力田主编，北京：中国人民大学出版社，1993 年，第 212 页。海德格尔特别看重这个句子，认为亚里士多德的思想乃至于希腊的思想就在这个句子中达到顶峰了。

② 海德格尔：《路标》，德文本，美茵法兰克福，1996 年，第 286 页；参看中译本，孙周兴译，北京：商务印书馆，2000 年，第 333 页。

③ 参看亚里士多德：《物理学》，中译本，张竹明译，北京：商务印书馆，1982 年，第 43 页以下。

并且作为如此这般站立或者呈放之物而逗留的东西”，因此标示着一种在场方式。[①] 这种在场方式就是“实现”（energeia），而后者的字面意思就是“在作品中”，故我们可以把它译解为“在作品中立身”。在亚里士多德那里，这种“实现”（energeia）就是“个体、这个”（tode ti）的“在场”（ousia）。至于通译为“潜能”和“可能性”的dynamis，据海德格尔的研究，它固然也有“能力”的意思，但其原本的更确切的意思却是“适合于……”，比如木头适合于制作一张桌子。这种“适合状态”（dynamis）也是一种在场化的方式，只不过它还是潜在的，是一种“尚未”；而“实现”（energeia）却是“在作品和终点中具有自身”，具有完成的动态意义，使适合者实现其适合性。从这个角度说，energeia先于dynamis，“实现先于适合性”，也就是说，“实现”这种在场方式是更原本、更纯粹的。

根据海德格尔的看法，亚里士多德通过对个体“实现”（energeia）的思考已经颠倒了柏拉图的“相”（idea）的形而上学，实际上也就开启了后来所谓的“实存”（existentia）对于“本质”（essentia）的优先地位，并由此奠定了实存哲学的传统。[②] 不过，这种思想后来未能成为根本性的，未取得支配性地位；相反的，特别是在近代哲学中，亚里士多德的“实现”（energeia）演变成了“现实性”（actualitas）和“现实”（Wirklichkeit），以及“现实性”意义上的“实存”（existentia）和“此在”（Dasein），而“在场”（ousia）与“实现”（energeia）之间的原初联系被掩埋起来了。然而，这也并不意味着由亚里士多德开创的作为个体此在论（实现论）的实存哲学传统的中断或者消失，它尤其在现代实存哲学中重放光芒。

---

① 海德格尔：《尼采》下卷，德文本，斯图加特，1998年，第368页；中译本，孙周兴译，北京：商务印书馆，2002年，第1039页。根据这里提供的解释，也许我们更应该把这个ergon译为“作业”，后者显得更有动感。

② 海德格尔：《尼采》下卷，德文本，斯图加特，1998年，第369页。

三、实存概念的主体化

如上所述，亚里士多德的“在场—实现”论可以被看作实存哲学的第一个类型。亚里士多德的基本词语 ousia 并非近代哲学意义上的“实体”（substance）。亚里士多德所关心的是“如其自身的基体”（hypokeimenon kata auto）的“在场”（ousia），也就是“个体”的“在场”。他所谓的“第一在场”（prote ousia），原是当下个别事物的出场和逗留。进一步，亚里士多德把“第一在场”（prote ousia）把握为“存在者”（on）的“实现”（energeia），也即“个体存在者”（tode ti on）的“在场”。这种“实现”（energeia）是动词性的，而非实指的、名词性的。

在中世纪神学中，亚里士多德的“个体实现”论得到了重新解释，energeia（实现）被释为“作用”（actus）的“现实性”（actualitas，即“作用性”）。从“实现”到“现实”，就中文来看只不过是一种简单的字面颠倒，但个中意义已经全然转变了。“实现”（energeia）是个体实际性的在场、展开，而“现实”（actualitas）则指向“作用”（actus）的完成、结果、对象。“现实性（actualitas）的纯粹本质乃是作为存在者（ens）之实存（existentia）的纯粹作用（actus purus），而实存（existentia）属于存在者（ens）的本质（essentia）。”[①] 可见在这里，“本质”对于“实存”的优先地位已经成形了。

与主体性形而上学的转变相应，近代哲学完成了“实存”概念的内在化（主体化）过程。这是一个渐进的复杂过程，我们只能择要述之。

首先是近代哲学的开创者笛卡尔，他赋予“自我”（ego）意义上的“主体”（subiectum）以优先地位，而作为“我在”（ego sum）之“存在”（esse）的“实存”（existere）就是“表象、再现”（repraesentare）、

---

① 海德格尔：《尼采》下卷，德文本，斯图加特，1998 年，第 432 页。

“知觉”（percipere），也就是说，中世纪所讲的“现实性”（actualitas）被把握为“我思”（ego cogito）的“作用”（actus）了。

虽然笛卡尔还没有像后来的康德那样明确地把“自我”思考为“一般意识”，但“我思故我在”（cogito ergo sum）中的“自我”（ego）显然已经不是作为个体的个别自我，而是已经隐含地思及了一般意义上的“自我性”（Ichheit）。并不是个别自我的思想（表象）决定了个别自我的存在，以及思想之物或被表象者的存在，而是作为“一般意识”“一般思维”的“自我性”保障了个别自我和被表象者的存在。唯从“自我性”而来，个别自我作为这样一种自我才是可经验的。因此，在笛卡尔那里，“一般思维”获得了一个存在学意义上的本质规定。“我是思想之物”（sum res cogitans）乃是对作为“广延之物”（res extensa）的质料世界的规定的“基础、基底、主体”（subiectum）。而所谓无生命的自然，即“广延之物”（res extensa），只不过是“我思我在”（cogito sum）这个第一定律的本质结论。乃至于上帝的实存，笛卡尔也反对中世纪式的宇宙论证明或目的论证明，而是坚持以“我思”（cogito）为出发点：我内心存在着一种无限的观念，是我有限而不完满的思维所不能达到的。[①]

可以看出，笛卡尔形而上学的基本路向是柏拉图式的。笛卡尔通过赋予“自我”（ego）以“主体”（subiectum）的地位，在先验存在学意义上展开对思维主体的本质追问，从而为近代主体性形而上学奠定了基础。而无论是个别自我的实存还是上帝的实存，在笛卡尔看来都只有通过存在学的追问途径才能够达到。接着的莱布尼茨对笛卡尔哲学做了推进。在他那里，主体的“现实性”（actualitas）、单子（实体）的本质被规定为“知觉”（perceptio）—“欲望”（appetitus）的“表象、再现”（repraesentare），这就进一步加深“实现”（energeia）以及“现实”（actualitas）的内在化。[②]

---

① 参看笛卡尔：《第一哲学沉思集》，中译本，庞景仁译，北京：商务印书馆，1998 年，第 45 页以下。

② 关于莱布尼茨通过单子论对近主体性形而上学的“现实”与“表象”统一性原理的推进，参看海德格尔：《尼采》下卷，德文本，斯图加特，1998 年，第 397 页以下。

在近代哲学中，"实存"概念的主体化过程是由康德完成的。康德在《纯粹理性批判》中对笛卡尔式的上帝此在的存在学（本体论）证明做出了一个著名的批判。康德认为，旧形而上学对上帝此在（Dasein Gottes）的存在学证明是"抽掉一切经验，并完全先天地从单纯概念中推出一个最高原因的此在"。[①] 从上帝概念出发推出上帝的此在（存在），从"上帝是万能的"推出"上帝此在"，这就好比一个商人在自己的账面上添上几个零来增加自己的财产一样。康德提出了自己的"存在论题"：

> 存在显然不是一个实在的谓词，就是说，它是关于某个东西的概念，能够加在一个事物的概念上。它只是对于一个事物或者对于某些自在的规定本身的断定。[②]

该论题首先含着一个否定陈述句："存在显然不是一个实在的谓词"。当我们说"这块石头是重的"，其中"重的"是一个实在的谓词，因为它属于"石头"这个事物的"实事内容"；而当我们说"这块石头在这里存在（是）"时，其中的"存在"（是）固然也是一个谓词，但却不是一个"实在的谓词"，因为如海德格尔所解释的，"它不是说石头之为石头所是的东西，而是说石头所包含的东西在这里实存即存在的情况"。[③] 这就是说，谓词"存在"并不指向"什么""本质"，而是指向"如何""实存""此在"。从"什么—存在"（本质）不能推出"如何—存在"（实存、此在）。因此，康德所谓"存在不是实在的谓词"，如果落实到"上帝此在"的存在学证明上面来，实际上就是否定了传统形而上学从"本质"推出"实存"的证明路向的可能性。

---

① 康德：《纯粹理性批判》，德文本，美茵法兰克福，1974 年，A590，B618；参看中译本，邓晓芒译，北京：人民出版社，2004 年，第 471 页。

② 康德：《纯粹理性批判》，德文本，美茵法兰克福，1974 年，A598，B626。

③ 海德格尔：《路标》，德文本，美茵法兰克福，1996 年，第 452 页；参看中译本，孙周兴译，北京：商务印书馆，2000 年，第 530 页。

康德的存在论题中还有一个肯定陈述句：存在“只是对于一个事物或者对于某些自在的规定本身的断定”。这话颇令人费解。关键显然是其中的“断定”（Position），后者源于拉丁文的positio，意为“设定”“被设定者”“被设定状态”。康德也用德文的Setzung（“设定”）来翻译它。“设定”显然联系于“表象”（Vorstellen）。因此，对于康德的“存在只是……断定”，海德格尔提供的一种解释是：“作为断定的存在指的是在有所设定的表象中某物的被设定状态。按照被设定的内容和设定方式，设定、断定、存在就具有不同的意义。”[①] 这也就表明，除了“存在”的逻辑的用法之外（A是B），还有“存在”的存在状态上的（ontisch）用法。前者关乎命题主词与谓词之间的关系的断定，而后者关乎自我主体与客体之间的关系的断定，或者说，关乎客体之客体性与人类认识之主体性之间的纯粹关系的断定。在《纯粹理性批判》的“一般经验思想的假设”一节中，康德端出三个“假设”（或者“公设”），用以说明：“可能存在”“现实存在”（此在）和“必然存在”，这三个存在概念（“样态范畴”）正是对上述关系的不同方式的断定。[②] 而不同的“被设定状态”是从原始的设定的源泉中获得其规定的。这个源泉在康德那里就是被称为“极点”的“先验统觉的纯粹综合”，即“先验自我”。

康德所谓“存在只是……断定”，表明他有关存在问题的探讨是明确地着眼于“此在”（Dasein）或“实存”（Existenz）来进行的。与“实存”（existentia）相应的拉丁文动词形式是sistere（安置、建立、设定），相当于德文的setzen和stellen，它本身就是与ponere（放置、设定）和“断定”（Position）相关相联的。[③] 存在（此在）不是一个实在的谓词，是不可能从客体的实事内容中获知的，这就表明，作为“断定”方式的存在样态必然源起于主体性，或者说，此在之断定及其

---

① 海德格尔：《路标》，德文本，美茵法兰克福，1996年，第453页。

② 康德：《纯粹理性批判》，德文本，美茵法兰克福，1974年，B265以下，A218以下；参看海德格尔：《路标》，德文本，美茵法兰克福，1996年，第454页。

③ 参看海德格尔：《路标》，德文本，美茵法兰克福，1996年，第475页。

样态取决于主体性。在这个意义上，我们说康德完成了“实存”概念的主体化过程。

四、实存哲学如何被狭隘化为人学？

对现代实存哲学，布埃耶（Emile Brehies）认为它的基本特征是：把形而上学的经验论与人的忧虑感结合起来了。[①] 这个看法是完全可以成立的。在引用了布埃耶的上述观点后，让·瓦尔也注意到，所谓形而上学的经验论可以从谢林、经康德而一直上溯至亚里士多德；而所谓人的忧虑感则归于基督教宗教忧虑的传统，可以上溯到中世纪的圣奥古斯丁，此外也应加上近世思想家帕斯卡尔，以及神秘主义者哈曼等。在我们看来，具有基督教背景的近代神秘主义（所谓“逻各斯神秘主义”）思潮是尤应重视的，惜乎它在思想史上一直只是一股隐秘暗流，未能形成气候。

实际上，笛卡尔以降的现代哲学已经为上面讲的两个传统的结合过程做好了准备。特别是当莱布尼茨把“欲望”（appetitus）引入自我主体的表象结构之中时，他已经为这个结合过程打下了基础。这个结合过程的进一步发展就是实存哲学向人学（人类实存论）的转变，它是在谢林和基尔凯郭尔那里起步的。

就谢林的形而上学思考来说，关键在于他对“根据”与“实存”的区分。谢林的哲学语汇有点独特。他所谓的“根据”（Grund）并不是“理由”（ratio）意义上的，而是希腊的 hypokeimenon 意义上的，指的是“基体”“基础”，所以也就是通常意义上的“实存”；而他所谓“实存”（Existenz）则是指“从自身而来启示自身的东西”，是指“实存者”，是指从实存活动方面来思考的存在者。[②] 可见在谢林那里，

---

① 参看让·华尔：《实存哲学》（中译本书名作《存在哲学》），翁绍军译，北京：生活·读书·新知三联书店，1987 年，第 7 页。

② 参看海德格尔：《谢林论人类自由的本质》，中译本，薛华译，沈阳：辽宁教育出版社，1999 年，第 166 页。参看海德格尔：《尼采》下卷，德文本，斯图加特，1998 年，第 432 页以下。

“根据”与“实存”之区分并非形而上学中关于“本质”（essentia）与“实存”（existentia）的基本区分，而是在existentia、现实、此在（Dasein）范围内做出的“实存”与“实存者”的区分。谢林这个思想具有明显的反本质主义形而上学传统的意义。这个区分实际上意味着，谢林是依循实存问题的路向对存在问题做了一个解答，因为他把“存在”（Sein）与“实存”（Existenz）等同起来了，或者可以说，把“存在”“实存化”了，认为一切“存在”都是“实存活动”（Existieren），都是“实存”（Existenz）。进一步，谢林又指出：

“意志活动就是原始存在”（Wollen ist Ursein）。[①]

意志构成存在之本质。所以，“根据”与“实存”的区分就属于意志活动本身，即存在本身。“存在包含着这种区分（Unter-scheidung）。存在本身如此这般存在着，即：存在者之为存在者把自身区分开来。”[②]

基尔凯郭尔进一步把谢林的“实存”概念狭窄化，把它限制于信仰个体的此在。在基尔凯郭尔看来，只有人才实存，才有对实在、现实的兴趣，才有一种献身于现实的信仰。基尔凯郭尔区分了主观性与客观性、主观反思与客观反思，并且把“主观反思”视为通向真理的道路。在基尔凯郭尔那里，主观性问题就是个体实存的问题。正是在此意义上，基尔凯郭尔推崇苏格拉底，因为后者已经意识到了实存的本质意义，意识到“认识者是一个实存的个人”这样一个事实。[③] 而思辨哲学（客观性哲学）却遗忘了这一点，没有看到认知精神乃是一个实存个人的精神。基尔凯郭尔也敏锐地区分了“什么”与“如何”，他的说法是：

---

① 谢林：《关于人类自由之本质以及与之相关对象的哲学研究》，德文本，斯图加特，1983年，第62页。
② 参看海德格尔：《尼采》下卷，德文本，斯图加特，1998年，第436页。
③ 参看熊伟主编：《存在主义哲学资料选辑》上卷，北京：商务印书馆，1997年，第28页。

客观的重音落在说“什么”，主观的重音落在说“如何”。[1]

“什么”指向客观的“内容”“本质”，而“如何”则指向主观的“关系”，指向“实存”的内在性。内在性领域乃是伦理—宗教的领域，在其中“重音”落在“如何”上，落在实存个体的内在真理上。

基尔凯郭尔进而引入“激情”概念，认为内在实存之“如何”的极致就是“对于无限的激情”，而“对于无限的激情”构成了作为主观性的真理。这种内在真理在客观上是不确定的、自相矛盾的、不可能的、荒谬的，它不是理智所能把握的，而只有借助于信仰。“理智一经绝望，信仰便开始呈现。”[2] 信仰的任务就在于：揭示这种荒谬的东西，并且以内在性的激情去把握它。“实存”概念被限于基督徒个体的虔信状态，“成为基督徒”意义上的“基督徒存在”。由此形成了现代意义上的“实存”概念。

雅斯贝尔斯的实存哲学差不多可以理解为康德哲学与基尔凯郭尔思想的一个结合物。他接受了康德对存在学的否定以及关于“内在形而上学”与“超验形而上学”的划分，同时又采纳了基尔凯郭尔的“实存”概念与相关思想，认为“实存”（Existenz）的意思就是：“一切现实的东西，其对于我们所以为现实，纯然是因为我是我自身。”[3] 雅斯贝尔斯同样也认为，通过客观认识的途经、借助于理性概念是不可能把握和传达人之实存的。雅斯贝尔斯又把自己的哲学目标定为“实存阐明”，于是只可能像基尔凯郭尔那样走上非理性的、具有信仰色彩的道路。雅斯贝尔斯认为，实存只存在于对“超越者”（Transzendenz）即“神性”的关系之中。“实存乃是自身存在，它跟它自己发生关系并在其自身中与超越存在发生关系，它知道它自己是由

---

① 参看熊伟主编：《存在主义哲学资料选辑》上卷，北京：商务印书馆，1997 年，第 26 页。
② 参看熊伟主编：《存在主义哲学资料选辑》上卷，北京：商务印书馆，1997 年，第 31 页。
③ 参看雅斯贝尔斯：《实存哲学》（中译本书名作《生存哲学》），王玖兴译，上海：上海译文出版社，1994 年，第 1 页。译文有改动。

超越存在所给予，并且以超越存在为根据的。”[①] 而实存哲学的旨趣就在于阐明人之实存的存在方式及其与神性超越者的关联。因此，“内在”（Immanenz）与“超越”（Transzendenz）、“世界”与“上帝”、“此在”（Dasein）[②] 与“实存”（Existenz）的关系问题，或者用他自己的话来说，“实存的飞跃”和“向超越者的飞跃”，就成为雅斯贝尔斯实存哲学的一个核心课题。

尽管海德格尔坚决反对人们对他的前期哲学做一种实存哲学式的或者实存主义式的理解和解释，但就其基本成分来说，这种哲学无疑仍旧归属于本文所讨论的“实存哲学”范围。施太格缪勒曾比较雅斯贝尔斯与海德格尔，断定前者更具非理性色彩、更多宗教激情，而后者则更具有理论的倾向。[③] 此所谓“理论的倾向”是与海德格尔前期致力于重建存在学的努力相一致的。如果说雅斯贝尔斯代表了现代哲学中拒斥传统存在学的本质—先验追问路向之后努力在神学路径上实施实存—超验追问的倾向，那么，前期海德格尔则代表着另一种努力方向：通过“实存”的追问来为存在学奠定基础，是一种重构存在学的尝试。在雅斯贝尔斯那里，“超越（者）”（Transzendenz）就是“神性”，实存的飞跃（超越）是通过非范畴、非理性的方式达到的（所谓超越世界内容、接受对超越者的实存关系、解读超越者的密码），而海德格尔则主张：“超越（者）”（transcendens）是“存在”，是存在学的课题，他的“基础存在学”的任务在于，从此在的“实存结构”（时间性—超越性结构）出发把握绝对的“超越（者）”。就表达而言，雅斯贝尔斯认为实存本身是缄默的，是不可传达的，尤其是哲学范畴和概念所不能把握和传达的，而海德格尔在前期哲学中虽然也怀着明确的反形而上学概念机制的用心，但他仍旧试图通过对传统存在学范

① 参看雅斯贝尔斯：《实存哲学》（中译本书名作《生存哲学》），王玖兴译，上海：上海译文出版社，1994 年，第 19 页。译文有改动。

② 雅斯贝尔斯所用的“此在”（Dasein）不同于海德格尔的用法，在前者那里，Dasein 标示人的事实存在，相当于基尔凯郭尔所讲的“客观性”层面，Existenz 则标示人本真的自身存在。因此，雅斯贝尔斯可以说“从此在向实存的飞跃”。而在海德格尔前期哲学中，Dasein 与 Existenz 具有同等意义。

③ 施太格缪勒：《当代哲学主流》上卷，中译本，王炳文等译，北京：商务印书馆，1986 年，第 233 页和 260 页。就前期海德格尔而言，施太格缪勒这种说法是正确的，但未必适合于后期海德格尔。

畴话语的改造，特别是通过激活和恢复哲学基本词语的原始意义和命名力量来进行此在实存论分析。

我们上面对海德格尔哲学路向的基本定位，已经由《存在与时间》导论中的一段玄言传达出来了：

> 存在绝对是超越（transcendens）。此在存在的超越性（Transzendenz）是一种别具一格的超越性，因为在其中包含着最彻底的个体化的可能性和必然性。对作为 transcendens（超越）的存在的每一种展开都是先验的（transzendental）认识。现象学的真理（存在的展开状态）乃是 veritas transcendentalis（先验的真理）。[1]

如果没有以关于形而上学的本质—实存、先验—超验结构的认识为背景，我们几乎还理解不了这段文字的宏旨大义。海德格尔在此确认了：其哲思目标是作为“超越”的存在；其入思途径是关于“此在”的“超越性”的分析，就是试图从人的“实存”（Existenz）和“此在”（Dasein）入手，重新提出和解答“存在问题”，达到“先验的认识”。海德格尔在此所谓“先验的认识”“先验的真理”极易受到误解，让人以为海德格尔是要从事一种知识学（认识论）的工作。而实际上，正如我们屡屡强调的那样，在海德格尔那里，“先验”（transzendental）之问首要的是一种指向“本质”领域的存在学的追问。而此时的海德格尔自以为也已经找到一个方法通道：存在学唯有作为现象学才是可能的。[2]

在雅斯贝尔斯、前期海德格尔（及其后继者萨特尔等）那里达到高潮的现代实存哲学包含着一个基本困难：一方面，它具有反本质主义（柏拉图主义）形而上学主流传统的显赫动机和意义，但另一方面，

---

① 海德格尔：《存在与时间》，德文本，图宾根，1993 年，第 38 页；参看中译本，陈嘉映、王庆节译，北京：生活·读书·新知三联书店，1999 年，第 44—45 页。译文有几处重要的改动。

② 海德格尔：《存在与时间》，德文本，图宾根，1993 年，第 35 页；参看中译本，陈嘉映、王庆节译，北京：生活·读书·新知三联书店，1999 年，第 42 页。

由于它把“实存”限制于人之实存，从而把实存之思推向了极端主体主义的境地，因此本身仍旧脱不了形而上学。也正因为这样，后期海德格尔在形成了更为彻底的形而上学批判立场之后，就有理由高声指责那个竭力标榜“实存主义”的萨特尔：仅仅以“实存先于本质”这个命题来颠倒传统形而上学的“本质先于实存”，那还是不够的，因为前者本身仍然是一个形而上学的命题。[①]

① 参看海德格尔：《路标》，德文本，美茵法兰克福，1996年，第328页。

后哲学的哲学问题①

内容提要：什么是“后哲学”？什么是“后哲学的哲学”？“后哲学”意味着以“存在学”和“神学”为核心的西方形而上学已经不能有效地组织和表达思想了，但也意味着“哲学”的全面胜利，它的根本标识是由技术组织起来的全球世界文明的形成，所以可以说“后哲学”时代是一个“最哲学”或“泛哲学”的时代。进一步，本文提出“后哲学的哲学”的三大主题，即哲学批判或形而上学批判、文明对话或文化沟通以及人类美好生活的可能性的筹划。

“后哲学”的第一层意义自然是对“哲学”的超越，也就是海德格尔所谓的“哲学的终结”。走向终结的“哲学”，海德格尔明言是以“论证性表象的思维方式”来思考存在者之为存在者的形而上学，它构成欧洲自柏拉图以降的“存在之被遗忘状态”的历史。而从问题结构上看，形而上学可区分为“存在学（本体论）”的“本质—先验追问”与“神学”的“实存—超验追问”两个基本路向。② 因此，所谓“后

① 系作者在由中国社会科学杂志社、学术界杂志社共同主办的“当前哲学研究的问题”研讨会（2006年5月12日至17日，安徽黄山市）上的发言。原载《中国社会科学》，2006年第5期；后收入拙著《后哲学的哲学问题》，北京：商务印书馆，2009年，第337页以下。

② 参见孙周兴所撰有关“形而上学”课题的系列论文，主要有：《形而上学问题》，载《江苏社会科学》，2003年第5期；《超越·先验·超验》，载孙周兴、陈家琪主编：《德意志思想评论》第一卷，上海：同济大学出版社，2003年，第82页以下；《本质与实存——西方形而上学的实存哲学路线》，载《中国社会科学》，2004年第6期。

哲学”或“后形而上学”，即是“后存在学”和“后神学”的二元结合体。

在这个二元结合体中，“后神学”要素早已为尼采所揭示。我们通过尼采“上帝之死”的判词熟悉了这位被海德格尔称为“最后的形而上学家”的反（非）神学立场。不过，以“积极的虚无主义者”标榜自己的尼采同样也是反存在学意义上的哲学的。以尼采的讲法，“虚无主义者”具有双重的否定立场：“对于如其所是地存在的世界，他断定它不应当存在；对于如其应当是地存在的世界，他断定它并不实存。”① 这种双重否定一方面指向由“存在学”（本体论）构造的“存在（本质）世界”，另一方面则指向由“神学”构造的“应当（理想）世界”。海德格尔后来所开展的形而上学批判工作繁复而细密，但其宏旨要义不出乎尼采的这种“双重否定”。

尼采之后的几十年间，欧洲哲学界出现了一个“存在学”（Ontologia）研究的高峰期，胡塞尔、海德格尔、萨特尔等世纪大哲均做出了重建存在学的思想努力，甚或干脆把自己的哲学标识为“存在学”；更有哈特曼和茵伽登两位体系哲学家，分别端出了煌煌三大卷的“存在学三部曲”。欧洲哲学史上从未有过这样一个时期，有如此之多的哲学家集中来讨论“存在学”这门难缠难解的学问。而令人深思的问题是：这场主要由现象学发动起来的存在学重建运动，其思想动机为何？意义何在？为何发生在20世纪上半叶而又很快在第二次世界大战之后落潮？

在我看来，这场存在学重建运动是与尼采的虚无主义命题相关联的，本身起于这样一个动因，即：人们试图在后基督教神学时代里寻求世界观—价值观的有效替代物，尽管在义理上，致力于存在学重建的哲学家们多半并不强调、甚至并不承认自己的工作具有伦理实践的指向和意义，而是或者提出了前伦理的哲思要求，或者提出了前理论

① 尼采：《权力意志》，第585条；科利版《尼采著作全集》第12卷，9［60］，柏林，1988年；据科利版译出的《权力意志》上卷，中译本，孙周兴译，北京：商务印书馆，2007年，第418页。

的本源性奠基要求。其实在第一次世界大战之际，一些目光深远的高超思想家已经对自己的存在学重建工作的困难有所觉悟了，而第二次世界大战的灾难现实更加促发了他们的思想转变。

可以认为，西方20世纪上半叶的存在学重建的努力，只不过是以柏拉图主义为本质的西方存在学哲学传统的一次“回光返照”，虽然猛烈，虽然令人激动，但终究回天无力，最后多半落下“未完成”的遗憾。

一个“后哲学”时代到来了。作为“后存在学—后神学”的“后哲学”意味着“哲学”——以“存在学”和“神学”为核心的欧洲—西方的Philosophia——已经不能有效地组织和表达思想了，或者说，在“后哲学”时代里，“哲学”业已丧失了指向可能性的反应和作用力量。海德格尔认为这就是尼采的虚无主义命题的真义所在。海德格尔明确指出，尼采的“上帝死了”这句话意思就是说：“超感性世界没有作用力了。它没有任何生命力了。形而上学终结了，对尼采来说，就是被理解为柏拉图主义的西方哲学终结了。”① “上帝死了”这个判词针对的是以“柏拉图主义”为核心的西方哲学整体，虽然它首先意味着：“不再有上帝显明而确实地把人和物聚集在它周围，并且由于这种聚集，把世界历史和人在其中的栖留嵌合为一体。”②

海德格尔本人就经历了从“哲学”向“后哲学”的转变。在20世纪30年代之前的前期存在学试验中（主要在1927年的《存在与时间》中），海德格尔试图重振哲学，把“存在学”建立在“实存论（生存论）”的基础之上，构造一门他所谓的“基础存在学”；虽然海德格尔做了不少词语改造方面的努力，但他使用的基本词语仍然是传统的“哲学的”。这表明，前期海德格尔依然相信，“哲学”的思想方式和表达方式还是有力量的，至少可以通过改造恢复其思想力量和原初命名力。但在

① 海德格尔：《林中路》，德文本，美茵法兰克福，1994年，第217页；参看中译本，孙周兴译，上海：上海译文出版社，2004年，第231页。

② 海德格尔：《林中路》，德文本，美茵法兰克福，1994年，第269页；参看中译本，孙周兴译，上海：上海译文出版社，2004年，第281页。

20世纪30年代以后，海德格尔则完全放弃了这种企图，转而开始尝试他所谓的“思想”（Denken）和“道说”（Sagen）了——一种“后哲学”或“非哲学”的“思”和“言”。

我们说“后哲学”标志着哲学方式的“失效”，但这只是“后哲学”的一个方面，而且容易给人造成错觉，仿佛哲学已经离我们远去，已经不再影响和触及当下现实和此在生命了。实际上，哲学的“失效”或者如海德格尔所谓“哲学的终结”并不是一个既成的事实，而是一种正在发生的事件（Ereignis）。海德格尔说“终结”就是“完成”，就是“聚集到它的最极端的可能性中去”。[①] 我们也可以说，“失效”即把它的效力发挥到极致。哲学的“失效”的另一面却是哲学的极端效应。即是说，“后哲学”同样也意味着“哲学”的全面胜利。“哲学”全面而彻底地得到了展开和实现，通过科学—技术—商业的轨道把自身的可能性消耗殆尽了。“哲学”的全面胜利也表现在：“哲学”的这种展开和实现不再是地域性的，即欧洲—西方的了，而是全球—世界性的了。“哲学”完成了，世界全面技术化了，我们面临着“后哲学”的问题。

在“后哲学”的语境里，如果采纳海德格尔的建议，我们最好不再使用“哲学”这个欧洲—西方的专名，而是用“思想”来标识全球—技术时代多元文化沟通中生成的、可能的非哲学的思想努力。海德格尔这个建议用心良苦，本不是对字面的玩弄和固执。所谓“后哲学”的“思想”至少可以表明一种姿态，一种指向未来、指向多元文化交往和沟通的姿态。[②]

因为“后哲学”也意味着“哲学”的全面胜利，它的根本标识是由技术组织起来的全球世界文明的形成，所以欧洲的—西方的“哲学”已经是、而且越来越是世界性的了。正是从这个意义讲，“后哲学”时

① 海德格尔：《面向思的事情》，德文本，图宾根，1976年，第63页；参看中译本，陈小文、孙周兴译，北京：商务印书馆，1999年，第70页。

② 无奈的是，尽管有诸多现代思想家的指控，但“哲学”这个名称似乎寄存了人类太多的美好愿望，以至于我们经常顾不上义理的分梳，愿意把它用作表示多元思想的普遍名称。

代是一个“最哲学”或“泛哲学”的时代，我们今天面临的问题也因此具有了“哲学”特性。那么，这样一个普遍“哲学的”现实向我们提出了何种思想课题呢？

在我看来，“后哲学”的第一大主题是哲学批判或形而上学批判。“后哲学”的前提性使命仍是批判性的和解构性的。20 世纪 80 年代，哈贝马斯在《后形而上学思想》一书中概括了“四种现代思想的主题”：一是后形而上学，二是语言学转向，三是理性的定位，四是理论优于实践关系的颠倒，或者说对逻各斯中心主义的克服。哈贝马斯认为这四个主题均属于 20 世纪哲学研究最重要的原动力。① 哈贝马斯的这个概括更多的是着眼于当代西方哲学内部的论题，而且后三项均具有“后形而上学”性质，实际上是对第一项即“后形而上学”或者“后哲学”主题的分述。

“后哲学”的思想的基本主题在于“哲学”本身，即在于“后形而上学”或者“形而上学批判”。在这个处于“后哲学”之“转向”的时代里，“哲学”本身受到了前所未有的追问。如我们所知，现代欧洲哲学中的形而上学批判起于 19 世纪中期的基尔凯郭尔和马克思等哲人，在 20 世纪蔚然成风。如果说 20 世纪上半叶的形而上学批判多半与形而上学重建联系在一起，或者说是以形而上学重建为目标的，因此带有某种不彻底性，那么，20 世纪下半叶的形而上学批判就有了更纯粹的“后形而上学”意义了。可以预期，“哲学批判”仍旧是新世纪世界哲学的思想任务，自然也是一个交互文化的课题了。

“后哲学”的第二大主题是文明对话或文化沟通。在 20 世纪历史阶段，全球市场—经济共同体日趋成熟，全球化进程的步伐日益加快，以我们的说法，就是“哲学”越来越渗透和扩张到全球范围内。世界已然成为“这一个世界”，是“这一个”为“哲学”所规定的世界。通过现代技术以及以之为基础的现代工商业，人类走向了前所未有的

① 哈贝马斯：《后形而上学思想》，中译本，曹卫东、付德根译，南京：译林出版社，2001 年，第 6—8 页。

“世界大同”（“世界大一统”）。人已经成为“世界历史性的”（马克思语）了。在我们这个“世界历史”的时代里，各民族文化传统之间的遭遇和冲突已经成为一个根本难题，保护文化多样性的呼声日益高涨，民族主义和基于种族文化差异的暴力日益升级。因此，在“这一个世界”里，如果可能有一种“全球哲学”（“世界哲学”）的话，它的首要任务当是交互文化沟通和文明对话。

“文明对话”这个主题首先应落实到“哲学”层面上，或者说它根本上就是一个哲学课题。当代德国哲学家赫费在把“交互文化商谈”（interkulturelle Diskurse）确立为全球化时代哲学的第一任务之后进一步指出，在这种“商谈”中最根本的课题是哲学的性质问题，即：是否哲学不仅起源于希腊，而且也维系于希腊文化的特性？除希腊—欧洲哲学外，是否还有非欧洲的哲学，如亚洲的、非洲的、伊斯兰的哲学？[①] 赫费的问题并非新鲜话题。自黑格尔以来，一直到海德格尔、德里达等20世纪思想家，哲学的特性以及非欧洲的文明类型有无哲学的问题一再被提出。而在“后哲学”时代里，这个问题已经可以放置到一个非种族中心主义的讨论平台上，因此应该可以有一个更确当的解答了。

就中西对话而言，我愿意强调的是汉语思想文化相对于欧洲哲学文化而言的高度异质性。地域上的历史隔绝状态使传统汉语思想文化成为欧洲—西方哲学的一个最鲜明的“他者”。[②] 文字传达上的一个有力例证是：汉语思想—欧洲哲学之间的翻译与印欧语系内部的互译（例如英—德、法—德之间的互译）是完全不能相提并论的。而在近代以来中国与欧洲的实质性交往过程中，这种“他者”的身份特性已经或者正在被逐渐消磨掉。现代汉语思想是否以及如何可能表达高度异质的西方思维？现代中国哲学已经走在通向欧洲—西方哲学以“存在学”和“神学”为核心的超越性思维的途中吗？或者，由于语言、传

---

① 赫费：《哲学简史》，德文本，慕尼黑，2005年，367页。

② 法国当代学者于连的“迂回与进入”策略，其着眼点即在于此。参看于连：《迂回与进入》，中译本，杜小真译，北京：生活·读书·新知三联书店，1998年。

统和文化的限制，虽借着百来年的努力，我们仍旧无以达到“哲学”的超越境界？若是后者，则我们还不得不追问现代汉语哲学的合法性。[①]

“后哲学”的第三个主题是人类美好生活的可能性的筹划。赫费把它表达为“人道的生存（实存）”（humane Existenz）的问题。[②] 人（个体、集体、共同体）如何可能自为地和互为地过上一种美好的和公正的生活？人的问题，人的美好生活的可能性问题，固然是任何时代的哲学或思想都要关心的，但在“后哲学”时代里，这个问题变得尤为突出和尖锐了。现象学家舍勒早在20世纪20年代就断言：历史上没有任何一个时代像当代这样，人自身成了难题。[③] 而与舍勒的时代相比较，在今天的时代境况里，个体认同（同一性）成了最大的现代性难题。我们面临着这样一个两难局面：一方面是通过现代技术的人类“普遍化”（世界化）趋向，以及由此带来的人性平均化和普遍化；而另一方面则是日益强烈的“个体化”（个体认同）诉求。我们今天的认识和判断就在这样紧张的两极之间摆动，所以经常捉襟见肘，自相矛盾，找不到依持的原则和准则。“自由”本是“自决”的前提，但恰恰是现代社会个人的自由维度的极大拓展导致了个人自决的前所未有的困难。在这个相对主义时代里，当一切宏大叙事、伟大理想、神圣信念都受到置疑之后，我们如何获得思考、判断和表态（表达）的同一性和确定性？我们如何获得和构造判断的原则？我们还能坚持什么？

美好的生活必然是公正的生活。如何可能建立一种公正的社会和世界秩序？虽然历史上的哲学和思想传统一直都在关心这个问题，但恐怕只有在我们时代，这个问题才被放大到世界历史的广度和高度上。在这一点上，尼采显示出一种先知先觉，他在一个多世纪前就已经把

---

① 参看孙周兴：《超越之辩与中西哲学的差异》，载邓正来主编：《中国书评》，第一辑，桂林：广西师范大学出版社，2005年，第70页以下。

② 赫费：《哲学简史》，德文本，慕尼黑，2005年，第369页。

③ 舍勒：《全集》第九卷，德文本，伯尔尼，1976年，第11页。

“公正”（Gerechtigkeit）设立为真理的本质，即“作为权力意志的存在者之真理的本质”，以此来替代近代知识学意义上的真理概念。这种“公正”自然不是一个任何意义上的伦理概念了，而是“超越善与恶的细小视角”的，被尼采称为“生命本身的最高代表”，因此是一个形而上学的概念。

人如何可能过上一种美好的、公正的生活？亚里士多德意义上的实践哲学（政治哲学、社会哲学、伦理学）在当代的复兴乃是题中之义了。然而在这一点上，也许我们同样得记取尼采给出的一个警示：正是对幸福生活的过度关怀（尼采讥之为“可恶透顶的幸福要求”）败坏了早期希腊哲学，毁掉了悲剧时代美好的希腊文化和人性状态。[①]尼采这个主张至少可以提示我们，对于人类美好生活的可能性问题，仅有政治—伦理层面的关注是不够的，还需要有一种“后哲学的思想”关照后哲学的人类文化的困局。后期海德格尔一直在寻求一种既非理论的又非实践的，而是超出两者之分别的本源性“思想”。但这种“思想”到底具有何种品质？它的严格性何在？它的非理论性质如何担保它的自律和意义？它的非实践性质又如何可能为它提供对于人类实存的有效性诉求？凡此种种，按我的理解，正是海德格尔后期思想的最大困惑所在。

我认为，后哲学的“思想”虽然是非形而上学的，但仍旧必须取得一种高位或深度，一种“准形而上学的”高位或深度。因为首先，一种美好生活的可能性的筹划不能仅仅取得或者仅仅具有政治—伦理的基础。后哲学的“思想”面对的是一个被“哲学—形而上学”所规定的普遍技术化的现实，对此现实的政治—伦理维度的探讨是完全必然的，但又是不充分的。更重要的，人类今天面临的文化形势可能是极端的、终结性的——人类可能正处于“完成”阶段，必须有一种透彻的、深沉的、全局的思想。

对于现代文化和人类实存的境况，我在此试图借助于尼采，提出

① 参看尼采：《哲学与真理》，中译本，田立年译，上海：上海社会科学院出版社，1993年，第163页。

一个“文化失控”的命题。现代人类早已处身于一种“文化失控”的状态中了。所谓“文化失控”意思是说：现代文化失去了应有的节制，或者说，已经失去了自控的能力，不再有均衡协调的发展。现代文化已经成为一种放肆无度的文化。毫无疑问，现代文化的“失控状态”是由现代技术工业带动起来的，它是现代欧洲技术工业文明的一个本质后果。它在20世纪得到了全球性的展开。现代技术借助于工业—商业构成了一种不断加速的社会刺激。一切都在技术的强力激励下飞速运转起来，而一种制衡的力量付诸阙如。

尼采在世的时候，上述“文化失控”的形势尚未全盘呈现出来。但作为文化批判的天才，尼采已经洞察了现代文化所面临的一道基本难题。尼采认为，一个民族的文化就表现在对他们的各种冲动的“协调控制”。为何希腊悲剧时代的文化状态和人性状态如此优异和美妙？是因为当时“希腊人的全部冲动都表现了一种控制性协调”，他们“控制”得当，他们以“哲学控制知识冲动”，以“艺术控制迷狂和形式冲动”。[①] 在这种“控制性协调”意义上，希腊悲剧时代的诸文化元素，尤其是其中艺术与哲学两大要素，处于分与合、肯定与否定的协调状态中。而在后苏格拉底时代里，艺术和哲学落入失控、放任状态。这种“失控”的最明显标志是科学理性的过度发展。尼采说，在苏格拉底这位“乐观主义科学精神”的始祖那里，最早形成了“对自然界可知和知识万能的信仰”，[②] 此后便一发不可收拾了。

现代文化的放任状态在现代艺术中表现得最为露骨。在经历了20世纪上半叶现代主义的极端主观性艺术的疯癫之后，当代艺术家们显得黔驴技穷，只好在材料方面下苦功夫。纸张、颜料、木材和石头等传统的创作材料对于今天的前卫艺术家们来说已经过时了，他们现在把现代技术制造出来的新色材料悉数玩弄起来。在这方面，新艺术家们可以说已经达到了随心所欲的境界。利用电子技术的新媒体艺术蓬

① 尼采：《哲学与真理》，中译本，田立年译，上海：上海社会科学院出版社，1993年，第25页。
② 尼采：《悲剧的诞生》，第17节；科利版《尼采著作全集》第一卷，柏林，1988年，第111页。

勃发展。装置艺术已经什么都可“装”和可“置”了。据说行为艺术家甚至连人的肉体也不放过了，已经出现了剥人皮、展览死人头颅的惊人“作品”——这正应了尼采的断言：现代艺术已成“制造残暴的艺术”。众所周知，20 世纪艺术思潮的数量之巨以及更替速度之快，是史无前例的（哲学同样如此）。但这显然并不能证明现代艺术的成功，更不能因此就说现代艺术达到了前所未有的辉煌。实际情形可能恰好相反。19 世纪老黑格尔关于“艺术的终结”的命题，依然在我们的时代面临着咄咄逼人的考验。

哲学与艺术的形势是现代文化失度和失控状态的最显著表征。“哲学的终结”与“艺术的终结”本就是一体两面的。我们需要直面后哲学和后艺术的哲学（思想）和艺术难题。我们时代的哲学（思想）与艺术共同面临着这样一种两难处境：它们一方面要在存在学意义质疑“对象”的自在持存性和坚固性，另一方面又要在知识学意义上否定“自我”的先验确证性和确定性。在我看来，这种双重的动摇正是现代艺术失于无度、现代思想沦于轻率的根源所在。而关键是要在不确定的“对象”与同样不确定的“自我”之间重新定位，重新寻找思想和创作的确信感觉。

后哲学的思想需要重新确认自身的使命。后哲学的思想是艰难困苦的，因为它是世界性的（而非种族中心的），但又要具有地域—民族的植根性和多元性；因为它是有政治—实践指向的（而不是形而上学的和知识学的），但又要取得普全的意义和严格的法则；因为它在情绪上超越了存在学上的惊奇和知识学上的怀疑，但又难以在毫无节制的漂浮不定的时代里取得一种坚定稳重的姿态。

而无论如何，后哲学的思想的前景取决于它是否能够直面技术困境和价值虚无这两大现代性难题，或者说，在文化失控的时代现实里，它是否能够构成一种低沉的、节制的、持守的、坚实的力量？

第四编

当代艺术

尼采与现代性美学精神[①]

内容提要：尼采早期著作《悲剧的诞生》被认为现代美学和艺术哲学的开山之作，对现代主义艺术影响深远；但尼采美学不限于《悲剧的诞生》，对艺术和审美现象的关注贯穿了尼采哲思的终生。尤其在晚期（《权力意志》时期），尼采又重归艺术，重又赋予艺术以特别重要的地位，形成了一种以权力意志为基石的生命美学。本演讲试图围绕冲突与和谐、复魅与祛魅（神话与启蒙）、身体与观念、力感与颓废、瞬间与永恒、艺术与哲学六大“对立”概念，全面解析尼采的艺术哲学，揭示尼采美学的现代性内涵及其对于现代主义艺术和当代艺术观念的意义。

今天是“五四”，我们在此重温尼采（Friedrich Nietzsche，1844—1900年）及其艺术哲学，是特别有意义的。尼采大概是中国被阅读最多的外国哲学家了，没有之一；在20世纪中国的两次启蒙运动（“五四”新文化运动、20世纪80年代思想解放运动）中，尼采发挥了标志性的传统“破坏者”和个性“解放者”的作用；而在最近的十几年来，差不多从2000年开始，尼采又在中国重新升温，这一次尼采却似

① 本文系作者2017年10月26日下午在华东师范大学哲学系做的学术报告。修订版以《尼采与现代美学意识的开端》为题于2018年5月4日在中央美术学院重讲。原载《学术界》，2018年第6期。

乎主要成了“反启蒙”的古典“保守主义者”。时势之变引发的尼采形象之变，实在令人唏嘘，也足以让人反思。

我们知道，在很长一个时期里，尼采一直被做了美学化和文艺化的理解，在我们这儿经常被称为“诗人哲学家”。这不算有错，尼采当然是美学家，而且也是美文家，但显然也不只是一个美学家和美文家而已。尼采首先以《悲剧的诞生》（1872 年）名世，而这本书确实已成为现代美学和艺术哲学的开山之作，也对欧洲现代主义艺术产生了决定性的影响。但如果我们仅仅把《悲剧的诞生》理解为美学经典，那我们就显然低估了这本书，因为尼采在是书中提出了一个文化批判意义上的哲学理想。即便就尼采美学而言，我们也不能仅仅限于《悲剧的诞生》，对艺术和审美现象的关注贯穿了尼采哲思和写作的终生，尤其到晚期（即《权力意志》时期），尼采重又赋予艺术以一种特别重要的地位，形成了一种以权力意志为基石的生命美学。如果一定要贴个标签，我愿意说，前期尼采哲学是一种“文化哲学”，后期尼采哲学则是一种“形而上学”。美学在尼采这里始终是服务于他的哲思的，但显然，这并没有降低尼采美学的意义。

那么，尼采美学何以成为现代性美学意识的开端？尼采美学的现代性意义何在？生活在 19 世纪中后期的尼采究竟与现代主义艺术和当代艺术有什么关系呢？我们谈尼采和尼采美学久矣，但未必就真正深入堂奥了。熟知经常构成蒙蔽。我们大概更多地停留在阿波罗与狄奥尼索斯两个神话形象上，只觉得酒神精神好，狄奥尼索斯强。本演讲试图深入一步，围绕“冲突与和谐”“复魅与祛魅/神话与启蒙”“身体与观念”“力感与颓废”“瞬间与永恒”“艺术与哲学”六组在某种意义上构成对立的概念，从总体上解析尼采的艺术哲学，揭示尼采美学的基本精神及其对现代主义和当代艺术观念的意义。

一、冲突与和谐

我要讲的第一组概念是“冲突与和谐”，也可以表达为“以冲突论反和谐论”，意思就是说，尼采美学主张“冲突论”而反对传统美学的“和谐论”。不过，尼采本人并没有说“和谐论”，而是声称要反对“明朗”说，也即要置疑长期以来人们推崇的关于希腊人和希腊艺术的“明朗”规定。① 所谓“明朗”的德语原文是 Heiterkeit，其基本含义为“明亮”和“喜悦”，英译本作 serenity，比较接近于我们的汉译“明朗”。

“明朗说”指的是什么？有错吗？错在哪？据我的理解，尼采的“明朗说”其实指向欧洲传统美学的“和谐论”，后者基于近世学者对古典时代的艺术和文化的想象，就像温克尔曼对古典艺术所做的著名描述，即所谓“高贵的单纯，静穆的伟大”（edle Einfalt und stille Gröβe）。近世文人多有美化古典文化的倾向和爱好，他们的基本逻辑很简单：今日世风日下，人心不古，古时候多好，古时候有美好乐园，惜乎早已失落了。这样一种倾向和爱好，我曾称之为“乐园情结”，德国古典时期的学者如温克尔曼、黑格尔等是这样，德国现代哲人尼采、海德格尔也有此情结——虽然尼采崇尚古希腊悲剧，海德格尔主张返回前苏格拉底思想开端，其动机与德国古典哲学时期已大有不同。

和谐是古典美学的基本理想，这个理想可具体化为明快、比例、理性、规则等审美原则。在近世古典学者眼中，古希腊雕塑和建筑就是和谐美的典范。但尼采完全不能同意这样一种规定性。在尼采看来，无论是古希腊的人性还是古希腊的艺术，根本谈不上和谐、明朗和欢快之类。人生在世，生命此在（Dasein）的底色倒是痛苦、悲伤、冲突和分裂。这就是尼采引用过的昔勒尼的故事的寓意：人生有限，活着最苦。② 艺术和哲学如果不能解这道人生难题，那它们有何用场？尼采这个想法当然跟叔本华的悲观主义哲学有关，众所周知，后者把人生解为无聊与痛苦之间的往复循环的钟摆。正是叔本华激起了青年尼采的哲思兴趣，同时也毁掉了作为语文学家的尼采。

---

① 尼采：《悲剧的诞生》，中译本，孙周兴译，北京：商务印书馆，2012 年，第 3 页。

② 昔勒尼的故事大意是：人世间头等好事是不要出生，次等好事是快快死掉，最惨的是苟延在世活在人间。参看尼采：《悲剧的诞生》，中译本，孙周兴译，北京：商务印书馆，2012 年，第 32 页。参看拙著《未来哲学序曲——尼采与后形而上学》，上海：上海人民出版社，2016 年，第 4 页以下。

除了哲学家叔本华，当时更有音乐大师瓦格纳深深地影响了尼采。正是瓦格纳直接把尼采引向了希腊悲剧（虽然这方面也有叔本华的影响）。一方面，瓦格纳对北欧神话的关注启发了尼采，尼采此时是年轻的语文学教授，关注古典学术当在情理之中，但他的“通过艺术重建神话”的理想则来自瓦格纳；另一方面，尼采有良好的音乐修养，他对音乐—悲剧艺术的重视同样也与瓦格纳大师有关，特别是瓦格纳对音乐—歌剧艺术的变革和创新，让尼采有可能重新理解艺术的本质。

受贝多芬的影响，瓦格纳提出了“音乐戏剧/乐剧”的概念。贝多芬的《第九交响乐》已经让戏剧性要素进入音乐之中；瓦格纳则更进一步，直接把管弦乐队搬进了戏剧。在音乐技巧方面，瓦格纳做了革命性的改造，取消传统音乐句法，解放不和谐音，强调不均衡性和变化不定，这些变化都顺应了语言本身在声音节奏上的无规律性，从而使乐剧获得了散文化特性。从《特里斯坦与伊索尔德》开始，瓦格纳发展了一种新的音乐体系，特别是采用了一种不断发展的没有解决的和声，以及由之来规定的不断流动的所谓“无限旋律”。所有这些音乐艺术的革命和新艺术观念对尼采极具震撼力，瓦格纳在艺术上的成功更让尼采折服。尼采进一步把瓦格纳的艺术理想和艺术观念用于对希腊悲剧艺术的分析和探讨上，形成了更稳靠的理论表述。

尼采的讨论风格是直截了当的。在《悲剧的诞生》中，尼采一上来就道破天机：希腊艺术的本质在于阿波罗精神与狄奥尼索斯精神的二元性紧张关系。尼采如是说：“在希腊世界里存在着一种巨大的对立，按照起源和目标来讲，就是造型艺术（即阿波罗艺术）与非造型的音乐艺术（即狄奥尼索斯艺术）之间的巨大对立。”[①] 而古希腊悲剧（阿提卡悲剧）之所以成就为最伟大的艺术，是因为通过“希腊意志”的一种神奇的“形而上学行为”，阿波罗和狄奥尼索斯这两大对立元素“交合”在一起了。这里所谓“交合”不是辩证法意义上的对立统一，不是和谐，而是一种张力状态，是一种紧张的差异化交织运动，所以

① 尼采：《悲剧的诞生》，中译本，孙周兴译，北京：商务印书馆，2012年，第19页。

也不是简单的“二元性”，而是更应该接近于海德格尔后期思想中的“二重性”（Zwiefalt）。尼采这里的意思很清楚：希腊艺术不是因为和谐或明朗而成其为艺术，而是因为对抗和冲突。艺术的本质是冲突而非和谐。

尼采之后艺术变了。现代艺术反古典传统而行，强调对抗、紧张、冲突更甚于统一、明快和和谐。我们在20世纪看到的现代艺术（现代主义艺术），更不用说战后的当代艺术，无论是听觉艺术还是视觉艺术，都与传统艺术有了巨大的差别。无论是阿诺尔德·勋伯格的“无调性音乐”，还是巴勃罗·毕加索狂野的现代主义绘画，都不再以和谐和规则为美的标准了。现在我们可以说，正是尼采——更准确地应该说是瓦格纳和尼采——规定了现代艺术和当代艺术。

二、复魅与祛魅

尼采是启蒙批判者，他追随瓦格纳的艺术理想，以神话性抵抗启蒙理性，从而发起了复魅与祛魅之争。从历史线路上看，这种争论可上溯哈曼与康德的启蒙争辩，下启阿多诺和海德格尔的启蒙批判，甚至于当代艺术中的神秘主义倾向。

尼采写作《悲剧的诞生》时才二十几岁，刚当上巴塞尔大学的语文学教授。受瓦格纳的影响，尼采写了这本完全不是语文学的、学术上不太规范、但在尼采著作中仍算比较学术的著作。在这本书里，尼采贯彻了瓦格纳的艺术神话理想。

在瓦格纳看来，艺术的使命在于重建神话。这话听起来颇有点荒唐，历经启蒙和工业文明改造的现时代还需要神话吗？关键在于对“神话”的理解。瓦格纳所谓“神话”不光是指上古传说意义上的神话，比如古希腊神话；神话不是已经远逝的古旧之物，也不是虚构的和虚假的，而是在任何时候都是真的、是任何时代都需要的。以我的理解，瓦格纳所谓的“神话”更是指为当下人类生活赋义的神奇性或者神秘性（奇异性）。哪怕到今天，在高度启蒙和祛魅的技术时代里，我们的生活世界依然充满幽暗不明的神奇和神性，后者是人类生活的意义和趣味所在。即便在我们此时此刻的这样一个课堂里，你能说一切都是敞亮清晰的吗？不，当然不是。今晚这里光线很好，我看到你们，你们也看到我，但依然有许多幽暗面，依然浮动着许多神秘的东西。我为什么来这里，你们为什么来这里？未必说得清楚，也难以做简单的因果说明。今天这个语境是怎么构造起来的？有许多东西是我们看不到的，而这些隐蔽的看不到的因素倒可能更重要，是构成语境的根本要素。

显然，瓦络纳对“神话”做了一种广义的和当下化的理解，进而认为“诗人的任务只是解说神话”[①]。诗/艺术就是要讲“神话”。艺术不能只讲“人话”，而要讲“神话”——这个意思不难理解，“人话”谁不会讲呀？我们天天都在讲“人话”，多半是废话。现在的网络语言中有一句：你不说话会死吗？不说话当然不妙，当然会死，因为人是语言的动物。人总归是讲“人话”居多。但瓦格纳认为，对于艺术和艺术家来说，关键在于讲“神话”，不然何来艺术？何谓艺术家？

区分“人话”与“神话”，兹事体大。真正的艺术和哲学，恐怕都得突破“人话”而进入“神话”。海德格尔晚期不断地思考一个问题，即人如何通过“诗”与“思”这两种方式实现对“存在之道说”的响应和响应，他所谓的“道说”（Sage）即是“神话”，而“诗”与“思”则是人突破“人言”的方式，也可以理解为对日常生活世界之范限的突破。在人世（文化世界）向存在本身（“神秘”）的突进中，“诗”与“思”作为“人言”向“道说”的转换便具有了“复魅”的意义。

瓦格纳的考虑更多的是直觉性的，他看到了启蒙的祛魅作用而致人类生活的苍白化和单一化，试图通过重建艺术—神话来挽救现代文明。瓦格纳给我们讲的是北欧神话。瓦格纳歌剧中最有名者是两部晚年作品，即《尼伯龙族的指环》（一译《尼伯龙根的指环》）和《帕西

① 瓦格纳：《诗歌与著作集》第 7 卷，德文本，美茵法兰克福，1983 年，第 188 页。

法尔》都以北欧神话（日耳曼神话）为主题。从瓦格纳出发，尼采转而去研究希腊悲剧艺术，去讲希腊神话。我们可以猜测他对此肯定深感得意，以为自己比瓦格纳要高明了，因为希腊神话是欧洲的，而北欧神话只是一个民族（日耳曼民族）的，所以在课题域上已经超越了瓦格纳。但无论如何，无论是瓦格纳的北欧神话再造还是尼采的希腊神话重解，他们俩的思想宗旨是一致的：赋予艺术一种反启蒙—祛魅的“复魅”使命和功能。

如何理解艺术的“复魅”使命？或者说如何理解艺术与启蒙理性（科学）的关系？我认为我们可以关注两点：首先，艺术（尤其是当代艺术）根本上是一种抵抗，对科学和技术工业及其制度形式的抵抗。在今天这个技术统治时代里，我们已经难以简单地主张反科学、反技术，但我们可以通过艺术构成一种抵抗的力量，来节制一下技术不断加速、不可阻挡的进展。其次，艺术根本上就是一种“神秘化”，是一种创造和守护事物之神秘的力量。德国当代艺术家约瑟夫·博伊斯的说法是，未来的艺术要创建一种新神话；而安瑟姆·基弗径直说：我不是在揭示神秘，我是要创造神秘。战后德国当代艺术中出现的“复魅”诉求，显然与瓦格纳—尼采的艺术理想接通，是特别值得我们关注和深思的。

三、身体与观念[①]

我要讲的第三组概念是“身体与观念”。在20世纪的西方哲学中，身体问题已经成为哲学思考和争辩的重大课题，而这是与尼采有直接关系的，正是尼采发动了一场以身体性反观念性的思想运动。我们知道，心—身关系问题是近代以来西方哲学的基本问题，在心—身（灵—肉）二元中，近代哲学是唯心和唯灵的，身或肉则是被贬低和被蔑视的。身体是什么？身体无非是精神要挣脱的“臭皮囊”。基督教神

① 参看拙著《未来哲学序曲——尼采与后形而上学》，上海：上海人民出版社，2016年，第204页以下。

学更加剧了这种对身体和肉体的敌视。尼采率先反对这种心身二元论，名之为“柏拉图主义”，力图解构这种以超感性领域压制感性领域的哲学和宗教传统。

尼采的解构策略是他的备受误解和争议的“超人”观。“超人”（Übermensch）总是在字面上被理解为牛逼哄哄的神人、天才、大亨之类，总之是具有强大权力意志的威势人物，估计希特勒就是这样读尼采的。希特勒法西斯主义的尼采解读更强化了这样一种理解。但其实，尼采的“超人”不是“向上”的，而是“向下”的。在《查拉图斯特拉如是说》序言中，尼采给他的“超人”理想下了一个定义：“超人”乃是大地的意义。“超人”怎么会跟低下卑贱的“大地”联系在一起呢？这正是尼采让人误解的地方。

尼采所谓“超人”首先是反对传统的人的概念的，是要否定传统哲学关于人的本质的规定。尼采把整个欧洲哲学传统称为“柏拉图主义”，又名之为“两个世界论”，也就是认为，在可感可触的“感性世界”之外或者之后有“另一个世界”，即理念/理性的世界、神性的世界和自由的世界，一个超尘世的“超感性的世界”，而只有后者才是知识的对象，也才是人性追求的目标。落实到人的理解和规定上来，此所谓“两个世界论”其实就是心—身、精神与物质的二元论，但就它崇尚理性心灵、否弃感性身体，强调二元中的一元而言，它其实是一元论，即马克思所批判的“唯心主义”。尼采写道：“从前，灵魂轻蔑地看着身体：而且在当时，这种轻蔑就是至高的事情了——灵魂想要身体变得瘦弱、恶劣、饥饿。灵魂就这样想着逃避肉体和大地。”① 尼采发出的呼声却是：忠实于大地吧！

尼采有句名言：“人是尚未被确定的动物。”② 为何？因为一旦人被规定为理性的动物，则人就是“超肉身和超形体的东西”。于是，在尼采看来，人就不可能完整地被理解和规定，无论是人的肉身、感性

① 尼采：《查拉图斯特拉如是说》，中译本，孙周兴译，北京：商务印书馆，2010 年，第 11 页。
② 参看尼采：《善恶的彼岸》，《尼采著作全集》，第 5 卷，科利版，柏林/纽约，1999 年，第 81 页。

（即人的身体），还是非感性即理性，实际上都还没有在其本质方面充分得到表象，就此而言，“人就是尚未被表象、因而尚未被确定的动物”。[1]

为否定传统的人性理解，即否定人的理性本质，尼采的办法是颠倒，即把超感性领域颠倒为感性领域，把理性颠倒为动物性。“超人”之“超”是超越以往的人的本质规定。有此颠倒之后，尼采的目光势必转向了身体，即所谓“大地”。更准确的说法，尼采所谓忠实于“大地”，自然也包含着——意味着——忠实于“身体”。尼采进一步从权力意志的形而上学意义上理解“身体”，认为“身体”（Leib）就是意愿生命本身的全部本能、欲望和激情的统一体，是“权力意志”的一个形态。

简而言之，尼采以“大地/身体”反“灵魂/观念”，是对传统形而上学的一次颠倒。进而，尼采在形而上学意义上弘扬了身体性，从而使身体成了哲学大事，而感性身体的大释放也成为现代艺术的重要助力。只有落实到身体上，成为身体性的存在，感性才可能摆脱理性的支配和驾驭。

四、力感与颓废

与前述身体现象不无相关，后期尼采特别喜欢讨论“颓废”（decadence）问题。什么是“颓废”？尼采为何要谈论“颓废”呢？我相信在尼采那里，“颓废”不光是指意志消沉、精神萎靡，而是更一般地指感性身体的不断病弱，指生命意志和力感的丧失。在这方面，尼采构造了两项对立：一是艺术与真理的对立，即艺术的非真理性，二是艺术与道德的对立，即艺术的非道德性。在他看来，艺术乃是“权力意志”的基本表现方式，而只有通过艺术，我们才有可能抵抗“颓废”和“蜕化”。以艺术性反对真理性和道德性，这尤其是尼采晚期的一个重要努力，由此形成了具有尼采特性的“生命美学”。

---

① 海德格尔：《什么叫思想?》，中译本，孙周兴译，北京：商务印书馆，2017 年，第 68 页。

在后期（1888 年）的一则笔记中，尼采认为自己前期的《悲剧的诞生》一书达到如下两点根本的认识：其一，“凭真理生活是不可能的；‘求真理的意志’已经是一个蜕化的征兆……”；其二，“艺术〈是〉非道德的：——艺术并不像真理那样，是由哲学家的妖精即德性激发出来的”。①

首先是艺术的非真理性。尼采的逻辑很简单：艺术是美的，而真理是丑的。美是什么？美是力感。“美与丑”对应于“强与弱”。尼采的一个著名说法是：“真理是丑的：我们拥有艺术，是为了我们不因真理而招致毁灭。”② 按尼采之见，强者、强壮者才可能是美的，病弱者、虚弱者怎么可能有美感？这话听起来有点问题，比如我们中国男人们，特别是弱不禁风的文人们，大概都会说病恹恹的林黛玉是美的。难道就没有娇羞柔弱之美吗？对尼采来说，区分美与丑的尺度和标准只有一个，就是“权力意志”意义上的力感，他这种生命哲学的逻辑是不是过于简单了些？尼采说：“所有丑都使人虚弱，使人悲伤：它使人想起衰落、危险和昏聩无能。人们可以用测力计来测量丑的印迹。凡在人受到压抑处，就有某种丑发挥作用。权力感，权力意志——它随着美而高扬，随着丑而跌落。”③

美丑即强弱，而真理是丑的。后期尼采以这种尖锐的方式把艺术与真理对立起来，显然重新接过了他在《悲剧的诞生》中已经开始的苏格拉底主义批判的任务。在那里，尼采把伟大的希腊悲剧艺术的死亡归因于“民族丑八怪”苏格拉底，因为从苏格拉底开始出现了一种“理论文化”，即科学文化类型，形成了一种科学乐观主义的信念：自然是可知的，知识是万能的。从此，理论—科学的兴趣占据了时代文化主流，并且也成了后世欧洲文化的基本定式。理论文化（哲学和科学）的基本特征是论证和说明（尤其是因果说明），今天人人都是

①② 尼采：《权力意志》下卷，科利版《尼采著作全集》第 13 卷，16［40］；参看中译本，孙周兴译，北京：商务印书馆，2007 年，第 1259 页。

③ 尼采：《权力意志》下卷，科利版《尼采著作全集》第 13 卷，16［40］；参看中译本，孙周兴译，北京：商务印书馆，2007 年，第 1258 页。

“理论人”，都要为自己的行为做论证和辩护，做一种因果说明。然而，在尼采看来，苏格拉底主义（尼采后来称之为柏拉图主义）的哲学和科学为我们提供了“真理”，其结果是对感性生命的弱化。

其次是艺术的非道德性。道德主义原则是传统美学的最基本的原则之一。当年柏拉图之所以要把诗人艺术家赶出理想国，就是因为他认为这些艺术家及其作品没有清晰的理性，只有混乱的感觉和情欲，对于城邦公民的教化和文化建设没有任何积极意义，相反倒还会败坏城邦的风气。哲学与艺术的对抗关系由此建立起来了。后来亚里士多德将这一点归结为道德主义原则，即 Katharsis（卡塔西斯）原则。亚里士多德认为艺术要在道德上有功效，它要宣泄我们的不良情绪，净化我们的心灵，陶冶我们的情操——这些都是 Katharsis 的意义。道德主义成为人类艺术理解的一个最基本的原则，在古希腊城邦制度里尤甚，今天在我们这儿依然。

尼采却明确指出：艺术是非道德的。以所谓艺术的“非道德性”，尼采首先当然是要反对传统美学中的道德主义原则，但其实还不止于此。尼采所谓艺术的“非道德性”其实跟他讲的艺术的“非真理性”是一体的，可以说是后者的一种表现。尼采之所以自称为一个“非道德主义者”，因为他认为所有的道德都是变态的，都是以同情、怜悯这样一些虚弱的情感为基础和目标的，道德使人变得越来越丑陋和虚弱，而他主张的是权力意志意义上的美和强，反对的是丑和弱。①

尼采把美感等于力感，是鉴于生命本身力感的虚弱化，生命本身的“颓废”。应该说，人类自然身体和力感的衰败在尼采时代里才刚刚开始，而随着现代技术工业的加速推进，人类生命体的“颓废”进程日益显现和加速，愈发显得尼采的先知先觉了。晚期尼采把美感与感性的身体和欲望紧密联系在一起，发展出一种“心理—生理学美学”，

---

① 尼采实际上也讲道德，只不过他区分了主人道德和奴隶道德，奴隶道德是一种同情的道德，弱者道德；主人道德是一种贵族道德，强者道德，是每个人自己去掌握自己的生命，提高自己的生命。尼采在这里不讲善恶，只讲好坏，善恶是一种道德的、宗教的判断，好坏则是基于生命力之提高的非道德的判断。详见拙著《未来哲学序曲——尼采与后形而上学》，上海：上海人民出版社，2016 年，第 108 页以下。

并不是说尼采要把关于审美现象的讨论降到实证科学的水准，而是试图真正地从感性身体——心理—生理——基础上重建美学，重启作为权力意志的艺术。

五、瞬间与永恒

瞬间与永恒是尼采在后期哲学中所做的又一个颠倒，就是以瞬间论反永恒论。传统主流宗教和哲学根本上都是一种“永恒论”，宗教是超验主义的彼岸永恒论（彼世论），而哲学则是一种先验主义的普遍永恒论。尼采则用“上帝死了”这一判词，宣告以“柏拉图主义”为表征的传统宗教和哲学文化的崩溃，同时试图“把瞬间永恒化”，建设一种以“权力意志”和“相同者的永恒轮回”为核心的形而上学。

尼采的“权力意志”学说认为此在/生命的本质在于力（权力、强力）的不断提高。但这时尼采就碰到了一个难题：如果生命的本质在于力量的不断增强，那什么时候才能完成呢？有完没完呢？尼采后来急中生智，提出了“相同者的永恒轮回”说，想要解决这道难题。这个“轮回”并不是我们中国人所理解的“转世”“投胎”之类的轮回观念，或许更应该翻译成“永远的复返”。

尼采称“相同者的永恒轮回”学说为他最深邃的思想。此说是对他前期生命哲学难题的重新表达，现在他把这个难题表达为“最大的重负”，即：我们在行动的时候，都得问自己这样一个问题：你还想要它吗？还要无数次吗？如果不，那么为何要当下的这一次？我们日常生活就是一种日复一日不断的重复，那么，我们为什么能够容忍这样一种无聊的重复？如今人们已经习惯于一次性的消费，甚至习惯于一次性的性爱（一夜情），人们好像已经不会再提出尼采式的问题了。尼采却是一位严肃认真的思想家，他要追问生命和行动的意义。一次性的生活轻如鸿毛，此即捷克作家米兰·昆德拉所说的“生命中不能承受之轻”。尼采“永恒轮回”的思想意在解此难题。

尼采对“相同者的永恒轮回”学说的证明可谓费尽心计，这里不能详述。[1] 尼采认为空间是有限的而时间是无限的，所谓无限的就是永恒的，存在者整体在有限空间中的无限生成，此即尼采的“相同者的永恒轮回”。最有趣的是尼采的如下证明：所有笔直都是骗人的。尼采说，有一个叫“瞬间”（Augenblick）的出入口，是现在与过去两条道路的会合处，往回走是永恒，往前走也是永恒。如果有人从“瞬间”这个点往前走，又有人从这个点往后走，他们俩会相交吗？尼采说必定会相交的，因为所有直线都是骗人的虚构。这就意味着，时间不是线性的现在之流，而是循环的，是以“瞬间”为中心的三维往复涌现。

如何理解尼采这里的“瞬间”？我认为它对应希腊词语 Kairos，即“契机”“时机”的意思。当希腊人发觉现在正是做某事的恰当时刻、时机已经充分成熟时，他们说的是 Kairos。由 Kairos（时机、契机）传达的时间不是线性的现在之流，而是系于实际处境和形势的实际发生和循环涌现的机缘。这种循环轮回是“瞬间”意义上的永恒轮回，只有此时此刻才是最重要的，此时此刻蕴含着我们对过去的追忆，以及我们对未来的期望。传统哲学和神学的线性超越意义上的“永恒”被尼采转化为“瞬间—时机”意义上的“永恒”，正是在此意义上，海德格尔说尼采“把瞬间永恒化”了。

尼采的永恒轮回思想否定了传统的线性时间观，肯定生命的此时此刻。“瞬间”就是一个创造性的时机。在此时此刻这样一个创造性的“时机”，我们行动，我们创造。这就是生活的意义，这就是生命的艺术。所以，对于他所谓“最大的重负”，尼采给出的解答是：“一次就是再来一次”，甚至“一次就是多次”。说白了，尼采的意思是说：在后宗教的时代里，只有通过创造，通过基于当下“瞬间”的时机化创造，通过创造把当下“瞬间”奇异化和丰富化，我们才能获得生命的意义。只有创造性的生活是值得一过的。这就为当代艺术提供了一个思想基础。

---

① 详见拙著《未来哲学序曲——尼采与后形而上学》，上海：上海人民出版社，2016 年，第 216 页以下。

六、艺术与哲学

尼采自始就把艺术与哲学的关系问题视为文化批判的一个轴心问题，并且把艺—哲关系的重构当作自己哲思的重点。因为在尼采眼里，艺术是创造和肯定，而哲学是认识（批判）和否定，两者构成特定文化的两种基本势力。若两者关系协调共生，则一种文化就可能是健康的和美好的；若两者关系撕裂，则一种文化就会颓败和崩溃。可惜的是，历史上除了古希腊悲剧时代，艺术与哲学之间难得有良好关系。

如我们所知，尼采崇尚的最佳艺术是古希腊悲剧。悲剧时代同样存在着与悲剧艺术相对应的悲剧哲学，两者意气相投，构成历史上一个最好的文化时代。然而好景不长，随即兴起了一种知识—科学—理论的兴趣，尼采称之为“苏格拉底主义”。尼采深度讨厌苏格拉底。在《悲剧的诞生》中，尼采把苏格拉底称为“世界历史的转折点与漩涡”，因为正是苏格拉底改变了希腊文化的走向，正是苏格拉底否弃了希腊人本来的艺术观，并且将悲剧这种希腊艺术的代表带入歧途之中，使之蓦然猝死。从此以后，艺术没落，而以柏拉图主义为核心的哲学占据了主导地位，感性艺术与理性哲学的对抗成了西方文化的主线。但现在，一个文化变局时代到了，尼采直接以“上帝之死”预言和宣告了这个时代的到来。

这种变局当然也意味着人的变化。尼采晚期曾期盼一种未来的“高人”，他说这种“高人”必须是“艺术—哲学家”或“哲学—艺术家”。今天我们看到，尤其在当代艺术的语境中，尼采的预言已经成真，特别在战后的德国当代艺术中充满了哲思之意蕴，比如约瑟夫·博伊斯背后的鲁道夫·施泰纳，深刻影响马尔库斯·吕佩茨的弗里德里希·尼采，走上马丁·海德格尔式现象学道路的安瑟姆·基弗，等等。艺术家成了哲学家，德国哲学似乎已经不在哲学界，而在艺术界了。这种状况值得我们深思。我认为，已经发生的艺术与哲学关系的深度重构，正是尼采预言的前所未有的文化大变局。

尼采没能看到的是今天的新时代。人类正在加速迈入智能时代，人类的智力优势已经被人类制造的机器人所超越，而且在可以预计的不远将来，人机相连将成为可能。这就意味着，人类的智力将被拉平，可数据化、可形式化的知识将不再需要学习。从古典模仿之学，到近代以来的形式科学/数学之学，到今天，人类的学习越来越被智能技术所挤占和改变，那么未来之学将是何种形态？我们还需要学什么？

如今人类对未来的关注是前所未有的，虽然人的特征之一就是忧心忡忡地活着，但今天人类的未来担忧是最为强烈的。未来已来，而我们似乎毫无准备。但无论如何，我们的艺术和哲学都得有一个指向未来的重新定位。无论如何，艺术和哲学本身的奇异性是智能技术无法替代的，我现在更愿意相信，艺术和哲学将是智能技术无法企及的“意义剩余”。在此意义上，我也愿意采纳当代艺术真正开创者博伊斯的一个说法：世界的未来是人类的一件艺术作品。

七、总结：什么是现代性美学精神？

什么是现代性美学精神？上面从“冲突与和谐”“复魅与祛魅/神话与启蒙”“身体与观念”“力感与颓废”“瞬间与永恒”“艺术与哲学”等六个方面，我们已经对尼采与现代性美学意识做了一次大尺度的论述。就前六组貌似对立的概念而言，大家自然会认为，尼采的美学观主要传达在冲突、复魅（神话）、身体、力感、瞬间、创造等词语中，甚至受到尼采影响的现代美学也是如此。这大体不差，在许多时候是成立的。正如海德格尔所言，尼采最喜欢采用“颠倒”手法，传统说东他必说西，传统主张理性他必对以感性。尼采确实是用“冲突”“复魅”“身体”“力感”“瞬间”“创造”等词语颠覆、解构了传统美学和艺术观念。因此，我们大概可以把尼采对现代美学的规定性作用概括为如下几点：

其一，以冲突论反和谐论。如前所述，这是尼采受瓦格纳影响而形成的现代美学观。后来的海德格尔在《艺术作品的本源》中同样展开了类似的“冲突论”，即世界与大地的真理二重性以及艺术创作的“争执”之论。现代主义艺术体现了这种美学观，有时候甚至把它推至极端境地。当然，我们并不能认为现代美学完全放弃了和谐美的理想。这种理想当然还在，只不过，无论是自然还是生命本体，和谐未必是其独一本质。不和谐也可能是美的，而且很可能，和谐之美基于不和谐。

其二，以神话性抵抗启蒙理性。启蒙批判是20世纪艺术和哲学的一大主题。失去神性、没有神话的生活是无意义的，过度透明、高度规则的人生是无趣的。这同样也是瓦格纳给予尼采的教诲。在启蒙理性借助于技术工业的力量在全球展开的新形势下，瓦格纳和尼采的这个重建神话的艺术主张依然有效，而且可能更显迫切了。

其三，以身体性反观念性。柏拉图主义的观念论当然是传统美学的最大病根，尼采惯用的颠倒手法在此表现得最为显赫。身体性是一种否定超越的指向，指向作为生命发生之所的大地，就此而言，关于身体性的强调本身是一种沉降和回归的力量。尼采之后，在20世纪的艺术和哲学中，身体成为一大主题，这时候，“美学”才有可能真正达到它的本义即感性论。人们会说：当代艺术中不是出现了观念艺术吗？如何来理解当代艺术中的身体与观念？我的看法是，我们不能被词语的假象所蒙蔽。当代艺术中的观念艺术，或者观念的艺术化，恰恰是实践了一种身体艺术。

其四，以艺术性反对真理性和道德性。尼采试图通过艺术与真理、艺术与道德的分隔来强化他的反柏拉图主义的生命哲学（生命美学）立场。尼采的道理不难懂：美等于强壮和力感，而丑等于弱化和颓废，因此美是非真理的；又因为基于传统宗教的道德是弱者道德，是让人虚弱和蜕化的因素，所以是与艺术背道而驰的，也就是说，艺术是非道德的。这仍旧是以身体性反观念性。

其五，以瞬间论反永恒轮。如果说在后宗教时代里绝对的“神性超越”意义上的永恒性已经被否定（尼采的虚无主义论题），彼岸和永生信仰已经遭到怀疑，那么，在逻辑上就只留下一条途径：关注当下和瞬间。尼采的论证特别简单：世上没有直线，也就不可能有线性的时间，而只有三维循环的时间。在这种时间中，处于核心地位的是“瞬间”，过去和未来都在“瞬间”中绽放。海德格尔说尼采的“相同者的永恒轮回”是“把瞬间永恒化”了，这话有道理，但其实也容易让人误解，因为尼采在此不再诉诸宗教信仰，而是求助于艺术创造。我们更愿意认为，尼采的“瞬间”是一个创造性的“时机”，所谓“相同者的永恒轮回”，根本上就是说：关注每一个瞬间，创造我们的当下生活，只有创造性的生活才是值得过的，因为只有创造的奇异性才能消除同质和同一，才能让我们体会“一次性的生活是不值得过的”和“一次意味着再来一次”。

其六，艺术—哲学关系的重构。自柏拉图以降，西方文化史一直贯穿着艺术与哲学的对抗，而哲学长期占据着主导性的地位。当尼采断言传统宗教和哲学时代趋于终结的时候，他实际上已经敏锐地预感到，后哲学—后宗教文化首先意味着艺术与哲学这一关系的重构，这种重构也可以表达为“艺术哲学化”和“哲学艺术化”。这在尼采本人的哲思实践中已经得到表现，也在海德格尔关于诗—思关系的重思及其后期诗性之思中得到了更充分的实现。而战后德国当代艺术的开展，更是艺—哲关系的深度重构。

我们知道，在《悲剧的诞生》中，尼采重塑了一个古希腊的神话形象，即酒神狄奥尼索斯，这个形象一直伴随着尼采的哲学（以及美学）。尼采美学是酒神美学，酒神美学是一种生命哲学，因为酒神狄奥尼索斯是尼采哲思的基本原则。在否定性方面，尼采以酒神精神为原则，发起对欧洲传统文化的整体性批判（“柏拉图主义批判”），一是以酒神反苏格拉底，即反对科学乐观主义；二是以酒神反耶稣基督，即反对弱化生命的基督教道德。在肯定性方面，尼采的酒神精神是肯定生命的原则：狄奥尼索斯的肯定原则最后落实于“相同者的永恒轮回”（所谓“最高的肯定公式”）和“超人”（所谓“权力意志的最高形态”）。我们上面讲的尼采美学几大关键词——“冲突”“复魅”“身体”“力感”“瞬间”“创造”——无非是酒神原则的具体化，而现代性美学精神由此得以成型。

海德格尔与德国当代艺术[①]

内容提要：海德格尔的《艺术作品的本源》被称为20世纪无与伦比的美学经典。但要进入海德格尔这个文本，我们首先要了解作为其思想基础的现象学哲学，尽管在该文中根本就没有出现“现象学”一词。进一步，我们要理解海德格尔的艺术理解和艺术规定。最后我们来探讨海德格尔对德国当代艺术的影响。本演讲认为，在博伊斯开创的当代艺术中业已隐含和发生了三大转向：从主体主义艺术转向后主体主义艺术，从视觉研究转向物质/物的研究，从手艺技巧转向总体艺术创作。而这三大“转向”都与海德格尔的思想努力有着直接的关联。

今天跟大家讨论海德格尔与德国当代艺术。我这里所指的“当代艺术”仅限于造型艺术，不涉及诗歌文学，尽管诗歌是海德格尔文艺思想的强项，特别是海德格尔关于德国诗人荷尔德林的解释，是众所周知的，也是受争议最多的。但若就造型艺术而言，海德格尔关注得不算多，绘画方面主要关注过两个“保罗”，即保罗·塞尚和保罗·克利，对两者有过附带的议论，建筑方面则提到过古希腊神庙之类的，专题的论述却是没有的——也许我们只好认为，海德格尔在造型艺术

① 根据本人于2017年6月28日下午在华侨大学哲学与社会发展学院做的报告修订而成，发表于《学术界》，2017年第8期。

上的经验和修养是比较有限的。海德格尔在造型艺术方面最著名的文本，是他在《艺术作品的本源》一文中关于凡·高的作品《农鞋》所做的一段诗意盎然的评论，一时成为艺评名段，但也总是不断地受到批评。[①]

许多人喜欢的海德格尔的《艺术作品的本源》，原是海德格尔于1935—1936年间做的三个报告，后收入《林中路》一书中。[②] 海氏弟子、解释学哲学家伽达默尔甚至把《艺术作品的本源》说成是20世纪最伟大的美学著作，没有之一。不过，说《艺术作品的本源》是"美学著作"，估计海德格尔自己听了是不会高兴的，因为实际上，海氏在这里恰恰是要开启一种非美学的或后美学的艺术考察方式，所以更应该说是一本反美学的著作；而且根本上，美学理论也不是海德格尔的思想志愿和目标，海氏在《艺术作品的本源》中说的是艺术，而追问的却是"存在之真理"，这是他头一次完整地公开表达出自己后期思想的框架。

要弄懂海德格尔的《艺术作品的本源》，首先要了解现象学，尽管在这篇文章中根本就没有出现"现象学"一词，但它却是以现象学为前提的；其次，我们要来看看海德格尔是怎么规定艺术的；最后，我们要处理主题，即海德格尔与德国当代艺术。

一、什么是海德格尔的现象学？

什么是现象学？这个问题并不简单，我在此只能讲三点，而且多半是在海德格尔意义上讲的现象学。

第一，无前提性和直接性/直观性。我们知道这是首先由胡塞尔提出来的哲思要求。主张无前提性，是因为我们今天文化人——知识人、理论人（尼采的说法）——有了太多的前提和预设，以至于我们已经

① 有关海德格尔这段关于凡·高的文字的争论，可参看夏皮罗：《作为个人物品的静物画：一则关于海德格尔与凡·高的笔记》以及《关于海德格尔与凡·高的补记》，载《诗书画》，2015年第4期。

② 海德格尔：《林中路》，中译本，孙周兴译，北京：商务印书馆，2015年，第1—82页。

不能直接地面对事和物了，我们总是在绕圈子，不能直接进入。我们总是背负了太多的文明成果，很受累。而这些文明成果首先表现为观念，各种各样的纷杂的观念把我们淹没了，而且我们都已经习惯于认为：其一，普遍的观念领域（理念王国）才是知识和道德的目标，或者说就是知识和道德本身；其二，要达到这个普遍的观念领域并非易事，必须通过理论和方法的训练，必须借助于“中介”。我们就这样被“中介化”了。被“中介化”好不好呢？有好处也有坏处，现在看来却是坏处居多，主要有两项：其一，一旦被“中介化”，我们就没有能力和途径亲身去体验观念世界，而且容易被观念世界所奴役（人智学家鲁道夫·施泰纳语），久而久之，我们的基于身体的感受和把握能力就弱化了；其二，一旦被“中介化”，个体性和殊相就不见了，因为“中介”是一套普遍的和集中的（极权的）制度，它可能是知识的制度，也可能是道德的制度、宗教的制度，也可能是政治的制度、教育的制度、种种制度都是以本质主义（普遍主义）为基础、以同一性为原则构造起来的，这时候，个体此在和个体自由的实现是难得保障的。

正是在此背景下，胡塞尔提出了“面向实事本身”的现象学原则，主张无前提性的思想要求以及“本质直观”的哲学方法。什么叫“本质直观”呢？简单说，意即：普遍的“本质—观念”是可以直接把握的。从已经化为我们的习惯的传统哲学来说，这显然是一个荒唐的、悖谬的想法，“普遍的本质”怎么可能被直接地、无中介地把握到呢？按胡塞尔的看法，我们关于“红”的观念同样也是在关于个别的红的直观中直观到的，不然肯定是弱智和傻子；甚至我们关于具有更高普遍性的观念亦然，比如关于“自由”的观念，虽然我们每个人都有不同的理解，但当我现在说出“自由”一词时，大家当下都直接地听懂了。本质—观念世界是当下直接发生着的，我们的生活世界是充满意义和意蕴的，本身就是一个观念世界。这就是说，根本没有感性生活世界与超感性的本质—观念世界之间的区分和区隔。这就把尼采所谓的“柏拉图主义”颠覆了，导致传统二元论形而上学思维的终结。

这是20世纪之初哲学界吹来的清新思想之风，其重要性是怎么强调都不为过的。海德格尔因此受到了巨大的心灵震撼，并且从中看到了更多、更深的东西，特别是从“范畴直观”中看到了存在学/本体论（ontologia）重建的可能性，于是才开启了他的存在追问和存在重思之路。

第二，非主体性思想或多元思想的可能性。传统抽象理论及其基础——即本质主义哲学——在近代的表现是主体主义及其对象性思维。所以，现象学的哲学批判的首要目标是克服主体主义。这一任务在胡塞尔那儿已经开了个头。胡塞尔告诉我们，事物的意义既非事物本身所固有（这是反古典存在学），也不是由主体赋予的（这是反近代知识学和主体哲学），而是取决于事物是如何被给予我们的，也即取决于视域，取决于事物是如何在某个视域里呈现给我们的，“视域”决定了事物以何种意义被给予我们，或者说，事物的意义取决于我们与事物的关联方式。

从胡塞尔的“视域论”出发，海德格尔看到了一种克服主体主义思维方式的可能性，进一步发展了他的“世界论”或者“世界现象学”。在海德格尔前期以《存在与时间》为代表的哲学进展中，“在世”分析无疑是其中最深刻和最有创意的部分。其中的核心思想有二：一是关联性或幽暗性，二是指引性或超愈性。物并不是孤立的，物与物是相互关联着的，境域/世界是一个因缘联系的整体，我们的周围世界都是一个个关联整体。每个境域都处于显隐二重性的运动中，“隐而不显”的幽暗性后来又被称为“大地”。可不要小看这个貌似简单的想法，因为关联性思维和幽暗—神秘之思向来不是欧洲—西方哲学的本质要素（倒是中国传统思想文化的特征）。① 再就是指引性，或者也可以说境域超愈性，每一个具体的境域总是超愈自己，指引着更宏大的境域，因而都具有超愈性，此所谓“超愈性”与传统哲学的先验性和神学的超验性意义上的“超越性”（Transzendenz）有别。据此，我们

① 不能简单地说欧洲哲学文化的传统里没有关联性思维，但就主流而言，超越性思维是西方形而上学两大传统的主体，即希腊存在学哲学的先验传统与希伯来神学的超验传统。关于此点，可参看孙周兴：《后哲学的哲学问题》，北京：商务印书馆，2009 年，特别是其中第一编。

可以看到海德格尔世界性之思的两重意义：它是非主体性的境域化之思，也是指向世界多元文化沟通的超愈之思。境域/世界的幽暗性与指引性可能为我们审视今天这个全球化时代里地方主义（民族主义）与普遍主义（世界主义）之间的冲突和矛盾提供一个现象学的思想视角。

第三，二重性之思或守护神秘与幽暗。海德格尔现象学的又一个特性是二重性（Zwiefalt）之思。必须强调指出，“二重性”之思不同于传统对象性的二元思维。二元性是以“对立”为基调的，并且突出二元中的一元为主配方和优先方，比如实体与属性、主体与客体、精神与物质等，在日常生活中也是这样，比如我们来常说阳与阴、男与女、进步与落后、肯定与否定等。二元性思维根本上就是本质主义的同一性思维（阿多诺），是静态的。而海德格尔的“二重性”则是一种差异化思维，是动态的——简单讲来，它不再说主体与客体，而是说“客体化的主体”与“主体化的客体”，或者是说“大地化的天空”与“天空化的大地”，这时候才表现出主体与客体、天与地的“二重性”运动。海德格尔也喜欢把这种差异化运动的“二重性”关系表达为“共属”（Zusammengehören），就是你中有我，我中有你，但又并非同一的关系。

在海德格尔思想中，这种“二重性”思想方式可以说无处不在。若要做一个比较，这种思想方式也许可以与克罗齐的“差异辩证法”相对照。在海德格尔这儿，这种“二重性”之思与言又具有某种神秘性，因为存在的“二重性”的生成和运动本身就不无神秘。后期海德格尔经常直接把存在（Sein）、澄明（Lichtung）、本有（Ereignis）等命名为“神秘”（Geheimnis）。对他来说，守护“神秘”就是捍卫人性，原是思想的使命。

海德格尔此时不再使用“现象学”这个名号，当然并不意味着他不再运用这种新的哲思方法，相反，现象学在此以艺术之名开展出来。没有这种哲思路径的改变，海德格尔就不可能在《艺术作品的本源》中形成他的“真理美学”（Wahrheitsästhetik），以此回应黑格尔的“艺术终结论”。

二、海德格尔如何规定艺术？

在《美学》讲座中，黑格尔提出了关于“艺术之终结”的著名论断。黑格尔多处表述了这个论断：其一，“对我们来说，艺术不再是真理由以使自己获得其实存的最高样式了”。其二，“我们诚然可以希望艺术还将会蒸蒸日上，并使自身完善起来，但是艺术形式不再是精神的最高需要了”。其三，“从这一切方面看，就艺术的最高职能来说，它对于我们现代人已经是过去的事了”。[①] 这些表述固然是令人丧气的。特别是最后一句话，其意思就可以概括为“艺术的终结”。黑格尔进一步还说：“希腊艺术的辉煌时代和中世纪晚期的黄金时代都已一去不复返了。”[②] 意思是说，自古希腊和文艺复兴两个艺术的黄金时代以后，再也不可能有辉煌的艺术时代了。

黑格尔是古典哲学大师。这位大师之大，以至于被海德格尔称为“最后一个形而上学家”或者“形而上学的完成者”。实际上黑格尔本人也经常自吹自擂，曾经标榜自己是哲学的顶峰。他的美学同样是集古典美学大成的。海德格尔认为，黑格尔的《美学》是西方历史上关于艺术之本质的最全面的沉思，因为那是根据形而上学而做的沉思。[③] 我们理解这话的意思是说，黑格尔把形而上学意义上的美学（“美的艺术的哲学”）发挥到了极致，把美学带向“完成”（Vollendungen）了。按照海德格尔的逻辑，这种“完成”意味着“终结”（Ende）。所以可以说，美学在黑格尔那里趋于“终结”了。

也正因为如此，洞明黑格尔哲学之历史地位的海德格尔从来就没有把他自己关于艺术的思考归在美学名下。

黑格尔关于“艺术之终结”的论断大概也得在“完成”意义上来

---

① 引自海德格尔：《艺术作品的本源》，载《林中路》，中译本，孙周兴译，北京：商务印书馆，2015 年，第 74 页。

② 黑格尔：《美学》第一卷，中译本，朱光潜译，北京：商务印书馆，1979 年，第 14 页。

③ 海德格尔：《林中路》，中译本，孙周兴译，北京：商务印书馆，2015 年，第 74 页。

了解。我们不能把它理解为：艺术已经全然“完蛋”了。艺术还没有“完蛋”呢。黑格尔的美学讲座的最后一讲是在1828—1829年冬季学期柏林大学做的。一个半世纪以来，我们看到了形形色色的现代艺术作品和艺术思潮。这个时代艺术上的花样翻新可以说是前所未有的。这个时代艺术思潮的更迭速度也好像是令人吃惊的。艺术之终结的论断并不否认新作品和新思潮的可能性。然而正如海德格尔所说的，这一切并不能让我们回避黑格尔关于“艺术的终结”的“判词”。关键问题是：“艺术对我们的历史性此在来说仍然是决定性的真理的一种基本和必然的发生方式吗？或者，艺术压根儿不再是这种方式了？但如果艺术不再是这种方式了，那么问题是：何以会这样呢？”[①] 差不多在黑格尔的美学讲座一个世纪以后，海德格尔做了著名的演讲《艺术作品的本源》，就是对这样一个性命攸关的问题的追问。

在此文本中，海德格尔形成了一种“真理美学”（Wahrheitsästhetik），即一种艺术真理论/本源论，以此来应答黑格尔的“艺术终结论”。黑格尔之所以说艺术不再是真理的最高方式了，是因为他从绝对精神的运动角度把作为“理念的感性显现”的艺术视为真理的被扬弃的阶段，也就是说，艺术的真理性太弱太差了。海德格尔则针尖对麦芒，认为艺术最具有真理性，艺术是真理发生的基本方式，是人文化成、文化世界建立的基本方式。作为诗意创造的艺术是人类历史性此在的本源。

海德格尔是从“真理”角度来讲艺术，这在字面上跟黑格尔并无二致，但实质上却是大有分别的。海德格尔的“真理”（Aletheia）是一个二重结构：首先是存在者之存在的真理，这种真理是世界（天空）与大地的二重性运动，是我们的生活世界和文化世界的创立；其次是存在本身的真理，这种更为源始的真理被标识为澄明与遮蔽的二重性运动。值得指出的是，坊间流传海德格尔所谓“存在之被遗忘状态”，人们往往以为海氏主张形而上学遗忘了存在者之存在，实为误解，哲学和各门科学一直都在探讨存在者之存在（存在者之存在的真理），甚至可以说我们的日常行为都

① 海德格尔：《林中路》，中译本，孙周兴译，北京：商务印书馆，2015年，第75页。

触及存在者之存在，因为我们都生活在存在者之存在的世界里，被遗忘的绝不是存在者之存在，而是“存在之为存在”或“存在本身”。也可以说，形而上学遗忘的是后一种真理，即更为源始的存在本身之真理。

海德格尔说艺术是真理发生的基本方式，这时候，真理首先是在存在者之存在意义上讲的。艺术是人文化成，是民族文化世界创建的基本方式。海德格尔以凡·高的油画《农鞋》为例来解释，来了一段被广为引用和议论的诗意抒情：“从鞋具磨损的内部那黑洞洞的敞口中，凝聚着劳动步履的艰辛。这硬梆梆、沉甸甸的破旧农鞋里，聚积着那寒风料峭中迈动在一望无际的永远单调的田垄上的步履的坚韧和滞缓。鞋皮上粘着湿润而肥沃的泥土。暮色降临，这双鞋底在田野小径上踽踽而行。在这鞋具里，回响着大地无声的召唤，显示着大地对成熟谷物的宁静馈赠，表征着大地在冬闲的荒芜田野里朦胧的冬眠。这器具浸透着对面包的稳靠性无怨无艾的焦虑，以及那战胜了贫困的无言喜悦，隐含着分娩阵痛时的哆嗦，死亡逼近时的战栗。这器具属于大地（Erde），它在农妇的世界（Welt）里得到保存。正是由于这种保存的归属关系，器具本身才得以出现而得以自持。”① 一只破鞋，居然读出这么多幽幽意蕴来！而且，人们后来还揭露，说海德格尔乱来，他分析的凡·高画的鞋压根儿不是什么农妇的鞋，而是艺术家自己的破鞋。

其实是谁的鞋无关紧要，就算海德格尔弄错了那又如何？顶多只能说明海德格尔并不是一个通常意义上的艺术史和艺术批评的行家。在此要紧的是海德格尔对作品的解读方式和路径。海德格尔认为，艺术作品不是一般的器具，也不是一般的物，而是一种特殊的存在，它的存在是存在者之存在意义上的真理的发生，是世界/天空与大地——天与地——的二重性真理的发生。简言之，人的世界就是通过艺术建立起来的。我们对一个实物鞋具的科学观察和研究，是达不到对人生在世的意义的体验的，而通过凡·高的一件艺术作品，我们却能体会一个天地之间人文化成的生活世界。这个区分听起来蛮有道理的。不

① 海德格尔：《林中路》，中译本，孙周兴译，北京：商务印书馆，2015 年，第 20 页。

过，就当代艺术来说，海德格尔这个区分也未必能够成立，作品与器具（手工物、现成品）之间，未必真有审美意义上的异质性。

艺术不仅是人文化成，是民族文化世界的创建，而且是无中生有。艺术创作根本就是一种无中生有。海德格尔认为，创作是一种“产出”（hervorbringen），即“把……带出来”。制造一般的器具也是“产出”。那么如何区别两者呢？海德格尔认为，器具的制作是对材料的加工和消耗，而创作是“让……进入被产出者而出现”，即不是对象性的活动，而是“让出现”，是一种“接收”和“获取”。真理自行发生，创作“参与”了存在之真理的发生，接收和获取存在之真理并带出存在者之真理。

于是核心问题在于：创作如何“接收”存在之真理而“产出”（带出）存在者之真理？作品的被创作存在何在呢？海德格尔说，创作有两个特性：其一，创作是让真理进入形象。创作之事如何可能说明？海德格尔只好打比方，用“裂隙”（Riss）和“形象”（Gestalt）等说辞来解说作品中“争执”（Streit）的实现，即是说，创作是真理（争执）——裂隙——形象的转换过程。其二，创作造成一种进入敞开中的“冲力”（Stoβ），它构成作品的被创作存在的“唯一性”。作品存在是一种“冲力”，艺术作品是作为异乎寻常的、不同凡响的东西存在的。作品之所以存在，是因为它进入无蔽之真理中了，而且是“第一次”。“冲力”之说显然指示着艺术的奇异性，奇异者才有突破同质和庸常的“冲力”。

海德格尔的“真理美学”（Wahrheitsästhetik，这是后人加给他的名称）的基本想法可以在“争执”和“冲力”这两个词语中集中传达出来。海德格尔以艺术创作中的“争执”和“裂隙”，强调了艺术创作的内在张力和冲突，一反传统知识论美学片面追求“和谐”和“统一”的倾向，这是合乎瓦格纳和尼采以来现代美学的基本主张的，甚至也是合乎现代美感的基本特征的。至于海德格尔所谓的“冲力”说，则突出了艺术创作的奇异性和创新性，而这原是艺术和艺术作品的核心要素。①

虽然讲到“冲力”，但海德格尔并不认为艺术和艺术创作是主体的对象化活动，相反，这时候的海德格尔认为人与真理的关系不是对象性的，而是一种“归属关系”。创作绝不是“骄横跋扈的主体的天才活动”。但这并不贬低创作的积极性，甚至也并不否定保存或鉴赏活动的主动性。相反，作品中真理的现身是要通过创作和保存来完成的。海德格尔说，我们甚至把艺术规定为对作品中的真理的创作性保存。

通过以上的讨论，海德格尔就得出结论说，艺术是真理的生成和发生，艺术本质上就是作诗（Dichtung），艺术创作就是“诗意创造”或者“作诗”（dichten）。艺术/诗的本质是真理的“创建”（Stiften）。所谓“创建”，海德格尔指出，它有“捐赠、建基、开端”三个意义：首先，艺术之为真理的“创建”是一种“充溢”，一种“捐赠”。其次，作品存在就是建立一个世界和产出大地，建立一个世界为“捐赠”，而产出大地即“建基”。诗意创造是对历史性此在已被抛入其中的大地的开启。大地是历史性此在的基础。可见艺术的“创建”也是为人的历史性此在的“建基”。最后，“捐赠”和“建基”构成了一种“开端作用”，艺术是“开端”意义上的“创建”。通过艺术的“创建”，才有历史性的“开端”，那是人文化成的文化世界的“开端”。所以艺术本质上是历史性的。“真正说来，艺术为历史建基；艺术乃是根本性意义上的历史。”② 在欧洲，这种历史的“开端”发生在早期希腊的艺术和思想中，那是存在历史的“第一开端”。

在《艺术作品的本源》演讲结束处，海德格尔告诉我们，艺术即“本源”，艺术是艺术作品的本源，也是人类历史性此在的本源，因为艺术是存在之真理的生成和发生。那么，今天呢？以海德格尔的问法，

---

① 海德格尔进一步由“冲力”说发挥出“保存/保藏”（Bewahrung）说，即关于我们通常所谓“鉴赏”和“接受”的见解。作品的“冲力”把异乎寻常的东西“冲开”了，把惯常的东西“冲翻”了。于是通过作品，人与世界的关系发生了变化，我们把流行之见抑制起来，从而逗留于在作品中发生的真理中，这种变化其实是作品的现实化，即“让作品成为作品”，海氏称之为“保存/保藏”。以海德格尔的玄思，“保存”就是置身于在作品中发生的真理中去，置身于由作品的“冲力”冲开的异乎寻常中去。参看海德格尔：《林中路》，中译本，孙周兴译，北京：商务印书馆，2015 年，第 58 页以下。

② 海德格尔：《林中路》，中译本，孙周兴译，北京：商务印书馆，2015 年，第 71 页。

"我们在我们的此在中历史性存在于本源之近旁吗?"① 海德格尔引用了荷尔德林的一个诗句:"依于本源而居者/终难离弃原位"。② 艺术依然是我们的历史性此在以及历史人文世界的创造之源。海德格尔费尽周折，终于回应了黑格尔关于"艺术终结"的命题。③

三、海德格尔与德国当代艺术

从表面上看，海德格尔对于当代艺术似乎没有直接的和实质的影响，少有当代艺术家声称自己是从海德格尔思想出发，或者是受海德格尔思想影响而从事创作的（安瑟姆·基弗除外）。在当代艺术领域里，关于海德格尔的讨论似乎也是不多见的。我以前也是这样看的，而且我一直以为，海德格尔的艺术思想是太玄虚了，不落地，不结实，不如阿多诺，后者的《美学理论》对于当代艺术的基本观念（比如"介入""社会抵抗"等）具有直接的启发意义和奠基作用。海德格尔关于"存在之真理的发生"以及"世界—大地"之类的讨论，则未免给人隔靴搔痒之感，似乎难以触及艺术活动和创作本身。再从艺术史学科来说，我们知道，无论是形式主义的作品形式元素分析还是图像学的作品意义和内容的讨论，都是相当务实的，是有操作性的。如果海德格尔的美学以及由之发展起来的艺术考查方式可以成为第三条道路（或许我们可以称之为现象学—解释学的道路），则我们不免担忧：它能构成一种艺术研究的方法吗？它是一种描写艺术作品的得当的方式吗？它如何避免空疏而成为一种可操作的方法？

这是我想了好些年的问题。由这个问题扩展开来，我进一步想到的问题是：艺术到底需要什么样的理论和方法？我们知道传统美学（Aesthetica）是知识学（认识论）的一个部门，是所谓的"感性学"。

---

① 海德格尔:《林中路》，中译本，孙周兴译，北京：商务印书馆，2015 年，第 72 页。
② 海德格尔:《林中路》，中译本，孙周兴译，北京：商务印书馆，2015 年，第 73 页。
③ 关于海德格尔在《艺术作品的本源》中的艺术思想，更详细的讨论可参看拙著《语言存在论——海德格尔后期思想研究》，北京：商务印书馆，2011 年，第 189 页以下。

理性主义一直是美学的理论标杆。在艺术史研究中，以罗杰·弗莱为代表的形式主义研究方法，以及以潘诺夫斯基为代表的图像学研究方法，虽然倾向和路径有异，但在科学性的要求方面是基本一致的。于是就会有一个问题：艺术可以通过规范的理论和科学的方法来研究吗？方法要求本身是一种科学要求。这个问题也是20世纪以来人文科学领域里最为艰难、聚讼纷纭的问题。那么，海德格尔在《艺术作品的本源》里开展的存在之思意义上的艺术讨论，一种可以称为后美学或非美学的艺术现象学，或者也不无矛盾地被称为“真理美学”（Wahrheitsästhetik），它在何种意义上堪称一种“方法”？或者它只不过是一种“弱方法”？我们竟能对它提出方法要求吗？凡此种种，在我看来都还是悬而未解的问题。

让我们回到主题上来，今天报告的主题是：海德格尔与当代艺术。为准备今天的报告，我做了更进一步的思考和清理，我发现，海德格尔对于博伊斯以后的当代艺术是有规定性意义的，主要表现在当代艺术的三个方面的转向。

其一，从主体主义艺术转向后主体主义（非主体主义）的艺术。就海德格尔本身来说，如前所述，这种转变明显跟胡塞尔的现象学相关。海德格尔在胡塞尔的视域论中看到了克服主体主义思维方式的可能性。我认为，海德格尔关于“世界—境域”的关键创见在于发现了世界的关联性与指引性（超愈性）。世界是一个因缘关联的整体，而一个特定的世界总是超愈自己指引着更大的世界境域，比如眼下这个报告厅是一个小世界，它指引着大学这个更大的世界，后者则指引着城市、国家等更大的世界。事物的意义取决于世界境域。这个观点当然具有反主体主义的性质。只不过，此时的海德格尔同时采取了一种把人的存在（此在）极端放大的策略，导致他走向了一种极端主体主义的结论（所谓“如若没有此在实存，也就没有世界在‘此’”①）。1930

① 海德格尔：《存在与时间》，德文本，第365页；参看中译本，陈嘉映、王庆节译，北京：商务印书馆，2016年，第495页。

年代以后，海德格尔意识到了前期哲学的困难，对“存在之真理”做了一种非主体主义或后主体主义的重思。

我们的习惯思维会认为，艺术创造行为是一种高度主体性和个性化的行为。那么，若说艺术是后主体主义的或者非主体主义，听起来就让人不爽，也不一定完全符合实情。不过，第二次世界大战后的欧洲艺术，总的来说已经失去了现代主义那种乖张的、无度的主体性（比如在毕加索的绘画中），一方面，当代艺术赋予艺术以更强烈的社会—政治色彩，即所谓“介入”和“抵抗”的性质（博伊斯所谓的“社会雕塑”），使得艺术变得更具创造和改造语境的力量；另一方面，当代艺术试图在具象与抽象之间、在形象与观念之间、在客观与主观之间走出一条新路，一条中间道路，在风格上表现得更具有“之间性”和“过渡性”。贾科梅蒂对视觉真实性的探索，法国具象表现艺术的新进展，德国新表现主义向架上绘画的回归，等等，都是这方面的努力的表现。

今天我们恐怕依然要追问：后艺术的艺术是如何可能的？非主体性的或者后主体主义的艺术创作是可能的吗？

其二，从视觉探究转向物质/物的研究。这是在德国当代艺术中发生的最大变化。被传统艺术定义所规定的我们，会把美术或造型艺术等同于视觉艺术，会重视色彩和视觉（眼睛）胜过一切。然而，当代艺术的真正开创者约瑟夫·博伊斯却一反常态，反对视觉中心的艺术观，主张转向物质研究。以他的说法，“我们生活在这样一种文化中，艺术被看作一种视觉形式，并且反复说，造型艺术是视觉的，只有通过眼睛才能把握到它们。当然眼睛是一个非常重要的感觉器官，尤其是对于色彩而言是最为重要的。但如果只是考虑这些，那么在我看来，现在已经不可能再产生什么有意思的绘画了，因为它们已经堕落为一种形式化的表现。因此，我要去研究物质，我的目的就是对物质进行阐述，基础性的，显然单单这个物质就构成了一个灵魂的过程”。[①] 博

① 哈兰：《什么是艺术？——博伊斯和学生的对话》，德文本，斯图加特，2011 年，第 21 页；中译本，韩子仲译，北京：商务印书馆，2017 年，第 28 页。

伊斯的这番话具有深义，值得我们好好反省。对于艺术家来说，视觉问题不应成为唯一的和中心的，而毋宁说，更为重要的是物质研究——说“物质研究”容易引发歧义，有点像是物理学或自然科学，其实我们也可说是“物的研究”。视觉的唯一性和优先性受到了置疑，艺术（造型艺术）不能被等同于视觉艺术；再者，视觉艺术本身的可能性已经被穷尽了，无论是具象写实的可能性还是抽象表现的可能性，都已经在近代美术/艺术和现代主义美术/艺术中得到了充分展开，继续从事写实或抽象艺术，就不免坠入博伊斯所说的“形式化的表现”。

从视觉探究向物质研究的转变，是当代艺术对传统艺术定义的解构的结果。传统艺术定义是一个固化了的艺术规定模式，它起源于欧洲—西方文化中的视觉中心主义传统。当博伊斯提出“通感艺术”观念时，他是从哲学家鲁道夫·施泰纳那儿接受了一种人智学的感觉新学说，人的感觉和感官何止于五种（眼、耳、鼻、舌、身；相应的有视、听、嗅、味、触“五觉”）？施泰纳说有十二感觉，除了上述五种，还有思考、语言、温暖、平衡、运动、生命、自我等七种。倪梁康认为还得加上一种，即道德感。[①] 在施泰纳所说的这些感觉样式中，有的比较费解，有的是可以理解的，仔细想想多半是有道理的。而在历史进程中，人类的感官越来越固化和弱化，进入施泰纳所谓“弱感觉的世界”。再者，各种感觉不是孤立的、隔绝的，而是相通的。这一点同样十分重要。我此刻看着你们，同时我在听你们，如果我听到你们叽叽喳喳，甚至高声喧哗，我对你们的看就会走样，如果我看到你们交头接耳，仿佛不屑于我的报告，我对你们的听就会发生变化，所以看与听是相互联通的。

艺术从视觉探究转向物质研究，这一过程还有一个动因，就是人类物质世界的巨变。生活世界的物可分为自然物、手工物与技术物。在自然的生活世界里，占主导地位的是自然物和手工物；而在今天的

① 倪梁康：《胡塞尔与施泰纳的交集》（2017 年 5 月 20 日至 21 日在成都华德福学校主办的“现象学、人智学与华德福教育学术论坛”上的报告）。

技术世界，自然物已经渐渐退隐，手工物渐趋湮没，技术物占据了主导地位，成为生活世界的物的基本样式。在技术时代里，由于技术物的抽象的、无差别的特性，我们的经验方式和生活方式发生了巨变。这时候，艺术势必面临一项任务：对这个技术物的世界做出反应。

艺术对技术世界的物的反应显然不可能以科学的或者科学主义的方式进行，而必须开拓在科学之外的解释和讨论的可能性。我们看到的是，无论是当代艺术大师博伊斯的物质研究，还是德国新表现主义大师安瑟姆·基弗的基本元素研究，都采取了神秘主义的路径。博伊斯认为神秘主义传统应该作为自我意识、自由人的一部分，“神秘主义必须转变，并且在整体上融入到自由人的当代自我意识中，进入到今天所有的讨论、所作所为和创造中去……”①。基弗则声称：“我解除物质的外衣而使之神秘化”，在“神秘化”名下，基弗把海德格尔揭示出来的天、地、神、人之“世界游戏”思想落实为对“火、水、气、土、空”五大元素的探讨。“我不相信，神秘在上面，物质在下面，观念才赋予事物生命。我认为，观念隐藏在事物中。神秘已经蕴含于事物中了。”② 基弗甚至说，他的艺术就是在“创造神秘”。

当代艺术中发生的这一根本转向，显然是与海德格尔的后期思想、特别是他的存在之思及其对技术世界的沉思相关和相通的。扩大而言，自瓦格纳、尼采的艺术神话开始，到海德格尔、阿多诺，再到博伊斯、基弗，构成为一条强有力的神秘主义的艺术—哲学路线，而海德格尔是其中的一个中间环节。③

其三，从手艺技巧转向总体艺术创作。在当代艺术中完成的艺术概念的扩大化（博伊斯的“扩展的艺术概念”），可以表述为艺术的脱弃手工，或者从手艺技巧向总体艺术创作的转变。这个转向同样具有革命性的意义。

---

① 哈兰：《什么是艺术？——博伊斯和学生的对话》，德文本，第 87 页；中译本，韩子仲译，北京：商务印书馆，2017 年，第 146 页。

② 基弗、德穆兹：《艺术在没落中升起》，中译本，梅宁、孙周兴译，北京：商务印书馆，2014 年，第 136—137 页。

③ 关于此点的更详细讨论，可参看拙文《德国当代艺术的哲学问题》（即本书第四编的第五篇文章）。

1963 年，博伊斯提出“扩展的艺术概念”，奠定了当代艺术的观念基础。首先，博伊斯所谓“扩展的艺术概念”着眼于感觉的恢复（受鲁道夫·施泰纳的影响），强调艺术活动的综合性，试图打通视觉、听觉、嗅觉、触觉和意识，此即他讲的“通感艺术”。其次，这个概念也是一个综合材料的扩大概念，艺术创作不再局限于传统的特定材料和媒介，已经突破了材料方面的限制。再者，这个概念也是一个社会介入的概念，艺术扩展到了全部社会政治问题，这就是博伊斯所谓的“社会雕塑”思想。最后，这个概念还涉及博伊斯关于人的创造性本质的理解，即他的影响巨大的口号是：“人人都是艺术家。”

我们可以把博伊斯的“扩展的艺术概念”视为瓦格纳的“总体艺术作品”理想的实现，也可以把它视为施泰纳的人智学哲学的艺术表达。从此以后，当代艺术不再是手艺技巧的比赛，而倒是成了一种普泛的、综合的、介入的、观念化（哲学化）的、意义多元的艺术。这是当代艺术的新概念。而作为“总体艺术”或者“通感艺术”，当代艺术业已完成了艺术与哲学之关系的一次重构，即艺术哲学化与哲学艺术化的二重性交织关系的重构。艺术与哲学两大传统的冤家，如今却关系暧昧，其深度的文化意蕴尚有待我们进一步探讨。[①] 这一切的变数，也早已入了海德格尔的法眼，尽管我们也看到，艺术的政治介入性并非海德格尔艺术之思的重点。

---

① 可参看拙文《哲学与艺术关系的重构——海德格尔与当代文化变局》，载孙周兴著：《以创作抵御平庸：艺术现象学演讲录》，北京：商务印书馆，2019 年，第 58 页以下。

艺术现象学的基本问题①

内容提要：本文围绕艺术的“本源性”“真理性”“空间性”三个主题，探讨了从海德格尔出发的艺术现象学的基本问题，最后试图追问艺术现象学对当代艺术做出回应的可能性，认为艺术现象学的问题根本上也是一个后形而上学的问题，也就是说，后哲学的哲思与后艺术的艺术之间可能具有某种对应性。

本文围绕马丁·海德格尔来展开，因为在“艺术现象学”的思想路线上，海德格尔是一个开端性的人物，尽管此前或同时也有一些现象学哲学家（如盖格尔、茵伽登等）做过关于艺术现象学方面的工作，但海氏的努力是最为坚实而有力的。海德格尔在前期《存在与时间》(1927年）中形成了以“世界境域”为核心的此在在世分析，其中形成的现象学洞识对于艺术探讨和考查亦具有重要的意义；而在其后期思想中，海德格尔更是直接处理和讨论了艺术问题，特别是他的《艺术作品的本源》（1935/1936年）一文，影响深远，业已成为20世纪艺术哲学（美学）的经典了。

另外值得指出的是，海德格尔的多个文本，对于后来兴起的绘画

① 本文系作者于2009年5月2日在台湾政治大学哲学系做的演讲，感谢罗丽君博士对本人报告的现场点评，以及汪文圣、蔡铮云等教授对报告的批评。本文原载孙周兴编译：《依于本源而居——海德格尔艺术现象学文选》，杭州：中国美术学院出版社，2010年。收入本书时做了增删。

现象学、电影现象学、文艺现象学、政治现象学、建筑现象学等均有直接的启发作用，比如影响巨大的“建筑现象学”，实际上是以海德格尔的一篇短文《筑·居·思》（译成中文大概只有一万多字）为出发点的，足见海氏思想的强大威力。一个思想家的力量经常在不起眼之处。

今天我主要来谈海德格尔意义上的艺术现象学的三个问题：1. 艺术的本源性；2. 艺术的真理性；3. 艺术的空间性。[①] 最后在总结部分，我将提出关于艺术现象学与当代艺术的问题，意在追问：艺术现象学如何对当代艺术问题做出反应？

一、艺术的本源性

晚年海德格尔在希腊雅典做过一个演讲，题为《艺术的起源与思想的规定》。[②] 在这篇关于希腊艺术的专题演讲中，海德格尔试图借助于古希腊神话中的“雅典娜”形象来探讨艺术（techne）的起源意义，或者说艺术的开端性（本源性）意义。海德格尔这里的阐释工作极具胆识，且富有创意，我们有必要给予关注。

在古希腊神谱中，主艺术（τέχνη）的神祇是女神雅典娜。雅典娜神通广大，而其出身也特别怪异。主神宙斯因为害怕第一位妻子墨提斯生产出一个傲岸的儿子，来做众神和人类之王，便一口将墨提斯吞进了肚里，但就在这当儿，墨提斯却怀上了雅典娜。人类和众神之父在特里托河岸上从自己的头脑里生出了这个女儿，这个“明眸少女”特里托革尼亚（即雅典娜），她在力量和智慧两方面都与他的父王宙斯相等同。宙斯生下雅典娜之时，她便手持神盾、全身武装披挂。借此

① 对于后两个问题，本人已经在别处，特别是在《作品·存在·空间——海德格尔与建筑现象学》（载《时代建筑》，2008 年第 6 期）一文中做过阐述，为完整起见，我在此不得不予以重提，论述有部分重复，唯希望有所增补和有所推进。

② 海德格尔：《艺术的起源与思想的规定》，系作者 1967 年 4 月 4 日在雅典科学与艺术学院做的报告。译文见孙周兴编译：《依于本源而居——海德格尔艺术现象学文选》，杭州：中国美术学院出版社，2010 年，第 73 页以下。

神盾，雅典娜的力量便超过了奥林匹斯山上的所有神灵。[①] 可资参照的是酒神狄奥尼索斯，出自主神宙斯的腿部，其神力和地位就差远了。

雅典娜是全能的，集力量和智慧于一体，其伟力与主神相匹。她是战争女神，赋予人们勇武的精神；她是雅典城邦的守护女神；她是技艺女神，让人类在和平时期精于技艺；雅典娜的智慧标志着希腊艺术和科学的智慧。

作为“技艺女神”的雅典娜是谁？从雅典娜身上可以见出希腊技艺的规定性吗？或者，更具体准确的问法应该是：雅典娜形象和特性中蕴含着希腊人的何种艺术（τέχνη）理解？海德格尔的上述演讲要追问的正是这个问题。总结海德格尔不免繁复的神话学和词源学分析，他实际上是对“雅典娜”做出了如下三重规定。

雅典娜的第一重规定是 πολύμητιζ。传说中的诗人荷马把雅典娜称为 πολύμητιζ。这个希腊词语的日常含义为“十分聪明的、富有创造力的”。海德格尔则把 πολύμητιζ 译解为“多样猜度的”。“猜度”（raten）也有“劝告、建议”之义——差不多是我们今人所谓的“出点子”了。“猜度”的意思是：预先思想、预先操心，从而使某事某物成功。[②] 雅典娜在人类的生产、制造、完成活动方面起着支配作用，她因此也被称为赫拉克勒斯的“女帮手”。具有猜度作用的雅典娜赋予生产者、制造者以主意和建议，给他们“出点子”，也让他们具有“猜度”的能力。不过，这里说的“生产”和“制造”是广义的。因为在古希腊，每个精于制造、擅长业务、能够主管事务处理的人，都被叫作 τεχνίτηζ（艺人、高手）。后来人们过于狭隘地把 τεχνίτηζ 译解为“手艺人、工匠”了。

希腊的 τεχνίτηζ 原本泛指从事各种生产、制造活动的“艺人”——我甚至想建议把它译为“高手”。海德格尔进一步指出：“艺

---

① 赫西俄德：《工作与时日·神谱》，中译本，张竹明、蒋平译，北京：商务印书馆，1991 年，第 51—53 页。

② 海德格尔：《艺术的起源与思想的规定》，载《间距与切近：当代艺术的反思与分析》，德文本，维茨堡，1983 年，第 12 页。

人”的决定性行为是受到τέχνη（技艺、艺术）引导的。τέχνη这个词并不指“制作”，而是指一种“知道”（Wissen）。作为“知道”的τέχνη是广义的。在古希腊人看来，任何受人控制的有目的的生成、维系、改良和促进活动，都是包含着艺术（τέχνη）的活动，诸如教育公民是“政治艺术”，“照料人的灵魂”也是一种艺术（τέχνη）。[①] 而所谓的“知道”意味着：“先行看到那个在某个产物和作品的生产过程中的关键之物。”[②]

雅典娜的第二重规定是γλαυκῶπιζ。既然艺术（τέχνη）这种“知道”是一种“先行看到”“先行洞见”，它就需要“视见和光亮”，于是就与雅典娜的另一个命名联系在一起了。希腊抒情诗人品达在《奥林匹亚颂歌第七首》中把雅典娜命名为γλαυκῶπιζ，即“明眸女神”。名词γλαυκῶπιζ是从形容词γλαυκόζ（光辉的、耀眼的）变化而来的，后者指日月星辰熠熠光芒的照耀，也可以指橄榄树幽微的闪光。雅典娜是“明眸女神”，她的眼睛是γλαυκόζ，是充满光辉的、照耀着的。所以，雅典娜的本质标志是“猫头鹰”，即ἡγλαύξ（“猫头鹰”在词根上同γλαυκόζ）。这种安排绝不是任意的和偶然的，而是有意味的——因为“猫头鹰的眼睛不光是火一般热烈的，它也穿透黑夜，使通常不可见者成为可见的”。[③]

我们已经看到，女神雅典娜是πολύμητιζ，即“猜度者”，而既要“猜度”，就得有“明眼”，所以是γλαυκῶπιζ，即“明眸女神”。这些都与τέχνη（技艺、艺术）相关。雅典娜是“技艺女神”。τέχνη是一种高超悟性，是“知道”（Wissen）了。“知道了”即“已经看到了”。艺术就是这种作为“知道”的τέχνη（技艺、艺术）。但作为τέχνη（技艺、艺术）的艺术是广义的。庖丁解牛，不也“知道”乎？不也

① 参看亚里士多德：《诗学》，中译本，陈中梅译注，北京：商务印书馆，1996年，附录部分，第235页。

② 海德格尔：《艺术的起源与思想的规定》，载《间距与切近：当代艺术的反思与分析》，德文本，维茨堡，1983年，第12页。

③ 海德格尔：《艺术的起源与思想的规定》，载《间距与切近：当代艺术的反思与分析》，德文本，维茨堡，1983年，第13页。我们看到，这也是20世纪德国画家保罗·克利（Paul Klee）对艺术的一项规定：使不可见者成为可见的。

"得道"乎?"猜度"—"明眸"—"知道",说的是雅典娜女神的一个基本特性,从而也就是说 τέχνη(技艺、艺术)的原初意义之一。

雅典娜的第三重规定是 σκεπτομένη(沉思者)。海德格尔认为,"明眸女神"雅典娜还是一位 σκεπτομένη,即"思索者、沉思者"(die Sinnende)。但雅典娜"沉思"什么呢?她若有所思的目光朝向哪里呢?海德格尔在此未加论证地径直指出:朝向"边界"(die Grenze)。何以是"边界"?"边界"是什么?我们可以理解,"边界"是事物得以确定自身的规定性,借助于"边界",事物才得以相互"区分",才得以取得"形态",甚至可以说才得以开始。海德格尔的说法比较复杂一些:"边界乃是某物借以聚集到其本己之中的东西,为的是由之而来以其丰富性显现出来,进入在场状态而显露出来。雅典娜在沉思边界之际已经看到,人类的行为首先必须预见到什么,才能使如此这般见到的东西进入一个作品的可见性之中而产生出来。"①

不过,雅典娜沉思着的目光不仅指向"人类的可能作品",也即指向 τέχνη(技艺、艺术)及其成果,而且首先落在并不需要人类制作、自发地涌现出来的东西上,用海德格尔的话来说,那就是"自发地入于其当下边界之中而涌现出来并且在其中逗留的东西",即 φύσιζ(涌现、自然)。这就引出了艺术(τέχνη)与自然(φύσιζ)之间的关系问题。我们今天容易把艺术(τέχνη)与自然(φύσιζ)对立起来,而且在现代表象思维中,在技术时代里,技术与自然的对立是根本性的。然而,我们用这种现代技术与自然的对立去理解希腊的 τέχνη 与 φύσιζ 的关系,却未免强暴了。

首先,古希腊人所见的 φύσιζ(涌现、自然),恐怕还不是我们现代观念中的对象性的质料自然、物理自然。我们知道,海德格尔基于词源的分析和思想的领悟,把 φύσιζ 译解为"涌现"(Aufgehen)。以海德格尔的说法,"对希腊人来说,φύσιζ(涌现、自然)乃是表示存

① 海德格尔:《艺术的起源与思想的规定》,载《间距与切近:当代艺术的反思与分析》,德文本,维茨堡,1983 年,第 13 页。

在者本身和存在者整体的第一个根本性名称。在希腊人看来，存在者乃是那种东西，它自立自形，无所促逼地涌现和出现，它返回到自身中并且消失于自身中，即一种涌现着又返回到自身中的运作。”[①] 海德格尔甚至以为，只有在希腊才能经验到φύσις（涌现、自然）的神秘运作。他似乎认为，只有在希腊，因为光照独特，得天独厚，“一座山、一个岛、一片海岸、一棵橄榄树以一种令人震惊而又抑制的方式显现出来”[②]。这里需要注意其中的说法：一种令人震惊而又抑制的方式。它表明φύσις（涌现、自然）的运作是明—暗、显—隐的张力关系，是一种“解蔽”（ἀληθεύειν）。

其次，艺术（τέχνη）与自然（φύσις）之间的关系，在希腊人那里也是异样的，不同于我们今人的了解。希腊人善于向φύσις（涌现、自然）学习。相传公元前五世纪的医学家希波克拉特提出τέχνη（技艺、艺术）摹仿φύσις（涌现、自然）的观点，认为技艺的产生和形成是受自然启发的结果，技艺协助自然的工作，帮助自然实现自己的企望。[③] 海德格尔则把这种关系表述为φύσις（涌现、自然）对于人类的“要求”，以及人通过τέχνη（技艺、艺术）对于φύσις（涌现、自然）的“应合”（Entsprechen）。

无论是φύσις（涌现、自然）还是τέχνη（技艺、艺术），都是使不可见者成为可见的，使不在场者在场。两者都是一种“产出、带出来”（Her-vor-bringen），亦即希腊文的ποίησιs。“产出”（ποίησιs）有两种，不仅手工制作，艺术创作是一种“产出”（ποίησιζ），而且φύσιs（涌现、自然），即从自身中涌现出来，也是一种“产出”（ποίησις），甚至是最高意义上的“产出”（ποίησις）。为什么呢？因为就手工和艺术的作品来说，其产出之显突（Aufbruch）不在其本身中，而在工匠和艺术家之中；而就φύσις（涌现、自然）的在场者来

---

① 海德格尔：《尼采》上卷，中译本，孙周兴译，北京：商务印书馆，2002年，第87页。

② 海德格尔：《艺术的起源与思想的规定》，载《间距与切近：当代艺术的反思与分析》，德文本，维茨堡，1983年，第14页。

③ 参看亚里士多德：《诗学》，中译本，陈中梅译注，北京：商务印书馆，1996年，附录部分，第208页。

说，其产出之显突却在它本身之中（ἐνἑαυτῷ），诸如花朵显突入开放中。[①] 这话说白了，就是自然的“产出”是自因的，而艺术的产出却是他因的，所以前者更高。

于是，对于希腊的“摹仿”（μίμησις）论就可以有一种新解了：“摹仿”（μίμησις）不是笨拙的因袭复制，而是艺术与自然的“应合”“响应”（Entsprechen），根本上是人与自然的归属关系。海德格尔说道：“艺术应合于 φύσις（涌现、自然），但却决不是已然在场者的一种复制和描摹。φύσις（涌现、自然）与 τέχνη（技艺）以一种神秘的方式共属一体。然而，使 φύσις（涌现、自然）与 τέχνη（技艺）得以共属一体的那个要素，以及艺术为了成为它所是的东西而必须投身其中的那个领域，依然是蔽而不显的。”[②] 海德格尔认为，早期希腊的诗人们和思想家已经触及了这个神秘领域，其中的标志形象是“闪电”。赫拉克利特在残篇第六十四中说：τὰ δε πάντα οἰακίζει κεραυνός（而闪电操纵一切）。这意思是说：闪电一下子带来和操纵着自发地在其特征中在场的东西。闪电是由主神宙斯发出的，而雅典娜乃是具有至高神力的宙斯之女。

海德格尔于是总结说，正是借着这样一种“知道”（Wissen），作为宙斯之女的雅典娜，就是“多样猜度的”（πολύμητις），“明亮地观看的”（γλαυκῶπις）以及“沉思着边界的女神”（σκεπτομένη）。[③] 这就是说，除了“猜度”—“明眸”这个特性外，技艺女神雅典娜还有“沉思”之力，知道 φύσις（涌现、自然）与 τέχνη（技艺、艺术）如何共属，或者说，τέχνη（技艺、艺术）如何应合于 φύσις（涌现、自然）。

---

① 参看海德格尔：《演讲与论文集》，中译本，孙周兴译，北京：生活·读书·新知三联书店，2005 年，第 9 页。

② 海德格尔：《艺术的起源与思想的规定》，载《间距与切近：当代艺术的反思与分析》，德文本，维茨堡，1983 年，第 14 页。

③ 海德格尔：《艺术的起源与思想的规定》，载《间距与切近：当代艺术的反思与分析》，德文本，维茨堡，1983 年，第 15 页。

二、艺术的真理性

海德格尔对于艺术的本源意义的追问始于更早、更著名的《艺术作品的本源》（1935/1936 年）一文。该文开头即提出了一项任务，即要追问艺术作品的本质之源；而在结束处，海德格尔提供出来的答案既简单又不免让人吃惊：艺术作品的本源是艺术——这话听来像是废话。“艺术作品的本源，同时也就是创作者和保存者的本源，也就是一个民族的历史性此在的本源，乃是艺术。之所以如此，是因为艺术在其本质中就是一个本源：是真理进入存在的突出方式，亦即真理历史性地生成的突出方式。”[①] 这里的重点当然在后面：艺术是真理发生或生成的突出方式。

在哲学史角度来看，把艺术与真理关联起来，这其实是一个前所未有的惊人之举。为何艺术是“真理”？又是何种“真理”——艺术的真理性是何种真理性？

海德格尔是从作品角度来讨论的。什么是一件艺术作品？大概没有人敢有断然明确的答案，在我们今天这个时代尤其如此。海德格尔的回答可谓别出心裁——他赋予艺术作品极高的地位，甚至可以说一种“开天辟地”的伟大意义。海德格尔指出，艺术作品的“作品存在”（“作品性”）有两个基本特征，其一，作品存在就是“建立/树立”（aufstellen）一个“世界”。其二，作品存在就是“制造/产出”（herstellen）[②]“大地”。值得注意的是，在此“世界”用的是单数，是“一个世界”（eine Welt），而其实却指示着“多个”，因为“世界”总是依诸民族而展开的，总是诸民族的“世界”，比如，汉民族有自己的“世界”，自己的人文化成，日耳曼民族有自己的“世界”，有自己的历史文化；相反，“大地”（die Erde）用的是定冠词，是“这个”

---

① 海德格尔：《林中路》，德文本，美茵法兰克福，1980 年，第 66 页；中译本，孙周兴译，北京：商务印书馆，2015 年，第 72 页。

② 此处“制造”（herstellen）意为“产出、把……带出来”，而非工业生产。

(die)“大地”，其实倒是单数了。我以为，海德格尔的意图说白了，就是赋予艺术以一种开启和建设民族世界的伟大力量。

海德格尔的“作品观”要联系于他的“世界观”。在以《存在与时间》（1927 年）为标志的前期哲学中，海德格尔已经形成了非同寻常的“世界观”——不是我们一般所设想和接受的关于物质、运动、时空的科学“世界观”，而是一种新的关于世界的现象学理解。世界是什么？海德格尔接受和发挥了胡塞尔现象学的直接性力量，从当下的遭遇和境域开始讨论。我们生活在一个个具体的境域/语境中，也可以说生活在一个个小世界中。我们在其中与事物打交道，与他人发生遭遇。我们首先与器具/用具（Zeug）打交道。器具/用具是如何呈现给我们的呢？通常我们会说，我们“认识”它们，但海德格尔却说，认识/知识不是在先的，在先的是我们对器具/用具的使用。毕竟我们不只是、不首先是知识的动物。我们在此，当下这个教室就是由我们所熟悉的和信赖的器具/用具所构成的一个使用关联体，我抬头一看，看见几张桌子，随手一摸，摸到这个讲台的桌面。这都是极其自然的事。如果先没有这种看得着、摸得着、靠得住的关系，如何有知识的关系？

至此，海德格尔就确认说，事物的存在不在于我们对物的认识，而在于我们对事物的使用，在于一种自然而然的使用关联。事物是在一个个具体的使用语境中显现给我们的。好比这个茶杯，它为什么是一个茶杯而不是一个实验室里的量杯呀？因为我们现在是在教室里而不是在化学实验室里。一个锤子在工场里是工具，在打架现场可能就是凶器了。这个道理不难理解。事物的意义总是在某个具体使用境域里以某种特定方面给予我们的。这个使用语境自然也可以被叫作“一个世界”，比如我们现在的讲课现场，就是一个具体的世界。是这个世界规定我们对器具/用具的使用，以及器具/用具以何种方式呈现给我们。就此而言，事物的意义不是我们赋予的，而是世界境域给定的。

海德格尔得出的这个想法明显受到了胡塞尔现象学的影响，但他更进一步，告诉我们这个境域/视域/世界的特性是一种“显—隐”二重性的发生和运动。我们在具体的“使用境域”里活动，但平常这个境域是不为我们所关注的，在此意义上可以说是隐而不显的，比如我现在正在上课，各位正在听课，我自然地站着，而你们自然地坐着，除非我提醒大家，大家是不会关注这个课堂语境的。或者，这时候有人突然高声打了个呵欠，或者高声唱起歌来，或者更可怕的，是有人持枪闯了进来，说“不许动，举起手来”，这时候，我们才会关注这个语境、这个境域。我们会问：怎么搞的么？这是课堂呀，你怎么可以如此夸张地打呵欠呀？你怎么可以放声高歌呀？你以为在歌厅里吗？或者，我们会想，我们又不是在美国，我们又不是在银行里，怎么会有人持枪闯进来呀？我作为讲课的老师，不但会说在这个地方上课是上不下去了，我走人先；或者甚至会大骂这个学校（一个比课堂更大的“世界”），甚至骂这个城市（一个比学校更大的“世界”）的治安状况，甚至批评这个国家，甚至可能骂到美国总统奥巴马；等等。总之，只有当一个语境/境域受到非常的破坏而出现问题时，我们才关注它。

可以这么说：一个由相互关联和相互指引的器具/用具构成的境域通常是隐而不显、不受关注的，但正是这个隐而不显的境域使我们自然而然地使用器具/用具，也是事物的意义的依据。海德格尔说，这个境域、这个世界是显—隐二重的，显白和光亮的一面被叫作“天空”（Himmel），而隐晦和暗沉的一面则被叫作“大地”（Erde）。我们中国人大概最容易理解此类说法了，一个境域就是一个“天地”，是“天—地”，是“阴—阳”交织。[①] 我们今天这个课堂不就是一方“天地”么？即便眼下这方“天地”，也是显显隐隐，不无复杂，我看到各位在听我讲课，但谁知道各位到底在想什么呀？或许你假装在认真听课，其实早走神了，在想念自己亲爱的情人呢。还有，谁弄得清楚这个境域深处、背后的东西呀？如上所述，一个境域指引着另一个境域，而且是以更大的境域为隐蔽的背景和基础的。一步步拓展，最后就是真

① 虽然作为海德格尔思想之基本词语“天空”与“大地”采自荷尔德林的诗歌，但我们仍旧可以猜度它们与中国古代思想中的阴阳学说的可能关联。

正意义上的全世界，即最普遍的境域了。

器具/事物的意义不在事物本身，也不在我们人身上，不在于主体对于事物的认识，而在事物所置身的显隐二重性发生的境域/世界中。这个想法就为克服主体主义哲学的思想方式准备了可能性，打开了一个深广的局面。我们太习惯于把事物对象化，周遭事物无不是我们观看、认知的对象，这早已成了定式。但，不知哪位艺术家说过：我到树林里，忽然发现不是我看树，而是树在看我。这个时候，立场就已经倒转过来了。

上面我们讲到海德格尔先是从“有用性”角度来讲器具的，但进展到境域/世界后，就不能停留在“有用性”上了。在20世纪30年代中期的《艺术作品的本源》中，海德格尔就提出了一个“可靠性”（Verläβlichkeit）概念，认为“可靠性”才是“有用性”的基础。这里的基本意思可以表达为：我们总是已经依赖/信赖于器具/事物了，这是在先的关系，而后才可能使用器具/事物。那么这种“可靠性”从何而来？举例来说，我可以黑灯瞎火地在家里走动，此刻在教室里，我随手一摸就可以摸来一本书、一支粉笔，是何道理呀？是因为那是我自己的家，这是我们熟悉的教室里的讲台。所以还是一个境域/世界的问题，“可靠性”是由显—隐“二重性”发生的境域提供给我们的。

一件器具是不是有用，这很具体，一双鞋坏了不好穿了，一支笔不好使了，这都是具体可触的；但如果说到家很温馨、很亲切，教室里很亮堂、很平安，甚至说让人感觉很稳靠，就不免有点玄了，不知道到底是什么样的感觉，经常说不上来。显—隐“二重性”发生的境域提供给我们的这种“可靠性”是不好把握的。前面我们已经讲到，我们平常是不关注境域的，在异常情况出现时才会去关注它，甚至可以说，在境域的“可靠性”发生断裂时，我们才会留意到它。在《艺术作品的本源》一文中，海德格尔就赋予了艺术/艺术作品这样一种使我们关注通常隐而不显的境域的突发异常性质。

有人嘲笑说：海德格尔把凡·高画的自己穿的一双鞋当作农妇的鞋，凭空来了一番著名的诗意宏论。其实呢，谁的鞋、哪里的鞋并不是太大的问题，甚至是无关紧要的。一双鞋入了画，不再是一个器具，而是成了一件作品。一双有用可穿的鞋实在太平常了，但一双入画的鞋当然是不寻常的，具有我们上面讲的突发异常性——反过来说，如若没有这种突发异常性（或者海德格尔所说的 Stoβ，即“冲力”），实即 ἀλήθεια（无蔽、真理）意义上的“揭示性/创新性”，则这件以鞋为主题的作品就是不成功的，属于做坏了的劣质的作品（海德格尔明言，他是不讨论这类东西的）。海德格尔要告诉我们的恐怕是，常识和科学/知识关心不了事物的存在（意义），亦即从世界境域的发生/构成中获得的事物的存在，而艺术和艺术作品可以，因为艺术以一种突发异常性或者奇异性开启/建立一方“天地”。

艺术比科学强。海德格尔高调地申言：“我们绝对无法直接认识物之物因素，即使可能认识，那也是不确定的认识，也需要作品的帮助。”[①] 在此我们还不能简单地认为海德格尔是一个反科学主义者，因为海德格尔认为科学也是一种真理发生的方式，只是其原始性不及艺术。艺术以奇异的方式冲破庸常，开启一个世界，此即存在者之真理的发生。如前所述，海德格尔指明艺术作品的两个存在特征为“建立一个世界”和“制造大地”，就是存在者之真理的发生，也被称为“存在者之真理自行设置入作品中”。[②] 若没有艺术的这种开启和建立之功，科学根本还无从谈起。

值得指出的是，海德格尔所谓“真理的发生”，严格来说并不只是“存在者之真理的发生”，而是“存在之真理”的发生，更准确地说，是“存在之真理”向“存在者之真理”的发生和实现。什么是“存在之真理”呢？海德格尔说，是作为“神秘”的存在本身的澄明与遮蔽的“原始争执”，它贯彻和实现为“存在者之真理”即天与地的“争执”。这里看起来有一个“真理”（aletheia）的双层结构，即存在本身与存在者之存在的双层结构，传达的正是海德格尔所思的“存在

① 海德格尔：《林中路》，德文本，美茵法兰克福，1980 年，第 56 页。
② 海德格尔：《林中路》，德文本，美茵法兰克福，1980 年，第 21 页。

学差异”。

海德格尔进而又以“天地之争”——世界/天空与大地的争执——以及在“形象”或“形态”（Gestalt）中“固定”等说法，来描写艺术作品中真理的发生。① 这些初听起来不免有点玄玄乎乎，但有了我们上面的解说，应该已经不难了解了。

三、艺术的空间性

艺术是存在者之真理的发生方式之一，“作品”是对“天”与“地”两个世界区域的开启和确定，从而具有一种存在性的或者本原性的意义。这样一种想法是十分宏大的，也不无神秘之处。而从中实际上也已经透露了海德格尔对于“空间”问题的新理解。如果说前期海德格尔更多地关注了“时间”问题，那么，对后期海德格尔来说，“空间”问题就成了一个特别显赫的课题。

空间是人所熟知的，又是特别令人费解的；我们完全可以说，空间问题属于人类文化史上少数几个为人所熟知而又无解的难题，至今依然。一个外部标志是：我们至今仍然不知道这道难题应该归哪个学科来解答。也许它根本就是不可解的？晚年海德格尔曾作过一篇奇怪的短文，叫《艺术与空间》（1969 年），大概是我读过的海德格尔文字中最晦涩难懂的一篇，该文开篇就引用了哲人亚里士多德的一句话：“空间看来乃是某种很强大又很难把捉的东西。”②

在空间问题上纠缠在一起的是自然的空间经验、各种物理学的空间规定，以及各种哲学的空间思考。就哲学/思想史而言，特别有影响力的空间观有亚里士多德的、康德的，然后就是海德格尔的了。亚里士多德的和海德格尔的空间理解我们下面会有所涉及，先单说康德的。

---

① 海德格尔：《林中路》，德文本，美茵法兰克福，1980 年，第 56 页。以上讨论可详见孙周兴：《一种非对象性的思与言是如何可能的?》，载倪梁康等编：《中国现象学与哲学评论》第三辑，上海：上海译文出版社，2001 年，第 30 页以下。

② 亚里士多德：《物理学》第四章，212a8；参看中译本，张竹明译，北京：生活·读书·新知商务印书馆，1982 年，第 103 页。

大家知道康德把空间内在化了，在他看来，空间与时间一道，是两个先天的直观形式，内在于认识主体的认识形式，它们是几何学和算术两门形式科学得以成立的先验条件。康德的想法听起来不太靠谱，离日常经验远了，但就上述形式科学的起源探讨来说，我们不得不承认，康德的感性直观形式之说还是有说服力的。

就日常的空间经验来说，我们大概更愿意认同近代物理学的空间观，即把空间看作真空中固态物体的聚合。这种空间观的特性是抽象，是抽象的结果。正如海德格尔指出的那样，近代物理学首先把空间抽象为三维延展、广延（extensio），进而把作为 extensio（延展、广延）的空间抽象为解析—代数学的关系。[①] 在《艺术与空间》中，海德格尔也把“这个”空间（“der” Raum），这个数学—物理上的空间，叫作“物理技术空间”。[②]

海德格尔考查了“空间”一词的词源。在拉丁语中，“空间”（Raum）即 Rum，意味着“为定居和宿营而空出的场地”。更原初的，亚里士多德把“空间”理解和规定为“包容着物体的边界”（τόποζ πέραζ τοῦ περιέχοντοζ σώματοζ ἀκίνητον）。[③] 空间不是“广延”意义上的空无所有的物理—数学空间，而是与希腊文的 πέραζ（边界、界限）联系在一起的。“边界”意义上的空间不是抽象的，而是具体的，是由事物的“位置”决定的，因此是多样的空间。每个物都有“位”，这个“位”就是“空间”。这就表明亚里士多德还没有在近代物理学的意义上来理解空间。海德格尔认为，“边界”意义上的多样空间才是原始的空间，而近代的物理数学的单一/唯一/绝对空间则是派生的，是由前者衍生出来的。

这样一种关系令人奇怪。我们常常说“一生多”，海德格尔这里却说“多生一”。由事物的“位置”（Ort）和“边界”（πέραζ）决定的

---

① 参看海德格尔：《演讲与论文集》，中译本，孙周兴译，北京：生活·读书·新知三联书店，2005 年，第 164 页。

② 参看孙周兴选编：《海德格尔选集》上卷，上海：上海三联书店，1996 年，第 483 页。

③ 亚里士多德：《物理学》第四章，212a5；参看中译本，张竹明译，北京：商务印书馆，1982 年，第 103 页。

诸空间/多样空间乃是“这个”空间即技术物理空间的源头。“在由位置所设置的诸空间中，总是有作为间隔的空间，而且在这种间隔中，又总有作为纯粹延展的空间。”① 多样空间有“物”有“位”，抽象/唯一空间则无“物”无“位”，空空如也，可以说寒气逼人。

在空间问题上，海德格尔最玄奥的一个说法是：当我走向这个演讲大厅的出口处，我已经在那里了；倘若我不是在那里的话，我就根本不能走过去。② 这是什么鬼话？确实十分费解。我做过多次试验，让听众们来试着解释这个说法，但大家所论多半不着边际，难有说服力。比较有力的一个解释是心理学上的（甚至可以说带点意向性学说的意味），说是我从心理上（意向上）已经有了一个目标定向（定位），若没有这个目标定向（定位），我如何能走到那儿去？我们似乎不能说这样的解说有什么错，但仿佛还不够，一不小心就已经落入知识性的说明圈套中了：喏，从这儿到门口估计是几米，要走几步。这样的想法和说明仍旧是基于可测量的计算空间观念。

海德格尔想得更深、更奇怪。在相关上下文中，海德格尔还说：“只是因为终有一死者依其本质经受着诸空间，他们才能穿行于诸空间中。”③ 这里的关键是“经受”或“承受”。什么叫经受诸空间呢？如上所述，空间在海德格尔看来是具体而多样的，是与物的“位置”相关的。好比说我们今天这个课堂，这个演讲大厅，各种器物，桌椅、门窗、灯具、墙面、天花板等，它们的边界是清晰的（无边界不成物，边界是物的开始），它们的位置构成各自的空间，它们的位置合起来构成整个教室的空间，而我们就置身于其中，我们置身于具体物的位置空间里，就仿佛“物—位置”空间挤压着我们，向我们逼来，我们承受/经受之。如若先没有这种“受”，便没有穿行的可能性。这样的想法已经超出了知识/科学的说明，对海德格尔来说，存在性的可能关系

---

① 海德格尔：《演讲与论文集》，中译本，孙周兴译，北京：生活·读书·新知三联书店，2005 年，第 164 页。

②③ 海德格尔：《演讲与论文集》，中译本，孙周兴译，北京：生活·读书·新知三联书店，2005 年，第 166 页。

永远高于/先于知识性的现实关系，而在空间问题上，存在性的位置空间先于技术物理的计算空间。

我再试以另一种可能性解释：确实，我站在这儿，按习惯我可以对这个空间做物理—技术的理解，即把它把握为一个三维抽象空间，长、宽、高三维的空间，这三维空间仿佛跟你我、跟在座诸位、跟其中的各种器具都没什么关系，我们一会儿离开了这儿，晚上有小偷来把这里的物件都搬走了，这个三维空间还在呢。这也没错，但这样理解就够了吗？再问，这个抽象空间是怎么来的？为何这个抽象空间可以与你我、其中的物件没关系？空间真的与我们、跟物件没关系吗？各位现在都坐在这儿，一会儿各位离开了，这里更加空荡荡了，现在这个空间与一会儿各位离开后的空间是一样的吗？当然不一样！

关于物—位置—空间，海德格尔还有更多的玄思。海德格尔在这方面的思考疑点颇多。什么是物，什么位置，都是大成问题的。首先海德格尔把“物”解为“聚集”，并认为这是古德语中的“物”（thing）的本来意义；进而他认为，“物”是对“天、地、神、人”“四重整体”（世界四元素）的“聚集”。这样一说，事情已经相当复杂了。还有“位置”呢？“位置”在海德格尔那儿也特别怪异，不是指随随便便的哪个地方和地点，而是指“物”的聚集作用的发生之所。于是事情就变得更难于理解了。

以桥为例。一座桥是一物，横跨河流，供人交通。海德格尔玄妙地指出，桥架起来之前，河流周边当然有许多地点，但地点并不是“位置”，通过桥这个“物”才出现了“位置”，或者我们也可以说，其中一个地点变成了“位置”。如此说来，“位置”就不简单，仿佛要比地点高一级，或者说要重要得多。“位置”的重要性在于，它是世界四大元素（所谓“天、地、神、人”）的聚集之所。还拿桥为例子，海德格尔不乏诗意地写道：一座桥架在河上，把大地聚集为河流四周的风景；桥也为无常的天气变化作好了准备；桥为终有一死的人提供了道路；桥这种通道也把终有一死的人带向诸神之美妙。因此就可以说，是桥这个“物”把天地神人在自身中聚集起来。

事还没完呢。有了这种“聚集”作用，桥这个“物”也就带来了空间，因为它为四重整体提供一个场所，而“根据这个场所，一个空间由之得以被设置起来的那些场地和道路才得到了规定。以这种方式成为位置的物向来首先提供出诸空间”①。于是又绕到前面讲的具体空间上了。海德格尔屡屡强调：我们要从“位置”（Ort）的特性中洞察空间的来源。② 诸空间/多样空间是由作为“位置”的“物”提供出来的，而唯一/绝对的物理技术空间则源自多样空间。由此我们才有可能理解海德格尔在《艺术与空间》中的说法：“物理技术的空间唯从某个地带的诸位置之运作而来才展开自身。”③

在相应的语境里，海德格尔进一步谈到“筑造”（Bauen）的作用，认为“筑造”就是建立“位置”，从而就是对“诸空间”的创设。就此而言，海德格尔显然不是简单地谈论今天人们所说的“建筑”，或者我们也可说，“建筑/筑造”在海德格尔那里是广义的，等于“创作”，也等于“栖居”，甚至可等于“存在”。人生在世，终归要“筑”、要“作”、要“居”、要“在”。海德格尔说要建立“位置”，建立“位置”即是“造物”。作为“位置”的物为世界四大元素（四重整体）提供场所，也即为之创设空间（诸空间、多样空间）。不难看出，海德格尔这里说的是“筑造”，其实讲的就是艺术和艺术创作。

在《艺术与空间》一文中，海德格尔讨论了具体的艺术样式“雕塑”，给出了一个同样奇异无比的雕塑定义：“雕塑即有所体现地把诸位置带入作品中，凭诸位置，雕塑便是一种对人的可能栖居之地带的开启，对围绕着人、关涉着人的物的可能栖留之地带的开启。雕塑：在其创建着诸位置的作品中体现存在之真理。”④ 无论作为建筑还是作为雕塑，艺术都要造物、设位、创设空间——而这同时就是存在之真理的发生。

---

① 海德格尔：《演讲与论文集》，中译本，孙周兴译，北京：生活·读书·新知三联书店，2005 年，第 162 页。

② 海德格尔：《面向思的事情》，德文本，美茵法兰克福，2007 年，第 29 页。

③ 海德格尔：《艺术与空间》，载孙周兴选编：《海德格尔选集》上卷，上海：上海三联书店，1996 年，第 486 页。

④ 海德格尔：《艺术与空间》，载孙周兴选编：《海德格尔选集》上卷，上海：上海三联书店，1996 年，第 487 页。

四、艺术现象学与当代艺术问题

上面我们已经围绕艺术的“本源性”“真理性”“空间性”三个主题，探讨了从海德格尔出发的艺术现象学的基本问题。最后我要来谈谈当代艺术问题，意在提出问题：艺术现象学如何对当代艺术问题做出反应?

当代艺术的处境和形势极其复杂，它是从19世纪中后期开始的现代主义艺术思潮的接续，是对古典艺术规定性的强烈反叛。我们知道，古典的艺术概念（定义）是在希腊成型的。究其基本，大致分为三项：一是摹仿论，艺术“响应”（“摹仿”）自然；二是艺术的揭示作用——艺术乃是“使不可见者成为可见的”；三是艺术是高超的手艺（τέχνη），艺术总是跟“手工”相联系的，艺术家可谓得道“高手”。这三项可以简化为：摹仿、创新、手艺。我认为这是古典（传统）艺术概念的三个基本元素，不可或缺。[①] 其中“摹仿”（μίμησιζ）比较容易让人引起误解，它其实是一种对于自然（事物）的态度，一种协助、尊重、应合的态度，而非后来（近代以来）占主导的对象性态度。

文艺复兴以后的近代艺术虽然已开始走上了主体化/主观化的道路，但它仍旧怀着一种古典的理想，因为文艺复兴本身就是要复兴古典（希腊）的艺术和哲学。一直到19世纪中后期，才转换到了我们所讲的“现代艺术”或“现代主义艺术”。正是从这个时期开始，经过工业革命、全球性的技术化进程，人类物质环境发生了巨大的变化，精神世界（人文艺术世界）受到严重的挤压，各民族文化以宗教为核心的传统价值体系受到前所未有的动摇，形成了全方位的文化变局和文化断裂。从时间上讲，这个时期出现的艺术被叫作“现代主义艺术”，而第二次世界大战后更出现后现代主义思潮，形成了更加多元、

① 相关讨论详见拙文《危机还是机会？——当代艺术概念的裂变》之第一部分，载孙周兴著：《以创造抵御平庸》，北京：商务印书馆，2019年，第247页以下。

更加激进的当代艺术类型。尤其是德国当代艺术大师约瑟夫·博伊斯，后者通过“扩展的艺术概念”，为“当代艺术”奠定了观念基础。

与古典艺术相对照，我认为当代艺术有以下几个主要特点：

1. 颠覆了古典/传统的艺术概念。古典艺术概念的几个基本元素，在当代艺术的艺术概念中已经失落了，或者已经变异了。当代艺术已经使艺术的边界模糊了，或者说大大拓宽了艺术的范围，以至于人们不再能清晰地界定和认识什么是艺术。

2. 突破材料和媒介的限制，什么都可以用于艺术创作了。当代艺术不再有媒介上的约束，而是充分利用技术工业带来的器物产品和电子媒体，甚至利用人类的身体，或利用人类的观念和行动。总之，什么都可以成为艺术创作的材料了。

3. 观念化与非手工化倾向。当代艺术已经不再像古典艺术那样强调艺术（τέχνη）的手工性/身体性，而是更多地成了“观念艺术”，对观念的表达压倒了其他艺术要素，或者说，造型元素只被看作是用来表达观念和思想的。

4. 作品普遍意义的缺失与作品解释的困难。失去规定性的当代艺术变得越来越含混和不确定，越来越失去了稳定的、共同的意义指向，从而越来越难以让人解释和接受。这是与我们时代的文化处境相合的。

5. 艺术越来越成了商业性制度运作的产物。艺术前所未有地与商业紧紧纠缠在一起了，艺术创作在许多时候成了艺术商品生产，资本的逻辑代替了美学的逻辑，或者说模糊了审美的原则。在这方面，当代艺术同样体现了技术时代的本质。①

以上几点构成当代艺术的基本特征和总体形势。初听起来，仿佛我对于当代艺术是有点不屑的。我确实觉得，当代艺术在某些方面令人担忧，难免给人混乱而嘈杂的感觉。因为失去了自身规定性，当代艺术偏于流变而稳定性不足；因为追求观念的新奇，当代艺术有可能

① 详见拙文《危机还是机会？——当代艺术概念的裂变》之第二部分，载孙周兴著：《以创造抵御平庸》，北京：商务印书馆，2019年，第251页以下。

过于轻视了手上技巧，从而难以形成行业规矩和评判标准；又因为与商业资本眉来眼去，当代艺术难以维护审美的逻辑和共通感。然而，必须指出的是，我根本无意于简单地否定当代艺术，消极地评价当代艺术；恰恰相反，我更愿意认为，当代艺术在艺术疆域的拓宽上、在艺术材料和技巧的创新上、在与哲学文化之关系的重构方面，以及在直面生活世界、改造社会政治等方面，都表现出引领时代的革命性意义。

若从思想史和艺术史的交织和互动来看，当代艺术实际上面临着一种与当代思想相同的两难形势，即：一方面要在存在学/本体论意义上质疑对象的自在持存性和坚固性；另一方面又要在知识学/认识论意义上否定自我的先验明证性和确定性。在这种双重的怀疑和双重的动摇中，在这种“之间性”或“过渡性”中，我们可以看到当代思想和当代艺术共同的基本处境和根本问题。

问题似乎也可以表达为：后哲学的哲思是如何可能的？[①] 以及后艺术的艺术创作是如何可能的？进一步的问题是，后哲学的哲思与后艺术的艺术之间可能有何种关系，应该有何种关系？如果说现象学、特别是后胡塞尔的现象学是一种后哲学（后存在学—后知识学）的哲思尝试，那么，艺术现象学的探索也可以说是一种后艺术的艺术创作和艺术思考的努力，目的是要在不确定的“对象”与同样不确定的“自我”之间重新寻找一种新的艺术构成方式，以及一种新的艺术理解（思考）方式。

海德格尔曾经把我们时代的思想问题说成一个后形而上学和后哲学的问题，即一种非对象性和非客体化的思想与表达是否可能、以及如何可能的问题。[②] 那么，我们是不是也能够说，艺术现象学的问题也是一个后形而上学和后美学的问题，即：非对象性的艺术创作是否可能、以及如何可能的问题呢？

---

① 有关这个课题的讨论，可参看拙文《后哲学的哲学问题》，载《中国社会科学》，2006 年第 5 期。

② 海德格尔：《路标》，德文本，美茵法兰克福，1996 年，第 68 页以下；参看中译本，孙周兴译，北京：商务印书馆，2000 年，第 75 页以下。

创造性时机与当代艺术的思想基础①

内容提要：康德在“先验感性论”中把作为感性直观形式的时间和空间对应于两门形式科学即算术与几何学，与之相对，同时代的哈曼则把时间和空间问题引向两门本源性的艺术即音乐与绘画，由此引出近代的时空之争以及科学与艺术之争。至19世纪，尼采走上了哈曼之路，以“相同者的永恒轮回”学说提出一种“瞬间—时机”的时间观，以及通过创造把瞬间永恒化的艺术之路。20世纪的海德格尔更进一步，在前期哲学中形成了以将来为指向的此在时间性结构论述，在后期则形成了一种以“瞬间时机之所”（Augenblicksstätte，site of the mement）为切点的“时间—空间”观，这显然是对尼采时间观的深化和转换。在尼采看来，时间的本质在于时机，时机的意义在于创造。海德格尔进而把一种本源性的未分化的“时间—空间”视为存在之真理发生的境域，而艺术正是真理发生的基本方式。可以认为，尼采的“瞬间—时机”意义上的新时间观，以及由之发展出来的海德格尔现象学意义上的非物理的“时间—空间”观，应对的是技术时代被不断弱化的感性（感觉）世界。时空一体，感觉相通，这就为当代艺术的综合性、介入性和物质性准备了可能性基础。

① 本文系作者2017年11月7日在复旦大学主办的“重置时间：艺术、技术与当代的未来”国际艺术暨学术论坛上做的报告；11月28日晚上在中南大学哲学系以《创造性的瞬间与时机——从尼采到海德格尔的时间理解》为题重做一次。

本次论坛的主题是“时间与艺术”，我犹豫和抗拒了一段时间，以为不是我能讲的主题，但我早年在浙江大学的老同事沈语冰教授坚持，非要我来参加，于我真是勉为其难的。我自己除了哲学，也关注一点造型艺术和当代艺术，所以如果主题改为“空间与艺术”，我或许会有些话可讲。关于时间，关于时间与艺术，我更多的是茫然。

时间人人都懂，又人人都不懂。我们都在时间中，但似乎都不知道“在时间中”意味着什么。时间问题至今依然是哲学的一道未解难题。但其实空间何尝不是如此？亚里士多德早就发过感叹，说空间问题是无比强大又好难纠缠的。时间与空间属于世间最难的哲学问题，至今没有定论。艺术呢？世上最难定义的一件事，大概就是艺术，据说历史上流传下来的关于艺术的有效定义有上千个。所以今天这个主题“时间与艺术”，特别是经扩大后成了“时间、空间与艺术”，难度是特别大的。

我在想讲什么和怎么讲时，突然冒出了一句话：重要的是时与机，而非时与空。后来发现这话虽然不算错，但有不通之处，故改为现在这个标题。

一

话要从头说。亚里士多德在《物理学》中给出了欧洲哲学史上第一个“空间”定义：“空间乃是一事物的直接包围者，而又不是该事物的部分。”[①] 还有更具体的一个定义是：“空间是包容着物体的边界”（τόποζ πέραζ τοῦ περιέχοντοζ σώματοζ ἀκίνητον）[②]。亚里士多德在这里强调了物的“边界”（πέραζ）。什么叫“边界”？“边界”当然是物的“限制”，也正因为有了“限制”物才得以开始，因为有了“限制”物才能与他物区分开来，才得以成其为物。此其一。其二，通过

① 亚里士多德：《物理学》第四章，210b35；中译本，张竹明译，北京：商务印书馆，1982 年，第 100 页。

② 亚里士多德：《物理学》第四章，212a5；参看中译本，张竹明译，北京：商务印书馆，1982 年，第 103 页。

“边界”的限制，物才有了地方，才有了“位置”（Ort），才是空间性的。所以，亚里士多德的“空间”定义与现代科学意义上的抽象空间观相距甚远。如果说亚里士多德的作为“边界”的“空间”是具体的、位置性的、多样的，每个物都有自己的空间，空间是“有物的空间”，那么，现代物理学的空间则是抽象的、无位置的、唯一的，因而是虚空的，我们在其中是找不到物的，可以说是“无物的空间”。

可资对照的是亚里士多德关于时间的规定。亚里士多德说过，“时间是关于前后运动的数”；“时间不是运动，而是使运动成可以计数的东西”。① 一句话，时间是运动的计量。这就是说，亚里士多德把时间当作一条不断流逝的无限的河流，按照后来海德格尔的说法，时间在亚里士多德那看来就是一条“现在之河”。“它的一部分已经存在过，现在已不再存在，它的另一部分有待产生，现在尚未存在。并且，无论是无限的时间之长流，还是随便挑取的其中任何一段，都是由这两部分合成的。”② 海德格尔把亚里士多德的时间观视为西方流俗的形而上学时间观念的发端，这种现成性的时间观念限制和规定了西方传统存在学/本体论的存在理解。更后来的德里达批判“在场的形而上学”，也是在同样的意义上开展的。

这里我们已经可以发现一个特别有趣的现象：亚里士多德的空间观与近代空间观是完全不同的，甚至可以说是分裂和对立的；而他的时间观却与近代的科学时间观念相同，可以说是接通和规定了后者。这也就是说，在近代物理学中，绝对抽象的空间观念是完全非亚里士多德的，而现在—现成性的时间观却是与亚里士多德一脉相承的。这是为何呢？是不是亚里士多德没有以统一的眼光看待时间与空间现象？难道时间与空间在亚里士多德那里是分离的吗？若然，这种时间与空

① 亚里士多德：《物理学》第四章，219b1—4；参看中译本，张竹明译，北京：商务印书馆，1982年，第125页。

② 亚里士多德：《物理学》第四章，217b34；参看中译本，张竹明译，北京：商务印书馆，1982年，第121页。

间的分离到底意味着什么？我们且把问题放在这儿。①

康德应该是头一个把时间与空间内化的哲学家，在他之前还没有人敢把时间和空间说成是主体性的或者内在性的。康德把时间与空间对应于两门形式科学，即算术和几何学。这听起来是不无道理的。算术就是一个时间性的计算过程，几何学则是处理空间关系的。但进一步，康德把时间与空间视作主体内在感性形式，这样说是不免有点任性的。康德认为，从哲学角度讲，算术和几何学的可能性问题只能落实为感性直观形式（时间与空间）对感性材料的整理，算术和几何的基础是直观，更多的话就讲不下去了。相信当康德迈出“先验感性论”这一步时，自我感觉良好。而且，我们也看到，关于形式科学（特别是算术）的基础问题，直觉论在后世成了主流的想法。

但同时代的思想怪杰哈曼却完全不能认同康德。哈曼是康德《纯粹理性批判》的第一个读者（审读者），读完以后就识破了康德的诡计。如上所述，康德把“空间”和“时间”看作两个先天的直观形式，是内在于认识主体的认识形式，它们是几何学和算术两门形式科学得以成立的先验条件。哈曼说不对呀，人类的整个认识能力都是以语言为基础的，要说有什么认识的先天形式，那不可能是别的，而只可能是“语言的感性要素”。而所谓“语言的感性要素”，哈曼认为就是语音和字母。哈曼的说法是：“语音和字母乃是先天的纯粹形式，其中并不触及一个对象的感觉或者概念所包含的什么东西，而只有一切人类认识和理性的真正的感性要素。”②

这是哈曼对康德“先验感性论”的语言哲学批判。可以想见，哈

① 按说，希腊人的经验和思想是偏于空间抽象的，所以才发展出几何学；比较而言，古希腊人的时间经验应该偏弱一些，因此在诸形式科学当中，算术在希腊是晚起的。但亚里士多德则似乎为我们提供了一个反例。另外需要追问的是：时间与空间的分离到底意味着什么？亚里士多德那里已经显露出这种分离，现代科学特别是两门形式科学固化了这种分离。泛泛而论，时空经验的分离当然意味着艺术和人生的分裂。

② 哈曼：《北方术士与精神的鲁莽》，德文本，迈叶契克编，波恩，1993 年，第 209 页。在后来的第三批判即《判断力批判》中，康德形成了他作为审美鉴赏学说的美学。“感性论”与“美学”是同一个词 Ästhetik。这就是说，在康德那里 Ästehtik 是具有双重意义的：作为空间和时间学说的“先验感性论”与审美鉴赏学说（Geschmackslehre）意义上的“美学”，或者说纯粹理性的“先验感性论”与判断力的“先验美学”。康德向美学的推进，无疑是受到哈曼“元批判”的影响和刺激的。

曼既然认定认识基于语言，又把语音和字母视为“语言的感性要素”，也就有可能把它们与艺术联系起来了。我们来看看他的一段精妙怪论：“最古老的语言是音乐，连同脉搏跳动和鼻腔呼吸的可感受的节奏，是一切速度及其数字比例的生动典范。最古老的文字是绘画和图画，它最早地关注了空间的经济学（Oekonomie）、通过形象对空间的范限和规定。”① 在哈曼看来，音乐作为最古老的语言，是“时间”的原型，而绘画作为最古老的文字，是“空间”的原型。

于此已经不难见出哈曼与康德之分别了：康德把“时间”和“空间”与两门形式科学（即算术和几何学）联系起来，而哈曼则把“时间”和“空间”与人类两门基本的艺术（即音乐和绘画）联系起来。这是完全不同，甚至全然对立的致思路向和精神气质了。我们不妨图示如下：

康德		哈曼	
直观	内感官——时间——算术	语言	听——时间——音乐
	外感官——空间——几何		视——空间——绘画

这里表现出一种严重的针锋相对。在时空问题上，康德说科学，哈曼说艺术。在康德的知识论框架里，当然是没有艺术的位置的；而在哈曼看来，艺术是本源性的，是高于科学的。近代的时空之争以及科学与艺术之争由此开始。在抽象的、绝对的、形式的时间—空间观占主流地位的欧洲近代哲学文化语境里，哈曼这种想法无疑是无比怪异的，近乎旁门左道了。“空间”与“时间”被哈曼归于语言现象。没有词语就没有世界；没有语言就没有时间和空间。作为意义之创造和意义开启，语言是对时间—空间的开启。我们语言的境域就是我们的时间—空间的境域。今天我们看到，哈曼实在太超前了，也许只有

① 哈曼：《北方术士与精神的鲁莽》，德文本，迈叶契克编，波恩，1993 年，第 209 页。此处所谓“经济学”是在希腊的 οἰκονομία 意义上讲的，比较广义，一般的意指操持和安排，如家庭管理、城邦治理等。

在20世纪现象学，特别是后胡塞尔的现象学视域里，我们才能理解哈曼关于时空/艺术/语言的思想。

二

在理性主义或者尼采所谓的“科学乐观主义”的时代里，哈曼被遗忘了两个多世纪，直至20世纪才被人记起。在这个时候（更准确地说是从19世纪后半叶开始），围绕时空问题的科学—艺术之争被重新挑起，而这一回，在科学与艺术之间，钟摆似乎是偏向于艺术，在时间与空间之间，重点似乎落在了时间上面。

这时候有一个核心人物是尼采。在早期的《悲剧的诞生》中，尼采赋予艺术以一种形而上学的意义和地位，同时举起了苏格拉底主义（科学乐观主义）批判的大旗；在科学与艺术之间，尼采虽然一度在《快乐的科学》中主张“双脑制”，但他根本上走的是哈曼之路。在空间和时间问题上，尼采的思考重心在于时间，这尤其表现在他的“相同者的永恒轮回”之说上。但此说如何与时间相关，又与艺术相关呢？我以为，这是因为尼采在“永恒轮回”学说中形成了一种“瞬间—时机”时间观，以及通过创造把瞬间永恒化的艺术之路。

尼采本人高度重视“相同者的永恒轮回”这个学说，视之为自己思想的“极点”，又称之为“最高的肯定公式”。在《查拉图斯特拉如是说》第46节“幻觉与谜团”中，尼采构造和描写了查拉图斯特拉与侏儒之间的一段对话。当时两人站在一个被叫作“瞬间”（Augenblick）的出入口，是两条道路的会合处，往回走是永恒，往前走也是永恒。查拉图斯特拉问侏儒：如果沿着其中的一条道路一直往前走，越走越远，那么这两条道路会永远背道吗？侏儒答道：“一切笔直者都是骗人……所有真理都是弯曲的，时间本身就是一个圆圈。”①

---

① 尼采：《查拉图斯特拉如是说》，“幻觉与谜团”，科利版《尼采著作全集》第4卷，第200页；参看中译本，孙周兴译，北京：商务印书馆，2010年，第248页。

查拉图斯特拉则嫌侏儒"弄得太轻松了"。并不是说侏儒之言有什么错。侏儒之言听起来有点蛮横，其实含着尼采的一种无法反驳的基本论证：如果一切直线都是骗人的，那么时间就不是直线的和无限的，而是循环的。世上哪有真实的直线？直线原是几何学的理想对象。而如果没有直线，则时间怎么可能是一条均匀的永远流逝的"现在"长河呢？

但既然如此，查拉图斯特拉为何还要嫌弃侏儒呢？原因在于：侏儒虽然猜到了"永恒轮回"学说，但只把这种轮回了解为单纯的时间循环，并不真正知道个中真义。如果一切都在轮回，如果一切都在兜圈子，那就没有什么是值得的了，所以就只会像佛教和叔本华那样，从轮回中得出厌世和弃世的结论。关键在于，侏儒蹲在一旁，作为旁观者看着"过去"与"将来"两条根本不会碰撞在一起的道路，理解不了在"瞬间"这个"出入口"，两条道路碰在一起了。简而言之，侏儒没有理解"瞬间"意义上的永恒轮回。只有置身于"瞬间"者，其行动才能深入到"将来"，同时把"过去"接受和肯定下来。①

如何来理解尼采这里讲的"瞬间"呢？我认为这是理解尼采"相同者的永恒轮回"学说的关键所在。所谓"瞬间"，尼采使用的德语是Augenblick，相当于我们中文所说的"眼睛一眨""刹那间""当下"。尼采的"瞬间"当然具有时间性的意义，但它不可等同于"现在/现时"，也不是要强调某个极其短促的时间点。尼采的"瞬间"有更深的意蕴，可以联系于希腊文的Kairos。如上所述，亚里士多德把时间视为"现在之流"和"运动的计量"，他使用的"时间"的希腊文是Chronos。但希腊语中还有一个表示"时间"的词语，就是Kairos，意思是"契机""时机"。凡事都需要有一个"时机"，"时机"未到则难以成事。有时候，我们想方设法，我们努力奋斗，但就是成不了事，为何？原因就在于时机未到，还没有一个不期而至的"时机"，还没有生成一个"契机"。由希腊文的Kairos传达的时间不是线性的"现在之

---

① 参看孙周兴：《未来哲学序曲——尼采与后形而上学》，上海：上海人民出版社，2016年，第223页。

流”，而是系于实际处境和形势中的实际发生和涌现的“机缘”。正如克劳斯·黑尔德（Klaus Held）所言：“一个契机（Kairos）是某种新东西，它还隐蔽在将来中，但又已经突入当前之中。”① 如若从 Kairos（契机、时机）意义上来了解“瞬间”，我们就有可能更好地理解尼采和海德格尔所阐发的过去和将来碰撞在一起的时机化的“瞬间”。②

然而，我们这样来理解尼采的“瞬间”仍旧不够。“瞬间—时机”意义上的永恒轮回还与“创造”，从而也与艺术相关。海德格尔指出，尼采“永恒轮回”学说的要义在于“把瞬间永恒化”，而这是要通过创造来完成的。希腊的 Kairos 意义上的“瞬间”原是一个创造性的“时机”。

海德格尔进一步发展了尼采的在“瞬间—时机”意义上的时间观。20 世纪 30 年代以后的后期海德格尔跳出前期《存在与时间》中关于以将来为指向的此在时间性结构的论述，形成了一种以“瞬间时机之所”（Augenblicksstätte，site of the mement）为切点的“时间—空间”观。而要理解这种“时间—空间”观（时—空观），难度极大。我们在此只能勉力而为，对之做一种大致的勾连和解释。

在《哲学论稿》中，海德格尔首先认为，时间与空间是一体的，所以应该书作“时间—空间”（Zeit-Raum），也即用一个连字符号把两者联结起来（这本是海德格尔破除形而上学表达方式的惯用手法）。海德格尔写道：“时间与空间，在向来自为地被表象，并且在通常的联系中的时间与空间，本身乃源自时间—空间——比起时间与空间本身及其计算性地被表象的联系来，时间—空间是更为原始的。”③ 他甚至提出一个前所未有的问题：“为什么以及在何种前提下，空间与时间的相互分裂是历史性地必然的呢？”④

① 克劳斯·黑尔德：《海德格尔通向“实事本身”之路》，载黑尔德：《世界现象学》，中译本，孙周兴编，倪梁康等译，北京：生活·读书·新知三联书店，2003 年，第 130 页。

② 参看孙周兴：《未来哲学序曲——尼采与后形而上学》，上海：上海人民出版社，2016 年，第 225 页。

③ 海德格尔：《哲学论稿（从本有而来）》，德文版，美茵法兰克福，2003 年，第 372 页。参看海德格尔：《哲学论稿（从本有而来）》，中译本，孙周兴译，北京：商务印书馆，2014 年，第 444 页。

④ 海德格尔：《哲学论稿》，德文版，美茵法兰克福，2003 年，第 373 页；中译本，孙周兴译，北京：商务印书馆，2014 年，第 446 页。

这种比时间与空间更为原始的“时间—空间”到底是什么？海德格尔的表述是令人痛苦的，比如他说：“时间—空间乃是本有之转向轨道的被居有的开裂，是那种在归属性与召唤、存在之离弃状态与招呼（存有本身之颤动的战栗！）之间的转向（Kehre）的被居有的开裂。切近与遥远、空洞与赠与、激昂与迟疑，所有这一切都不能从通常的时间观念和空间观念出发而得到时间—空间上的把握，相反的，在通常的时间观念和空间观念中蕴含着时间—空间的隐蔽本质。”[①] 其中的第一句话差不多给出了关于“时间—空间”的定义：“时间—空间乃是本有之转向轨道的被居有的开裂。”这个句子的德语原文为：Der Zeit-Raum ist die ereignete Erklüftung der Kehrungsbahnen des Ereignisses，英译本作 time-space is the enowned encleavage of the turning trajectories of enowning。这里涉及海德格尔后期思想中关于“本有”（Ereignis）意义上的“存在之真理”的玄奥思考和神秘言说。

海德格尔在此到底在说些什么？以我的理解，海德格尔所思的“时间—空间”仍旧是与尼采的“瞬间—时机”相贯通的。在同一个语境中，海德格尔指出：“时间—空间作为时间化和空间化的原始统一性，原始地本身就是瞬间时机之所，而这个瞬间时机之所乃是朝向离—基深渊的本质性的时间—空间性（Zeit-Räumlichkeit，英译本作 temporality-spatiality），也就是遮蔽之敞开状态——亦即“此”（Da）——的时间—空间性。”[②] 对于这里所谓的“时间化”（Zeitigung）和“空间化”（Räumung），海德格尔也用十分怪异的“移离”（Entrückung，removal unto）和“迷移”（Berückung，charming-moving-unto）来加以描述之。在我看来，所谓的“移离”（Entrückung）是一种由内而外的“绽出”（Ek-stase），一种由近及远的出离，也可以说是一种流失、一种外推、一种外化；而“迷移”

① 海德格尔：《哲学论稿》，德文版，美茵法兰克福，2003 年，第 372 页；中译本，孙周兴译，北京：商务印书馆，2014 年，第 444—445 页。

② 海德格尔：《哲学论稿》，德文版，美茵法兰克福，2003 年，第 384 页；中译本，孙周兴译，北京：商务印书馆，2014 年，第 460—461 页。

（Berückung）则是一种由外而内的内推，一种由远及近的吸引，也可以说是一种内化。但显然，这种“移离”与“迷移”是共属一体的，是相互交合的。

时间与空间不只是被感知的，更不只是被测量的，而是首先被承受的。我们此刻坐在这儿，我们就承受着时间和空间。通常我们会说，时间在流逝，这种流逝其实就是一种由内而外的“移离”；通常我们设想空间就是可测量的远近距离，比如你坐在我对面，有五米光景的距离吧，但这不是唯一可能的空间经验，我首先感受到你作为一个“位置”对我的压迫，也感受到整个大厅构成对我的吸引或者挤压，这就是海德格尔讲的“迷移”，就是一种由外而内的移动。在此意义上我首先是在“承受”（tragen）空间。简言之，时间是一种由内而外的“出”，而空间是一种由外而内的“进”，这一“出”一“进”虽然是区分化的，但根本上是一体两面的。按我的初步理解，这就是海德格尔所讲的“瞬间时机之所”意义上的“时间—空间”。

海德格尔关于“时间—空间”的思考当然不无神秘之处，因而令人难以捉摸。我们在此可以确认的一点是，当海德格尔把尼采的“瞬间—时机”（Augenblick）改写为“瞬间时机之所”（Augenblicksstätte）时，他显然已经推进了尼采的思想，不光赋予尼采的“瞬间—时机”一种时间性的意义，而且赋予它一种空间性的意义。在海德格尔看来，时间与空间原是联结在一起的，是移离—外化与迷移—内化一体的“时间—空间”（Zeit-Raum）。在本源性意义上，哪里有互不相关、分隔开来的“时间”与“空间”呀？“时间—空间”是本源合一的，时间与空间的相互分裂则是后起的事。①

① 20世纪现代物理学的进展也证明了时空与空间的统一性。在狭义相对论中，爱因斯坦变革了近代物理学的时空观念，揭示了时间与空间的一体性和相对性，从而建立了一种新的时空观。这种进展与海德格尔的时间—空间观之间有着何种关系？这也是一个值得探讨的课题。

三

最后让我们来做一个总结，并且结合当代艺术做一种拓展的思考。

就晚期尼采而言，其哲思的重点一直是后宗教的“颓废”时代里个体生命的意义难题。尼采试图以“权力意志”命题来重解生命/存在的本质。在生命严重颓败的技术时代，我们越来越看到尼采的先见之明：自然生命力的加速削弱已成人类无可逃的宿命，构成人类自然历史的一个巨大转折。进一步，尼采终于以“相同者的永恒轮回”一说把自己的思考推到了极点。尼采此说为何重要？因为在神性意义抽离之后，个体生命意义的实存论难题（尼采把它表达为“最大的重负”）不可能重归宗教式的线性超越之路，不可能再寄望于彼岸的“另一个世界”。或有“超人”，那是“大地的意义”。尼采的“相同者的永恒轮回”说提供了一种新型的非线性的时间理解，即一种专注于当下时机化生成的“瞬间”时间观。“瞬间”是创造性的“瞬间—时机”。这种时间不是科学计算的时间，而是艺术创造的“时机”。只要“时机”合成，个体生命是可以通过奇异化和差异化的创造性活动获得意义的。艺术的形而上学性由此获得了重新确认。

尼采哲学是海德格尔思想的重要来源。前期海德格尔在《存在与时间》中形成的实存论时间观已经是对尼采的瞬间时间观的一次推进。而自 20 世纪 30 年代以来，海德格尔对尼采的“瞬间—时机”(Augenblick) 做了深化的思考，把它转换为“瞬间时机场所”(Augenblicksstätte)，由此形成一种原始的瞬间—时机（Kairos）与位置—空间（Topos）一体的“时间—空间”。所谓“瞬间时机场所”是一个时—空相通的境域，是一种本源性的未分化的“时间—空间”，是存在之真理发生的原始境域。在更后来的海德格尔思想中，这种“时间—空间”被思为天、地、神、人“四方”共属一体的“世界”。

在尼采看来，时间的本质在于时机，时机的意义在于创造。海德格尔更进一步从存在之真理发生（本有）的角度探入一种前理论—前科学的时—空境域，从而赋予作为真理之发生方式的艺术一种本源性的意义。现在我愿意认为，尼采的时间观和海德格尔的时—空观是具有革命性意义的，它在哲学上开启了一种关于时间和空间以及我们的生活世界的更原初、更本真的经验，这种经验更多的在当代艺术中获得了回响。

以综合性（关联性）、介入性（社会性）和物质性（神秘性）为特征的当代艺术（特别是战后德国当代艺术），当它面对今天这个已经高度技术化的“弱感觉世界”（鲁道夫·斯泰纳语）时，它同样需要突破科学技术的时空经验和世界经验，而进入一个更有生命力感的神秘世界。这才有了约瑟夫·博伊斯所谓的“通感艺术”以及他关于物质的神秘主义探究，也才有了安瑟姆·基弗关于“基本元素”的探讨，以及他关于艺术的规定——“我并不是揭示神秘。我在创造神秘”。①

最后我想指出的是，关联性思维的生成和发育是现象学之后西方哲学和艺术的最重要标志。② 传统欧洲的超越性思维——哲学—科学的形式性思维和宗教的神性思维——已经抽空了人类的生活世界以及生活世界经验，我们只还拥有一个抽象的疏离的世界了。我们的时间经验和空间经验被隔离，我们的感性感觉同样被抽象和区分开来。艺术家贾科梅蒂看得很明白，他的一个说法是：“我不再能直接地看，我通过我的认识来看你。”③ 思想家海德格尔也发出类似的感叹：我们只能抽象地听了。④ 这个时候，关键恐怕首先在于：重新发现一种原初的真

① 安瑟姆·基弗、克劳斯·德穆兹：《艺术在没落中升起》，中译本，梅宁、孙周兴译，孙周兴主编，北京：商务印书馆，2014 年，第 136 页。关于基弗艺术，可参看孙周兴：《通过艺术再造当代神话——安瑟姆·基弗的艺术现象学》，载《油画艺术》，2016 年第 1 期；关于德国当代艺术，可参看孙周兴：《海德格尔与德国当代艺术》，载《学术界》，2017 年第 8 期（即本书第四编第二篇文章）。

② 由胡塞尔发起的现象学使欧洲哲学得以重启，并且开创了一种关联性思想方式，这就为一种新时空经验的生成做了准备。值得强调的是，中国文化的特性是关联性而非超越性，故中国没有超越性的形式科学体系和神学体系。自然的生活世界是中国人的时空经验的基础。我们的历法体系表明了我们的时间经验的自然性；空间经验亦然，我们理解的方位—空间颇类似于海德格尔说的“位置—空间”。

③ 参看席尔维斯特：《观看贾克梅蒂》；中译本，载许江、焦小健编：《具象表现绘画文选》，杭州：中国美术学院出版社，2002 年，第 122 页。

④ 海德格尔看到了被知识化的感觉的疏离作用，他指出：“物本身要比所有感觉更切近于我们。我们在屋子里听到敲门，但我们从未听到听觉的声音，或者哪怕是纯然的嘈杂声。为了听到一种纯然的嘈杂声，我们必须远离物来听，使我们的耳朵离开物，也即抽象地听。”海德格尔：《林中路》，德文本，美茵法兰克福，1994 年，第 11 页；参看海德格尔：《林中路》，中译本，孙周兴译，北京：商务印书馆，2015 年，第 11—12 页。

实的时—空发生经验。说得更直白些，我们大概要限制技术物理的时间和空间观，达到艺术的原初时空经验。

时空本一体，感觉本相通。而时空一体才可能有感觉之通。这时候我们才能理解博伊斯所谓的“通感艺术”，也才能理解他所谓的艺术从视觉中心向物质研究的转变。就此而言，我们有理由说，由尼采发起、海德格尔推进的新时间理解和新时间—空间观，在一种特别隐秘的意义上，为当代艺术提供了一个新的定位和定向、一个可能性前提。

德国当代艺术的哲学问题[①]

内容提要：在现代技术加速发展背景下产生的当代艺术是如何应对技术世界的？当代艺术是技术的合谋者还是抵抗者？貌似无度、令人费解的当代艺术究竟意味着什么？本次演讲主要以三位德国艺术大师（理查德·瓦格纳、约瑟夫·博伊斯、安瑟姆·基弗）和三位德国哲学大师（弗里德里希·尼采、马丁·海德格尔、泰奥多·阿多诺）为背景，围绕艺术与神话、当代世界的物质研究、实存与自由、技术批判与同一性制度的反抗、艺术哲学化等五大主题，讨论当代艺术及其未来可能性。通过以上五大主题的讨论，本演讲将有可能厘清德国当代艺术的基本特征、根本动因和哲学基础。

今天报告的主题是德国当代艺术。我不准备讨论“当代艺术”的定义，众所周知，这个定义也是极难的。“当代艺术”跟“当代政治”“当代经济”不是在一个意义层面讲的。“当代艺术”一旦被界定、被命名，大概就不再是当代艺术了。“当代艺术”永远在途中，永远是它尚未是、正在生成的东西，就此而言，“当代艺术”其实就是“未来艺

① 本文系作者2017年5月17日下午以《技术时代艺术何为？——关于当代艺术的几个问题》为题在上海交通大学做的报告；2017年6月29日下午在中山大学以《德国当代艺术的哲学问题》为题重做一次。载孙周兴：《以创造抵御平庸》，北京：商务印书馆，2019年，第197页以下。

术”。我曾经说过：未来才是哲思的准星。① 对于艺术，我也愿意重复这个话。我们当然经常处于回忆、回顾、回溯当中，但靠回忆度日是衰老和衰弱的表现，对于个人如此，对于民族亦然。我们也没听说过孔子式的“克己复礼”有过成功的案例。今天在保护和恢复传统文化的名义下发动起来的国学热和古典热，难免让人产生这方面的疑虑和担忧。在这个老旧的问题上，我始终愿意重复鲁迅先生的一个主张（一个设问）：谁不知道保护传统呀？但头等的问题是：谁来保护我们？

在本次报告的“内容提要”中，我写下下面这段话：在现代技术加速发展背景下产生的当代艺术是如何应对技术世界的？当代艺术是技术的合谋者还是抵抗者？本次演讲将从艺术与神话、当代世界的物质研究、实存与自由、技术批判与同一性制度的反抗、以及艺术哲学化等方面，讨论当代艺术及其未来可能性。

当我写这段话时，我对本讲座尚无具体的想法，只是记下了五个标题，依次是：1. 神话的意义；2. 物质的研究；3. 实存的自由；4. 抵抗的姿态；5. 哲思的艺术。我大概属于典型的“标题党”，这些标题中每一个都是可以做书名的。但标题确实很重要，因为它有指引作用，它能把人引向某个方向。我们就服从这几个标题的指引吧，它们触及神话、物质、自由、抵抗和哲艺五大主题。我认为，这是当代艺术的五大主题。

一、神话的意义

我们生活在一个技术时代，技术时代是不讲神话的。中国进入技术工业时代还为时不久，记得我小时候，农村里没有电灯，没有公交，没有任何现代工业的设置，当时的人们还讲“神话”或“鬼话”，还信神弄鬼，还讲迷信，还把所谓“信迷信”② 当作一件光荣的事，至

① 参看拙文《未来才是哲思的准星》，载《社会科学报》，2017 年 6 月 8 日。

② 在我老家，有许多乡民信了基督教，但也还有人信一种由道教、佛教和民间宗教混杂的东西，你若问他信什么的，答曰：信迷信的。

少不是丢人的事。但最近三十几年，中国变了样，完成了技术工业的全面渗透，在农村的进展要慢些，但也渐渐进入现代文明了，神话和鬼怪的故事越来越稀罕了。这当然可以是一种进步，毕竟鬼气太重，就是蒙昧，自然不好。

现代文明与神话是格格不入的。或者说，现代文明本来就是人类摆脱神话之后的结果。我们通常把这种摆脱过程叫作“启蒙”。所谓启蒙运动是欧洲17—18世纪的思想解放运动，也是一场社会和政治的革命运动。“启蒙”（Aufklärung）的本意是“光明”，这个光是理性之光，“启蒙”是要用理性之光来摆脱蒙昧和黑暗的。著名的康德的启蒙定义就专门强调了这种摆脱：“启蒙就是人脱离咎由自取的童稚状态。童稚状态就是没有他人引导便无能于运用自己的理智。如果个中原因不在于缺乏理智，而在于缺乏决心和勇气，没有他人的引导就不敢运用理智，那么，这种童稚状态就是咎由自取的了。‘Sapere aude!（贺拉斯语）要有勇气运用你自己的理智！’这就是启蒙的口号”。[①] 启蒙是一种号召，要号召人民勇于运用自己的理智，去摆脱蒙昧的童稚状态。所以，启蒙的意义也被叫作“祛魅”（Disenchantment），这个词源于马克斯·韦伯所说的“世界的祛魅”。

启蒙与祛魅，这是现代性的凯旋。在科学乐观主义的兴盛期，比如17、18世纪，除了极少数怪胎，比如意大利的维柯、德国的哈曼，此外很少有人会置疑启蒙与祛魅的正当性。人们认为这是现代文明的基本成果。只是到了19世纪中期以后，也即从马克思开始，现代性已经修成正果，科学理性已经通过技术—工业占领了社会生活，形成了资本主义的生产—交换方式和商业体系，以及相应的生活方式。这时候，传统文化价值和价值秩序便受到了冲击，甚至被全面动摇了。马克思看到，这个商业—资本体系的建立也就意味着：旧价值等级的松动，传统秩序的崩溃，交换价值变成了唯一稳靠有效的价值。之后，尼采就干脆把这个事件表达为：“上帝死了。”

---

① 康德：《回答这个问题：“什么是启蒙?”》，《文集》第六卷，德文本，达姆施塔特，1983年，第53页。

所以，由启蒙而致祛魅，由祛魅而致“上帝之死”。“上帝之死”反过来让我们来反思启蒙现代性。霍克海姆和阿多诺在《启蒙辩证法》中论证了启蒙的逆转，即反神话的启蒙本身反而成了一种神话：“启蒙运动试图把这个世界从神话和迷信的支配中解放出来，但这种努力已经陷入了一种致命的辩证法——启蒙本身返回到神话，助长了种种新的支配，这些支配由于声称得到理性本身的证明而显得更加阴险。”①霍克海姆和阿多诺的启蒙理性批判含着对现代性的绝望，尤其是经历了连续两次世界大战之后，欧洲知识人终于发现，启蒙理性所许诺的福祉和幸福生活并没有到来；相反的，欧洲倒是迎来了文明的系统性崩溃，特别是法西斯极权主义带来的人道主义灾难。

在霍克海姆和阿多诺的启蒙辩证法之前，瓦格纳和尼采等已经发起了启蒙批判，但他们的批判策略却是完全不同的。霍克海姆和阿多诺认为，启蒙的失败在于自身成了神话，而瓦格纳则重申神话对于人类生活的意义，试图通过艺术重建神话，以此来对抗启蒙理性和技术文明。人世间处处有神话，没有神话的生活是无趣的，是意义匮乏的。神话是一种当下赋义行为。切莫以为瓦格纳的北欧神话只是在讲远古神明和妖魔鬼怪，比如以为瓦格纳在《尼伯龙族的指环》讲北欧神话，但其实瓦格纳是在讲今天的人类和人性，是在讲今天的生命和革命。尼采接受了瓦格纳的艺术神话理想，而更进一步试图赋予艺术（悲剧艺术）以一种形而上学性，即一种生命哲学的艺术神话。

阿多诺的哲思路径比较特殊。他大概不会简单地同意和主张瓦格纳—尼采的艺术神话，他甚至认为同一性哲学的批判还得通过哲学以及哲学语言的改造，比如通过所谓概念的“星丛”（constellation）来解构单一的概念—客体对应关系。这显然是要在哲学内部展开策反和抵抗。不过，当阿多诺进一步强调艺术，认为艺术的本质在于通过模仿揭示非同一的、碎片化的现实，作为“模仿/摹拟”（mimesis）的艺术

① 詹姆斯·施密特编：《启蒙运动与现代性》，中译本，徐向东、卢华萍译，上海：上海人民出版社，2005年，第20—21页。

有可能重建人与物、人与自然的亲密关系，以及艺术以否定的方式使乌托邦获得形式，因而具有救赎功能，这时候我们可以想象，他的艺术哲学依然具有某种神话性指向。

就阿多诺把艺术看作一种社会抵抗方式而言，博伊斯可谓阿多诺的后继者，两者可以构成一个组合。阿多诺明言：只有通过抵抗社会，艺术才获得生命。不过，博伊斯背后的主要哲学形象并不是阿多诺，而是鲁道夫·施泰纳。施泰纳是一位实存主义者，又是一位神秘主义者。实存主义的最大标识是个体、自由、行动和创造。那么，实存的神秘主义，即行动和创造的神秘主义意味着什么呢？且来看看博伊斯的解说："神秘主义必须转变，并且在整体上融入到这个自由人的当代自我意识中，进入到今天所有的讨论、所作所为和创造中去……"[①] 博伊斯的这个说法显然又接通了瓦格纳的神话理想。

海德格尔比较少用"神话"（Mythos）概念，但他所思所言，屡屡触及了神话命题。当海德格尔区分存在者之存在的真理与存在本身的真理（Aletheia）时，当海德格尔后期讨论"天、地、神、人"之"四重整体"（Geviert）时，当海德格尔径直把"存在本身"命名为"神秘"（Geheimnis）时，他所思的其实就是"神话"。尤其是在后期海德格尔同样不无神秘的语言观中，"人言"（Sprechen）被区别于"道说"（Sage），而"诗"（Dichten）与"思"（Denken）被看作两种"道说"（Sagen）方式，即人突破"人话"的限制而应合"神话"的方式，这时候，海德格尔其实是想告诉我们：人话简单，难的是讲神话。值得一提的是，后期海德格尔所讲的"道说"（Sage）原义为"传说"，其实即"神话"。

当代艺术大师安瑟姆·基弗是讲神话的高手。他一方面讲着海德格尔式的现象学的神话，另一方面经常动用犹太神秘主义和古日耳曼

---

① 福尔克尔·哈兰：《什么是艺术？——博伊斯和学生的对话》，德文本，斯图加特，2011年，第87页；中译本，韩子仲译，北京：商务印书馆，2017年，第146页。

的神话元素。当基弗说“我解除物质的外衣而使之神秘化”[①] 时，他想传达的是一个海德格尔式的信念：艺术是一种创建真理的行为，它以一种显—隐二重性的揭示方式进入神秘之域，完成显—隐二重性的存在之真理的澄明发生，就此而言，艺术使物质神秘化。

在20世纪的历史进程中，伴随技术工业的全球凯旋以及启蒙理性的破败，神话的意义不断受到艺术与哲学两方面的确认，我们上面讲的三位艺术大师与三位哲学大师即可表明：祛魅与复魅构成当代世界一大冲突。而种种迹象表明，神秘主义的当代形态更多的是艺术的神秘主义，是行动和创造的神秘主义。

对于神秘与神秘主义，我们要有平常心，不可惧怕也不可放纵，不可走向极端。我们时代的整体环境和氛围是非神话化和反神秘主义的，比如最近朱清时院士的一个关于中医“真气”的讲座引发巨大争议，批评的声音居多，被斥为“伪科学”。[②] 这是必然之事。在全面科学主义的时代和社会里主张神秘主义，或者哪怕是断言某种非科学的物事，是会有一定风险的。我自己采取的基本姿态是：我不信神，但相信神秘。所谓神秘，简单说就是生活和世界里的幽暗未明部分。

二、物质的研究

物质的研究是西方传统哲学的主题，也是西方传统艺术的任务。这一点与我们中国艺术文化传统大不一样，我们不太习惯于研究物质和物象，而更重视情调、意境和养身。仅就西方传统内部来说，哲学与艺术对于物和物质的探究也是有差别的，哲学研究物之根本，即所谓的 Arche，是本原，也是开始；而艺术，特别是造型艺术，则更多的仅仅停留在个别物象上。这正是柏拉图当年区分哲学与艺术、贬低艺

① 安瑟姆·基弗、克劳斯·德穆兹：《艺术在没落中升起》，中译本，梅宁、孙周兴译，北京：商务印书馆，2014 年，第 137 页。

② 2017 年6 月10 日，中国科学院院士朱清时在北京中医药大学演讲“用身体观察真气和气脉”，一时受到广泛的关注。

术的理由。

在西方艺术内部，音乐和戏剧又是个例外，我们不能简单地说它们是研究物质的。音乐和戏剧是原始说唱文化的流传，要说研究，它们更多的是研究词语的。哈曼有妙论："最古老的语言是音乐，连同脉搏跳动和鼻腔呼吸的可感受的节奏，是一切速度及其数字比例的生动典范。最古老的文字是绘画和图画，它最早地关注了空间的经济学（Oekonomie）、通过形象对空间的范限和规定。"① 在哈曼看来，音乐作为最古老的语言，是"时间"的原型；而绘画作为最古老的文字，是"空间"的原型。与之对应的形式科学，则有算术与几何，康德认为两者是最基本的形式科学，而哈曼则认为两者不具本源性，而倒是衍生的和派生的，音乐与绘画才是本源性的，音乐研究词（节奏和时间），绘画（造型艺术）研究物（位置和空间），哈曼这种区分甚好。

词与物是人类意义世界的基本元素，或者说，是人类世界的基本的意义载体。我们说话，无论是人话还是神话，都联结为"词"；而我们在世界之中行动，交道与制作，都凝结为"物"——海德格尔因此把"物"解为"聚集"。在这个问题上，更为繁难的是词与物的关系。词与物孰先孰后？就是一大问题。诗人格奥尔格的说法是：词语破碎处无物存在。这都是往玄处说了，但却是说到了根本处。

当代艺术的真正开创者博伊斯声称自己做的是"物质研究"。他的说法是："我要去研究物质，我的目的就是对物质进行阐述，基础性的，显然单单这个物质就构成了一个灵魂的过程。"② 跳出视觉局限，转向物质研究，这本身就是在当代艺术中发生的一大转变。在博伊斯那里，这种物质研究具有通灵的或者神秘主义的意味。

另一位德国当代艺术家基弗更进一步，把物质研究视为自己的艺术的基本使命。在他的访谈录《艺术在没落中升起》中，基弗说他的

① 哈曼：《北方术士与精神的鲁莽》，德文本，迈叶契克编，波恩，1993 年，第 209 页。此处所谓"经济学"是在希腊的 o ἰκονομ ία 意义上讲的，比较广义，一般的意指操持和安排，如家庭管理、城邦治理等。

② 哈兰：《什么是艺术？——博伊斯和学生的对话》，德文本，斯图加特，第 21 页；中译本，韩子仲译，北京：商务印书馆，2017 年，第 28 页。

艺术是对五大“基本元素”即“火、水、气、土、空”的探讨。我们知道，原初的哲学以“本原”探讨为己任，各大古老文明都有自己的本原哲学，古希腊的“四元素”即“水、火、气、土”，古代国的“五元素”即“金、木、水、火、土”，古印度的“四元素”即“地、水、火、风”，叫法虽然不一样，实质上大同小异。现在，作为艺术家的基弗要探讨“五元素”，其中多出一个“空”，是他留给东亚文化传统的。基弗的对话者德穆兹认为，这个“空”是在佛教思想中起核心作用的空。“在日本哲学中，‘空’（Ku），即空虚，乃是第五个元素。‘空’也是基弗艺术的一个核心元素，即世界与大地之间的‘空’”。①以我们的理解，此所谓“空”，不光是佛学的，也是海德格尔在《艺术作品的本源》中揭示出来的“天—地”之间的世界境域。

当基弗要以艺术方式探究“基本元素”时，他当然不是要复古，不是要把艺术搞成古典存在学/本体论研究，而是试图通过造型方式思考技术世界。举例来说，基弗在《七重天宫》（2001—2008 年）中对铅的研究。这件作品在各楼层的混凝土之间动用了用铅做成的铅书，也就在流动的铅与坚固而脆弱的混凝土之间造成一种“质料的对立”（materia oppositorum），一种“对立面的相互叠合”（coincidentia oppositorum）。为什么要研究铅呢？基弗自己的解说是：“我总是对神秘合一（unio mystica）以及矛盾的东西很感兴趣。铅是一种液态的介质，只需一点点热量就可以把它们熔化，在 350 摄氏度的温度下，铅就变成液态了。铅还会游动。在其他材料中我没见过这种情况——一座房子的下面比上面更重（笑），也就是说，有某种东西游动了，变成液态的了。而且就我的塔而言：《七重天宫》所包含的游动观念是一种具有首创性的游动。这种首创性也表现在，塔的一些部件是用集装箱做的。集装箱是全球化的象征，是资本转变为某种流动的东西，转变为某种不再固定的，而是完全流动的、发生了形变的东西的象征。资

① 安瑟姆·基弗、克劳斯·德穆兹：《艺术在没落中升起》，中译本，梅宁、孙周兴译，北京：商务印书馆，2014 年，第 1 页。

本，也就是钱，是一种变化的介质。它总是变化着。当我换取某个东西时，资本就借助于钱而发生变化了。”① 基弗这里所做的，是艺术探究当代物质世界的一个典型案例。

当代艺术开展的物质研究，其动机是这样一道难题：艺术如何面对技术世界？我们生活的世界已经是一个技术化的世界，在这个世界里，物的变异已经让我们远离了自然的生活世界。今天的生活世界里的物可分三种：自然物、手工物与技术物。自然物与手工物曾经是自然的生活世界的主体；而如今，自然物和手工物已经退场了，千篇一律的技术物已经占据了统治地位。我们必须注意到其中的差别：自然物和手工物是具体的、有差异或者有个性的；而技术物则是抽象的、无差异或者无个性的。在这样一种物的切换中，在技术物占支配地位的时代里，我们的经验和感知都被重塑了，被重新格式化了，在某种意义上是被悬隔了，处于无法落地的“空转状态”中。

海德格尔后期一直在思索一个问题：如何让抽象的技术物/技术对象回归生活世界？他提出的这个策略显得有点无奈，是对于物的“泰然任之”（Gelassenheit），意思就是 let be。但我想，这个 let be 不是听之任之，也不是放纵自己，而是想唤起一种“不要”（Nicht-wollen）的能力，我们已经太习惯于“要”（Wollen）了，我们已经不会“不要”了，而正是这种不断地、无止境地“要”的主体性，已经让人类处于尼采所谓的“颓废”状态，一种“要不了”的无力状态。人这一端的弦松下来，物（技术物）才可能回归生活世界，成为我们生活世界里的可感可触的有意义的物或者意义的载体。

最近有一个视频设想了“地球无人模式”，如果人类瞬间全都消失，地球会发生什么？据预测，人类消失后几个小时内灯都会熄灭，3 天后地铁都会被水淹没，10 天后宠物都会死去，1 个月后核电站会爆炸，核冬天到来，25 年后道路和广场重新被植被占领，300 年后大部

① 安瑟姆·基弗、克劳斯·德穆兹：《艺术在没落中升起》，中译本，梅宁、孙周兴译，北京：商务印书馆，2014 年，第 52—53 页。

分房屋都不再存在，500 年后大自然重新主宰地球，一万年后人类存在的证据全都消失，等等。这个视频当然是假设的，但揭示了一个真相：哪怕到了技术时代，自然本身的力量真的要比人力强大，只不过，它现在被技术工业的庞然大物压抑了。

三、实存的自由

实存（existence）问题与“本质”（essence）问题相关。西方传统形而上学的主流被称为“本质主义”，“本质”即“共相”（idea），即“普遍之物”。回头想，“本质主义”哲学和科学的产生是极为自然和正常的。只有普遍之物才可能是不变的、恒定的、必然的，个体和殊相是流变的、不稳定的、偶然的。那么，知识（Episteme）的目标就只可能是不变的和必然的共相。这正是最早的哲学即柏拉图哲学的起源和主张。

柏拉图的弟子亚里士多德就开始批评他老师的相论/理念论了。分明我们看到个别和个体，分明我们结结实实地遭遇到具体的这个那个事物，我们怎能说它们是不真的和不值的呢？没道理呀。但亚里士多德到底只做了一个折中：让我们从个体出发达到共相和普遍。亚里士多德认为关键在于语言表达。我们一说就会说到普遍，我们的语言是公共语言，它是有规则的和普遍性的。亚氏甚至认为，我们是靠着“十范畴”说话的，我们之所以能描述某个个体的种种状态，正是因为有“十范畴”。后来的康德也认为，我们之所以能构成自然科学的普遍规律，是因为我们有“十二范畴”。好比我们说“太阳晒热了石头”，这样一个简单的知识陈述中就隐含着“因果性”范畴。无论是亚里士多德还是康德，他们的哲学虽然都有经验论的起点，但最后都落实于形式范畴论，所以，他们其实都还是所谓的“柏拉图主义者”即“本质主义者”。

在现代形而上学批判运动中，尼采和海德格尔都把传统形而上学的主流称为“柏拉图主义”。尼采甚至认为西方文化的另一个传统即基督教文化也是一种“柏拉图主义”。我愿意采纳此说。但在19世纪中期以后，另一股哲学即实存哲学（所谓“存在主义”）暗流渐成气候，对抗本质主义的主流文化传统。关于实存哲学，我曾经做过五项规定：

其一，实存哲学是“个体论”。它指向个体，是一种个体性的思考，或者可以说是从个体性出发的思考。但这并不意味着，实存哲学并不谋求普遍的、共同的意义。个体性的思考如若不求普遍意义，那将是无效的，而且会是荒谬的。此在（Dasein）指向个体实存，但当海德格尔说此在（Dasein）的本质是“实存”时，他说的是个体性的此在的普遍意义（形式意义）表现在“实存结构”中。

其二，实存哲学是“实现论”。它关乎个体的生成、实现、展开、运动及其依据，因此不仅包括雅斯贝尔斯、海德格尔等现代实存主义者，甚至西方哲学史上的亚里士多德、奥古斯丁、帕斯卡尔等也可归于“实存哲学”路线。只不过，这条思想路线在西方思想史上处于隐蔽的潜伏状态，一直都未成气候，直到20世纪才显山露水，成就大业。

其三，实存哲学是“潜能论”。它强调个体存在的丰富可能性，强调个体朝向将来的开放和自由，从而也强调个体存在的动态的实行特征。可能性高于现实性。现实性是单一的、现成的，而可能性则是丰富的、未来的。

其四，实存哲学是“超验—神性论”。实存哲学因为要寻求个体实存的理由和根据，只好采纳类似于因果说明式的哲学和科学论证，最后只好承认有一个终极因、自因之因。就此而言，实存哲学总归是一种“超验的”（transzendent）思考。

其五，实存哲学是“形而上学”。无论在题域上还是在方法上，实存哲学与存在学/本体论都有相互交织、不可拆分的关系，一道构成西方—欧洲形而上学传统的两大思想方式。这两大思想方式无处不在，是我们追问、判断、理论的基本样式，也是我们人类的生活倾向和性格特征的集中表达。①

回到我们的主题——当代艺术上来。我要说的是，“实存哲学”说到底就是一种艺术哲学。这意思有两项：其一，“实存哲学”是当代艺术的思想基础，它对主流哲学文化传统（本质主义、同一性思维）的批判为当代艺术的产生提供了观念前提；其二，“实存哲学”本身具有艺术性，指示着艺术的未来性，因为“实存哲学”对此在可能性之维的开拓和个体自由行动的强调，本身就已经具有创造性或者艺术性的指向。

博伊斯全面开展他的当代艺术实践之际，正是欧洲学生运动风起云涌之时，而欧洲学生运动在很大程度上可以视为“实存哲学”的社会呈现。虽然影响欧洲学生运动的因素是多重的，但在观念面上，所谓“存在主义”（我们所说的“实存哲学”）构成了它的主要理论主张和根本推动力。当代艺术是实存哲学/实存主义思潮的一部分。

作为博伊斯艺术的思想背景的施泰纳的人智学，在我看来根本就是一种“实存哲学”。人智学强调个体自由和创造性转化，人智学关于生命领域和生命结构的理解，重点在于肉体与精神、内与外、自我与世界（自然）的相互介入和转化，也包括个体—社会—宇宙三者之间的相互联通和相互影响。具有神秘主义倾向的人智学始终把行动、创造放在第一位。正是人智学的实存哲学要素构成了博伊斯的艺术理想。每个创造性的个体都应该得到自由发展，这种人性思想在博伊斯那儿落实为“人人都是艺术家”。同理，只有艺术的社会才可能是人性的社会，这种对创造和艺术能量的肯定导向了他的“社会雕塑”之说。

实存哲学的根本问题是个体自由，即：个体如何实现自己，如何发挥创造性潜能？我们看到，在“实存自由”这个哲学命题下，当代艺术坚守了现代实存主义（存在主义）哲学的基本出发点和思想成果，开拓出一条通过创造克服普遍同质和平庸，从而维护个体自由的艺术—政治道路。

---

① 参看孙周兴：《一只革命的手》，北京：商务印书馆，2017 年，第 152—154 页。

四、抵抗的姿态

当代艺术是技术工业和技术文明的帮凶，还是一种抵抗？这是一个十分难解的问题。我的基本看法是：当代艺术是一种“抵抗”，面对现代技术工业和同一性文化/社会制度，当代艺术采取了一种“抵抗”姿态，这种姿态依然具有实存主义的倾向，而且也在20世纪下半叶的欧洲社会运动中得到了表现，也将在未来人类生活中延续下去。

瓦格纳的艺术神话就已经是一种对工业文明的抵抗，虽然当时的科技、工业和商业根本不能与今天的状况同日而语。尼采对科学乐观主义和启蒙理性的批判，同样摆出了势不两立的姿态，他对苏格拉底主义或后来讲的柏拉图主义的攻击，可以用得上“仇恨”两字。就瓦格纳和尼采而言，这种抵抗总体上表现为尖锐的、情绪性的、非此即彼的二元对抗。

海德格尔的抵抗姿态有所不同。海德格尔在前期实存哲学中就已经试图在方法上建立一种“还原—建构—解构”一体的现象学态度，他前期对“存在学历史的解构”、后期对形而上学历史的整体批判，都显示了态度上的公正和务实。所谓“解构”不是一味破坏和毁坏，而是对源始意义的历史性居有。海德格尔后期对艺术的思考赋予艺术以“开天辟地”的文化创造和建构的意义，而同时又以艺术应合于存在之真理的二重性运动，在非主体主义或者后主体主义立场上重思艺术创作和艺术家的位置。艺术具有本源性与非主体性，是真理发生的基本方式，科学和技术虽然也是一种解蔽方式，但它是衍生的或派生的方式。艺术比科学更具本源性，也更能让我们接近事物。

阿多诺则明确主张艺术的抵抗作用。“否定”在他那里成为基本的思想策略。现实是非同一的，是碎片的、充满矛盾和悖论的，所以才需要否定的辩证法。艺术是否定的、批判性的，艺术通过模仿揭示碎片化的现实。艺术具有救赎功能，以否定的方式使乌托邦获得形式。当阿多诺说艺术具有否定的、批判性的作用时，我们可以认为，他是赋予艺术以哲学的意义了，或者说把艺术哲学化了。“抵抗”成了艺术的本质。艺术的抵抗姿态是对同一性哲学和同一性制度的反抗。

没有迹象表明博伊斯与阿多诺有过实质性的精神交流和相互影响，但我仍旧愿意认为，他们两人之间有着共同的思想旨趣和倾向。博伊斯在姿态上更趋积极高调，在他那里，艺术不只是抵抗，而是成了重塑和改造社会的力量。

基弗曾经跟对话者德穆兹讨论过“抵抗”。德穆兹说，对策兰来说，完美诗歌要证明自己的身份，只有通过自己的“正确性”，通过“对我们的抵抗的描绘”。基弗接着说：“对我来说，这种抵抗就在于：我们在无意义状态中继续进行。”[①] 基弗在此把“抵抗”的含义扩展了：对无意义的抵抗、对消解的抵抗、前进时的抵抗和回行的抵抗、对败坏了的词语用法的抵抗、对自我的抵抗、对自我满足感的抵抗等。基弗显然意识到了“抵抗”的普遍意义：人生处处有抵抗，人生处处要抵抗。

抵抗固然是一种消极姿态，但消极未必负面，负面也未必负面。当我们启动抵抗时，我们可能是要进行积极有为的革命。抵抗就是革命。诗人里尔克有诗云：有何胜利可言，挺住就是一切！他这话同样道出了“抵抗”的意义。

五、哲思的艺术

上面的讨论涉及六大人物：瓦格纳、尼采、海德格尔、阿多诺、博伊斯、基弗，他们是德国现代史上的三大哲人和三大艺术家。我意欲何为呀？我一直在译介、讨论尼采和海德格尔两位大哲，如今加上一大哲人阿多诺，又牵扯出三大艺术家，瓦格纳、博伊斯和基弗，这是要干什么呀？这里仿佛是两组配对物：瓦格纳与尼采、阿多诺与博

---

① 安瑟姆·基弗、克劳斯·德穆兹：《艺术在没落中升起》，中译本，梅宁、孙周兴译，北京：商务印书馆，2014 年，第 243 页。

伊斯、海德格尔与基弗。但其中的关系却大不一样。我们知道，尼采称自己与瓦格纳构成“对跖”关系，就是说，两人处于对立两极，但若失一极则另一极也无法成立。阿多诺与博伊斯虽然未见交互影响，但两者有着共同的定向，也有一些共同的主张——尽管博伊斯的哲学背景更多的是鲁道夫·施泰纳的人智学。思想家海德格尔与艺术家基弗之间则大不同，后者只是前者的追随者，当基弗开始展示自己的艺术作品，走向当代艺术前台时，海德格尔已经去世了。

有一点值得我们注意：无论是19世纪的尼采与瓦格纳，还是20世纪的阿多诺与博伊斯、海德格尔与基弗，相互之间都有一个艺术与哲学的关系问题。两个世纪之间，艺术—哲学格局大变，意味无限，而再造神话的动因未变，构成从瓦格纳和尼采到阿多诺和博伊斯，再到海德格尔和基弗之间的一条隐秘路线。

这条路线上的思想家和艺术家关于艺术形成了何种新观点？这是一道难题，但我想可以强调三点：一是神秘性。虽然上述六位艺术—哲学人物中并非每一个人物都公开主张神秘主义，但他们显然都出于启蒙理性批判的动因，以神话抵抗理性，以复魅纠正过度祛魅，在思想倾向上都偏于存在和世界的神秘与幽暗一面，从而构成一种抵抗技术工业的文化努力。二是真理性。上述六位艺术—哲学人物中，大概只有阿多诺和海德格尔创建了一种“真理美学”，但他们都坚持认为，艺术比科学更真，更具本源性意义，就此而言他们都具有关于艺术—真理性的主张。三是创造性。这条路线上的思想家和艺术家都具有实存哲学（实存主义）的哲学立场和创造动机，意在以个体自由行动和创造的力量抵御本质主义和普遍主义的同一性观念和同质性制度。

特别是通过第二次世界大战之后当代艺术的演进，艺术的疆域被大大地拓展了。传统艺术所依赖的材料固然还在被使用，但由工业技术提供出来的新材料不断涌现，成为新艺术的创作媒介。同时，与此相应的，艺术家身份被重新确认，或者说成为有待确认的东西。艺术与哲学的界限被破除了。在欧洲历史上，艺术与哲学构成一对基本的文化矛盾，决定着时代文化的总体形势。而两者界限的消解意味着一种新文化类型的产生。艺术与哲学都进入一种后历史的文化处境里。哲学的终结与艺术的终结结伴而生。而如果说有一种或者多种新的思想类型正在酝酿或者产生中，那么，它或它们必定是艺术性的思想类型（哲学艺术化）。同样的，统治文化史 2500 年的哲学和宗教的文化形式趋于衰落之后，艺术的力量正在勃兴中，而这种艺术必定是哲思的艺术，是哲学化的艺术。我们认为，在当代艺术中已经完成了艺术哲学化与哲学艺术化的双向重构。①

这种正在勃兴中的哲学化艺术总是与政治结盟，总是有着政治的诉求或者说政治的动因。在人类文化主题上，代替传统哲学与宗教，艺术与政治正在成为我们时代决定性的命题和课题。艺术，我们所说的当代艺术，正是对现代民主制度体系及其后果的一个修正：不可避免的民主制度也带来了同质化和平庸化的难题，而艺术的使命在于以创造抵御平庸——这是当代艺术的新神话么？

在技术统治的新文明形势下，我们需要确认 20 世纪以来人类文化语境中发生的艺术与哲学之关系的重构的文化意蕴，进而展开关于未来艺术、未来哲学的思考，甚至关于未来人类生活的预感和探测。于此我们不妨重复博伊斯意味深长的一句话：世界的未来是人类的一件艺术作品。

六、结语

让我们来做个总结。本次演讲主要围绕艺术与神话、当代世界的物质研究、实存与自由、技术批判与同一性制度的反抗、艺术哲学化等五大主题，讨论当代艺术及其未来可能性，重点厘清德国当代艺术的基本特征、根本动因和哲学基础。

在“神话”问题上，我们看到的是现代艺术和当代艺术呼应现代

---

① 有关此点，可参看拙文《哲学与艺术关系的重构——海德格尔与当代德国文化变局》，载孙周兴著：《以创造抵御平庸》，北京：商务印书馆，2019 年，第 58 页以下。

哲学中的启蒙理性批判运动，通过造型方式和手段构造出当代的艺术神话，这个艺术神话理想从19世纪后期的瓦格纳和尼采开始，一直延续至第二次世界大战以后的当代艺术家博伊斯和基弗那里；在“物质研究”这个主题上，我们讨论当代艺术家们如何接过传统哲学的基本任务，开展当代生活世界和物体系的研究，从事“本原”意义上的“基本元素”的探讨；在“实存自由”命题下，我们处理的是当代艺术如何坚守现代实存主义（存在主义）哲学的基本出发点和思想成果，开拓出一条通过创造克服普遍同质和平庸，从而维护个体自由的艺术—政治道路；与此相关的是当代艺术面对现代技术工业和同一性文化/社会制度所采取的“抵抗”姿态，这种姿态依然具有实存主义（存在主义）的倾向，而且也在20世纪下半叶的欧洲社会运动中得到了表现；我们还讨论了当代艺术的“哲学化”趋势的意义，试图揭示20世纪以来的人类文化语境中发生的艺术与哲学之关系的重构的文化意蕴。

这是在以德国为主体的当代艺术中发生的深度变化和转换。不理解这些，我们大概是无法真正深入所谓的“当代艺术”的。

第五编

未来哲学

马克思的技术批判与未来社会①

内容提要：尽管有过种种历史性的误解和遮蔽，但马克思哲学以及马克思主义哲学仍然属于现代/当代世界最强有力的哲学思潮。这种持久而强大的影响力充分表明马克思哲学具有直面当下、指向未来的内在品质。本演讲着眼于技术哲学，特别是以“现代技术与未来文明”为主题，试图探讨马克思在现代技术哲学史上的开创性意义，以及与此相关的，马克思围绕“异化劳动”来开展的资本社会批判与他的技术批判之间的本质性关联，最后试图通过展望由现代技术规定的未来新文明方向，来重解马克思的共产主义理想。本演讲者认为，今天以人工智能和生物技术为核心的现代技术，正在加速推动人类身体和精神的双重技术化（非自然化），从而会在不久的将来形成一种新的人类形态和文明样式，后者将有可能接近于马克思设想和论证的未来社会理想。

虽然我曾经以马克思主义哲学为专业，但已经差不多有30年没有研读和讨论马克思哲学了。这次斗胆想来谈谈马克思哲学，但在准备

① 本文系作者2018年10月13日在武汉大学主办的“教育部长江学者论坛”上的演讲，原标题为《马克思的技术批判与未来文明方向》。后据演讲稿补充，以《马克思与技术哲学》为题，于2019年4月16日下午在厦门大学马克思主义学院演讲。本次发表时又做了进一步修改，仍保留演讲风格。载《学术月刊》，2019年第6期。

过程中却迟疑了好几天，不知从何下手。我知道这是典型的门外汉心态。想到在我几年前关于尼采的一个学术报告里，现场有一位学生提问：能不能请您用几句话来概括一下尼采哲学呢？我当时不知怎么答题，情急之下冒出了这样三句：1. 人生是虚无的；2. 文化是虚假的；3. 生命是刚强的。我补充说，这就是尼采哲学的“思眼”，是尼采全部哲学的根本点。但现场的学生们还不肯放过我，又有人追问：那么对现代中国影响最大的马克思哲学呢？马克思哲学的“思眼”又在哪里呢？我只好同样概括了如下三句：1. 历史是生动的；2. 现实是残酷的；3. 人是要有理想的。我补充说：要说清楚这三句话，又谈何容易呀？①

我这样说当然不是——不只是——为了应付，更不是为了搞笑，而是出于一个严肃认真的想法和讲法，可以作为我今天演讲的引子。但我今天不谈这些，而是想从技术哲学的角度，特别是围绕我眼下特别关注的“现代技术与未来文明”主题，来谈谈马克思的哲学。马克思的技术哲学恐怕还是一个少有讨论的论题，甚至有人会起疑心：马克思那儿有一种“技术哲学”吗？马克思是一位“技术哲学家”吗？有“马克思的技术哲学”吗？当然有，而且我认为，它是跟马克思的劳动理论、资本学说和社会理想联结在一起的。所以，我今天的演讲主要想集中讲如下三点：

1. 技术与工业批判：马克思哲学的起点；
2. 异化劳动与资本社会批判；
3. 现代技术与马克思的社会理想。

我的总体看法是，马克思的技术批判在现代技术哲学史上具有开创性的意义，这种意义恐怕有待进一步的发掘和确认。马克思的技术批判也是他围绕“异化劳动”来展开的资本社会批判的基础；进一步，正是基于对技术工业及其文明效应的深刻洞察和探究，马克思才可能形成他关于未来社会和文明形态的预见和预言。我们今天不得不承认，

---

① 参看孙周兴：《一只革命的手》，北京：商务印书馆，2017 年，第 55 页以下。

马克思哲学是有未来性的，马克思之后的世界文明进程，总体上是按照他的预言开展和演进的；他关于以“生产力高度发展”和“普遍交往”为基本前提的共产主义社会理想，是合乎技术人类文明的进程的，也终将得到印证，因为我们分明已经看到，今天以人工智能和生物技术为核心的现代技术，正在加速推动人类身体和精神的双重技术化（非自然化），从而在不久的将来形成一种新的人类形态和文明样式，后者将有可能接近于马克思提出来的未来社会理想。

一、技术工业批判：马克思哲学的起点

众所周知，马克思第一次完成了对资本主义商业社会的系统批判，这种批判工作的伟大成果就是他的煌煌巨著《资本论》（1867—1894年）。时至今日，人们习惯于认为马克思的《资本论》是一部政治经济学著作，这当然是题中之义，因为该书的副题确实就是“政治经济学批判”；人们也主要在历史唯物主义的意义上把《资本论》视为一部哲学著作，这自然也不会有错。不过，在我看来，《资本论》——不光是《资本论》，一般地讲就是马克思毕生从事的资本社会批判——首先包含着一种技术批判，或者可以说包含着一种技术哲学。而且在我看来，正是这一点使得马克思始于《1844年经济学哲学手稿》，在《资本论》中得以完成和系统化的资本社会批判，具有了某种哲学性的深度和指向未来的力量。

毫无疑问，马克思首先洞察到了技术对于资本主义生产方式的决定性意义，他在《资本论》中明确地断言：“各种经济时代的区别，不在于生产什么，而在于怎样生产，用什么劳动资料生产。”[①] 马克思这里所谓“怎样生产”的问题关乎技术，因为正是技术决定了物质生产方式。我们知道，马克思所处的时代正是大机器工业化生产蓬勃发展

① 马克思：《资本论》，中共中央马克思恩格斯列宁斯大林著作编译局译，北京：中国社会科学出版社，1983年，第168页。

之际，特别是18世纪后期蒸汽机的发明，人们发现能量不仅可以转换，而且还可以贮存和运输，这就为大机器工业化生产提供了基础，预示着一个全新时代的到来。马克思敏感地感受到了一个新的技术工业时代的来临，史无前例地开始关注当时以大机器工业为标志的技术生产及其效应。所以，正如以色列当代历史学家尤瓦尔·赫拉利（Yuval Noah Harari）所指出的那样，马克思等人“了解新的科技现实及人类的新体验，因此能够针对工业社会的新问题提出切中要点的答案，也能提出原创的想法，告诉众人如何从前所未有的机会中得利”。[①] 作为一名风行全球的畅销书作者，赫拉利的一些观点和表述固然未必可靠，未必经过有效的论证，但他关于马克思的上述判断却是大体公允的。

在《1844年经济学哲学手稿》中，马克思的思考和说法看起来是更具哲学性的，他指出：工业的历史和工业的已经产生的对象性的存在，是“一本打开了的关于人的本质力量的书”，是“感性地摆在我们面前的人的心理学”。[②] 而最能传达马克思的技术哲学基本思想的，是下面这段被反复引用的堪称经典的表述：

> 自然科学却通过工业日益在实践上进入人的生活，改造人的生活，并为人的解放作准备，尽管它不得不直接地完成非人化。工业是自然界同人之间，因而也是自然科学同人之间的现实的历史关系。因此，如果把工业看成人的本质力量的公开的展示，那么，自然界的人的本质，或者人的自然的本质，也就可以理解了；因此，自然科学将失去它的抽象物质的或者不如说是唯心主义的方向，并且将成为人的科学的基础，正像它现在已经——尽管以

---

① 尤瓦尔·赫拉利：《未来简史》，中译本，林俊宏译，中信出版社，2017年，第247—248页。赫拉利认为，马克思的划时代的意义在于：“在马克思之前，人们定义和区分彼此的标准是对上帝的看法，而不是生产方式。在马克思之后，比起关于灵魂和来世的辩论，科技与经济结构问题远为重要，造成的分裂也更加严重。”

② 马克思、恩格斯：《马克思恩格斯全集》第42卷，中共中央马克思恩格斯列宁斯大林著作编译局译，北京：人民出版社，1979年，第127页。

> 异化的形式——成了真正人的生活的基础一样；至于说生活有它的一种基础，科学有它的另一种基础——这根本就是谎言。在人类历史中即在人类社会的产生过程中形成的自然界是人的现实的自然界；因此，通过工业——尽管以异化的形式——形成的自然界，是真正的、人类学的自然界。①

马克思在此表达了他关于科学（科技）、工业与人类生活世界的基本观点，更是实现了对欧洲近代唯心主义（主体性哲学）的一个人类学—技术哲学的批判性转换。我们知道，自笛卡尔以“我思故我在”确立了“自我—主体”（Ich-Subjekt）以后，欧洲近代哲学在康德那里终于完成了一种“对象性思维”以及相应的一个“对象世界（现象界）”的建立，事物的存在不再被把握为事物本身的“自在的”结构（如实体—属性、形式—质料结构），而是被规定为“为我的”“被表象状态”（Vorgestelltheit）即“对象性”（Gegenständlichkeit），于是古典的自然世界被把握为——被转换为——“对象世界”，而这个“对象世界”被数学化—抽象化，成为一个“形式—数理”的抽象世界。

马克思看到了“对象性思维”和这个“对象世界”的确立，但他同时明确地反对近代唯心主义传统，认为唯心主义没有认识到现实生活世界的变化，在他看来，自然科学已经通过技术工业进入人类生活之中，成为人类生活世界的新基础，这就是他明确地表述的，“自然科学将失去它的抽象物质的或者不如说是唯心主义的方向，并且将成为人的科学的基础，正像它现在已经——尽管以异化的形式——成了真正人的生活的基础一样”。由技术工业规定的自然界，是“真正的、人类学的自然界”，马克思的这个观点甚至带有现象学的意义，近乎一种现象学存在论的规定。以我的说法，马克思在此已经洞察到了技术工业的改造作用，就是把“自然人类生活世界”改变为“技术人类生活

---

① 马克思、恩格斯：《马克思恩格斯全集》第42卷，中共中央马克思恩格斯列宁斯大林著作编译局译，北京：人民出版社，1979年，第128页。

世界”[①]。也正因此，如果我们仅仅在认识论（知识论）层面上理解马克思哲学，以为这种哲学还停留在认识论的主体—客体之对象性关系的层面上，那我们就难免把马克思降低和矮化了，因为我们把马克思哲学又回置到欧洲近代唯心论和知识论传统里了——这显然是深受原苏联意识形态影响的中国马克思主义哲学研究和教育中的一个误区。[②]

生活世界的巨变必然带来生活世界经验的变化和重构，特别是其中的时空经验的变迁。马克思敏锐地意识到了在一个新的生活世界中人类时空经验的转换和重置，提出了自己的时空观。马克思关于时间的说法是：“时间实际上是人的积极存在，它不仅是人的生命的尺度，而且是人的发展的空间。”[③] 而关于空间，马克思给出的一个著名规定是：“空间是一切生产和一切人类活动的要素。”[④] 这是马克思从人类生命和人类活动的角度对时间和空间的全新理解，完全不同于传统哲学和科学的时空观。

我们知道，在马克思之前，欧洲近代史上有两种典型的时空观，一是牛顿的绝对时空观，时间被认为是与物质运动无关的绝对均匀流逝的纯粹持续性，而空间被视为与物质脱离的、永远不变的绝对虚空。这是经典物理学的时空观。二是康德的先验时空观，时间和空间被内化了，被视为认识主体先天的感性直观形式，是人类作为观察者设计的框架，与此相联系的是两门基础性的形式科学即算术和几何学。这是近代经典物理学和哲学的时空观，两者显然都脱离了生活世界的生发过程和实际经验。与之相反，马克思却前所未有地把时间看作“人

① 马克思在工人劳动条件的改变中看到了技术的决定性意义，即对人类生活世界的改造和颠倒作用：“在工场手工业和手工业中，是工人利用工具，在工厂中，是工人服侍机器。……在一切资本主义生产中，不是工人支配劳动条件，而是劳动条件支配工人。但是，只有机器才第一次使这种颠倒具有技术上的现实性。”参看马克思：《资本论》，中共中央马克思恩格斯列宁斯大林著作编译局译，北京：中国社会科学出版社，1983 年，第 427 页。

② 在思想史—哲学史解释中一直都有厚古薄今或以今解古的立场之争，根本上是一个定向问题：是缅怀和美化过去还是直面当下和指向未来？克罗齐所谓“所有历史都是当代史”至少道出了一点：厚古薄今是一种有失公正的、容易错乱的立场。

③ 马克思、恩格斯：《马克思恩格斯全集》第 47 卷，中共中央马克思恩格斯列宁斯大林著作编译局译，北京：人民出版社，1979 年，第 532 页。

④ 马克思：《资本论》第三卷，中共中央马克思恩格斯列宁斯大林著作编译局译，北京：人民出版社，2004 年，第 875 页。

的生命的尺度”和“人的发展的空间”，把空间看作“一切生产和一切人类活动”的要素，可谓意味深远。

进一步，马克思指出，资本主义生产方式是要以时间消灭空间。在《资本论》手稿中，马克思说：“资本按其本性来说，力求超越一切空间界限。因此，创造交换的物质条件——交通运输工具——对资本来说是极其必要的：用时间去消灭空间。”① 在另一处，马克思又做了类似的更具体的表述：“资本一方面要力求摧毁交往即交换的一切地方限制，夺得整个地球作为它的市场，另一方面，它又力求用时间去消灭空间，就是说，把商品从一个地方转移到另一个地方所花费的时间缩减到最低限度。资本越发展，从而资本借以流通的市场，构成资本空间流通道路的市场越扩大，资本同时也就越是力求在空间上更加扩大市场，力求用时间去更多地消灭空间。”② 这是马克思在1857年讲的话，我们可以把它理解为空间理解的转向和空间生产问题的出现。

在上引《1844年经济学哲学手稿》的相关上下文中，马克思还表达了一些直观性的思想，诸如“感性必须是一切科学的基础”“自然科学往后将包括关于人的科学，正像关于人的科学包括自然科学一样，这将是一门科学”。③ 又比如“思维本身的要素，思想的生命表现的要素，即语言，是感性的自然界。自然界的社会的现实，和人的自然科学或关于人的自然科学，是同一个说法”。④ 此类见解和观点虽然未见系统的和具体的论证，但却是极具洞见力的，有些见解和观点的意义要到20世纪，甚至21世纪方能完全显现出来。

① 马克思、恩格斯：《马克思恩格斯全集》第46卷下册，中共中央马克思恩格斯列宁斯大林著作编译局译，北京：人民出版社，1979年，第16页。

② 马克思、恩格斯：《马克思恩格斯全集》第46卷下册，中共中央马克思恩格斯列宁斯大林著作编译局译，北京：人民出版社，1979年，第33页。

③ 马克思、恩格斯：《马克思恩格斯全集》第42卷，中共中央马克思恩格斯列宁斯大林著作编译局译，北京：人民出版社，1979年，第128页。

④ 马克思、恩格斯：《马克思恩格斯全集》第42卷，中共中央马克思恩格斯列宁斯大林著作编译局译，北京：人民出版社，1979年，第129页。

二、异化劳动与资本社会批判

现在我们经常会把传统形而上学批判的主要贡献归于尼采，因为后者以“上帝死了”这个骇人的口号宣告了欧洲传统哲学和宗教的崩溃，以我的理解，实即自然人类文明的基本精神表达方式的衰落。但更早些时候，费尔巴哈已经开始了基督教批判，马克思已经开启了“柏拉图主义”或“唯心主义”批判。马克思有言：“彼岸世界的真理消逝以后，历史的任务就是确立此岸世界的真理。人的自我异化的神圣形象被揭穿以后，揭露非神圣形象中的自我异化，就成了为历史服务的哲学的迫切任务。于是对天国的批判就变成对尘世的批判，对宗教的批判就变成对法的批判，对神学的批判就变成对政治的批判。”① 我们没有找到任何证据，表明尼采读到过马克思这段话，如果尼采读过，我们可以相信他必定会把马克思引为同道，甚至把马克思视为自己思想的先行导师。②

马克思完成了从彼岸到此岸、从超感性到感性的哲学转向，这种转向具有革命性的意义。马克思把“对尘世的批判”落实为资本社会批判，首次试图揭示资本主义生产方式以及社会运行的逻辑。早在《1844 年经济学哲学手稿》中，马克思就从“资本”“劳动”“地租”三个基本概念入手来分析和探讨资本社会，发现资本社会的基本特征是“异化劳动”，而“异化劳动”的根源就在于资本占有劳动，就在于私有制。“私有财产只有发展到最后的、最高的阶段，它的这个秘密才重新暴露出来，私有财产一方面是外化劳动的产物，另一方面又是劳动借以外化的手段，是这一外化的实现。”③ 马克思认为，在资本主义私有制状态下，“异化劳动”具有多样的表现形式，诸如：劳动者与

---

① 马克思：《〈黑格尔法哲学批判〉导言》，《马克思恩格斯选集》第一卷，中共中央马克思恩格斯列宁斯大林著作编译局译，北京：人民出版社，1972 年，第 2 页。

② 我们甚至没有发现任何文献证据，可以表明尼采关注过马克思。这事颇可惊奇。

③ 马克思、恩格斯：《马克思恩格斯全集》第 42 卷，中共中央马克思恩格斯列宁斯大林著作编译局译，北京：人民出版社，1979 年，第 100 页。

劳动产品相异化，劳动者与劳动本身相异化，人类的本质与人相异化，人与人的关系相异化。①

我们应该看到，无论是私有财产还是它的后果“异化劳动”，马克思都没有给予完全消极的和否定性的指控，相反，马克思指出：“只有通过发达的工业，也就是以私有财产为中介，人的激情的本体论本质才能在总体上、合乎人性地实现；因此，关于人的科学本身是人在实践上的自我实现的产物”，“如果撇开私有财产的异化，那么私有财产的意义就在于**本质的对象**——既作为享受的对象，又作为活动的对象——对人的**存在**”。②

马克思理解了工业—商业社会新型权力关系的核心，那就是资本，也就是货币。市场交换表面上的平等性掩盖了这种由资本或者货币决定的支配与被支配的权力关系。“货币，因为具有购买一切东西、占有一切对象的特性，所以是最突出的对象。货币的这种特性的普遍性是货币的本质的万能；所以它被当成万能之物。”③ 马克思引用了莎士比亚在《雅典的泰门》的著名说法：货币既是“有形的神明”又是“人可尽夫的娼妇”。作为有形的神明，货币“使一切人的和自然的特性变成它们的对立物，使事物普遍混淆和颠倒”；而作为“人可尽夫的娼妇”，货币“是人们和各民族的普遍牵线人”。④ 这里的“神明”与“娼妇”并不构成对立两极，而是在消极意义上标征货币的暴力性和普遍性。

马克思之后，在货币哲学思考方面走得更远的恐怕是德国社会学家和哲学家格奥尔格·西美尔（Georg Simmel，1858—1918 年），其货币哲学完全可与马克思哲学相对照，可以说是对后者的一种发展。在

---

① 西美尔：《货币哲学》，中译本，陈戎女、耿开君、文聘元译，北京：华夏出版社，2002 年，第 16 页。故西美尔的“物化”理论可与马克思的“异化”理论相参照（比如卢卡奇发现两者的关联），但两者的解决办法完全不同：西美尔主张从根本上无法解决客观文化与主观文化的冲突；而马克思则主张通过制度变革来克服“异化”病症。

②③ 马克思、恩格斯：《马克思恩格斯全集》第 42 卷，中共中央马克思恩格斯列宁斯大林著作编译局译，北京：人民出版社，1979 年，第 150 页。

④ 马克思、恩格斯：《马克思恩格斯全集》第 42 卷，中共中央马克思恩格斯列宁斯大林著作编译局译，北京：人民出版社，1979 年，第 153 页。

西美尔看来，“货币作为一般的存在形式的物质化（Substantierung），依据之事物从它们彼此的相互关系 Gegenseitigkeit 中找到了其意义”。[①] 货币在最纯粹的形式上代表着纯粹的交互作用，“货币就成为了人与世界关系的充分的表达”[②]。在此意义上，西美尔试图发展一种把货币当作“人类社会中的经验之中介”的现象学。

西美尔的货币哲学大致有如下几个要点：首先，货币本身成为功能。货币本来具有实物与功能双重本性，但在现代社会中，货币的功能化倾向越来越扩大，货币的实物性已经渐趋削弱，到今天的互联网金融和虚拟货币时代，货币的实物性马上要彻底消失了——货币本身就是功能了。这个意思当然不难理解，我们甚至可以说货币史差不多是一种“虚拟化的历史”，比如以黄金为代表的金属货币是对实物的虚拟化，纸币是对黄金的虚拟化，而今天的网上交易系统和虚拟货币则是对纸币的虚拟化。其次，货币的量化和平均化特性。按西美尔的说法，货币是“一切价值的公分母”。货币把一切价值都量化了，都敉平了。在此意义上可以说，货币最直接而有效地实现了社会价值平等的诉求。最后，货币是绝对的手段，也成为绝对的目的。现代生活中神性—形而上学性消退之后，以货币为象征的工商主义精神占据了统治地位。货币成了现代社会的宗教——这也就是马克思所批判的“拜物教”。

西美尔围绕货币展开的关于“物化、客观化、异化”的讨论看起来似乎要比马克思更冷静和更客观一些，毕竟两者所处的时代不同了，两者的哲学背景也全然不同。马克思的时代更多的是资本主义原始积累阶段，资本的嗜血性和残酷性是当时的最大现实，面对被剥夺的劳动者的悲惨处境，马克思所做的资本批判和货币分析多少带有某种情绪色彩，这原是可以理解的；而西美尔则处身于资本主义全球化和技术工业电气化的新时期，情境已经有了很大的变化。另一方面，两者

① 西美尔：《货币哲学》，中译本，陈戎女、耿开君、文聘元译，北京：华夏出版社，2002 年，第 64 页。
② 西美尔：《货币哲学》，中译本，陈戎女、耿开君、文聘元译，北京：华夏出版社，2002 年，第 65 页。

的哲学立场也是大相径庭的，如果说马克思的哲学是以对德国古典唯心主义和费尔巴哈唯物主义的改造为前提的，那么，西美尔则更多的是以叔本华和尼采的意志哲学为基础的。

西美尔也谈“物化”，他认为物化和客观化是文化成熟的标志，意味着人类劳动和知识等超越了个体的人的局限，比如说经济价值使主观价值客观化，而金钱是经济价值最物化、最客观化的载体；又比如财产更替方式，前资本时代的财产更替无非有两种方式，一是抢劫（包括偷盗），二是赠送，两者都没有客观的道理和规则可言，而现代资本社会的财产转移的方式变成了交易（交换），后者更需要规则，很显然，交换比抢劫和赠送更客观化，也更文明。[①] 所以，客观化程度意味着文明发达的程度。[②] 货币使人与人的关系客观化了，从而保证了个人自由。但物极必反，现代文化的极端物化和客观化又对精神生活/主观世界构成伤害和威胁。西美尔说，商人赚钱后仿佛自由了，但常常会处于食利者那种厌倦无聊、生活毫无目的、内心烦躁不安的状态，于是只好竭力使自己忙碌起来，变成一架赚钱机器。总而言之，“因为货币所能提供的自由只是一种潜在的、形式化的、消极的自由，牺牲掉生活的积极内容来换钱暗示着出卖个人价值”。[③]

与马克思一样，西美尔也看到了货币社会的技术本质以及与此相关的人的异化状态的必然性。在西美尔看来，现代技术的优势地位是以近代哲学的理性主义为前提的，而同时，理性主义本身也是技术优势的表现形式，可以说理性主义统治地位既是“技术优势”的原因又

① 2018年12月中旬发生了一件不无有趣的事：著名学者李泽厚撰文纪念刚刚去世的著名武侠小说家金庸，说自己在20世纪90年代初在香港接受金庸宴请，并赠予5000美金而被自己拒绝，觉得金庸出手小气了，云云。此文刊出后引起热议，对李泽厚的指控居多。这就充分应证了西美尔的说法：赠送是比交易更不文明的财产转换方式。

② 西美尔：《货币哲学》，中译本，陈戎女、耿开君、文聘元译，北京：华夏出版社，2002年，译者前言，第11页。货币承载和关联着千差万别的事物和社会阶层，使它们日趋平均化，从而导致社会文化价值的量化、世俗化和理性化；同时货币又最大程度地保持和促进了个人自由和个体性的发展，经济—文化上的个人主义、自由主义是与货币经济的兴起和发展齐头并进的。

③ 西美尔：《货币哲学》，中译本，陈戎女、耿开君、文聘元译，北京：华夏出版社，2002年，第320页。西美尔洞察到生命与形式之冲突无法融通，他对金钱文化的批判明显带有审美主义倾向，其基调完全是叔本华式的悲观主义逻辑。

是它的后果；然而“技术优势”也罢，“理性意识的统治地位”也罢，两者都可以用来表征一种精神异化，即技术时代人类越来越疏离于自身存在的完整意义。西美尔指出：“灵魂的精神性和专心镇静在自然科技时代喧嚣的辉煌中麻木了，造成了紧张和茫然地追求的某种模糊感的恶果，造成了一种感觉，即离我们的存在的完整意义如此遥不可及，以至于我们无法锁定存在的完整意义，处于不断地远离它而非靠近它的危险之中……”①

马克思把人类社会的生产方式区分为亚细亚的、古代的、封建的和资本主义的，但主要还在于把自然经济与资本主义经济区别开来了。马克思认为，自然经济就是满足自给性消费的生产，自然经济的瓦解与资本主义生产方式的产生有两个条件：一是有雇佣劳动者（工人），他们失去了生产资料只能出卖劳动力；二是原始积累，也就是有了大规模企业生产的货币财富积累。但这两个条件的根本动因仍旧在商品流通和商业发展，也即商业市场的形成，而其中核心的推动力还是技术工业。因为技术对于资本主义的生产方式的决定性意义，必致劳动异化，所以也可说，技术工业带来了异化。

马克思看到了一个技术—资本主导的新时代的到来，对资本社会的基本逻辑做了深入的分析，他围绕“异化劳动”来开展的资本社会批判与他的技术批判之间有着本质性的关联，并且预见了一个以生产力的高度发展和人类普遍交往为前提的全球化进程的远景，他赋予这个社会远景一种所谓共产主义的理想。这些都是马克思哲学的历史性贡献。在他身后，包括剩余价值理论、无产阶级理论、物质决定意识等在内的马克思理论受到不同程度的置疑，而最大的责难或许在于，马克思对人类社会和人类历史做了一种总体主义/整体主义的思考，在这种宏大思考中，个体无法得到确认，个体自由无法得到保障——这是后世的实存主义（存在主义）和自由主义者最容易提出来的一个指控。

---

① 西美尔：《货币哲学》，中译本，陈戎女、耿开君、文聘元译，北京：华夏出版社，2002年，第394页。

三、现代技术与马克思的社会理想

人要获得自由和解放，就必须扬弃“异化劳动”，使劳动从资本的奴役中解放出来。这就是马克思的共产主义理想。

> 共产主义是私有财产即人的自我异化的积极的扬弃，因而是通过人并且为了人而对人的本质的真正占有；因此，它是人向自身、向社会的（即人的）人的复归，这种复归是完全的、自觉的而且保存了以往发展的全部财富的。这种共产主义，作为完成了的自然主义，等于人道主义，而作为完成了的人道主义，等于自然主义，它是人和自然界之间、人和人之间的矛盾的真正解决，是存在和本质、对象化和自我确证、自由和必然、个体和类之间的斗争的真正解决。它是历史之谜的解答，而且知道自己就是这种解答。①

这段著名的“共产主义宣言”已经是大家耳熟能详的，已经得到反复的阐释和讨论，但个中深义未必是人们都能完全理解的，也不是人们能够达成共识的，比如：如何理解对“私有财产”和“异化”的“积极的扬弃”？什么叫“完成了的自然主义”和“完成了的人道主义”？又如何来理解马克思接着说的“只有在社会中，人的自然的存在对他来说才是他的人的存在，而自然界对他来说才成为人。因此，社会是人同自然界的完成了的本质的统一，是自然界的真正复活，是人的实现了的自然主义和自然界的实现了的人道主义”？②

首先我愿意认为，19 世纪后期以来的人类生活世界的变动和人类文明的进程，尤其在物质生产和社会组织层面上，总体来说是合乎马

---

① 马克思、恩格斯：《马克思恩格斯全集》第 42 卷，中共中央马克思恩格斯列宁斯大林著作编译局译，北京：人民出版社，1979 年，第 120 页。

② 马克思、恩格斯：《马克思恩格斯全集》第 42 卷，中共中央马克思恩格斯列宁斯大林著作编译局译，北京：人民出版社，1979 年，第 122 页。

克思在19世纪做的预言的。我们也必须指出，国际共产主义和社会主义运动的曲折和失败，并不能证明马克思的共产主义理想的虚妄；甚至，社会主义革命的局部成功也并不一定能确证马克思的共产主义理想——更何况我们看到在大约一个半世纪的时间里，出现了太多假冒的马克思主义者、社会主义者以及各种变相的理论和说辞。

在我看来，在后马克思时代的人类历史（世界历史）进程中，至少有几项重要的事实是合乎马克思当年给出的预言的：

第一，在现代技术推动下的生产力高度发展。全球饥饿和贫困人口得以大幅度减少；人类寿命不断延长，1900年人类平均寿命只有39岁，现在已经超过73岁，近乎翻了一番。这完全是现代技术为人类带来的福祉，现代技术工业通过现代食物生产、现代药物和医疗体系延长了人类的自然寿命，而且有望通过生物技术（基因工程）与人工智能（机器人）的合作，在不久的将来进一步延长人类寿命，使人类进入“长生”和“永生”的轨道之中。光凭这一点，今天一味反技术工业者可以休矣。① 因为在我看来，“长生”和“永生”的愿望属于人类的基本本能，是不容置疑和否定的。

第二，全人类的普遍交往。随着全球化进程的推进和完成，通过19世纪中期以来快速形成的以轮船海运为主体的全球物流体系，进而通过20世纪相继出现的飞机、广播电视和电脑网络，特别是通过20世纪下半叶以来的互联网，现代技术为全球民族与民族、国家与国家、人与人之间的“普遍交往”提供了物质基础，也为全球民主商谈制度的普遍化提供了可能性条件。如我们所知，马克思早就把“普遍交往”设为他的共产主义社会理想的基本前提之一。这个前提现在已经完全成了现实，今日人类无疑已经成为当年马克思所说的“世界历史性的人”。

第三，高福利国家的不断增加。在全球范围内，高福利国家越来

① 如果说技术悲观主义（技术虚无主义）不可取，那么同样的，技术乐观主义（技术万能论）也是成问题的。对于现代技术，我更愿意赞同斯蒂格勒的说法：技术既是“毒药”又是“解药”。

越多，特别是在欧洲和美洲，出现了历史上未曾有过的高福利社会保障制度。高福利体系是在社会物质财富高度积累和现代民主制度成熟之后才可能实现的。我认为，这同样完全符合马克思关于生产力高度发展以后社会形态变化的预言。

第四，区域性同盟和联合体的出现以及全球共商政治机制的初步形成。虽然由于主权国家的存在和民族宗教的留存，世界范围内还时有文明冲突和对抗，但全球商讨的机制和规则已露端倪。首先当然是联合国的形成，联合国的形成成为第二次世界大战后国际关系的最大变局，对战后基本格局和国际秩序具有决定性的意义。此外，国际性和区域性的政治、经济、军事的同盟和联合体（组织）不断出现和重组，同样具有历史性的意义。

因此我愿意进一步猜度，马克思的社会理想将在未来得到最终应证和实现，共产主义理想有望在不远的将来得到真正的实现。今天以人工智能和生物技术为核心的现代技术，正在加速推动人类身体和精神的双重技术化（非自然化），从而在不久的将来形成一种新的人类形态和文明样式，后者将有可能接近于马克思提出来的未来社会理想。

这方面的迹象和征兆有如下两项：

其一，今天的全球技术工业正朝着“最后的斗争”挺进，那就是越来越多地失去了劳动机会的“无用之人”——尼采所谓的“末人”——与少数新兴技术产业资本家、技术专家以及其他特权阶层之间的斗争，这场“最后的斗争”将不再是为生存而斗争，而是为了“劳动机会”——而这是马克思早已预见到了的一点，也是马克思经常受到怀疑的地方。通过“最后的斗争”，“劳动”将成为生活的必需而非负担。

其二，随着人类体力劳动和重复劳动被替代，也随着主要由生物技术带来的人类寿命的进一步延长，人类将在技术性意义上获得解放，但同时，随着自然人类不断被技术化（也即非自然化），人类将在自然性意义上不断被削弱和废黜，最终有望达到自然性与技术性的平衡，而这个可能的平衡状态应该就是马克思所预言的共产主义社会。到这一步，马克思所讲的“自然主义”和“人道主义”便得到了完成。

为什么马克思还活着？为什么马克思哲学依然具有现实的指引意义和规定力量？在我看来，这是因为马克思具有天才般的未来之眼和未来之思，也因为朝向未来的马克思是一位技术哲学家，对现代技术和由技术所规定的人类文明现实具有深入的理解和思考。这在技术工业方兴未艾的19世纪中期是十分难能可贵的，毕竟在当时，传统文化势力（我所谓的“自然人类精神表达系统”）依然占据着支配性地位，技术工业还处在发展的初级阶段，20世纪出现的飞机、电视、网络“三大件”，20世纪中期出现的核武器，以及今天正在加速推进的人工智能和基因工程，都是马克思无法想象和推断的。

当代历史学家赫拉利比较分析了世界上几个与马克思同时代的历史人物，为我们提出了一个严肃的问题：为什么到最后马克思和列宁成功了，而洪秀全和马赫迪失败了？赫拉利回答说：个中原因当然不在于信仰之优劣，而在于“马克思和列宁更努力地理解当代的科技和经济现实，没有忙着精读古代经典和预言中的梦想”。① 根据赫拉利的描写，曾经有人希望列宁用一句话来讲清楚什么是共产主义，列宁径直答道：“共产主义就是苏维埃政权加全国电气化。”② 没有电力、铁路、无线电，就不会有共产主义。今天我们又来到了一个历史的门槛上。赫拉利断言：这可能是“智人”发出的末班车，错过的人将不会有上车的机会了，就像当年未听从马克思教诲的一些民族国家。

赫拉利大概还算不上马克思主义者，他的诸多想法和说法也备受争议，但无论赫拉利的诸多观点有多少可疑之处，作为历史学家，他对待马克思的姿态却是公正的，上面关于马克思的评价是恰当的。

---

① 尤瓦尔赫拉利：《未来简史》，中译本，林俊宏译，北京：中信出版社，2017年，第247页。洪秀全是太平天国的领袖，马赫迪是伊斯兰教的救世主。在赫拉利看来，当技术工业新时代到来之际，复古派和宗教保守主义的失败是必然的。

② 尤瓦尔赫拉利：《未来简史》，中译本，林俊宏译，北京：中信出版社，2017年，第247页。

尼采与未来哲学的规定[①]

内容提要：未来哲学将是何种哲学？哲学如何取得其未来性？本文尝试从尼采晚期的“未来哲学”概念出发，对未来哲学做一种基于历史反思的展望和预感，认为未来哲学具有世界性、个体性、技术性、艺术性四大特性和规定性。所谓“世界性”是指未来哲学的人间—大地—生活世界性，未来哲学是一种基于境域—语境的关联性哲思；所谓“个体性”是指未来哲学将接续现代实存主义/实存哲学的思想成果，以个体之思与言为己任；所谓“技术性”是指未来哲学将直面技术统治模式，成为一种受技术规定、又力图超越技术的思考；所谓“艺术性”是未来哲学将与未来艺术在奇异性意义上构成共生互构的关系，未来哲学将是艺术化的哲思。

“未来哲学”是尼采晚年的一个说法。如我们所知，晚年尼采（19世纪80年代后期）试图建造他的形而上学大厦，所谓“哲学主楼”，但终于未能完成，只留下一堆多半语焉不详的残篇遗稿，后被辑为《权力意志》一书。在此构造过程中，尼采在一些笔记中屡屡使用了“未来哲学”这一概念，甚至把他1886年出版的《善恶的彼岸》一书

① 本文系作者2017年12月16日下午在浙江大学主办的“哲学与未来思想”工作坊的即兴讲话，事后记录。扩充稿于2018年3月30日下午在河南大学（开封）演讲。原载《同济大学学报（社会科学版）》，2019年第5期，又载孙周兴：《人类世的哲学》，北京：商务印书馆，2020年，第23页以下。

的副标题立为“一种未来哲学的序曲”。我认为尼采是当真的——哲学必须是未来的，必须指向未来。曾经做过古典语文学教授的尼采，此时早已不再古典，而成了一个面向未来，以“权力意志”和“相同者的永恒轮回”为“思眼”的实存哲人。

我在《未来哲学序曲——尼采与后形而上学》一书的“结语”部分，专题讨论了尼采意义上的或者说由尼采开启的“未来哲学”构想，并且揭示了“未来哲学”的三重意义，即后哲学意义、实存论前提和技术—艺术—政治主题。[①] 基本的意思已经有了。其实我关于“未来哲学”的讨论可以说由来已久，主要体现在我对技术时代的人类生活的思考上，自 20 世纪 90 年代以来陆续发表过一些文章。[②] 最近直接以“未来哲学”为专题的文章，有《未来才是哲思的准星》[③] 等。

关于“未来哲学”，我的一个基本想法是：虽然文人和人文都有怀古伤逝的情怀，都有我所谓的“乐园情节”，中西皆然，但这是自然农耕和手工技术时代的文化特征和人格特性，也可称为自然人类文明的特征，而进入现代技术—工业—商业时代之后，这种情怀已经渐渐失落，变得彻底不合时宜了，或者说已经不可能了。在一个技术统治的新时代里，全球人类生活被吞并、被整合入一个技术工业网络的现实之中，与传统的断裂已成一个无可挽回的事实，这时候，包括哲学在内的人文科学必须对自己做出重新定向和定位。无需讳言，我这个想法当然有针对目前国内古典学热潮的意思，古典学当然是一门学问，我不反对古典研究，但古典学不可成为学界主流，普遍流行的古典学和古典理想只可能是一种文人梦呓。

我今天讲话的主题是：未来哲学的规定和方向。所做的议论难免与我自己此前的讨论有重合之处。但这一回，我希望趁机把自己关于“未来哲学”的思考做一次尽可能系统化的清理和表达。我想说，由尼

---

① 参看孙周兴：《未来哲学序曲——尼采与后形而上学》，上海人民出版社，2016 年，第 229 页以下。
② 相关文章散见于孙周兴：《我们时代的思想姿态》，上海：同济大学出版社，2009 年，以及孙周兴：《一只革命的手》，北京：商务印书馆，2016 年。
③ 孙周兴：《未来才是哲思的准星》，载《社会科学报》，2017 年 6 月 8 日。

采开启的“未来哲学”至少有四重可能的特性，即世界性、个体性、技术性和艺术性。这四项的意义并不完全显赫，且有不少歧义（比如技术性），故需要做一番解释。

一、晚期尼采的“未来哲学”概念

晚期尼采与“未来哲学”相关的笔记中，有一则主题为“快乐的科学”（Gai saber），副标题直接叫“一种未来哲学的序曲”。这则笔记如下：

1. 自由精神与其他哲学家。
2. 世界解释，而不是世界说明。
3. 善恶的彼岸。
4. 镜子。欧洲人自我反映的时机。
5. 未来哲学家。①

这显然是一本书的提纲。虽然只是一个残篇，但尼采这则笔记意蕴丰富，是可以深入挖掘的。其一，尼采首先做了一个划界，把“自由精神”与其他哲学家区划开来。“自由精神”是尼采所谓的从骆驼、狮子、婴孩的“精神三变”之后的创造性精神，而“其他哲学家”应该是指传统哲学家，即那些“柏拉图主义者”。其二，“世界解释”（Weltauslegung）与“世界说明”（Welterklärung）之间的明确区分，再次表明尼采虽然气质狂野，但表达和用词却是审慎而准确的。“解释”与“说明”之争后来成为20世纪哲学人文科学的持久的争论焦点，尤其在解释学哲学路线上。传统哲学与科学一直只是在“说明”自然和世界（“因果说明”），而现在我们要的是“解释世界”。你不得不承认尼采的先见之明。其三，“善恶的彼岸”也许更应译作“超善恶”。为何要“超善恶”呢？我们知道尼采自称为“非道德论者”，反对“奴

① 尼采：《权力意志》上卷，科利版《尼采著作全集》第12卷，1［121］；中译本，孙周兴译，北京：商务印书馆，2007年，第38—39页。有关这则笔记的解释，可参看孙周兴：《未来哲学序曲——尼采与后形而上学》结语部分，上海：上海人民出版社，2016年，第229页以下。

隶道德”而提倡“主人道德”，所以他其实并非主张不要道德，他所谓“超”和“非”，对象是基督教的奴隶道德，是一种弱化生命、使人颓废和衰竭的道德。其四，至于“镜子”，说的是“欧洲人自我反映的时机”，“欧洲中心”的欧洲人实在太自负了，太不像话了，该照照镜子了，出门拉上拉链没？衣服有没有穿反呀？总自以为老大，对吗？其五，最后是总结性的“未来哲学家”，以响应前面的“自由精神”。

所以，以我的理解，上列残篇中的中间三项是关键所在，即“解释”“超善恶”和“镜子”，传达出来的恰好是尼采的形而上学批判的思想姿态，即“后哲学”“后宗教”和“后种族主义”的立场。这是尼采关于“未来哲学”的三个前提的设定。我在拙著《未来哲学序曲——尼采与后形而上学》结语中做了几点发挥：

1. 未来哲学首先是一种科学批判，是一种哲学批判和宗教批判。科学批判是尼采从《悲剧的诞生》时期就已经开始了的一项工作，在当时被叫作“苏格拉底主义”“科学乐观主义”或“理论文化”批判，即反对以“因果说明”为主体的科学—理论方式，特别是后者对人类生活的日益侵占和对人文科学的全面挤压。与此相关，未来哲学之思有一个批判性的前提，即对传统哲学和传统宗教的解构，尼采以及后来的海德格尔都愿意把这种解构标识为“柏拉图主义批判”，在哲学上是对“理性世界”和“理论人”的质疑，在宗教上是对“神性世界”和“宗教人”的否定。

2. 未来哲学是一种实存哲学。一个后哲学和后宗教的人是谁呢？尼采说是忠实于大地的“超人”——不是“天人”，实为“地人”。海德格尔曾经提出过一种解释，谓“超人”是理解了权力意志和永恒轮回的人，他的意思无非是说，尼采的“超人”是一个否弃超越性理想、直面当下感性世界、通过创造性的瞬间来追求和完成生命力量之增长的个体此在，因而是一个实存哲学意义上的人之规定。未来哲学应具有一个实存哲学的出发点，这个出发点是以尼采和海德格尔为代表的欧洲现代人文哲学为今天的和未来的思想准备好了的。

3. 未来哲学还具有一个非种族中心主义的前提。这就是说，未来哲学是世界性的。由尼采们发起的主流哲学传统批判已经宣告了欧洲中心主义的破产，扩大而言，则是种族中心主义的破产。在黑格尔式欧洲中心主义的眼光里，是没有异类的非欧民族文化的地位的，也不可能真正构成多元文化的切实沟通和交往。然而在尼采之后，形势大变。尤其是20世纪初兴起的现象学哲学运动，开启了一道基于境域—世界论的意义构成的思想视野以及区别于传统超越性思维的关联性思想方式，这就为未来哲学赢得了一个可能性基础和指引性方向。我们认为，未来哲学的世界性并不是空泛无度的全球意识，而是指向人类未来的既具身又超越的境域论。

以上是对尼采晚期一则笔记的讨论。我们从中引出的关于“未来哲学”的想法具有猜度和重构的性质。尼采本人也许还没想这么多、这么远。这时候的尼采正在计划他的哲学大书《权力意志》，他自己称之为“哲学主楼”。难道尼采以为自己的《权力意志》讲的就是“未来哲学”？这个问题我们先放一放。

由上述“后哲学”“后宗教”和“后种族主义”三个批判性前提，我们可以进一步引申未来哲学的四个规定性，即世界性、个体性、技术性、艺术性。

二、未来哲学的关联性/世界性

未来哲学是世界哲学，或者说，未来哲学具有“世界性”。当我这样说时，我的意思不只是说，未来哲学将是一种国际性或者全球性的哲学，而不再限于特定的民族和地域。未来哲学当然具有国际性意义上的世界性。地球上的各民族文化早已进入全球化时代，进入马克思所说的“世界历史时代”了。这一点自不待言，哪怕就民族主义和地方主义的逆流，也只是短时的逆流而已。不过，我所讲的未来哲学的“世界性”，还不只是指哲学已经进入全球交互和同一模式，成为国际性的哲学，而更多的是指，哲学具有了“大地—世界性”或者“生活世界性”。

在西方，从马克思、尼采到现象学，特别是海德格尔的现象学以及后继的法国现象学，现代哲学已经完成了一次颠覆性的灵—肉、天—地倒置：传统哲学是尼采所谓的“彼世论”或者“另一个世界论”或者“两个世界论”，总是假定在我们的“虚假的”具体感性生活世界之外有一个真正值得追求的“另一个世界”，一个超感性的世界，一个理性的、或神性的、或自由的世界，这“另一个世界”在天上而不在人间大地，在“彼世”而不在“此世”。在灵与肉之间，传统哲学（和宗教）落在灵上，而否弃肉身（身体）——否弃肉身就是否弃大地。这个悠久的哲学传统被马克思叫作“唯心主义”，被尼采叫作“柏拉图主义”，后者与基督教合流后成了“民众的柏拉图主义”。尼采认为，如此这般被这种传统塑造出来的人性是变态的，是“末人”和“庸人”。尼采主张一个新人类类型，即他所谓“超人”，既不是奥特曼和孙悟空，也不是希特勒，“超人”的意义不是超然于世，不在高高在上的天国（那就又重归传统哲学和宗教了），而竟在于“忠实于大地”。

胡塞尔开创的现象学在基本精神气质上同样是反传统的。现象学的首要意义在于，通过传统抽象理论的批判，解构两个世界论，把观念世界感性化。胡塞尔所谓的“本质直观”既可以说是要告诉我们，“本质—共相”并不超感和抽象，同时也可以说是要揭示，直观并不被动和消极，而是积极的赋义行动。这也就是说，现象学撤除了尼采所谓的感性世界—超感性世界的分隔和屏障，把两个世界合而为一了，超感性的观念—普遍本质世界就在我们感性的生活世界中，或者说就是感性生活世界本身，是被我们直观把握的，即被我们直接地看到的。事情难道不是这样吗？而传统的抽象理论总是设置了各种“中介”，普遍的共相—本质是要通过理论和方法训练才能间接地达到的。现象学则认为，我们当下直接地理解某个观念，而无需理论或者方法的“中介”。好比此刻我说“红”，我没有说一块红布或者一包红的烟，但大家直接就理解了“红”这个观念，无需“中介”；即便是更抽象的观念（共相），比如说“自由”，比如说“正义”，相信每个人都会有自己的见解，大家关于“自由”或“正义”的看法和想法不一定趋同，但当下我说“自由”或“正义”，大家都心领神会，直接就理解了。这种无中介的直接理解的可能性正是“本质直观”的真义。

今天我们会问：在20世纪林林总总的哲学思潮中，为何唯有现象学具有恒久的革命性的意义和影响力？现象学的意义还必须在哲学史上获得确认。我以为，现象学（以及相关的哲思）最典型地标志着西方哲学史在事物/存在理解方面进入了第三个阶段。在古典存在论哲学中，事物的存在或意义就在于事物本身，事物是自在之物，无论是实体—属性的结构还是质料—形式的结构，都是对事物之自在存在（物本身）的规定；而在近代主体主义的知识论哲学中，事物的存在或意义是主体赋予的，事物只有进入我们的表象思维的范围之内成为我们的“对象”，才具有存在性，或者说，事物的存在就是“被表象性”或者“对象性”，是被主体所设定的“实在”；到了现当代，特别是在现象学出现之后，哲学进入第三个阶段（语言哲学的阶段或者说世界—境域论的阶段），这时候，事物的存在或意义既不在于自在之物（物本身），也不在于主体表象思维的对象性，而在于物—我、客—主的“关联性”——胡塞尔的意向性学说告诉我们，意向意识本身包含着与对象的关联，即“先天相关性”；事物的意义在于它以何种方式被给予我们，或者说以何种方式与我们关联。海德格尔径直把这种意义称为“关联意义”（Bezugssinn）。如此，我们就不难看到，在西方哲学史的三个阶段上，事物的存在或意义经历了“自在”（An sich）—“为我”（Für mich）—“关联”（Bezug）的演进和更替。

如果说古典存在学和近代知识学根本上都是一种“超越论”以及超越性思维，那么到第三个阶段，即广义现象学之后，哲学主流方向进入到一种关联性思想之中了。从超越性到关联性，这对于西方哲学传统来说是一个断裂性的巨大转变。所谓“关联性”实际上就是境域性—世界性。海德格尔在《存在与时间》中雄辩地指明，周围世界的器具是相互指引、相互关联的，共同构成一个因缘整体。海德格尔在现象学上的突破正在于此。胡塞尔虽然看到了视域/境域对于意义构成的决定性意义，但他仍旧执着于内在之“我”如何可能切中外在之“物”这样一个超越性的知识学问题；海德格尔的境域—世界论则把超越问题转化为基于关联的指引性问题，问题在于：具体有限关联境域如何指引着更广大的境域，最终指向普全的境域即“世界”。无论如何，我认为，关联性境域的发现是海德格尔《存在与时间》的一大突破。

汉学家安乐哲甚至认为，与西方传统的超越性思维不同，中国传统思维是关联性思维。所谓超越性思维，安乐哲把它简化为一种“上帝模式”：A 决定 B 而 B 不能反过来影响 A，则 A 超越于 B。安乐哲说，中国思维不是这样的，中国人从来不会承认这样一种超越关联，而总是认为万物相互关联。这是跟汉语的特性相关的，汉语本身是一种关联性语言，汉语没有形式语法，词类界限不明，词义强烈地依赖于语境（上下文）。我们认为，安乐哲的基本判断是正确的，只是他可能过于简化了超越性思维。其实，在我们看来，西方超越性思维有两个方向：一是哲学—科学的形式性超越，二是基督教神学的神性超越。进一步我们更得看到，传统哲学和神学的超越性思维方式已经趋没落，而以现象学为代表的 20 世纪哲学已经开启了关联性—世界性的致思新路。

概而言之，当我们说未来哲学是世界哲学时，我们表达的是三个含义：一是指未来哲学具有国际性意义上的世界性，是全球哲学；二是指未来哲学的人间—大地—生活世界意义上的世界性——未来哲学指向大地，目光是朝下的；三是指未来哲学具有区别于超越性思维的关联性—世界性的思想特质。

三、未来哲学的个体性前提：个体之思与言

与未来哲学的大地—世界性不无关联，个体性是未来哲学的第二个特性。未来哲学首先是个体哲学。个体之思是哲学史的一大难题。中古欧洲有言：“个体不可言说。”个体之所以难思难言，原因大致有

两个方面：一是因为个体总是变动不居、游移不定，总是在发生、生成和运动之中，你是一个个体，但我说你是什么时，无论在何种意义上讲你都已经不再是你了；二是因为当我们言说个体时，我们没有别的办法，只好动用普遍—共有的概念（康德所谓的“知性范畴”），也就是说，我们通常只有通过普遍主义—本质主义的知识—科学的途径去言说个体。20 世纪的维特根斯坦也还忙于论证一点：私人语言是不可能的，语言总是公共的，也即普遍的。

在这方面，亚里士多德恐怕是一个典型，他的哲学起于个体（tode ti）之在场（ousia），但最后却创设了欧洲哲学史上第一个“范畴表”（所谓十范畴），并且开启了只探讨“完满的形式”的形式逻辑体系。亚里士多德在哲学史上的意义在于，他通过范畴理论，首先建立了存在形式与思维形式（语言形式）的同一性，从而使得关于个体存在的普遍化述说成为可能。正因此，我们经常说他的哲学是一种摇摆的哲学。

在现代实存哲学/实存主义兴起之前，本质主义—普遍主义（所谓“柏拉图主义”）是哲学的主流，而个体之思一直隐而未发，不能成其气候。亚里士多德之后，个体实存之思时隐时显，但也未曾绝迹。且不说原始基督教的实存经验以及奥古斯丁神学的实存主义倾向，即便在近代科学乐观主义的氛围中，也仍旧有诸如神秘主义的实存思索，比如 18 世纪的维柯的新科学和哈曼的哲学。正是有了这样的历史性积累，才有 19 世纪中期以后突现的实存哲学思潮。

本质主义既是一种普遍化的知识—科学方式，又是一种同一性的制度设计和模式。而现代实存哲学/实存主义的个体之思本身就是要反抗普遍化知识和同一性制度，这就是对哲学主流传统的批判性解构。现代实存哲学/实存主义这方面的努力应该说是相当成功的，尤其是在 20 世纪上半叶，它突然咸鱼翻身，浮现为欧洲哲学中至少可以与本质主义传统并举和对抗的主流之一；而在 20 世纪的下半叶（特别是六七十年代），它甚至成了欧洲学生运动以及其他社会抵抗方式的哲学基础。

除了对“本质—实存”的立场性颠倒，现代实存哲学不断尝试以非本质主义方式形成对个体此在的思考和言说。通过基尔凯郭尔、尼采等的准备，在海德格尔的《存在与时间》中达到了一个顶峰，形成了被称为“基础存在学/实存论存在学”或“此在的形而上学”的实存哲学体系。

如今我们来回顾，我们不得不承认，无论是从哲学批判意义上还是在对个体实存结构的揭示意义上，实存哲学/实在主义的个体之思和言都属于20世纪哲学的最大成就。在我看来，这一成就是具有未来性的，即是说，它将在未来的哲思中保留下来，成为未来哲学的一个本质要素和前提。

未来哲学是个体哲学。在今天和未来高度技术化的时代，这一命题尤其具有迫切感。如果说传统以本质主义为主导的哲学主流和制度形式构成对个体的宰治，那么在今天我们遭受了加速进展的现代技术对个体的强力剥夺。制度性宰治和技术剥夺相互叠加，个体已经被数码化和均质化了。这时候，保护个体变成当务之急。

四、未来哲学的技术性：政治统治或技术统治

我们说的“技术性”并不是说未来哲学将成为一种技术化的思考，也并不仅仅是指技术成为哲学的主题。而毋宁是要说，人类已经进入技术统治时代，技术统治压倒了政治统治——技术成了最大的政治。未来之思是技术统治下的思考，现代技术本身对未来之思具有指引作用。在此意义上我们说未来哲学的“技术性”。

回顾历史，人类文明社会一直是政治统治占主导的。无论是封建皇权制度、资本主义制度，还是社会主义制度，虽然形态各异，但根本上都是政治统治的形式。政治统治是自然人类的权力实现方式。人类不同大小的组织和团体同样也具有政治统治的性质，哪怕是一个学校、一个班级、一个小组，都有一种权力运作和商讨议事方式。政治统治的实现方式主要是话语商谈，虽然商谈性质和程度不同，但即使

是封建制度和极权统治，也少不了商谈和讨论。毫无疑问，现代民主制度无非是一种更彻底的商谈制度。

然而，现代技术的进展却造成了一种更强大的统治形式，亦即我们所讲的“技术统治”。现在看来，标志性的事件是原子弹的爆炸。1945 年 8 月 6 日 8 点 16 分，相当于两万吨 TNT 能量的原子弹在日本广岛 600 米上空爆炸。六千多摄氏度的温度把一切化为灰烬，冲击波把所有建筑摧毁殆尽，强烈的光波使成千上万人双目失明，许多人的眼睛瞬间变成了两个窟窿，近 20 万人丧生。海德格尔的弟子、德国哲学家安德尔斯当时为原子弹爆炸的惨烈情景所震惊，之后舍弃一切，专门从事反核运动。安德尔斯断言：“1945 年 8 月 6 日人类开创了一个新的时代，从这一天起人类具有了彻底灭绝自己的能力。”[①] 在安德尔斯看来，核武器的产生意味着人类已经无法驾驭自己的产品，它代表了一种“绝对的虚无主义”。原子弹就是世界、人类和时间的终结。

安德尔斯所谓“绝对的虚无主义”当然与尼采的虚无主义诊断相关，但他把虚无主义与现代技术联系在一起了，认为现代技术正在实施对人类的有组织的毁灭，技术发展的必然终极结果是：世界将成为一个“没有人的世界”。安德尔斯这个说法恐怕正在实现过程中。作为自然物种的人类正面临双重威胁，即自然力的加速下降和高智能机器人的出现。所谓自然力的下降，可能特别是人类繁殖能力，在由技术工业造成的环境激素的影响下，现在正在以加速下降。在座的男士们大概属于最后的男人了，谁也逃不掉，连南极的企鹅们都没有逃掉，我们能逃掉吗？企鹅们只是比我们慢一点而已。在可以预见的将来，人类应该还在，但恐怕不再是作为自然物种的人类了。另外就是高智能机器人，相信大家都已经知道了霍金的预言和担忧。

“技术统治”意味着什么？所谓“技术统治”压倒“政治统治”意味着什么？我认为个中意味至少有如下两点：其一，现代技术已经成为人类的主宰力量，或者说，现代技术已经脱出了人的掌控范围，

① 参看安德斯：《过时的人》第一卷，范捷平译，上海：上海译文出版社，2010 年，第 8 页。

是人力（无论是个人还是集体）无法控制的了；其二，政治统治作为一种权力运作，当然还在今天的社会现实中起着重要的作用，但它已经越来越成了技术统治的表现形式，是受技术统治所规定的。

在技术统治的新时代，传统社会的政治方式和政治现象经历了彻底的变化。举个简单的例子：传统社会里基于冷兵器的武装革命，在技术时代里已经变得不可能了。在冷兵器时代，民众造反是可能的，比如中国历史上陈胜吴广之类的农民起义，比如朱毛部队上了井冈山，又从瑞金长征到了延安，比如切·格瓦拉在南美丛林里打游击；而要是放到今天，把造反者和起义者消灭掉是分分秒秒的事，无论滋事者躲藏在哪里。谁若以为今天仍旧可以上山打游击、闹革命，那对于个人来说就是一种可怕、危险的想法了。

我们所谓的“技术统治”是在主张一种技术决定论吗？不，我们宁可说是一种“命运论”。以海德格尔的说法，是发起于欧洲的“存在历史”之命。海德格尔用“集置”（Gestell）一词来规定现代技术的本质，此所谓“集置”，是指现代技术中的人类通过各种“置弄”方式来处置存在者（比如摆置、订置、置造、伪置等），同时当然也指人类被现代技术所摆置，处身于存在历史的“另一开端”的命运之中。“集置”是命运性的，它是存在历史对人类的规定（命定）。既为命，我们就听命么？海德格尔大概想说，我们正是缺了命运感，不会听命了，才一步步落到了技术的宰治之下。

未来哲学是技术哲学。未来哲学必须对技术统治给出应对之策。在技术统治这个前提下，技术悲观论（多半是人文学者们的主张）和技术乐观论（多半是技术专家们的主张）都不可取。但有没有中间道路？海德格尔尝试走中间道路，他所谓“泰然任之”（Gelassenheit，let be）表面看来是一种消极无为，其实是在寻求一种合乎命运的抵抗方式。海德格尔是要告诉我们：若要克服技术，必先经受技术。在人文领域内对于技术的最积极的声音可能来自哈贝马斯，但也无非是主张商谈，通过政治、技术、人文等领域的沟通来形成关于技术进展和方向的可能共识。

五、未来哲学的艺术性：艺哲关系之重构

未来哲学的艺术性比较好解，实质上就是艺术与哲学关系的重构。这个重构过程是在 19 世纪后期到 20 世纪的历史阶段开展的，也许我们今天也还在这种重构过程中，也许未来依然将继续展开这种重构。

在主流传统柏拉图主义的知识谱系中，艺术一直处于被哲学贬低和歧视的低端位置。在近代知识论中，艺术与哲学的关系通过感性与理性的认识论对立而得以确立。虽然在近代也有诸如维柯和哈曼等先知先觉的思想家试图破除理性对于感性、哲学对于艺术的权力秩序和等级关系，但真正的破局者是尼采。尼采在《悲剧的诞生》中即把创造的艺术与批判（认识）的哲学之间的关系设为民族文化的轴心关系，认为一个美好的文化状态（比如希腊悲剧时代）是艺术—哲学协调共生的关系，而至苏格拉底时代，理论—科学兴起，知识冲动失去了控制，艺术与哲学的姐妹关系转化为等级对抗关系，艺术受到了理论文化（科学乐观主义）的挤压。尼采给出的诊治方案是：重新调适艺术与哲学的关系，期待一种艺术性的哲学和哲学性的艺术，以及与此相应的一个新人类类型，即所谓哲学家—艺术家。后来的海德格尔接过了尼采这一思路，把它转化为作为语言—存在方式的诗与思的关系问题。究其根本，未脱尼采的基本思想策略。

尼采和海德格尔等思想家关于艺术—哲学关系问题的重思为战后当代艺术的兴起做了准备。当代艺术本身就是艺术与哲学关系的重构过程，艺术与哲学对立关系得以消解，两者进入相互渗入和相互介入的状态。当代艺术实质上是观念艺术，而“观念艺术”这个名称最好地阐释了艺术哲学化和哲学艺术化的双重差异化运动。“观念艺术”向来就是哲学艺术。无论是博伊斯的“扩展的艺术概念”和艺术超越视觉中心、转向物质研究的主张，还是基弗通过艺术探究基本元素的努力，艺术主题的替代见证了我们所谓艺术与哲学关系的重构。

今天我们面临着一个全新的技术统治景象：互联网、虚拟技术、

智能技术的发展正在加速把人类带向一个非自然化的、甚至非人化的状态。人类文明和知识体系中可数据化的部分将很快被智能技术化。可以预期，在奇思妙想—奇异性—想象力/创造性意义上，艺术与哲学构成互构共生的关系，将成为自然人类文明的最后地盘。

未来哲学是艺术哲学，是我们自然人类最后的抵抗。

海德格尔与人类思想的前景[①]

内容提要： 海德格尔被视为20世纪最伟大、最有影响力，但也最受争议的思想家。海德格尔思想的意义到底何在？我们今天为何要读海德格尔？或者我们可以追问：对于人类未来思想和文化、对于人类未来生活来说，海德格尔的哲学给我们什么样的启示？本文围绕尼采晚期提出的“未来哲学”概念，讨论海德格尔前后期两个不同的“未来哲学”推进方案，以及对实存—本质关系、思—诗关系、思—信关系的三个“重构”，进而从海德格尔的技术之思出发，预感和探测在自然人类文明向“类人文明”的转变过程中未来思想的前景、方向和主题。

今天会议的主题是“海德格尔与未来哲学”，源于我去年在上海做的一个相同题目的报告。各位知道我一直在做海德格尔翻译和研究，但其实，最近几年我的主要工作已经转向尼采哲学和艺术哲学了，估计未来一些年也是这样。我主编的《尼采著作全集》已完成一半左右，也已经写了一本关于尼采的书《未来哲学序曲——尼采与后形而上

① 本文系作者在2017年3月28日下午以《海德格尔与未来哲学》为题，在上海社会科学院哲学所的报告；修改扩充稿提交给中国人民大学、同济大学、商务印书馆联合主办的“《海德格尔文集》30卷发布会暨海德格尔与未来哲学研讨会”（2018年6月9日，北京）。载孙周兴：《人类世的哲学》，北京：商务印书馆，2020年，第47页以下。

学》，2016 年已经在上海出版[1]。艺术哲学方面，我主编的《未来艺术丛书》已出版十几卷，一共将会有 30 卷；我自己关于艺术现象学和当代艺术的两本文集也即将出版。所以说，海德格尔哲学已经不再是我的工作重点了，但今天这个场合，我还得来谈谈海德格尔，粗泛浅白之论，没有多少新见，大概只是为自己以前的工作做一个总结。

在哲学史上，“未来哲学”首先是费尔巴哈的一个概念。在尼采出生前一年（1843 年），费尔巴哈出版了《未来哲学原理》一书。[2] 在该书“引言”中，费尔巴哈明言：“未来哲学应有的任务，就是将哲学从‘僵死的精神’境界重新引导到有血有肉的，活生生的精神境界，使它从美满的神圣的虚幻的精神乐园下降到多灾多难的现实人间。”[3] 费尔巴哈这里对“未来哲学”的定位，在总体方向上显然是与后来马克思的哲学规定以及更后来的尼采的“未来哲学”设想同趣的。

晚期尼采对“未来哲学”概念进行了几年的琢磨，可惜没来得及真正地深入和系统地阐述，只留下了一些残篇笔记。海德格尔呢？他的未来意识更强烈，虽然他没有直接用“未来哲学”或者“未来思想”之类的说法，但无论是关于文艺还是关于哲学，他都坚持以有没有“未来性”来加以衡量，比如他说，诗人荷尔德林为何重要？是因为这位诗人最具“未来性”。当然，海德格尔这时候已经不再愿意用“哲学”来标识他的思想以及他心目中的未来的思想，他后期的演讲《哲学的终结与思想的任务》（1964 年）已经明确地对“哲学”与“思想”做了一个对立性的区分，这种区分是有道理的，“未来哲学”不再是传统“柏拉图主义”意义上的“哲学”了，而是“后哲学的”，故最好另立名堂。

不过，我们仍旧可以采用尼采的命名，把海德格尔的“后哲学的

---

① 孙周兴：《未来哲学序曲——尼采与后形而上学》，上海：上海人民出版社，2016 年；修订版由商务印书馆于 2019 年出版。

② 1846 年收入《费尔巴哈全集》第 2 卷。该书于 1934 年在上海出版过一个中译本（柳若水译），书名译为《将来哲学底根本命题》，后有洪谦的新译本《未来哲学原理》，于 1955 年由生活·读书·新知三联书店出版。全书共 65 节，前半部分论述哲学史，后半部分讨论他的人本学哲学。

③ 费尔巴哈：《未来哲学原理》，中译本，洪谦译，北京：生活·读书·新知三联书店，1955 年，第 1 页。

哲学”意义上的“思想”称为“未来哲学”。这样我们便可以来讨论“海德格尔与未来哲学”了。我们今天的讨论可以分如下几点：第一，海德格尔与“未来哲学”的准备和推进；第二，“未来哲学”的前景和方向；第三“未来哲学”的可能形态：技术—生命—艺术的哲学。最后我想强调指出，人类正处于前所未有的断裂性的文明大变局中，这时候，我们不得不确认思想的姿态：未来才是哲思的准星。

一、海德格尔与未来哲学的推进

海德格尔被视为20世纪最有影响力的思想家，但围绕他的争议始终不断。此公品德不佳，加上政治上曾经误入迷途，如何令人喜欢？海德格尔的意义到底何在？我们今天为何要读和谈海德格尔？或者我们可以追问：对于人类未来思想和文化、对于人类未来生活来说，海德格尔的哲学给我们什么样的启示？

海德格尔自称一辈子只思考一个问题，就是“存在”（Being）问题。在《存在与时间》中一开头，他就说要重提“存在的意义”问题。“存在”问题是个什么样的问题？大家知道我们国内，在当代汉语学界，现在连个译名都还有争议，以前译“存在”，现在有人坚定地建议译成“是”，而且仿佛已成一股风气。相应的学科名 ontology，以前译为“本体论”或“存在论/学”，现在被改译为“是论”了。情况相当混乱。我们在此姑且不理睬这些纷争，我更愿意认为，海德格尔其实还是想处理我们通常所讲的人与自然的关系。一般的，希腊人本来就把 Being 理解为 Physis，那是显—隐、长—消之二重性运动。而在当时，尤其是在哲学和科学时代之前，人与自然/存在的关系还是温和的，是“学习—模仿”（mimesis）关系。后来，特别是新时代（近代）以后，情况就发生了大变，就是我们现在所熟悉的主体—客体对象性关系的建立，人与自然的关系变成了主客对象性关系，在康德那里“存在”变成了“被表象状态”或“对象性”。这种人—自然的关系是一种暴力的对抗关系，后果相当严重，现在人类文明和文化整个都不好了，由传统文化（哲学和宗教）构造起来的精神价值体系崩溃了，一切坚固的东西都消失了，人世间没有了可以依靠的东西——除了马克思所说的“交换价值”。尼采把这种时代状况称为“虚无主义”。怎么面对之，怎么克服之？这大概就是海德格尔面临的问题。

纵观海德格尔一生，我理解为他给我们提供了两个方案，第一个方案，我愿意说它是把人放大的方案，是一个“大人”方案，第二个方案呢，则是把人缩小的方案，是一个“小人”方案。这两者之间区别蛮大的。

我们先说第一个“大人”方案，是前期海德格尔的方案。前期海德格尔做了什么？他把人放大了。怎么放大的？放大到什么地步？说来话长。首先他是接着胡塞尔现象学来说的。胡塞尔说事物的意义不是它本身给出的，也不是自我—主体给出的，而是由事物所呈现于其中的视域来给出的。这一点无比重要。海德格尔更进一步，说人（此在）是在一个有着因缘关系的世界境域里烦忙，跟事物打交道，事物才获得了意义。这个想法有意思，不过也很危险。海德格尔最后只能说，人的存在（此在）与世界是等值的，此在在，才有世界。

这里有两个有趣的想法。其一是人通过活动（烦忙与烦神）构成一个整体，甚至可以说人创造了世界。其二是事物的意义取决于人所创造的世界。这就是把人的存在放大了。放大以后怎么办？还不好办，还是有一个虚无的问题。人的有限性在海德格尔那里被解为时间性。而时间性是曾在、当前、将来三维构成的整体性。若是按以前的时间观，把时间解为线性的流逝，人就不免悲观。但海德格尔提供了一种三维循环的整体时间观，况味就好多了。人只要直面死亡（虚无），向死而生（仍旧是“练习死亡”！），而面向将来，继承过去，承担当下，则还是能获得自己的整全性（完满性）的——人看起来就不残缺了。

这套解释在理论上被叫作基础存在学（本体论），说白了就是把存在学/本体论的基础设在此在的实存结构上，或者说是以人为本的本体论方案。这套办法怎么样？不好，一是因为过于主体哲学化，把什么都往人身上推，就会有问题。二是在策略上，仍然没有逃脱苏格拉底的路子，无非是让人直面死亡和虚无。怎么“直面”呢？说来容易做来难。你去直面直面看看？或者不如说，海德格尔这里的路径依然是尼采表达在“相同者的永恒轮回”思想中的“积极的虚无主义”策略。

1930年后，海德格尔想出了第二套解释方案，我愿意把它看作把人缩小的方案，所以可谓“小人”方案。实际上把人缩小并不难。汶川地震时，有一个镇掉到了裂开的地缝里，而这个裂口又封闭起来了，这个镇就消失了，不知道去哪儿了。这时候我们得承认，人算个什么啊！我以前是学地质的，在地质史的时间（年代）概念上，人的历史差不多还是零，是可以忽略不计的。可以忽略的人类史居然就快要结束了。但现代人却是自负的一代人，我们会想，我们就是老大，自然不就是我们所加工的对象吗？人越来越失去了敬畏感。什么是敬畏？比如自然观上的谦恭，伦理上的报应。

如果人不大，那么谁大？天大、地大、神大。只有人是一个要死的东西，是“短命鬼”。海德格尔要给人重摆位置。首先他是在世界的四个基本元素中，把人设为其中之一元，所谓“天、地、人、神”是也；其次是从人与自然（存在、本有）的关系上，把人设为服从者、响应者、被占有者。这样一来，人怎么存在，人类文化怎么产生出来，都需要有一个重解。比如说到真理，海德格尔就说，真理不是人事，而是天事；说到语言，海德格尔就说，根本的语言不是人言，而是天言。若此，人就被放到了一个较低的谦卑的位置上了。

这时候，思想或者哲学的焦点问题，就在于怎么让人放下身段，放弃用知识和理论的途径，用虚怀敞开（Offenheit）的心态对待事物，对待比人更强大的东西。人的有限性问题因此就被转变为人如何服从“神秘”，听从存在（本有）的问题。这当然还是一种“神思”，虽然它在许多方面已经不同于传统宗教的解释路径。

上面我们已经说了海德格尔的两种方案，这两种方案都是希望对人与自然、对人的存在、人的有限性以及人怎么承担虚无提供解释。两种方案有一个共同点，即都希望离开传统哲学和科学的途径，另辟蹊径，寻找一种非科学、非理论的道路。前一种方案（“大人”方案）后来被解释为存在主义（实存主义），至于后一种方案（“小人”方案），可谓众说纷纭，我愿意把它叫作“后哲学的哲思”，也是“后神学的神思”。它还是开放的、未定型的。它指向未来。它所传达的是技术工业时代里一种非科学、非理论的思想要求，而首要的，它要求我们对非科学、非理论的解释可能性和解释空间保持开放姿态。在这一点上，我认为海德格尔是成功的。

二、未来哲学的前景和方向

进一步，如果从“方法”或“套路”的角度，我们要问：海德格尔对于未来哲学有何种启示意义呢？海德格尔为未来哲学开启了何种前景和方向？我曾经把海德格尔在哲学/思想上的“实质性成就”或“重大推进”表述为三个“重构”，即：实存—本质关系的重构、思—诗关系的重构、思—信关系的重构。①

海德格尔接续了尼采的形而上学批判事业，其核心任务落实于对实存与本质之关系的重构，个中问题却是一个老掉牙的问题：individuum est ineffabile（个体是无法言说的、不可言传的）。个体为何不可言说？因为我们一说就得运用语言，而语言是公共的、普遍的。此其一。再者，个体是动态的、发生的，你一说 A，A 已经是非 A 了。亚里士多德是个体哲学的开创者，但他很清楚，要说个体，还得动用普遍范畴，得用十范畴来描述这个“个体”（tode ti）。海德格尔在早期弗莱堡时期对亚里士多德哲学用力甚多，相反却很少关注柏拉图哲学，原因就在于：亚里士多德哲学对个体言说问题来说更有意义。这时候海德格尔接触到了胡塞尔现象学。以我的理解，现象学的根本意义在于，它把以往认为抽象的、疏离于我们生活世界和生活感受的观

① 此节原以《海德格尔的三个思想进展》为题，于 2016 年 11 月 5 日在中国人民大学哲学学院举办的“海德格尔在当代”学术会议上做主题发言。

念领域当下直接化了，使之成为生动的、温热的、当下发生的、随时可启动的。好比我们在今天这个语境下讨论，是可以立即直接发起关于任何抽象本质的讨论的，无需任何“中介”。这就有可能把超感性的本质世界与感性生活世界之间的区隔拆除掉了。现象学“本质直观”的这种直接性给海德格尔很大的刺激，让他首先在20世纪20年代初（早期弗莱堡讲座），借助于胡塞尔现象学方法，在对亚里士多德哲学的阐释中，形成了所谓“形式显示的现象学”。其核心问题正是：如何思与言动态的、不确定的个体，即个体生命及其生活世界？

进一步的问题是：这种非形式化的个体言说如何获得普遍意义？这是让海德格尔纠缠不休的问题。海德格尔给出的边界是：1. 纯私人的个体言说无意义、也无可能；2. 理论的（主流传统哲学和科学的）个体言说未触及和激动个体生命及其生活世界，反而导致“脱弃生命”（Entlebung）①。实存哲学/实存论须守住这两个“边界”，或者说不得不介于这两者之间。当海德格尔说Dasein的本质是“实存”时，他说的是：个体性的此在的普遍意义（形式意义）表现在“实存结构”中。在《存在与时间》中，他也把这种普遍意义或者“形式的东西”称为“本质性的结构”：“我们就日常状态清理出来的不应是任意的和偶然的结构，而应该是本质性的结构；这种本质性的结构在实际此在的任何存在方式中都保持自身为规定着存在的结构。”②

现在我们看到，在1930年前，海德格尔的实存哲学受现象学的启发，试图改造旧哲学和旧哲学词语，但仍旧动用旧哲学的话语，形成了一套在他看来指向此在实际生命、有可能显示此在实际处境，并且对此在生命具有实行诉求的实存论思想词语，从而达到了个体分析和言说的顶峰，实即实存论沉思和言说的顶峰。这样一种努力，在我看来也可以视为对实存—本质这一形而上学基本关系的重构。

---

① 这时候的海德格尔还喜欢在肯定意义上使用“体验”（Erleben、Erlebnis）一词，而所谓“脱弃生命”明显是与“体验”相对立的。

② 海德格尔：《存在与时间》，德文本，图宾根，1993年，第16—17页；中译本，陈嘉映、王庆节译，北京：商务印书馆，2016年，第25页（译文有改动）。

思与诗关系的重构，也可以表达为哲学与文艺/艺术关系的重构。思诗关系或哲艺关系是一个更容易被轻佻地讨论和处理的问题，也是海德格尔经常被诟病的一点。若哲学要搞成文艺的样子，或者要像文艺这样来搞，那还是哲学吗？那还要哲学吗？多年前在北京，我被两位做分析哲学的同志纠缠，问我：哲学被用于解释诗歌，像海德格尔的荷尔德林诗的阐释，那么我们何苦去读他的解释，不是更应该直接去读荷尔德林的诗歌吗？我玩笑道：对呀，没他的解释，没人直接去读荷尔德林的诗啊。确实，荷尔德林被埋没好久，正是像狄尔泰、海德格尔这样的哲学家的解释，才让荷尔德林重启生机。

在这件事上，我认为我们必须从文化大局着眼来看海德格尔这方面的努力。海德格尔的基本想法是：1. 本质主义/柏拉图主义的哲学主流传统已致“知识冲动”失控（尼采），在哲学—科学时代里思—诗、哲学—艺术关系蒙受扭曲和异化，致使人类文化（欧洲文化）轻重失度；2. 形而上学的完成意味着人类文化进入后哲学—后宗教时代，而其中的核心文化主题正是思—诗（哲学—艺术）关系的重构；3. 这种重构意味着唤起一种后主体主义和非主体主义的思—诗行动和思—诗关系（这个时候海氏把思—诗了解为人言应合语言本身的方式），也意味着思—诗两者之间的一种二重性（差异化区分）的关系；4. 在此形势下，最艰难的课题是确认和维持思的严格性品质，思想毕竟不是文艺，思想的严格性如果不是逻辑的严格性，那么它是什么？

再就是思—信关系的重构，也就是哲学—宗教（神学）关系的重构。海德格尔前期把神学定位为一门实存论意义上的“实证科学”，指出哲学与宗教相互“调校”的关系；而在后期思想中，海德格尔一方面提出了传统哲学—神学关系的批判，从形而上学的问题结构和“超越”方向的角度，把神学规定为与“存在学”（“本体论”）的“先验—形式追问”相区分的“超验—实存”追问；另一方面又在其“本有”（Ereignis）之思中重启后神学的神性之思。这方面的工作，我曾经围绕《哲学论稿（从本有而来）》“最后的上帝”一节，把它描述为“具有神性指向的期待之思”。

我认为，思—信关系的重构，是后期海德格尔“本有”之思的重点和难点。海德格尔明言“最后的上帝”既不是“曾在的诸神”，也不是“基督教的上帝”，而是与这两者相对立的。失神的思想更接近于神性，更能向“上帝”开放。那么这个“最后的上帝”是什么？又是何方“神圣”呀？我们可能还只能猜度：1. 海德格尔肯定“神性/神圣”维度的永存，所谓“本有”居有人，所谓“天、地、神、人”，都是对此维度的描绘；2. 海德格尔认为神圣维度的显现并不取决于人的积极行动，更不在于主体性，但需要人的准备，所谓“返回”“期待”“等待”“泰然任之”等都含有这种指向；3. 可以预期未来的“神性”是世界的，而不是单体民族国家的。

我以为，上面讲的海德格尔的三个重构已经为“未来哲学”做了规划。总结起来，我们可以指出如下几点：1. 未来哲学具有实存论的起点。这是后哲学和后宗教的人类文化状态所要求的，也是 19 世纪中期以来的传统文化批判的成果。而当我们说实存论的个体思与言是未来哲学的起点时，同样也意味着本质主义—普遍主义（也意味着西方中心主义）的破产。2. 未来哲学具有艺术性。未来哲学既以将来—可能性为指向，也就必然同时是未来艺术，或者说，哲学必然要与艺术联姻，结成一种遥相呼应、意气相投的关系。在此意义上，未来哲学必定是创造性的或艺术性的，就如同未来艺术必定具有哲学性一样。3. 未来哲学要协助唤醒一种神性敬畏。在一个后宗教的时代里，心灵的神圣之维依然留存，我们依然需要一种“后神性的神思”。①

三、未来哲学的可能形态：技术—生命—艺术的哲学

无论是海德格尔从前期的“大人”方案转向后期的“小人”方案，还是他对实存—本质关系、思—诗关系、思—信关系的三个“重构”，一方面都可以被理解为海德格尔对尼采所揭示的“虚无主义”问

① 参看孙周兴：《后神学的神思》，载《世界哲学》，2010 年第 3 期。

题的回应和解答尝试，另一方面都隐含着海德格尔对现代技术世界和技术困境的深度思考。

海德格尔的技术之思出于两个基本动因：一是对西方形而上学哲学史的解构，二是对当今人类生活状况的洞察。海德格尔的哲学传统批判工作的基本结论是：哲学—科学—技术—工业—商业体系已经获得历史性展开和全球性完成，而人（今天是全人类）已经落入技术圈套之中了。着眼于今天人类的生活状况，海德格尔看到了技术无所不在的支配性和控制性力量，技术已经成为现代文明最核心的驱动力；而且，人类已经从通过技术加工自然进展到通过技术加工人类自身，也即开始加工人类的身体自然了。在 20 世纪 50 年代的一篇文章中，海德格尔就预言了这一点。①

人类原是自然的一部分，生于自然而归于自然，就像花开花落；现在，现代技术把人类与自然隔离开来了，我们已经完全不能接“地气”了。海德格尔对此是有深切感受的，甚至于产生了一种对于“无根”（即“去自然化”）的恐惧感。在 20 世纪 60 年代的一次访谈中，海德格尔说：当他看到美国人从月球上拍摄的地球的照片时，他竟有一种恐惧感，感觉人类已经被“连根拔起”了②——这话现在不免让人笑话。如今登上月球，大家有的只是喜悦，哪里还会有“无根”的感受呢？

在海德格尔看来，现代技术已经疏远于技术的原初含义，即希腊的 techne 的含义。首先，希腊的 techne（技艺）的原始意义是“精通”，是指向操作、实践的“精通”（Wissen），它也是一种“知”，但这种“知”与 episteme 意义上的“知识”或“科学”是有区别的。相应地，所谓的 technikos 不再是工匠或艺术家，而是有所精通的“高手”。其次，希腊的 techne 是“技”与“艺”不分的，当时也还没有工匠与艺术家之职业分别。再者，希腊的 techne 体现了人与自然的亲

① 参看海德格尔：《形而上学之克服》，载海德格尔：《演讲与论文集》，中译本，孙周兴译，北京：商务印书馆，2018 年，第 101 页。

② 海德格尔：《讲话与生平证词》，中译本，孙周兴等译，北京：商务印书馆，2018 年，第 798 页。

和性，当时所谓“模仿”（Mimesis），根本上乃是一种“应合”，传达的是一种敬重自然的人生观和一种以和谐为重的“自然观”。

现代技术（Technik）则完全变了样，已脱落于古希腊的 techne 的原初含义了。关于现代技术，海德格尔大致有如下几个基本想法：1. 现代技术具有形而上学的基础，是形而上学本质的展现，尤其是以近代主体性形而上学为前提的。2. 现代技术已经与艺术分道扬镳了，虽然艺术也并非不受现代技术的影响。职业艺术家的出现当然也是这一进程的后果之一。3. 现代技术中造成了一种形式性与实验性的结合，即形式科学与实验科学的结合，从而区别于古代的 techne（技艺）。这是近代之初发生的大事。数学的形式性就不用说，物理学的基本概念（质点、力、加速度等）都是完全形式的规定。问题是：完全形式的东西怎么可能被实质化？“普遍数理”的形式科学是如何可能被实验化，或者说被转化为实验科学的？这似乎还是未解的课题。4. 现代技术体现了人对自然的暴力关系。在近代形而上学中确立起来的主体—客体对立的对象性思维方式，本身已经是一种强制姿态。以此为基础的科学（知识）的事物探究越来越成为基本的，甚至唯一的，技术成为人类控制自然，到最后也控制自身的主配性力量。

我们知道，海德格尔用自创的一个词“Ge-stell”来规定现代技术的本质。已故的熊伟先生把这个 Ge-stell 译为“座架”。我把它译为“集置”，完全是一个字面的翻译，因为前缀 Ge-就是“集”，而词根 stell 就是“置”。什么意思呢？我想也未必要把它弄得很玄乎，它其实也没有人们想象和描述的那么玄乎。海德格尔的意思是，现代技术已经成为人全面“置弄”事物的方式，比如在观念上，人要“置”事物为“对象”，这就是哲学上讲的“表象”（Vorstellen）——其实“表象”这个译名并不妥当，字面意思是“置于面前”，因此似乎更应该把它译成“置象”；在生产上，人要“置造”（Herstellen）事物；又比如，在某处发现了一个新油田或者新矿床，我们现在还开采不了，不过以后迟早是要开采的，于是我们已经把它“订置”（Bestellen）了。凡此种种，都是“置”（stellen），合起来就是“集置”。海德格尔以

"集置"（Ge-stell）来表示现代技术的本质，按我的理解，意思就是事物都被技术人"置弄"了，而全人类都进入这种"置弄"的活动中了。①

当代世界的基本面是由技术决定的。我们的日常生活、我们的心思和身体、我们的社会组织方式，眼下都被技术掌握了，都被技术化了。而且，技术问题不再是一个区域性的问题，而是所谓全球性的问题了。现代技术成了今天全人类最大的福祉，也成了人类最大的忧患，成了人类整体的"命数"。海德格尔的"集置"（Ge-stell）是从存在/存有历史的角度对现代技术之本质的规定，同样传达了人类被技术所"置"而进入技术统治之危险中的状态。

就现代技术对人类生活世界的重塑而言，20 世纪相继出现了"三大件"，即飞机、电视和网络（分别在早、中、晚期出现），它们有节奏的出现深刻地改变了人类日常生活和经验方式。除了网络，海德格尔经历了前两者（飞机和电视）。而就我所谓的现代技术"四大风险"——即核能核武、环境激素、基因工程和智能技术——而言，海德格尔同样未能经历全部，恐怕也未能设想现代技术的不断加速度进展，但毫无疑问，海德格尔敏感地洞察到了两点：一是现代技术的统治地位的不可动摇性，二是人类身体进入非自然化（技术化）和人类心灵进入计算化（技术化）的必然趋势。

所谓技术的统治地位，我也把它表达为：技术统治压倒了政治统治。实际上，当尼采宣告"上帝死了"，即传统哲学和宗教衰落时，他已经表明传统"政治统治"时代的终结。政治统治是自然人类约 2500 年"文明社会"的基本统治方式，其核心的组织力量是哲学和宗教。尼采的先知先觉在于，他预感到了这个以哲学—宗教为主体的自然人类精神表达系统的衰落。而真正地确立技术的绝对统治地位恐怕要到 20 世纪的第二次世界大战结束之际，即 1945 年 8 月 6 日日本广岛原子

① 好比说南极的企鹅，仿佛还没被技术"置弄"呢，但其实，在企鹅身上也已经发现了大量的环境激素，只不过这个量比内陆的人类和动物少一些。你能说企鹅没有被技术"置弄"吗？

弹爆炸。正如完全被原子弹所震惊的哲学家安德尔斯所言，广岛原子弹开启了一个新时代，因为从此以后，人类有了彻底灭绝自己的能力。[①] 一个所谓的“绝对的虚无主义”的时代到来了。

核能核弹还只是现代技术的极端风险之一，虽然它是最直接、最显露、最具暴力摧毁的力量。而其他三个风险要素就要隐蔽得多。主要由化工产品和药物造成的环境激素，通过水和气的全球流通，已经使整个地球成了污染球，正在整体上摧毁包括人类在内的动物的自然繁殖能力，而且呈现出不断加速的趋势。人类自然力的崩溃已是指日可待。然而，基因工程却不断告诉我们人类自然寿命的技术性延长的可能性，在不远的将来，基因工程将对人类自然生命进行彻底的加工改造，人类活到几百岁不再是梦想。一方面是人类自然力的急剧下降，另一方面是人类寿命的不断延长的可能性，两者看似矛盾，但其实都缘于技术化，都是自然人类身体的去自然化（技术化）的同一进程的表现。

在人类精神和思维方面，我们面临的是更为显赫惊人的人工智能（机器人）的发展，在我看来其实就是精神/心灵的非自然化或技术化（算法化）。在人工智能的三个等级中，今天的技术水平大概只处于从“弱人工智能”（Artificial Narrow Intelligence，简称 ANI）到“强人工智能”（Artificial General Intelligence，简称 AGI）的发展阶段，根本还没有到“超人工智能”（Artificial Superintelligence，简称 ASI）的等级，但已经引发了不无恐慌的争论，争论的焦点在于人—机关系，即到底是人—机共生还是人—机对立？悲观者如刚刚去世的物理学家霍金，他预言人类还有一百年，终将亡于机器人；另一个悲观派巴拉特把智能技术称为人类最后的发明，并且认为灾难已不可免除。

总而言之，在上述四大高风险技术要素的规定下，人类已进入身心两方面的去自然化（非自然化）和技术化（计算化）的进程之中

---

① 参看安德斯：《过时的人》第一卷，中译本，范捷平译，上海：上海译文出版社，2010 年，中译本序，第 8 页。

了。人类需要重新定义自己（人类恐怕正在变成“类人”）；人类的生命形态、生命本性、生命结构、生命的意义需要重新规划。老迈的基辛格最近发言说：对于即将到来的史无前例的剧变，我们尚未做好准备，这时候光有科学不行了，需要哲学出场了。

但哲学能做什么？未来哲学能做些什么？未来哲学可能具有何种形态？我们尚不得而知，我们大概只能做一些想象和预感。

1. 从人类向“类人”①、从自然人向技术人的转变和过渡中，技术哲学将是未来的“第一哲学”。不断衰落的传统哲学和传统宗教是自然人类的精神状态的表达和需要，已经不再对新的文化和现实具有有效的构造和组织力量，未来新哲学（思想）面对由技术所规定的文化和生活现实，所以首先必然是一种技术哲学。

2. 面对自然人类生命本体的颓败、类人生命（技术人、硅基生命②）的产生，未来哲学要担当起新生命规划的任务，成为一种生命哲学。

3. 未来的类人社会如果还有个体化的问题，将需要一种艺术哲学。在未来技术世界中个体可能被极度放大，在虚拟空间中被平均化、同质化和形式化（数据化），但因此也可能被极度缩小，被缩小成一个没有实质的绝对孤独的点。抵抗技术同一性制度的强制，保卫个体存在的意义和自由，可能是未来艺术哲学的使命。

4. 未来哲学的首要的和根本的课题在于：如何提升全球政治共商机制，以节制或平衡技术的全面统治和加速进展？前述的技术哲学—生命哲学—艺术哲学都将服从于这一基本课题，旨在形成一种适合于未来类人社会的“大政治”（全球类人政治）。

---

① “类人”是我对未来人类（技术人类）的一个暂时命名。可参看孙周兴：《技术统治与类人文明》，载《开放时代》，2018 年第 6 期（本书第五编第四篇）。

② 《未来简史》作者拉赫里预言：“在未来，硅基将取代碳基，成为主要的生命形式，这将是有生命以来出现的第一次重大变局。”赫拉利：《人工智能会最终消灭人类吗?》，作者 2017 年 7 月 6 日在中信出版集团举办的首届“X World”大会上的报告。

四、未来才是哲思的准星

作为结语，我想最后提出三个问题：1. 如何理解“技术统治”？我所谓的“技术统治压倒了政治统治”到底意味着什么？是要鼓吹一种技术决定论吗？2. 什么是恰当的面对技术的姿态？如何既避免技术乐观主义又避免技术悲观主义？3. 在今天由技术支配的文明现实中，哲学如何启思？未来哲学何为？还能何为？

这是三个一直令我困惑的难题。在此我并不试图解答，而只能提出问题，并且联系海德格尔思想来谈些看法。

问题一：如何理解“技术统治”？我们说后期海德格尔提出了一个“小人”方案，这个方案的形成显然是跟他的技术之思相关的。海德格尔从“存在历史”的大视野出发来思考现代技术，并且把现代技术看作“存在历史”的“命运”。这种命运感是一种宿命论吗？海德格尔承认现代技术的支配性地位——我把它发挥为“技术统治压倒了政治统治”——这时候，他是在主张一种“技术决定论”吗？

毋庸讳言，后期海德格尔显露出一种对技术世界的深度的无力感。当他说“只还有一个上帝能救我们”，当他讨论“集置”“危险”与“转向”时，他显然认为，今天的世界文明中还看不到有哪一种力量、哪一种文明或文化元素，能够对已经占领全球的技术工业的加速运行起到节制、平衡的作用，或者哪怕是起到减速的作用。世界上一些古老文明被卷入技术工业后，在短短几十年间被迅速地摧毁，几乎没有还手之力。在这样一种无力抵抗的情况下，我们自然也就失去了把握未来和预言未来的能力。今天主要由技术专家们提供出来的一些关于人类和文明未来的预测，经常处于相互矛盾的乱象中，令人无法采信。偏人文的学者们的思考更趋乏力，发不出有力的声音。还有，人文学者与科技专家之间的相互猜疑和怀疑，已经到了前所未有的地步。这些都是令人泄气的。

问题二：如何面对技术世界？什么是恰当地面对技术的姿态？这在今天是摆在每个人面前的严肃问题。你不得不采取一种姿态，是积极拥抱技术还是反技术？流行的姿态是技术乐观主义与技术悲观主义。人文学者中，包括海德格尔在内，多少都会流露一点悲观情调。但我认为，海德格尔总的来说还是采取了一种“中道”的态度，那就是他所谓的既说“是”又说“不”的“泰然任之”（Gelassenheit）。我们已经在技术的“集置”力量中难以脱身，这时候，我们对技术难以简单地表态，无法直接说“是”或者“不是”，“好”或者“不好”。我们分明看到了现代技术带来的各种负面因素，甚至于看到了技术时代里作为物种的人类正在面临的灭顶之灾，于是不好意思简单地肯定技术；反技术的立场也会有问题，会让人感到虚情假意，你一边利用着技术成果，一边责骂着技术，不假吗？

当年海德格尔自己不开车，但坐他夫人开的车。所以他比较聪明，主张对技术说“是”又说“不”。要是他干脆说要反技术，不就太假了么？当然，对于海德格尔所讲的“泰然任之”（Gelassenheit），我们还不能做过于简单的了解。它在字面上的意思就是英文的 let be，用中文讲就是让它去吧。如果这样解就还太简单了。它的第一层意思确实是要冷静、不要慌乱——都这样了，慌有何用？进一步，“泰然任之”还指向对事物、包括对技术对象的态度，就是对事物要从容、宽厚些，不要太急躁、太欲求、太挑衅。海德格尔这里传达的姿态固然含有一点点无奈，但要不然又能如何？

问题三：未来哲学何为？这又是一个难题，也是从今天的思想和学术处境发起的问题。我之所以要从尼采和海德格尔出发讨论“未来哲学”这个课题，其实是为了突出地强调“未来哲学”这个主题（正如我们前面说的，尼采对此主题语焉不详，而海德格尔则只谈后哲学的思想），是因为我们看到今日学界令人无所适从的乱象。国内当前复古思潮日盛，古典主义和保守主义成了文化讨论的强势声音，国际形势似乎也朝着有利于保守主义和民族主义（地方主义）的方向演变。然而，无论中外，“复古”永远只是一种由文人们虚构和幻想的“乐园假设”，即假设从前有过“乐园”，后来“失乐园”，现在我们要“复乐园”。甚至早期尼采都没有摆脱这个传统，海德格尔的早期希腊之思也给人如此印象。但这种乐园情结无疑是无力的和颓废的。“乐园假设”意义上的“复古”只可能是文人的自恋，而不可能反映现实，指向未来。

未来哲学何为？未来哲学当然具有历史性的维度，甚至需要像海德格尔主张的那样实行“返回步伐”，但它绝不是古风主义的，更不是怀乡病和复辟狂，而是由未来筹划与可能性期望牵引和发动起来的当下当代之思。直而言之，“古今之争”绝不能成为未来哲学的纠缠和羁绊。在 19 世纪下半叶以来渐成主流的现代实存哲学路线中，我们看到传统的线性时间意识以及与此相关的科学进步意识已经被消解掉了，尼采的“瞬间”轮回观和海德格尔的“将来”时间性分析都向我们昭示一种循环复现的实存时间。这也就为未来哲学给出了一个基本的时间性定位：未来才是哲思的准星。

技术统治与类人文明①

内容提要： 随着现代技术的加速进展，现在我们得以越来越清晰地认识到，尼采所谓的“上帝死了”意味着自然人类精神表达方式的衰落，即传统宗教、哲学和艺术的衰落，换种说法，是技术统治压倒了政治统治，而自然的人类文明正在过渡为技术的“类人文明”。“类人文明”这个表述主要指向人类身—心的双重非自然化或技术化，即目前主要由生物技术（基因工程）来实施的人类自然身体的技术化，以及由智能技术（算法）来完成的人类智力和精神的技术化。本文进一步认为，未来哲学的根本课题恐怕在于：如何提升全球政治共商机制，以节制技术的加速进展，平衡技术的全面统治。

很高兴参加今天的“技术与社会”工作坊。我这次主要是来学习的。本人虽然是理科出身，但如今，现代科技对我来说主要是传说和想象了。我曾经断言：在今天，人文科学与自然—技术科学之间的隔阂是有史以来最深、最大的，原因是多方面的，主要原因跟我下面要讨论的“技术统治”有关，但也与人文学者的“乐园情结”和无介入能力有关。现在大家仿佛被逼急了，总算有了介入的姿态，比如我们

---

① 本文系作者2018年6月24日在《开放时代》杂志社、北京大学中国社会与发展研究中心主办的“第五次开放时代工作坊——技术与社会”（北京大学）上的报告，感谢北京大学哲学系干春松教授的点评。原载《开放时代》，2018年第6期。

今天的会议。

我报告标题中的两个提法“技术统治”与“类人文明”是我近期重点琢磨的主题。“技术统治”的对应项是“政治统治”，我的说法是“技术统治已经压倒了政治统治”；“类人文明”的对应面是“人类文明”，我的说法是“自然的人类文明正在颠倒或者过渡为技术的类人文明”。我们的世界历史性的人类文明正处于重大的、断裂性的变局中，上列两点可以用来表达这个史无前例的文明变局。而要讲清楚这个大变局，我们还得从尼采开始。

一、“上帝死了”：自然人类文明的终结

大致从 1884 年起，尼采开始讲他的查拉图斯特拉故事。在《查拉图斯特拉如是说》的序言中，尼采告诉我们：查拉图斯特拉在山上修炼十载，终得正果，于是下山，跟人说“上帝死了”，但没人睬他。1889 年初，尼采疯掉了；1900 年，落寞的疯子尼采死了。我们大约到现在才真正反应过来，原来尼采所谓“上帝之死”就是“人之死”，即自然人类的颓败和没落。

长期以来，人们以为尼采说的“上帝死了”只不过是——主要是——欧洲基督宗教和伦理的失势和沦丧，是基督教价值体系的崩溃。这当然是真的，而且已经在 20 世纪的欧洲—西方的生活世界中充分表现出来了。但仅仅停留于此显然是不够的。首先是因为，尼采的“上帝死了”不只针对基督教和神学来说的，而且也是针对哲学（存在学/本体论）来说的。后期尼采自称为“积极的虚无主义者”，并且进一步界说了虚无主义者的“双重否定”：“对于如其所是地存在的世界，他断定它不应当存在；对于如其应当是地存在的世界，他断定它并不实存。”① 尼采此说直截了当，当个中意义并不好理解。什么叫“如其所

① 尼采：《权力意志》上卷，科利版《尼采著作全集》第 12 卷，9［60］；参看中译本，孙周兴译，北京：商务印书馆，2010 年，第 415 页。

是地存在的世界”？什么叫“如其应当是地存在的世界”？此类表述译成中文后几成难以索解的鬼话。所谓“如其所是地存在的世界”其实就是哲学——存在学/本体论——构造出来的“本质世界”或者“观念领域”；而“如其应当是地存在的世界”其实就是宗教——基督教神学——构造出来的“神性世界”或者“理想世界”。所以，尼采这个断言的前半句否定希腊哲学传统，后半句否定希伯莱神学传统，从而全盘否定了欧洲传统形而上学，于是有“虚无主义”。

然而我认为，更为要紧的事情是要认识到，传统哲学和宗教——尼采一概称之为“柏拉图主义”——乃是自然人类的精神状态的主要构成方式和表达方式。尼采肯定看到了——预感到了——这一点。通过哲学和宗教，有了哲学和宗教，传统的“自然人类”变成了“理论人”和“宗教人”。在早期的《悲剧的诞生》中，尼采就已经告诉我们：哲学产生之日起，特别是苏格拉底这个“丑八怪”出现之后，伟大的悲剧艺术猝然死去，“理论文化”成了欧洲的主流文化，欧洲人就成“理论人”了。尼采进而批判基督教文化，认为耶稣把当时已经存在的基督徒的生活方式系统化了，从而生成了基督教的教义和教条，欧洲人终于也成了“宗教人”。

无论“理论人”还是“宗教人”，在尼采看来都是以“超感性世界”（“另一个世界”）为追求目标的“颓废人”，都是去自然化（去身体化）的病弱者。全面清算“理论人”和“宗教人”，可以说是尼采毕生思想的基本任务，尤其是后期尼采所谓的“权力意志”概念和忠实于大地的“超人”理想，传达了他要挽救“感性世界”和提振自然人类生命力的隐含意旨。尼采生得太早了，他自己也知道这一点，说自己的读者在100年后——不过在这一点上，他显然低估了自己的思想力量。

现在我们看到，以“上帝死了”的预言，尼采英明地预见了自然人类文明的终结，即传统哲学—宗教—艺术的终结。诚然，尼采身处大机器工业生产时代，未能预料到现代技术的加速进展和现代技术统治地位的快速确立。

二、核弹爆炸：技术统治时代的到来

尼采死后，欧洲哲学和科学开始强劲反弹，1900年产生的弗洛伊德的精神分析和胡塞尔的现象学，正是其中最大的标志性事件。之后约30年间，有一批哲学家追随胡塞尔的现象学，形成了一股“存在学/本体论”（Ontologie）复兴运动，他们纷纷标榜自己的哲学是“存在学/本体论”，堪称一时奇观。他们的意图在于重振欧洲知识理想，或者为欧洲的知识理想奠定一个新的基础。然而，相继发生的两次世界大战却残忍地粉碎了欧洲知识人的最后梦想，这一场主要以“现象学”为标识的最后的哲学盛宴终于破灭，而这同时也是欧洲中心主义的破灭。

海德格尔参与和经历了上述历史变故，他的《存在与时间》（1927年）就是所谓“存在学/本体论”复兴运动的顶峰之作。然后进入20世纪30年代，在第二次世界大战的枪炮声中，海德格尔跟上了尼采的节奏，开始从整体上彻底批判传统形而上学，终于悟及存在历史之“天命”乃是现代技术。命已定，不可抗。把形而上学批判坐实于技术批判，这是海德格尔超出尼采的地方，而这一步是他在20世纪30年代中期的《哲学论稿（从本有而来）》[①] 中完成的，同时也形成了他对自己的前期哲学的自我批判和修正。

海德格尔的技术哲学被认为是最深，也是最难的，说最深，是因为他把现代技术问题形而上学化了，更准确地说是“存在历史”化了；说最难，主要是因为他所做的关于现代技术之本质的规定，即他讲的“集置”（Ge-stell），后者被说成20世纪最难懂的哲学词语。其实我认为，我们大可不必把海德格尔的技术之思弄得过于复杂了。在大的格局上看，海德格尔无非是想说，现代技术—工业—资本（商业）体系

---

① 海德格尔后期的隐秘之书，包含着这位思想家后期思想的基本内容，参看海德格尔：《哲学论稿（从本有而来）》，中译本，孙周兴译，北京：商务印书馆，2014年。

起源于现代（近代）科学，而现代（近代）科学脱胎于古希腊哲学和科学（形式科学）。他这个想法有无道理呢？当然有，今天占领和席卷全球的技术网络和大数据，不就是以一门形式科学为基础的吗？难道今天这个算法时代不是脱胎于古希腊的形式科学吗？若然，今天全球人类就都处于希腊哲学和科学的规定中，现时代就是希腊的。

诚然，海德格尔试图把现代技术（Technik）与古希腊的“技术”（techne）区分开来，但这种区分与我们上面的判断并不冲突。作为“精通”的techne（技、艺）依然具有手工性，体现着希腊人与自然（physis）的“模仿”（mimesis）关系。现代技术则是以现代主体性形而上学为基础的，而且实现了形式性与实验性的神奇结合——“普遍数理”的形式科学是如何可能被实验化，或者说被转化为实验科学的？这似乎还是一个未解的课题。最关键的一点在于，现代技术把主体性形而上学的主—客对象性关系展开为一种人与自然的暴力关系，技术成为人类控制自然、最后也返回来控制自身的支配性力量。在20世纪50年代的一篇文章中，海德格尔就做了一个预言：人类马上要开始通过技术加工自己了，而当时生物技术（基因工程）尚未真正起步。

如前所述，海德格尔用“集置”（Ge-stell）一词来规定现代技术的本质。我愿意重复强调的是，我提供了一个完全字面的汉语翻译，即“集置”（此前有熊伟先生的译名“座架”），因为面对这个充满歧义的外来哲学词语，我认为只有这样的字面翻译是最安全的。Ge-stell的前缀Ge-就是“集”，而词根stell就是“置”。现代技术是以多样的方式“置”事物，比如“表置”或者“置象”（vorstellen，通译为“表象”）、“置造”（herstellen）、“订置”（bestellen）、“伪置”（verstellen）等，所有这些“置”的方式集合起来，就是“集置”（Ge-stell）。

海德格尔的“集置”（Ge-stell）也表明了技术统治地位的确立。但所谓“技术统治地位”却要在第二次世界大战结束之际才为人们所认知。1945年8月6日早上8点16分，美军在日本广岛投下人类历史上的第一颗原子弹，相当于两万顿TNT能量的核弹在600米上空爆炸，六千多摄氏度的高温把一切化为灰烬，冲击波使所有建筑摧毁殆尽，强烈的光波使成千上万人双目失明，许多人的眼睛变成了两个窟窿，近20万人丧生。以前冷兵器时代的自然人类哪里能想象这样一种极端的大规模屠杀！广岛原子弹爆炸震惊了全人类。第二次世界大战于此宣告结束。几年以后，海德格尔的弟子、阿伦特的夫君安德斯终于回过神来，意识到一个新时代的到来："1945年8月6日人类开创了一个新的时代，从这一天起人类具有了彻底灭绝自己的能力。"① 这个新时代，安德斯把它称为"绝对虚无主义"的时代，并且认为，原子弹标志着世界、人类和时间的终结。

哲学家安德斯从此不再哲学，就像奥斯维辛之后不可写诗。

广岛原子弹的爆炸以一种极端的方式宣告了技术统治时代的到来，一个由现代技术决定的所谓"绝对虚无主义"时代的到来。以我的说法，技术统治已经压倒了政治统治。政治统治是自然人类约2500年"文明社会"的基本统治方式，它通过商谈来实现，无论是古代专制政制，还是现代民主制度，虽然程度不等，但都是通过商谈来完成的政治统治和治理方式。政治统治的核心的组织力量是哲学和宗教——哲学通过本质主义（普遍主义）方式为集体组织提供论证和辩护，而宗教通过信仰主义方式为个体心性提供慰藉和救赎。当尼采宣告"上帝死了"即传统哲学和宗教衰落时，他已经预见了传统"政治统治"时代的终结。

海德格尔也总算先知，他看到了战争和政治只是表层，作为"集置"（Ge-stell）的现代技术才是根本。而一旦确认现代技术的统治地位，无论思想立场还是生活姿态，都得有一个根本性的转换。

三、类人文明：人类身—心的非自然化或技术化

"类人"是我对未来新人类的规定和预期。我所谓的"类人"并

① 参看安德斯：《过时的人》第一卷，中译本，范捷平译，上海：上海译文出版社，2010年，中译本序，第8页。

非费尔巴哈为了强调人的类本质而提出来的“类人”。我指的是今天已经开始、未来将加速实现的非自然化或技术化的“人”。“类人”根本上就是“技术人”。从人类到“类人”，从自然人类文明到“类人文明”，是技术统治时代里正在发生的过渡或反转。其实，这种过渡或反转在一定程度上已经实现，因为今天的人类已经算不上严格意义上的“自然人类”了，比如，由技术工业制造出来的化工产品和药物所导致的环境激素，已经在整体上改变了包括人类在内的地球动物的体液环境和体液构成，特别是使雄性动物的自然繁殖能力大幅度下降。就此而言，碳基生命的根基已经受到了动摇。

向“类人文明”的过渡就是自然人类身体与精神两个方面的非自然化或技术化。在身体方面，主要通过环境激素和基因工程，自然人类的体质正在被加速技术化。如前所述，环境激素正在摧毁人类的自然生命，自然人类赖以繁衍的地球生物链面临断裂和破碎。而基因工程正朝着在技术上克服衰老和死亡、不断延长人类生命的方向前进。这就造成了一种相互冲突的局面：环境激素将导致自然人类生命的衰弱和速朽，无人能逃避，只有程度（速度）上的差异；而基因工程似乎正在帮助人类实现“永恒”和“永生”美梦——而这不正是传统哲学和宗教的一贯梦想吗？其实在我看来，这是人类身体被技术化的同一过程的双重表现：一是人类生命被技术所阉割，日益失去自然繁衍的能力；二是人类通过技术而获得永生。在阉割中永生，这是何种纠缠？

与人类身体的技术化相比较，人类精神/心智的技术化更显赫，因此也是更让人恐慌的。那就是近几年来被广泛和热烈地讨论的智能技术（机器人技术）的飞速发展。智能技术的核心是算法。因此，人类精神的技术化实际上就是计算化和算法化。我们知道，当前人工智能技术还在初级阶段（所谓“弱人工智能阶段”），但相关的争论、预言和猜测已经铺天盖地了。我认为，关键问题只在于未来的人—机关系，即人机终将和谐共生（人机合体）还是人类终将被机器人所掌控和支配，甚至人类终将丧命于机器人？有人把智能技术称为人类“最后的发明”；有人预言人类将在百年之内被人类的产品——机器人——所消灭；但也有少数乐观者认为人—机最后会构成一个新系统，未来人工智能不会试图奴役人类，相反，“人工智能、机器人、过滤技术、追踪技术以及我在书中列出的其他一切技术将会融合在一起，并且和人类结合，形成一种复杂的依存关系。在这个层级中，许多现象发生的等级将高于现存的生命以及我们的感知水平，而这就是‘奇点’出现的标志”。[①] 这就是凯文·凯利提出的所谓“软奇点”，在他看来，我们创造的东西将让自己成为更好的人，同时我们也离不开自己的发明。

我个人倾向于凯利的“软奇点”之说。这大概是目前我能看到的最积极和最善意的未来预言了。我所谓的“类人”本来就是未来的技术化的新人类，是“技术人”或“智能人”，也可以说是人—机达到某种平衡的新人类型。在思想立场上，我会靠近于尼采，主张一种“积极的虚无主义”，因为“虚无主义”命题不只是对人生无意义状态的判定，更是把人生无意义状态与自然人类文明的终结以及一种新文明类型（我所谓“类人文明”）的开启联系在一起，这时候，一味伤逝和哀叹只可能具有自残意义。

而“类人文明”的形成，将依赖于在不远的将来人类被普遍技术化过程中，人文政治共商机制与技术资本体系之间开展的积极而艰难的博弈。

四、未来哲学的使命：如何提振全球共商机制？

今日人类面临现代技术的风险要素，我曾经把它们概括为四项：核能核武、环境激素、基因工程和智能技术，可简为“核能—激素—基因—智能”。所谓“风险”当然是对自然人类的自然存在而言的。回头来看，这四大“风险”其实是由物理学、化学、生物学和数学四门基础科学造成的效应和后果。由物理学带来的核武核能，是技术统治

---

① 凯文·凯利：《必然》，中译本，周峰等译，北京：电子工业出版社，2016年，第338页。

地位的最直接、最赤裸裸的宣示。主要由化学工业和制药技术产品造成了人类体液环境全面恶化，最早也最隐蔽地开始改造——败坏——碳基人类生命。生物学在最近几十年里突飞猛进，特别是基因技术的进展，人类已经进入海德格尔所说的控制、编辑和加工人类自身的过程中了。最后是以数学以及相关学科为基础的智能技术，在我看来，其本质就是人类精神和心灵的技术化或者说计算化（算法化）。

从效应上看，上述四大“风险”仿佛构成了相互对立、逆反的两组：核能核武与环境激素为一组，而智能技术与基因工程为另一组。核能核武和环境激素对于自然人类具有致命的杀伤力，而智能技术和基因工程（生物技术）似乎是为抵抗前者而出现的。这种“搭配”可谓现代技术的一大陷阱，它使得简单的乐观派（科学乐观主义者）与悲观派（反科学—反技术主义者）姿态都丧失效力。智慧和狡猾如海德格尔者，就只好主张对技术世界持既“是”又“不”的态度。

既“是”又“不”是正在到来的“类人生命”和“类人文明”的基本特征。“类人生命”不再以自然人类的和谐理想为目标，而是展现为受制于技术统治的生命冲突和生命流变，即生命的技术化与技术化的生命。在人类向“类人”的过渡和转向中，世间一切都动荡起来了，“类人文明”成为一种动词/动态文明，正如前苏格拉底的早期文明一样。“我们正在从一个静态的名词世界前往一个流动的动词世界。”[①] 变局如此突兀，我们对此还缺乏准备，还来不及准备。老基辛格最近说，这时候光有科技是不行了，需要哲学介入。

那么哲学如何介入？未来哲学何为？哲学的当务之急是什么？我想首先需要的是一种生命哲学，是关于类人新生命的规划。如上所述，人类已进入由技术所规定和推动的去自然化（非自然化）和技术化（计算化）的进程中了，而且正在不断加速推进。在人类向“类人”的反转中，生命问题凸显为第一位的问题，生命的本质需要重新定义，生命形态和结构需要重新规划，生命的价值和意义需要重新确认。如

---

① 凯文·凯利：《必然》，中译本，周峰等译，北京：电子工业出版社，2016年，作者序，第Ⅸ页。

果通过基因技术，人类/类人寿命（存活期）被大幅度地延长，则生、死、时间、代际、家庭、婚姻、生育、生产、劳动、人际、时间等关乎生命的问题和现象，就都需要我们重新考量了。毫无疑问，关于"类人生命"的哲学将是另一种生命哲学，有别于关于自然人类的生命思考。尼采所谓"重估一切价值"的要求看来也是指向未来的。

未来哲学将面临个体自由问题的全新处境。技术世界是一个同质化、同一化的世界，在未来甚至越来越成为一个形式化、计算化的世界。一方面，在技术支配下，个体将被极端普遍化，成为虚拟空间中一个无所不在的先验形式因子；而另一方面，正因为这种普遍主义的同一化进程将消灭个体性，使个体淹没于虚无，个体变得若有若无。德国当代艺术家安瑟姆·基弗敏感地看到了这一点，即未来越来越推进的数码化，一个全面监控系统对于人类的虚无化作用。基弗断言："要是没有一种外部影响，要是没有一种灾难，则人类一直为之奋斗的自由，将渐渐地被这种监控所消除。"① 如何保卫个体性和个体自由，将成为未来哲学的一道难题。19世纪后期以来发展起来的实存哲学/存在主义哲学，以及随后在20世纪下半叶兴起的当代艺术，它们在根本动机上是一体的，都是对传统本质主义（普遍主义）的同一性制度模式的抵抗，对个体实存意义和自由权利的主张，它们将在未来面临更严峻的挑战。

在类人文明中，技术将成为最大的政治。未来哲学的首要的和根本的课题恐怕在于：如何提升全球政治共商机制，以节制技术的加速进展，平衡技术的全面统治。前述的类人生命的哲学思考以及关于个体的实存哲学—艺术哲学思考，都要服从于这一根本课题，旨在形成一种适合于未来类人社会的"大政治"（全球类人政治）。其实在当代哲学的语境里，哈贝马斯已经开启了这方面的思索，主张以交往理性平衡工具理性，试图回答如何采取措施来控制技术进步和社会生活世

① 安瑟姆·基弗、克劳斯·德穆兹：《艺术在没落中升起》，中译本，梅宁、孙周兴译，北京：商务印书馆，2014年，第246页。

界之间的自然形成的关系问题。[①] 哈贝马斯的方案听起来不免软弱：通过有效的自由对话和商谈，形成关于技术发展方向和进度的共识。但在未来类人文明的生成中，全球政治共商机制仍旧具有开端性的意义。

最后让我们再次回到尼采。1888 年 12 月，尼采写下了一则题为《大政治》（或译“伟大的政治”）的笔记。在这则笔记的后半部分，尼采提出三个定律，其中的“第一定律”如下：“大政治想把生理学变成所有其他问题的主宰；它想创造一种权力，强大得足以把人类培育为整体和更高级者，以毫不留情的冷酷面对生命的蜕化者和寄生虫，——面对腐败、毒化、诽谤、毁灭的东西……而且在生命的毁灭中看到一种更高心灵种类的标志。”[②] 尼采此时已濒临疯癫，心思极其紧张而脆弱，但我们今天不得不承认，尼采实在太天才了，实在太强大也太伤感了。

或问：什么是尼采的“大政治”？尼采的“大政治”是一种“生理学”，就是一种“生命政治”或“生命哲学”！估计尼采自己也怕人不明白，紧接着又在“第二定律”中予以重申：“第二定律：创造一种对生命的袒护，强大到足以胜任大政治：这种大政治使生理学变成所有其他问题的主宰。”[③] 在自然人类文明向技术人类文明的大变局中，尼采看到了什么是颓败，什么是未来，并且在其晚期“权力意志”哲学中开展了一种以“末人”与“超人”为基本关系的生命政治—生命哲学思考。

---

① 哈贝马斯：《作为“意识形态”的技术与科学》，中译本，李黎、郭官义译，上海：学林出版社，1999 年，第 94 页。

②③ 尼采：《权力意志》下卷，科利版《尼采著作全集》，第 13 卷，德文本，柏林/纽约，1988 年，第 638 页；中译本，孙周兴译，北京：商务印书馆，2010 年，第 760 页。

末人、超人与未来人[1]

内容提要：尼采于19世纪80年代提出的“末人”和“超人”概念经常遭受误解，例如关于“超人”概念，常有来自法西斯主义和生物主义的曲解。时隔近一个半世纪，时势大变，人类的末日感和未来之忧愈加炽烈，我们理当在新的形势下追问：谁是“末人”？“末人”是我们吗？谁是“超人”？“超人”是“未来人”吗？本文试图对尼采的“超人”概念做一个未来哲学或技术哲学的重新定位，目标在于朝向未来的人类文明之思。本文认为，任何关于“超人”概念的区域科学式理解都是不当的或者不够的；尼采的“超人”概念应与他的“上帝死了”命题相联系，更应与他的“权力意志”学说（关于人和生命之本质的重新规定），特别是与在“相同者的永恒轮回”学说中蕴含的“圆性时间”观相关联；尼采的“末人”是对进入技术工业的自然人类之本质的规定，“超人”则是关于未来新人的天才般的想象和预感，两者之间纠缠着自然与技术的二重性运动。而无论如何，今天我们不得不接着尼采思考人类的位置和命运，人类的自然性和技术性，以及自然人类向技术人类的过渡。

---

① 本文根据作者2018年8月20日在上海书展“尼采三书新书发布会暨孙周兴、陆兴华对谈会”上的发言扩充而成，立题为《末人、超人与未来人》，提交给同济大学欧洲思想文化研究院·本有哲学院、上海张江ATLATL创新研发中心和网易研究局联合主办的“首届未来哲学论坛”（2018年11月23—24日），但因故未作。修订后的报告提交给2018年12月8日由同济大学欧洲思想文化研究院和哲学系主办的“第四届华语尼采哲学研讨会”。感谢张振华博士对本文初稿提出的若干批评意见。载《哲学研究》，2019年第2期。

一、被误解的尼采的“超人”

谁是尼采的“超人”（Übermensch）？这还是一个问题。首先，如我们所知，“超人”并非尼采的专名。在人们的日常想象中，“超人”就是能力超强的“神人”。世界各民族的古代传奇和神话中，大抵都有“超人”形象，多半是类似于鬼怪神魔的人物或神物，比如齐天大圣孙悟空之类。进入技术时代以后，“超人”形象主要出现在动漫故事中。如今在网上查一下“超人”，首先跳出来的“超人（Superman）是 DC 漫画公司旗下的超级英雄，在 1938 年《动作漫画》（Action Comics）创刊号首次登场；其次是指 20 世纪 60 年代日本推出的特摄系列《奥特曼》；然后才指尼采在《查拉图斯特拉如是说》中提出来的“超人”。

可见有各种各样的“超人”，既有神话和传说的“超人”，又有漫画和影视的“超人”，也有尼采哲学的“超人”。所有这些，构成人们关于“超人”的混乱而复杂的想象。人们对尼采之“超人”学说的混杂理解也起于此。而就尼采哲学意义的“超人”而言，我们首先要反对的是两种流传最广的基本误解，一是对尼采之“超人”的法西斯主义误解，二是对尼采之“超人”的生物主义误解。

关于尼采的“超人”的最大误解具有政治色彩，主要是希特勒法西斯主义对尼采“超人”学说和“权力意志”学说的利用。希特勒曾多次访问德国魏玛的尼采档案馆，并公开宣称对尼采的喜爱和推崇，大概是真把自己当作尼采所讲的“超人”了。“尼采与希特勒”已成一个历史公案。不过我认为，对此我们要有一个公正的看法。一方面，尼采反对民族主义和国家主义，不但不反犹，甚至还讨厌德国人；而另一方面，毋庸讳言，尼采主张“权力意志”，反对政治意义上的启蒙运动和现代民主制度，崇尚主人道德，鼓吹力量和战争，因而也确实为法西斯主义的利用留下了空隙。尼采委实是一个充满内在冲突的复杂体，在哲学上又趋于采取极端立场（比如最喜欢采取“颠倒”手法），甚至“超人”之说本身就有鼓吹强权的暗示性，凡此种种，让希特勒法西斯主义有机可乘。这固然是事实。但无论如何，我们还没有理由干脆把尼采本人的“超人”学说归于法西斯主义。

这里自然也涉及哲学与政治的紧张关系问题。如我们所知，西方历史上许多哲学家一直都有介入社会政治的“统治愿望”，想成为国内所谓的“国师”，但失败者居多，典型者如柏拉图的“哲学王”，也包括尼采之后的哲人海德格尔臭名昭著的“纳粹校长”经历。尼采本人反对政治变革，特别是反对法国启蒙运动，坚持个体启蒙，认为通过区域性的政治革命和社会改造是不可能保障个体自由和幸福的。[①] 就此而言，尼采和尼采哲学是十分“非政治的”。但历史的经验也表明，政治统治思维必定会对哲学进行主义式的简化利用，哲学经常被用于政治宣传。

还有关于尼采之“超人”的生物主义曲解。在最后的《瞧，这个人》中，尼采自己就描述了人们对他的“超人”观念的误解，特别反对人们对自己学说的达尔文主义误解：“……因为这个词，另一个博学的、长角的畜牲竟然怀疑我是达尔文主义者；甚至于在这个词中重又见出了那个违逆知识和意志的大骗子卡莱尔的‘英雄崇拜’，那原是我深恶痛绝的。”[②] 在别处，尼采也多次公开批评过达尔文和达尔文主义。

不过，尼采与生物学和达尔文主义，关系是相当复杂的。[③] 我们知道，尼采对于科学基本上持有开放态度，并不排斥包括生物学在内的自然科学。尼采后期反对柏拉图主义哲学传统的灵魂学说以及心—物或灵—肉二元论，誓要把“精神”颠倒为“身体/肉体”：“创造性的身体为自己创造了精神，作为其意志之手。”[④] 在《查拉图斯特拉如是说》时期的一则笔记中，尼采也明言：目标并不是大脑的更高塑造，

---

① 参看孙周兴：《未来哲学序曲——尼采与后形而上学》，北京：商务印书馆，2018 年，第 171 页以下。

② 尼采：《瓦格纳事件 偶像的黄昏》，科利版《尼采著作全集》第 6 卷，德文本，柏林/纽约，1999 年，第 300 页；中译本，孙周兴等译，北京：商务印书馆，2015 年，第 379 页。

③ 可参看皮尔逊：《尼采反达尔文》，载刘小枫选编：《尼采与古典传统续编》，田立年译，上海：华东师范大学出版社，2008 年，第 380 页以下。

④ 尼采：《查拉图斯特拉如是说》，科利版《尼采著作全集》第 4 卷，德文本，柏林/纽约，1999 年，第 40 页；中译本，孙周兴译，北京：商务印书馆，2010 年，第 46 页。

而在于“整体身体的更高塑造”。[①] 虽然尼采这里使用的“身体”均为德文的 Leib，而不是 Körper（躯体），即不是生物—物理意义的躯体；但是，这种对肉身的强调当然会让尼采倾向于生理学—生物学，在一些地方，他甚至声称要把传统的“精神性”颠倒为“动物性”。

当尼采在《查拉图斯特拉如是说》序言中首提“超人”时，他的表述带着一种明确的生物学腔调，认为人处于猿猴与超人之间的过渡阶段：“对于人来说，猿猴是什么呢？一个笑柄或者一种痛苦的羞耻。而对于超人来说，人也恰恰应当是这个：一个笑柄或者一种痛苦的羞耻。”[②] 人源自猿猴，身上依然具有太多的猴性，而且常想做回动物。这种想法当然是有鲜明的达尔文的影响的。诚如萨弗兰斯基指出的那样，尼采坚持达尔文的两个基本思想：一是在进化论的专门措辞中的发展理论；二是作为演变进程之推动力的争取生存的斗争。[③] 简而言之，一是进化，二是生存竞争，而这两项分明是达尔文学说的基本点。

我们可以接着来追问：尼采既然非常接近于达尔文，为何又不愿承认之呢？为何尼采还要指控人们对他的“超人”的生物主义误解？尼采自己给出的回答很是干脆：“达尔文忘记了精神！”[④] 这个回答颇令人吃惊。尼采不是要以“身体/肉体”反“精神”吗？怎么反过来要指责达尔文忘掉了“精神”呢？这是不是有点混乱和错乱呢？当然不是。尼采反柏拉图主义的“精神性”而倡导身体性，甚至动物性，并不是要转而去赞成生物主义或者反智主义，正如有论者指出的那样，尼采的主张应该是：不能以无意识的自然进化模式来思考人的更高的进化，人的进化必须被理解为自由行动和自由创造的产物。[⑤] 这就是说，尼采之反柏拉图主义的“精神”，乃是对以传统哲学和传统宗教为

① 尼采：《1882—1884 年遗稿》，科利版《尼采著作全集》第 10 卷，16［21］，德文本，柏林/纽约，1999 年，第 506 页。

② 尼采：《查拉图斯特拉如是说》，科利版《尼采著作全集》第 4 卷，第 14 页；中译本，孙周兴译，北京：商务印书馆，2010 年，第 10 页。

③ 萨弗兰斯基：《尼采思想传记》，中译本，卫茂平译，上海：华东师范大学出版社，2007 年，第 309 页。

④ 尼采：《瓦格纳事件 偶像的黄昏》，科利版《尼采著作全集》第 6 卷，德文本，第 121 页；中译本，孙周兴等译，北京：商务印书馆，2015 年，第 150 页。

⑤ 萨弗兰斯基：《尼采思想传记》，中译本，卫茂平译，上海：华东师范大学出版社，2007 年，第 310 页。

表达方式的“精神”的反叛，尼采的目标倒在于寻求和倡扬一种“自由精神”。

总之，在我看来，任何关于尼采“超人”概念的区域科学的理解都是不当的，或者说都是不够的，因为“超人”是一个哲学概念。我们这里无法展开对尼采哲学的整体定位和理解，诸如尼采到底是谁，是不是海德格尔所谓的“最后的形而上学家”等，但我们至少可以确认的是，两种最流行的误解，无论是法西斯主义的曲解还是生物主义（达尔文主义）的误解，都未触及尼采哲学的真正内核。撇开曲解和误解，我们首先要回到尼采的文本来看“超人”，更要着眼于尼采对未来人类的预期来看“超人”。

二、上帝死了才有“超人”

那么，尼采自己是怎么来说“超人”（Übermensch）的呢？在《查拉图斯特拉如是说》序言中，我们看到尼采的故事是这样开始的：在山上修炼了十年之久的查拉图斯特拉下得山来，在路上碰到一个用“唱、哭、笑和哼来赞颂上帝”的老圣徒，而这个老圣徒居然还全然不知道“上帝死了”；紧接着，查拉图斯特拉来到了一个镇上，径直跟市场上的民众说了这样一段话：

> 我来把超人教给你们。人类是某种应当被克服的东西。为了克服人类，你们已经做了什么呢？/迄今为止，一切生物都创造了超出自身之外的东西：而你们，难道想成为这一洪流的退潮，更喜欢向兽类倒退，而不是克服人类吗？/对于人来说，猿猴是什么呢？一个笑柄或者一种痛苦的羞耻。而对于超人来说，人也恰恰应当是这个：一个笑柄或者一种痛苦的羞耻。[1]

---

① 尼采：《查拉图斯特拉如是说》，科利版《尼采著作全集》第4卷，德文，第14页；中译本，孙周兴译，北京：商务印书馆，2010年，第9—10页。

尼采这段话的意思十分丰富，也不容易了解。这段话首次宣告了“超人”。它出现在《查拉图斯特拉如是说》“序言”的第三节开头，而在第二节的结尾处，尼采刚刚与老圣徒告别，自言自语道：“难道这是可能的吗？这位老圣徒待在森林里，居然还根本不曾听说：上帝死了”！[①] 这就表明，“超人”之出现是与“上帝死了”这件“大事”相关的，可以说是以这件“大事”为前提的。这个前提必须被确定下来，不然后面就不好谈了。如若上帝没死，则无所谓“超人”，也无所谓“克服人类”了。

那么，“上帝死了”意味着什么？人们最直接的反应是，“上帝死了”就是基督教信仰衰败了，不再有强大的伦理和宗教力量了。这当然没错，但我们还不能停留于此。我们还必须落实到尼采所谓的“虚无主义”命题和形而上学（柏拉图主义）批判上。尼采自称“虚无主义者”，并且说“虚无主义者”持有双重的否定：“对于如其所是地存在的世界，他断定它不应当存在；对于如其应当是地存在的世界，他断定它并不实存。”[②] 我反复引用过尼采的这两句严格而精致的话，因为在我看来，它们是尼采的形而上学批判工作的精髓，前一句否定源于希腊的哲学（以及科学）传统，即由存在学/本体论（Ontologie）构造起来的“本质世界”，后一句否定源于犹太—希伯来的宗教信仰传统，即基督教神学（Theologie）的“理想世界”或“神性世界”。总之，哲学的本质主义（普遍主义）和神学的信仰主义（在思维方式上是个体—实存主义）一概被否定了，是为“虚无主义”。

进一步，我们更应该把传统哲学和宗教（以及艺术）视为前技术—工业时代的自然人类精神状态的构成和表达方式，“上帝死了”即表征着这种构成和表达方式的衰落和崩溃，简言之就是自然人类精神样式（自然状态的人类文明）的式微。“上帝死了”，自然人类文明归

---

① 尼采：《查拉图斯特拉如是说》，科利版《尼采著作全集》第4卷，德文版，第14页；中译本，孙周兴译，北京：商务印书馆，2010年，第9页。

② 尼采：《权力意志》上卷，科利版《尼采著作全集》第12卷，德文版，柏林/纽约，1999年，9[60]；参看中译本，孙周兴译，北京：商务印书馆，2010年，第415页。

于终结，尼采才开始吁请“超人”。

> 在上帝面前！——可现在这个上帝已经死了！你们这些高等人啊，这个上帝是你们最大的危险。/自从他躺在坟墓里，你们才又复活了。现在才出现伟大的正午，现在高等人才变成——主人！/我的兄弟们啊，你们听懂这话了么？你们恐惧了：你们的心灵晕眩了么？深渊在此向你们迸裂了么？地狱之犬在此对你们狂吠了么？/好吧！来吧！你们这些高等人啊！现在，人类未来之山才有了阵痛。上帝死了：现在我们想要——超人活着。①

尼采这里的逻辑看起来很简单：“上帝死了”，“超人”复活。那么，“超人”是已经死掉的上帝的替代者么？“超人”是另一个新的上帝么？尼采从未这么说过。他只是说，“超人”是一个“至高的发育良好的类型”，这种人的对立面是“现代人”和“好人”，是“基督徒和其他的虚无主义者”。② 在尼采看来，“超人”的对立面，即现代“好人”，是要被克服掉的。“人类是应当被克服的东西”，为什么？因为人类已经中毒了，受了那些鼓吹“超尘世的希望”的“放毒者”的毒害，也即是中了在自然人类文明时代里居统治地位的形而上学（柏拉图主义）的毒，中毒已久，成了“颓废者”。尼采也把这个“颓废者”称为“没落者”和“过渡者”。向何方“没落”和“过渡”呢？这就涉及尼采关于“末人”与“超人”之关系的讨论了。

三、末人与超人：人之本质的重新规定

尼采的“超人”是与“末人”对置的。“末人”就是“最后的人”

① 尼采：《查拉图斯特拉如是说》，科利版《尼采著作全集》第4卷，德文本版，第357页；中译本，孙周兴译，北京：商务印书馆，2010年，第457—458页。

② 尼采：《瓦格纳事件　偶像的黄昏》，科利版《尼采著作全集》第6卷，德文本，第300页；中译本，孙周兴等译，北京：商务印书馆，2015年，第378页。

(der letzter Mensch)，似乎更应该译为“最后的人”，“末人”这个译名不免有些贬义了，“末人”未必是“低人”，更不是微末之人。关于“超人”，我们前面也只做了否定性的界定。因此，关于“末人”与“超人”，我们仍然需要做进一步的追问：谁是“末人”？“末人”是我们吗？谁是“超人”？“超人”是“未来人/末人”吗？“末人”与“超人”是何关系呢？

首先我们看到，尼采在“猿猴—人类—超人”之间构造了一个序列，“超人”之于人类，就如同人类之于猿猴。人类是被夹在中间的，夹在动物与超人之间，所以左右不是，如履薄冰，殊为危险。以尼采的说法：“人是一根系在动物与超人之间的绳索，——一根悬在深渊之上的绳索。/一种危险的穿越，一种危险的路途，一种危险的回顾，一种危险的战栗和停留。/人身上伟大的东西正在于他是一座桥梁而不是一个目的：人身上可爱的东西正在于他是一种过渡和一种没落。”[①] 夹在中间的人类不光是“过渡者”，也是“没落者”，是“最后的人”即“末人”。所以尼采的序列其实就是：猿猴—末人—超人。

关于“末人”的特性，尼采的描写也是相当令人费解的：

> 看哪！我要向你们指出那末人。/“什么是爱情？什么是创造？什么是渴望？什么是星球？”——末人如是问，眨巴着眼睛。/于是大地变小了，使一切变小的末人就在上面跳跃。他的种族就如同跳蚤一般不可灭绝；末人活得最久长。/“我们发明了幸福”——末人说，眨巴着眼睛。[②]

这段话里最不好理解的是“眨巴着眼睛”。为什么“末人”要眨

① 尼采：《查拉图斯特拉如是说》，科利版《尼采著作全集》第4卷，德文版，第16—17页；中译本，孙周兴译，北京：商务印书馆，2010年，第13页。

② 尼采：《查拉图斯特拉如是说》，科利版《尼采著作全集》第4卷，德文本，第19页；中译本，孙周兴译，北京：商务印书馆，2010年，第18页。有论者认为，尼采在此表达了“对所有功利主义和社会主义口号的讽刺。最大限度上的最大幸福，兄弟情谊以及人人平等——这是他那个时代种族和政治理论的流行语”。参看彼珀：《动物与超人之间的绳索：〈查拉图斯特拉如是说〉第一卷义疏》，中译本，李洁译，北京：华夏出版社，2006年，第70—71页。

巴着眼睛？有论者认为，眨巴着眼睛这种表情动作说明了“末人”的生活态度，“末人”一方面因惬意而眨巴着眼睛，以此表达他对幸福的理解；另一方面不断地眨巴着眼睛，说明“末人”根本没有能够真正地睁开眼睛。[①] 这个解释有点意思，“末人”是平庸生活的享受者，没有崇高的追求——“末人——他轻咳，享受自己的幸福”[②]。再者，“末人”又像柏拉图“洞穴比喻”里讲的囚徒，待着洞穴里，根本还睁不开眼。

可能让中国人愤愤不平的是，在科利版第10卷的一则笔记中，尼采把“末人”称为“一种中国人”。[③] 在《快乐的科学》中，尼采有两次谈到中国人，都给出了负面的评论，有一处写道：“中国是一个国家的例子，那里大规模的不满与求变能力已经灭绝好多个世纪了”；另一处写道：“我们绝对不会认为，在地球上建立一个正义和和睦的王国是值得想望的（因为无论如何，那会是一个极度中庸化和中国人式的国度）。”[④] 这是为何呢？尼采为何要拿他了解并不多的中国人开刀呢？

中国人是“末人”吗？从《快乐的科学》的两处引文中，我们看到尼采对中国人的评价大致是：易于满足，不求变化，创造乏力，极度中庸。我们不知道尼采关于中国人的这个看法有何来源以及有何依据，难道是因为中国人喜欢眨眼睛么？也许是当时的欧洲人对中国人（东亚人）面相的集体想象？我们不得而知。[⑤] 但只要不带偏执而强烈的“民族主义”情绪，我们其实是可以基本上同意尼采的上述评价的，

---

① 彼珀：《动物与超人之间的绳索：〈查拉图斯特拉如是说〉第一卷义疏》，中译本，李洁译，北京：华夏出版社，2006年，第71页。

② 尼采：《1882—1884年遗稿》，科利版《尼采著作全集》第10卷，德文本，柏林/纽约，1999年，4[162]。

③ 尼采：《1882—1884年遗稿》，科利版《尼采著作全集》第10卷，德文本，柏林/纽约，1999年，4[204]。

④ 尼采：《快乐的科学》，科利版《尼采著作全集》第3卷，德文本，柏林/纽约，1999年，第24节，第399页；第377节，第629页。

⑤ 如果说由西方形而上学的两大核心要素即希腊哲学与犹太—希伯来神学决定的思维特质是“超越性思维”，那么，科学和宗教都不发达的中国（东方）思维的特质则是“关联性思维”。两者之间没有孰高孰低的分别。而在现代，特别是由现象学哲学开启出一种关联性思维和表达方式，似乎意味着东西方的一种趋同。我们必须看到，这同时也意味着生活方式的趋同，即技术—工商时代全球人类的同质化—平庸化的世俗生活。这大概就是尼采心目中的“末人”的生活方式，而自古以来都习惯于世俗生活的中国人可能是这种生活方式的享受者。

传统中国人至少在晚近几个世纪里满足于世俗生活，对于人类文明的创造性贡献不在多数。我认为，尼采的根本用意恐怕还不在于批评中国人，而在于描述人类谱系中“最后的人”，这“末人”是“最可轻蔑者”，再也不能射出渴望之飞箭，再也不能孕育任何星球，再也不知道爱情和创造，而只会不断地眨巴着眼睛了。

“末人”意义上的人类必定要停滞，必定要被克服。于是，尼采提出了与之对立的“超人”。“超人的对立面是末人：我在创造了前者的同时也创造了后者。”① 除了上面讲的“猿猴—末人—超人”的位置和序列安排之外，尼采对于“超人”给出的正面规定则是：“超人”是大地的意义。

> 看哪，我来把超人教给你们！/超人乃是大地的意义。让你们的意志说：超人是大地的意义！/我恳求你们，我的兄弟们，忠实于大地吧，不要相信那些对你们阔谈超尘世的希望的人！无论他们知不知道，他们都是放毒者。②

这个说法跟“超人”（Übermensch）的字面意义不合，也与我们通常关于“超人”的想象大相径庭，我们会以为“超人”是“高人”，至少是向上超越的。但尼采却说：超人是“向下的”，是大地的、尘世的。这当然跟尼采的柏拉图主义批判相关，“超人”是摆脱了传统宗教和哲学虚构的“超感性世界”的人。那么“大地”（Erde）是什么？我认为，尼采的“大地”是泛指的，既是地球，也是土地，也包括人类身体，总之是尼采反复强调的区别于“超感性世界”的“感性世界”。

忠实于大地的“超人”根本上是尼采对人之本质的重新界定。在《查拉图斯特拉如是说》之后，尼采开始把“权力意志”规定为“生

① 尼采：《1882—1884年遗稿》，科利版《尼采著作全集》第10卷，德文本，柏林/纽约，1999年，4[171]。

② 尼采：《查拉图斯特拉如是说》，科利版《尼采著作全集》第4卷，德文本，第14—15页；中译本，孙周兴译，北京：商务印书馆，2010年，第10页。

命”的基本特征，而“生命”则被等同于“存在”。“‘存在’——除‘生命’外，我们没有其他关于‘存在’的观念。——某种死亡的东西又如何能够‘存在’呢？”[①] 对于生命来说，意志/意愿是本质性的，甚至求虚无的意志也是一种意志/意愿——要“不要”也是一种“要”。生命本身就意愿拥有，并且要更多地拥有，以尼采的话说，生命本身就“意愿增殖”。当尼采说“超人乃是大地的意义”时，他否定了以往的人之本质规定（即“理性动物”之规定），给出了一个动物性—身体性—大地性意义的人之本质的新规定。正如海德格尔所解释的那样，尼采此时所强调的“大地性”意义上的“动物性”（animalitas），乃是肉身的存在、充满欲望和渴求一切的“身体”（Leib），是“所有本能、欲望和激情的支配性构成物的别具一格的统一性”。[②]

除了在“权力意志”意义上对“超人”的本质规定（即“大地性—身体性”）之外，尼采还必须从后宗教的意义上重解“超人”的生命实存经验问题，即“超人”这个“新人”的时间性实存意义问题。如果说“旧人”——“末人”——的存在是以自然状态下的时间经验为前提的，那么“新人”——“超人”——的存在方式应该具有一种异样的时间经验。这就是尼采晚期所思的“相同者的永恒轮回”学说。

四、超人与永恒轮回：线性时间与圆性时间

虽然尼采所思的“超人”要追求强力和权力，但它的根本标志并不在于权力，而在于它能忍受“永恒轮回”的思想，或者说，是为“权力意志”和“相同者的永恒轮回”所要求的那个人类。但是，为何“超人”与“相同者的永恒轮回”相关呢？两者是何种关联呢？两

① 尼采：《权力意志》上卷，科利版《尼采著作全集》第12卷，2［172］；参看中译本，孙周兴译，北京：商务印书馆，2010年，第179页。

② 海德格尔：《尼采》下卷，德文本，第264页；中译本，孙周兴译，北京：商务印书馆，2015年，第985页。

者的关联点在哪里?

我们先来说说海德格尔的看法。海德格尔认为，尼采的“相同者的永恒轮回”是表示存在者之存在的名称，而“超人”则是表示响应这种存在的人之本质的名称。① 对于两者之间的关系，海德格尔径直说：查拉图斯特拉是教“超人”的教师，而他之所以教“超人”，只是因为他是“相同者的永恒轮回”的教师。② 在《什么叫思想?》的第一个讲座中，海德格尔进一步完成了对尼采哲学中的“超人”与“相同者的永恒轮回”之关联的揭示。“超人”的本质在于“穿越”和“过渡”。“超人”要穿越“末人”。“末人”的特征是“复仇”——这当然是“道德人”和“宗教人”的通病；在尼采看来，“复仇”甚至是以往全部思索的基本特征。所以，“超人”之“穿越”“末人”，关键就在于摆脱“复仇”。故海德格尔在这个讲座中反复引用和解释了尼采下面这个句子：

> 这个，的确，只有这个，才是复仇本身：意志对时间和它的“它曾是”的憎恶。③

尼采这个句子的核心在于：“意志对时间和它的‘它曾是’的憎恶”，这是“复仇”的本质。海德格尔则在其中看出了对于西方形而上学传统来说决定性的时间观念，即“把时间刻画为消逝、先后相继之流”的线性时间观念——在《存在与时间》中则称之为“现在时间”。而所谓“复仇之解脱”，根本上就是要摆脱传统形而上学的时间观以及以此为基础的存在理解。海德格尔的解释由此通向尼采的“相同者的永恒轮回”之说：“复仇之解脱是一种过渡，即从意志对时间及其‘曾

① 海德格尔：《演讲与论文集》，德文本，美茵法兰克福，2000 年，第 122 页；中译本，孙周兴译，北京：商务印书馆，2018 年，第 133 页。

② 海德格尔：《演讲与论文集》，德文本，第 116 页；中译本，孙周兴译，北京：商务印书馆，2018 年，第 127 页。

③ 尼采：《查拉图斯特拉如是说》第二部，科利版《尼采著作全集》第 4 卷，德文本，第 180 页；中译本，孙周兴译，北京：商务印书馆，2010 年，第 223 页。

在/曾是’的憎恶，过渡到永远意愿相同者的轮回、并且在这种意愿中意愿自身成为它自身的基础的意志。”① 因为在海德格尔看来，尼采的“相同者的永恒轮回”思想意在克服形而上学和虚无主义，这个思想的着眼点是“瞬间”，以“永恒轮回”为特征的生成/变易之流不再具有“线性时间”特征，而是被落实于“瞬间”（Augenblick）以及以“瞬间”为焦点的三维循环涌现的时间性结构。

传统的“线性时间”有什么问题吗？我有一个直截明了的说法是：“线性时间”令人绝望。在“线性时间”观点中，“过去”是已经消逝的“现在”，“现在”（此时此刻）正在过去，“将来”是尚未到来的“现在”，此即海德格尔所谓的“现在时间”，是亚里士多德时代就已经开始的客观的物理世界的时间；在这种时间观中，可以说我们每个人都是无可奈何的“等死者”，旁观着“逝者如斯夫”，等着生命残酷无情地流逝。为了对待生命的无限流逝，各民族都创造了永恒宗教，告诉人们要摆脱“线性时间”的不断流失，必须有一个非时间的永恒彼岸，或“天国”或“来世”。而当这个“天国”或“来世”——神性意义上的“另一个世界”——遭到尼采们的否定以后，“线性时间”观以及以此为基础构造起来的世界观和生命观便崩溃了。

那么除了“线性时间”，还可能有别的何种时间吗？有，那就是前述的以“瞬间”为焦点的三维循环涌现的时间性结构，即一种循环时间观。为了更贴切地与“线性时间”相对应和对待，我更愿意名之为“圆性时间”。在《查拉图斯特拉如是说》中，尼采以“所有笔直（直线）都是骗人的”一句，为自己的“相同者的永恒轮回”学说做了一个结实的论证。如果所有笔直都是骗人的，世上没有直线，那么，一个人从“瞬间”往前走，另一个人从“瞬间”往后走，两者会碰在一起吗？尼采的回答是：必然会碰在一起。②

---

① 海德格尔：《什么叫思想?》，德文本，美茵法兰克福，2002 年，第 108 页；中译本，孙周兴译，北京：商务印书馆，2017 年，第 119 页。

② 更详细的讨论和解释，可参看孙周兴：《未来哲学序曲——尼采与后形而上学》，北京：商务印书馆，2018 年，第 257 页以下。

在我看来，尼采的“相同者的永恒轮回”学说，根本上就是要否定基于自然人类生命经验的“线性时间”观，而启思一种我所谓的“圆性时间”观。这种“圆性时间”之区别于传统的不断单向流逝的、令人绝望的“线性时间”，我们大概可以用聪明的希腊人的两个表示时间的词语来加以说明：其一是 Chronos（时间），其二是 Kairos（时机），前者表示计量的线性的“现在时间”，后者表示“时机—瞬间”，即“圆性时间”，此即尼采在“相同者的永恒轮回”学说里蕴含的新时间理解。

我们看到，后尼采的西方哲人中，依然是海德格尔的理解最到位。海德格尔把尼采的新时间理解推进到了实存论路线之中。对于尼采“永恒轮回”学说的实存论意义，海德格尔在其《尼采》书中总结道：“永恒轮回学说中最沉重和最本真的东西就是：永恒在瞬间中**存在**，瞬间不是稍纵即逝的现在、不是对一个旁观者来说仅仅倏忽而过的一刹那，而是将来与过去的碰撞。在这种碰撞中，瞬间得以达到自身。瞬间决定着一切如何轮回。”① 永恒在瞬间中存在——在海德格尔看来，这正是尼采后期哲学的要义所在。“瞬间”不是线性时间中的“现在”，而是“过去”与“将来”的“碰撞”；人也不是“瞬间”意义上的时间的“旁观者”，或我所谓的“等死者”。而更应该说，人是“瞬间”这样一种“碰撞”的承受者。

在以线性时间观念为基础的传统形而上学的“永恒”和“超越”思考终结之后，尼采来关注“如何安顿个体此在生活”这样一个实存论问题，不再主张任何具有形而上学（神学）色彩的谋求永恒的超越论，而是采取了一条“把瞬间永恒化”的路径。对于行动的个体此在来说，当下瞬间的时机性决断才是至关重要的，只有置身于“瞬间”者，作为“瞬间”之“碰撞”的承受者，其行动才能深入到“将来”，同时把“过去”接受和肯定下来。貌似高超空洞的“永恒轮回”之

---

① 海德格尔：《尼采》上卷，德文本，1998 年，第 278 页；中译本，孙周兴译，北京：商务印书馆，2015 年，第 327 页。

说，实质上却是指向个体此在的当下存在。尼采仿佛是想“教”我们：你应当如此这般地生活在每个瞬间中，并且相信每个瞬间都是永恒的，是永恒轮回的。时间是圆的，生命才是有意义的。

如果传统的“线性时间”是“末人”的时间观，那么，尼采“永恒轮回”意义上的“圆性时间”是属于“超人”的时间。虽然我们必须看到，时至今日，可计量的物理时间即“线性时间”依然是人类主导性的时间观，但无论是哲学还是科学都已经开始了非线性时间观以及相应的“时间—空间”新理解，其中蕴育出了一种“圆性时间”（或“循环时间”），其后果和意义都还值得进一步评估。[①]

五、超人与未来人想象：自然与技术的二重性

最后我们要来说说尼采的“超人”的未来性。“超人”无疑是尼采关于未来人类的想象。与“超人”相对的，是尼采所谓“末人”——“最后的人”，尼采也反复地使用“以往的人”的说法，也就是“旧人类”。就此而言，尼采的“超人”必定是“新人”，是“未来人/未人”。那么，在尼采这种“未来人”想象中有哪些基本要素呢？或者说，作为“超人”的“未来人”之规定的内在逻辑是什么？

尼采首先说，“超人”是“更好的”人。在晚期遗稿《权力意志》中，尼采关于“超人”的直接讨论不在多数，其中有一则笔记谈到“超人”，认为关键问题不在于什么东西将取代人，而毋宁说在于“培育”一种“具有更高的价值的人”。[②] 在另一则笔记中，尼采也把“超人”称为“更强大的种类”：“必须证明的必然性：一种对人和人类的越来越经济的消耗、一种关于利益和功效的越来越坚固的相互缠绕在一起的‘机构’，包含着一种对立运动。我把这种对立运动称为对人类

① 尤其是“圆性时间”与技术世界和未来生命经验的关系，还是一个难以入思的问题，但无疑将是一个有意义的问题。

② 尼采：《权力意志》下卷，科利版《尼采著作全集》第13卷，11［413］，德文本，柏林/纽约，1999年，第191页；中译本，孙周兴译，北京：商务印书馆，2010年，第232页。

的一种奢侈和过剩的离析（*Ausscheidung*）：在其中应当出现一个更强大的种类，一个更高级的类型，后者具有不同于普通人的形成条件和保持条件。"① 而这个"更强大的种类"，就是所谓"超人"（Übermensch）。尼采这段话十分复杂，什么叫对人的"消耗"？什么叫"离析"？都还不好理解。但我们可以确认的是，无论作为"更高的价值的人"，还是作为"更强大的种类"，尼采的更好的"超人"并不是在道德上来思考的，不是"道德人"，而是在形而上学意义上来思考的。②

然而，光是从形而上学意义上来理解"超人"也还不够，还要进一步从技术哲学的角度来理解"超人"，或者更应该说，这时候的形而上学就是技术哲学，因为现代技术是作为存在史的形而上学的最后阶段——而这又是海德格尔提示给我们的视角。此时已经是 20 世纪 50 年代了。海德格尔关于尼采的"超人"说了下面这段意味深长的话：

> 超—人（Über-Mensch）是这样一种人，他首先把以往之人的本质运送入其真理之中，并且接受这种真理。如此这般在其本质方面被确定的以往之人，将由此能够在未来成为地球之主人，也就是能够在一种高端意义上掌管那种权力之可能性，那是未来的人基于对地球和人类行为的技术性改造之本质而分得的权力可能性。③

海德格尔这里讲到了"未来人"，而且给出了一个"技术哲学"

---

① 尼采：《权力意志》上卷，科利版《尼采著作全集》第 12 卷，10［17］，德文本，柏林/纽约，1999 年，第 462 页；中译本，孙周兴译，北京：商务印书馆，2010 年，第 525—526 页。

② 海德格尔说："末人与超人乃是同一个东西；它们是共属一体的，正如在形而上学的 animal rationale（理性动物）中，动物性的"末"（Unten）与 ratio（理性）的"超"（Über）是紧密结合而相互吻合的。在这里，末人与超人必须在形而上学意义上来思考，而不能被当作道德上的评价。"参看海德格尔：《演讲与论文集》，德文本，第 90 页；中译本，孙周兴译，北京：商务印书馆，2018 年，第 97—98 页。

③ 海德格尔：《什么叫思想？》，德文本，第 62—63 页；中译本，孙周兴译，北京：商务印书馆，2017 年，第 69 页。

意义上的解释。以他之见，似乎尼采的“末人”将通过技术工业成为地球的主人，从而将转化为“超人”。这个想法十分大胆，因为在我们通常的理解和想象中，尼采哲学及其“超人”概念是不可能与技术问题有任何关联的。质言之，通常我们会认为，尼采是不关心技术的，他是没有技术哲学之思的。现在看起来，这可能是一种误解了。以尼采的敏锐，他怎么可能不注意技术工业呢？即便在早年，尼采接受了瓦格纳的“通过艺术重建神话”的艺术理想，这时候的尼采与瓦格纳一样，忧虑和抵抗的正是当时方兴未艾的技术工业以及后果。也许尼采更多地关注思想史和文化史，但他绝不是一个不接地气的悬空思想家。所以，正如海德格尔所指出的那样，尼采已经认识到了机械工业的形而上学特征。在《漫游者及其阴影》（1880 年）中，尼采有一个“格言”说：

> 作为教导员的机械。——机械通过自身教导人群，在每个人只能做一件事的行动中要相互交错地进行：它提供出一个党派组织和作战的模式。另一方面，它并不助长个体的专横跋扈：它从许多部件中做出一台机械，从每个个体中做出一件只有一个用途的工具。它最普遍的作用就是：教导集中化的用场。[1]

这是尼采的文风，用词相当粗放，需要我们做一番联想式的理解。机械/机器是什么？这对于自然人类和自然人类文明来说已经是一个大问题。尼采敏锐地意识到了个中问题，他以“党派组织和作战的模式”来描述机械的作用，并且使用了“集中化”（Centralisation）这个概念。我们可以用“同质性”和“同一性”来表述之。机械提供了后来海德格尔所谓的简单而严格的“简化过程”，就是“把一切事物和人类都简化为一个统一性，即一个为了大地统治地位而进行的对权力之本质的无条件的赋权过程的统一性”。在机械—技术统治时代里，一切价值都

---

① 尼采：《漫游者及其阴影》，《尼采著作全集》第 2 卷，德文本，柏林/纽约，1999 年，第 653 页。

是通过对事物的完全“机械化”（Mechinalisierung）和对人类的“培养”而被设定起来的，并且由此得以实现。① 海德格尔这里指出了机械技术完成的“简化过程”的两个方面，一是对事物的机械化，二是对人类的培养或培育。在海德格尔看来，尼采在上引这段话中已经认识到这种“简化过程”，从而理解了机械和机械工业时代的真正本质。在20世纪30年代中期的《哲学论稿（从本有而来）》中，海德格尔自己则用“谋制”（Machenschaft）和“体验”（Erlebnis）两个词语来描述这一“简化过程”的两个方面。②

至此我们还是没有充分了解尼采所思的“末人”与“超人”的关系。到底应该如何来理解“末人”与“超人”的关系？“末人”与“超人”听起来是对立的关系，但海德格尔认为两者是共属的。海德格尔说：

> 对超人而言，本能是一个必需的特性。这意思就是说：从形而上学上来理解，末人归属于超人；但却是以这样一种方式，即：恰恰任何形式的动物性都完全被计算和规划（健康指导、培育）战胜了。因为人是最重要的原料，所以就可以预期，基于今天的化学研究，人们终有一天将建造用于人力资源的人工繁殖的工厂。③

海德格尔这段话大有深义，而且可以说包含着一种天才式的预言，因为他说这番话时还是在20世纪的三四十年代，现代技术正处于大机器技术和生产的末端，其时计算机、互联网和人工智能都还没有开始，生物技术尚未真正地发达起来，基因工程还根本未见踪影，甚至原子

---

① 海德格尔：《尼采》下卷，德文本，第278页；中译本，孙周兴译，北京：商务印书馆，2015年，第1000页。

② 参看海德格尔：《哲学论稿（从本有而来）》，德文本，美茵法兰克福，2003年，第126页以下；中译本，孙周兴译，北京：商务印书馆，2014年，第150页以下。

③ 海德格尔：《形而上学之克服》，载《演讲与论文集》，中译本，孙周兴译，北京：商务印书馆，2018年，第101页。该文作于1936—1946年间。

弹也还在研制中，但海德格尔却以历史之眼，通过对现代技术之本质的思索，预见了技术的未来进展，特别是人类自我繁殖工厂的出现。

如前所述，“超人”（Übermensch）是对以往人类——即“末人”——的克服，但在海德格尔的理解中，尼采又令人奇怪地赋予“超人”以“自然性”的意义。这是怎么回事呢？仿佛尼采的“末人/自然人”的特征是“向上超越”（固守于传统宗教与道德）；而“超人”虽然超出以往人类及其自然状态，但又要“忠于大地”，也就是对人类自然性的保留。如果是这样，那么我们现在就不得不承认，尼采天才地预见到了自然人类向技术人类过渡的核心命题，也即“超人”身上的自然性与技术性的二重性（Zwiefalt）。“末人”将通过计算和规划而被克服，而“超人”将通过“忠实于大地”而成就自己。“超人是大地的意义”——为何要忠实于大地呢？恰恰表明了末人与超人的共属关系，或者说“超人”身上自然性与技术性的二重性。①

不过，对“超人”的技术哲学定位还必须回到尼采的“权力意志”形而上学上。海德格尔把尼采的“超人”与现代技术相联系，基本动因就在于对尼采权力意志学说的理解。因为在海德格尔看来，尼采的“权力意志”哲学是形而上学——特别是主体性形而上学——的完成阶段，“权力意志”标志着近代以来的表象性—对象性思维的极端形式，其表现就是现代技术的支配性地位，或者就是我所谓的“技术统治”。“超人”因此成为一个极端主体性的概念，它通过现代技术来完成对万物的统治。海德格尔说：

> 本能乃是与超人相应的对智力的提高，就是要把智力提高到对万物的无条件清算的水平上。因为这种清算绝对地掌握着意志，所以看起来，似乎除了意志之外就只有单纯的计算冲动的可靠性

---

① 德勒兹也看到了尼采的“末人”与“超人”的这样一种二重性（不是简单的对立性），只是他的表述有所不同。德勒兹写道：“一方面，超人以最后的人和希望灭亡的人为媒介，但是又在他们对立面，作为人的本质的分裂和改变而从人中产生出来。但是另一方面，超人虽然从人中产生出来，却并不是靠人才产生出来：他是狄奥尼索斯和阿里安的成果。”参看都鲁兹：《解读尼采》，中译本，张唤民译，天津：百花文艺出版社，2000 年，第 65 页。

了，而对这种计算冲动来说，对万物的估算就是第一计算规则。……超人被授予无条件的权力，与之相应的是对末人的完全释放。动物本能与人类理性变成同一的了。[①]

海德格尔这里在讲什么？“权力意志”在此表现为一种普遍计算，成了一种“计算冲动”。他预感的进程今天大概正在通过人工智能（算法、大数据）而得到快速实现。那么，如何理解海德格尔这里说的“超人”与“末人”的关系——“超人被授予无条件的权力，与之相应的是对末人的完全释放”？“超人”通过技术统治来支配万物，当然也包括对“末人”的支配；“末人”之受支配也就是被技术化、被齐一化和被同质化的过程，即所谓被“完全释放/解放”。因此，“超人”与“末人”之间构成了一种支配与被支配的关系，那么如何可能有海德格尔所谓的“共属关系”？或者说，这种支配关系与上面讲的共属关系相容吗？我认为是一致的。作为技术人的“末人”是人类的技术化方向，成了万众同质一律的机械部件，而作为权力意志之载体的“超人”是技术化进程的实施者（“机械装配工”?），是“末人”的统治者，但“超人”同时必须“忠实于大地”，重获和重振自然生命之力，成为智力和生命力超群之人。此即我所谓的“超人”身上展现出来的自然与技术的“二重性”。

只有在上面揭示的背景中，我们才能真正理解晚年尼采所讲的“大政治”或“伟大的政治”。在1888年12月的一则笔记中，濒临发疯的尼采提出“大政治”的三个定律，第一定律是：“大政治想把生理学变成所有其他问题的主宰；它想创造一种权力，强大得足以把人类培育为整体和更高级者，以毫不留情的冷酷面对生命的蜕化者和寄生

① 海德格尔：《形而上学之克服》第26节，参看《演讲与论文集》，德文本，第93页；中译本，孙周兴译，北京：商务印书馆，2018年，第101页。在相关上下文的解释中，海德格尔把“领导者”或“元首”解释为“超人”，也即凌驾于众人之上、把众人组织起来的“决定性的装备工”；而大众则是被“超人”集合起来的“工人”或“劳动者”。海德格尔这里的讨论显然与他此间对恩斯特·荣格的阅读有关。海德格尔认为，荣格是尼采在现时代的接班人。荣格在《劳动者》中的时代观察启发了海德格尔转向对技术统治问题的讨论。对此课题及其可能的政治后果，我们在此不拟讨论。

虫，——面对腐败、毒化、诽谤、毁灭的东西……而且在生命的毁灭中看到一种更高心灵种类的标志。”接着的第二定律说：“创造一种对生命的袒护，强大到足以胜任大政治：这种大政治使生理学变成所有其他问题的主宰。”① 在这里，尼采的“大政治”居然是一种“生理学”！听起来极为无厘头，而现在我们已经清楚了，这无疑就是一种“生命政治”，一种“生命哲学”。

或问：“超人”是未来人类的形象——特别是“技术人”吗？尼采的“末人”是对进入技术工业的自然人类之本质的规定，而“超人”则是关于未来人的天才般的想象和预感吗？作为“超人”的“未来人”，是今天正在通过现代技术——特别是生物技术和人工智能——不断加强和完成的一种“新人”，即“技术人”吗？“未来人”的自然性与技术性的二重性以及可能达成的平衡，应该是我们今天和未来必须面对的难题。这道难题也许可以表达为：自然人类之被技术化（非自然化）的限度在哪里？

---

① 尼采：《权力意志》下卷，科利版《尼采著作全集》第13卷，德文本，第638页；中译本，孙周兴译，北京：商务印书馆，2010年，第760页。

孙周兴主要学术著作

一、著作

1.《说不可说之神秘——海德格尔后期思想研究》（专著），上海：三联书店，1994 年。修订版《语言存在论——海德格尔后期思想研究》，北京：商务印书馆，2011 年。

2.《我们时代的思想姿态》（文集），北京：东方出版社，2001 年；重版，同济大学出版社，2009 年。

3.《哲学导论》（合著），杭州：浙江大学出版社，2006 年。

4.《后哲学的哲学问题》（文集），北京：商务印书馆，2009 年。

5.《边界上的行者——孙周兴学术随笔》（文集），上海：上海人民出版社，2011 年。

6.《存在与超越——海德格尔与西哲汉译问题》（文集），上海：复旦大学出版社，2013 年；增补版，北京：商务印书馆，2019 年。

7.《以创造抵御平庸——艺术现象学演讲录》（文集），杭州：中国美术学院出版社，2014 年；增补版，北京：商务印书馆，2019 年。

8.《欠改革的中国大学》（文集），上海：上海人民出版社，2014 年。

9.《未来哲学序曲——尼采与后形而上学》（专著），上海：上海人民出版社，2016 年；重版，北京：商务印书馆，2019 年。

10.《一只革命的手》（文集），北京：商务印书馆，2017 年。

11.《艺术的意义在于创造神秘》（文集），北京：商务印书馆，2019 年。

12.《人类世的哲学》（专著），北京：商务印书馆，2020 年。

二、编著

1.《海德格尔选集》（二卷本），孙周兴主编，上海：三联书店，1997 年。

2.《世界现象学》，孙周兴编，北京：三联书店，2003 年。

3.《世界之轴》，孙周兴编，杭州：中国美术学院出版社，2003 年。

4.《视觉的思想》，孙周兴、高士明编，杭州：中国美术学院出版社，2003 年。

5.《同济・德意志文化丛书》，孙周兴主编，上海：同济大学出版社，2003 年起。

6.《德意志思想评论》第一卷，孙周兴主编，上海：同济大学出版社，2003 年。

7.《德法之争》，伽达默尔、德里达等著，孙周兴编译，上海：同济大学出版社，2004 年。

8.《形式显示的现象学》，海德格尔著，孙周兴编译，上海：同济大学出版社，2004 年。

9.《德意志思想评论》第二卷，孙周兴主编，上海：同济大学出版社，2004 年。

10.《交互文化沟通与文化批评》，孙周兴、黄凤祝主编，上海：上海译文出版社，2005 年。

11.《德意志思想评论》第三卷，孙周兴主编，上海：同济大学出版社，2006 年。

12.《古希腊语简明教程》，孙周兴编，上海：上海人民出版社，2010 年；修订版，北京：商务印书馆，2019 年。

13.《德意志思想评论》第四卷，孙周兴主编，上海：同济大学出版社，2010 年。

14.《德意志思想评论》第五卷，孙周兴主编，上海：同济大学出版社，2011 年。

15.《德意志思想评论》第六卷，孙周兴主编，北京：商务印书馆，2014 年。

16.《德意志思想评论》第七卷，孙周兴主编，北京：商务印书馆，2014 年。

17.《海德格尔年鉴》第二卷，孙周兴主编，北京：商务印书馆，2015 年。

18.《没有花我们怎么办?》，孙周兴编，杭州：中国美术学院出版社，2015 年。

19.《恍惚之间——普林克斯的艺术世界》，孙周兴编，杭州：中国美术学院出版社，2015 年。

20.《德意志思想评论》第八卷，孙周兴主编，北京：商务印书馆，2015 年。

21.《德意志思想评论》第九卷，孙周兴主编，北京：商务印书馆，2015 年。

22.《彼此之道》，孙周兴编，梅宁译，杭州：中国美术学院出版社，2015 年。

23.《德意志思想评论》第十卷，孙周兴主编，北京：商务印书馆，2015 年。

24.《德意志思想评论》第十一卷，孙周兴主编，北京：商务印书馆，2015 年。

25.《德意志思想评论》第十二卷，孙周兴主编，北京：商务印书馆，2016 年。

26.《从叔本华到尼采：陈铨德国哲学文集》，孙周兴编，西安：陕西人民教育出版社，2016 年。

27.《尼采与启蒙——在中国与在德国》，孙周兴等编，北京：商务印书馆，2019 年。

28.《未来哲学》（第一辑），孙周兴主编，北京：商务印书馆，2019 年。

三、译著

1.《在通向语言的途中》，海德格尔著，孙周兴译，高雄：台湾时报出版公司，1993 年；北京：商务印书馆，1997 年。修订译本，北京：商务印书馆，汉译名著，2004 年。

2.《面向思的事情》，海德格尔著，孙周兴等译，新竹：台湾仰哲出版社，1993 年；北京：商务印书馆，1996 年。修订译本，北京：商务印书馆，汉译名著，1999 年。

3.《林中路》，海德格尔著，孙周兴译，高雄：台湾时报出版公司，1994 年；上海译文出版社 1997 年；全集版修订译本，北京：商务印书馆，汉译名著，2018 年。

4.《哲学的改造》，阿佩尔著，孙周兴等译，上海：上海译文出版社，1994 年。

5.《死・永生・上帝》，舍勒著，孙周兴译，香港：香港汉语基督教文化研究所，1996 年。

6.《路标》，海德格尔著，孙周兴译，高雄：台湾时报出版公司，1997 年；北京：商务印书馆，汉译名著，2000 年。

7.《胡塞尔选集》，倪梁康选编，合译，上海：三联书店，1997 年。

8.《舍勒选集》，刘小枫选编，合译，上海：三联书店，1998 年。

9.《海德格尔与神学》，海德格尔、奥特等著，孙周兴译，香港：香港汉语基督教文化研究所，1998 年。

10.《当代艺术的哲学分析》，比梅尔著，孙周兴等译，北京：商务印书馆，1999 年。

11.《荷尔德林诗的阐释》，海德格尔著，孙周兴译，北京：商务印书馆，2000 年。

12.《面对实事本身——现象学经典》，倪梁康主编，合译，北京：人民出版社，2000 年。

13.《海德格尔与有限性思想》，海德格尔等著，孙周兴译，北京：华夏出版社，2002 年。

14.《具象表现绘画文选》，许江编，孙周兴审校，杭州：中国美术学院出版社，2002 年。

15.《尼采》（二卷本），海德格尔著，孙周兴译，北京：商务印书馆，2002 年；北京：商务印书馆，汉译名著，2010 年。

16.《演讲与论文集》，海德格尔著，孙周兴译，三联书店，2005 年；北京：商务印书馆，2018 年。

17.《海德格尔存在哲学》，海德格尔著，孙周兴译，北京：九洲出版社，2004 年。

18.《权力意志》，尼采著，孙周兴译，北京：商务印书馆，2007 年；北京：商务印书馆，汉译名著，2007 年。

19.《查拉图斯特拉如是说》，尼采著，孙周兴译，上海：上海人民出版社，2009 年。

20.《依于本源而居》，海德格尔等著，孙周兴编译，杭州：中国美术学院出版社，2010 年。

21.《同一与差异》，海德格尔著，孙周兴等译，北京：商务印书馆，2011 年。

22.《瓦格纳事件》，尼采著，孙周兴译，北京：商务印书馆，2011 年。

23.《悲剧的诞生》，尼采著，孙周兴译，北京：商务印书馆，2011 年；北京：商务印书馆，汉译名著，2012 年。

24.《哲学论稿（从本有而来）》，海德格尔著，孙周兴译，北京：商务印书馆，2012 年；北京：商务印书馆汉译名著，2014 年。

25.《艺术在没落中升起》，基弗著，合译，北京：商务印书馆，2014 年。

26.《尼采著作全集》第 6 卷，孙周兴等译，北京：商务印书馆，

2015 年。

27.《尼采著作全集》第 5 卷，赵千帆译，孙周兴校，北京：商务印书馆，2015 年。

28.《悲剧的诞生》，尼采三书，孙周兴等译，上海：上海人民出版社，2016 年。

29.《查拉图斯特拉如是说》，尼采三书，孙周兴译，上海：上海人民出版社，2016 年。

30.《权力意志》，尼采三书，孙周兴译，上海：上海人民出版社，2016 年。

31.《瞧，这个人》，尼采著，孙周兴译，北京：商务印书馆，2016 年。

32.《敌基督者》，尼采著，余明锋译，孙周兴校，北京：商务印书馆，2016 年。

33.《狄奥尼索斯颂歌》，尼采著，孙周兴译，北京：商务印书馆，2016 年。

34.《什么叫思想?》，海德格尔著，孙周兴译，北京：商务印书馆，2017 年。

35.《从思想的经验而来》，海德格尔著，孙周兴等译，北京：商务印书馆，2018 年。

36.《讨论班》，海德格尔著，王志宏等译，孙周兴校，北京：商务印书馆，2018 年。

37.《讲话与生平证词》，海德格尔著，孙周兴等译，北京：商务印书馆，2018 年。

38.《乡间路上的谈话》，海德格尔著，孙周兴译，北京：商务印书馆，2018 年。

39.《不莱梅和弗莱堡演讲》，海德格尔著，孙周兴译，北京：商务印书馆，2018 年。

40.《存在的天命——海德格尔技术哲学文选》，海德格尔著，孙周兴编译，杭州：中国美术学院出版社，2018 年。

41. 《悲剧时代的艺术与哲学》，尼采著，孙周兴等译，北京：商务印书馆，2019 年。

42. 《快乐的科学》，尼采著，孙周兴译，北京：商务印书馆，2019 年。

43. 《时间概念》，海德格尔著，孙周兴译，北京：商务印书馆，2019 年。

44. 《尼采著作全集》第 1 卷，尼采著，孙周兴等译，北京：商务印书馆，2019 年。

四、论文

1. 《诗的源始——维柯〈新科学〉的意义》，载《读书》，1990 年第 8 期。署名白波。

2. 《译读海德格尔的一组诗》，载《读书》，1991 年第 4 期。署名白波。

3. 《论海德格尔对康德哲学的本体论改造》，载《南京大学学报》，1991 年第 2 期；又载人大复印资料《外国哲学与哲学史》，1991 年第 6 期。

4. 《从存在到“大道”——海德格尔的思路》，载《杭州大学学报》，1992 年第 1 期；又载人大复印资料《外国哲学与哲学史》，1992 年第 4 期。

5. 《消解与重构——海德格尔对主体形而上学的批判》，载《学术月刊》，1992 年第 3 期；又载人大复印资料《外国哲学与哲学史》，1992 年第 4 期。

6. 《道・道说・道路》，载《读书》，1993 年第 4 期。署名白波。

7. 《玄妙之门》，载《读书》，1993 年第 6 期。署名白波。

8. 《普遍交往与独家经营》，载《读书》，1993 年第 8 期。署名白波。

9. 《不朽的反讽》，载《读书》，1993 年第 10 期。署名白波。

10.《海德格尔与荷尔德林》，载《浙江学刊》，1993 年第 2 期。

11.《古典形而上学的式微与语言哲学的兴起》，载《杭州大学学报》，1993 年第 3 期。

12.《老子对海德格尔的特殊影响》，载《哲学与文化月刊》，1993 年第 12 期。

13.《思想的本色》，载《读书》，1994 年第 1 期。署名白波。

14.《论威廉姆·洪堡的语言世界观》，载《浙江学刊》，1994 年第 4 期；又载人大复印资料《外国哲学与哲学史》，1994 第 8 期。

15.《亲在的境界》，载《读书》，1995 年第 3 期。署名白波。

16.《存在历史的转向与语言学的转向》，载《思想文综》第一辑，1995 年。

17.《海德格尔后期语言思想概论》，载《中国现象学与哲学评论》第一辑，1995 年。

18.《时代精神与民族精神》，载《浙江学刊》，1995 年第 5 期。

19.《在何种意义上讲哲学是西方的?》，载《读书》，1996 年第 8 期。署名白波。

20.《还原·解构·建构——海德格尔现象学方法初探》，载《哲学杂志》第 21 期，1997 年；又载《中国现象学与哲学评论》第二辑，1998 年。

21.《海德格尔对思想的规定》，载《浙江大学学报》，1997 年第 1 期；又载人大复印资料《外国哲学》，1997 年第 5 期。

22.《我们时代的理论姿态》，载《读书》，1997 年第 4 期。署名白波。

23.《奥斯维辛之后思想的责任》，载《开放时代》，1998 年第 4 期。

24.《我们如何敲打词语?》，载《浙江社会科学》，1999 年第 1 期。

25.《一种非对象性的思与言是如何可能的》，载《中国现象学与哲学评论》第三辑，2000 年。

26.《在现象学与解释学之间——早期海德格尔现象学初探》，载《江苏社会科学》，1999 年第 4 期。

27.《失去边界的哲学》，载《东方》，2001 年第 9 期。

28.《我们如何接近事物?》，载《人文视野》，杭州：中国美术学院出版社，2002 年。

29. "Rückbesinnung auf den Ursprung" (deutsch, englisch), in: Crossmapping: Partenheimer in China, Richter Verlag, 2002. Übersetzt ins Hölandische, 2002.

30. "Sage und Wege. Heideggers Sprachdenken in seinem Spätwerk", in: Die erscheinende Welt, Festschrift für Klaus Held, Hrsg. von Heinrich Hüni und Peter Trawny, S. 493 – 508, Berlin 2002.

31.《译不可译》，载《读书》，2002 年第 1 期。

32.《森·山方的忧虑》，载《当代艺术与本土文化·许江》，福州：福建美术出版社，2002 年；修改稿载孙周兴、高士明编《视觉的思想》，杭州：中国美术学院出版社，2003 年。

33.《形而上学的尼采》，载《读书》，2003 年第 2 期；又载人大复印资料《外国哲学》，2003 年第 4 期。

34.《艺术中的返回步伐》，载孙周兴编《世界之轴》，杭州：中国美术学院出版社，2003 年。

35.《形式显示的现象学》，载《现代哲学》，2002 年第 4 期；又载人大复印资料《外国哲学》，2003 年第 2 期。

36.《形而上学问题》，载《江苏社会科学》，2003 年第 5 期；又载人大复印资料《外国哲学》，2003 年第 12 期。

37.《重温德法之争》，载《博览群书》，2003 年第 11 期。

38.《超越·先验·超验》，载《德意志思想评论》第一卷，孙周兴主编，上海：同济大学出版社，2003 年。

39.《物之静穆与心之安定》，载《澄明之静：司徒立绘画展》，2003 年；又载《艺术天地》，上海，2004 年第 5 期。

40.《大道与本有》，载《现象学与道家哲学会议文集》，香港：

香港中文大学，2004 年。

41.《为什么我们需要一种低沉的情绪?》，载《现象学与心理学学术会议文集》，高雄：台湾中山大学哲学研究所，2004 年；又载《江苏社会科学》，2004 年第 6 期。

42.《本质与实存：西方形而上学中的实存哲学路线》，载《中国社会科学》，2004 年第 6 期；又载人大复印资料《外国哲学》，2005 年第 1 期。

43.《超越之辩与中西哲学的差异：评安乐哲北大学术讲演》，载《中国书评》第一辑，桂林：广西师范大学出版社，2005 年 4 月。

44.《我们如何得体地描述生活世界?》载《学术月刊》，2006 年第 6 期。

45.《我们如何做哲学才好?》载《江苏社会科学》，2006 年第 1 期。

46.《开启一种本源性的思诗关系》，载《同济大学学报》，2005 年第 4 期。

47.《海德格尔与作为形而上学的神学》，载《哲学与文化月刊》，2006 年第 2 期。

48.《大道与本有：对海德格尔 Ereignis 之思的再考察》，载《现象学与人文科学》，2005 年第 2 期。

49.《后哲学的哲学问题》，载《中国社会科学》，2006 年第 5 期。

50.《洪堡的大学理念》，载《同济大学学报》，2007 年第 2 期。

51.《作为实存哲学的伦理学》，载《哲学研究》，2008 年第 10 期。

52.《翻译的限度与译者的责任》，载《中国翻译》，2008 年第 2 期。

53.《作品 · 存在 · 空间》，载《时代建筑》，2008 年第 6 期。

54.《海德格尔〈哲学论稿〉译名讨论》，载《世界哲学》，2009 年第 4 期。

55.《汉语哲学与汉语神学》，载香港汉语基督教文化研究所《通讯》，2009 年秋。

56.《有关尼采查拉图斯特拉形象的几个问题》，载《同济大学学报》，2009 年第 5 期。

57.《后神学的神思——海德格尔〈哲学论稿〉中的上帝问题》，载《世界哲学》，2010 年第 2 期。

58.《一个难断的现代性案例》，载《文景》，2010 年第 2 期；又载《中国社会科学文摘》，2010 年第 8 期。

59.《非推论的思想还能叫哲学吗?》，载《社会科学战线》，2010 年第 4 期。

60.《尼采与启蒙二重性》，载《同济大学学报》，2011 年第 1 期。

61.《人何以承受悲苦人生?》，载《文景》，2011 年第 5 期。

62.《aletheia 与现象学的基本经验》，载《现代哲学》，2012 年第 1 期。

63.《天与地，以及诗人的位置》，载《同济大学学报》，2012 年第 2 期。

64.《以创造抵御平庸》，载《文汇报》，2012 年 6 月 4 日。

65.《存在与超越——西哲汉译的困境及其语言哲学意蕴》，载《中国社会科学》，2012 年第 9 期。

66.《哲学和哲学家的身位》，载《读书》，2013 年第 4 期。

67.《学术翻译的几个原则——以海德格尔著作之汉译为例证》，载《中国翻译》，2013 年第 4 期。

68.《当代艺术的姿态和方向》，载《新美术》，2014 年第 2 期。

69.《此在的绘画》，载《油画艺术》，2014 年第 1 期（创刊号）。

70.《永恒在瞬间中存在——尼采永恒轮回学说的实存论意义》，载《同济大学学报》，2014 年第 5 期。

71.《未来“世界哲学”的问题域》，载《人民日报》学术版，2015 年 2 月 2 日。

72.《哲学批判与创新思维》，载《中国社会科学报》，2015 年 8 月 19 日；又载《新华文摘》，2015 年第 22 期。

73.《通过艺术再造当代神话——安瑟姆·基弗的艺术现象学》，载《油画艺术》，2016 年第 1 期。

74.《尼采的科学批判，兼论尼采的现象学》，载《世界哲学》，2016年第2期。

75.《未来才是哲思的准星》，载《社会科学报》，2017年6月8日。

76.《阿佩尔坚持哲学的先验进路》，载《中国社会科学报》，2017年6月15日。

77.《晚期尼采为何重归艺术?》，载《诗书画》季刊，2017年第2期。

78.《海德格尔与德国当代艺术》，载《学术界》，2017年第8期。

79.《人文科学如何面对人工智能时代?》，载《哲学分析》，2018年第2期；又载《中国社会科学文摘》，2018年第8期。

80.《尼采与现代性美学精神》，载《学术界》，2018年第6期。

81.《我们可以通过汉语做何种哲学?》，载《学术月刊》，2018年第7期；又载《新华文摘》2018年第23期以及人大复印资料《哲学原理》2018年第11期。

82.《技术统治与类人文明》，载《开放时代》，2018年第6期；又载人大复印资料《科学技术哲学》2019年第2期。

83.《末人、超人与未来人》，载《哲学研究》，2019年第2期。

84.《谁是尼采的超人》，载《书城》，2019年第4期。

85.《马克思的技术批判与未来社会》，载《学术月刊》，2019年第6期。

86.《在创造中完成抵抗》（访谈），载《学术月刊》，2019年第6期。

在创造中完成抵抗

——孙周兴教授访谈①

盛丹艳：从您的个人经历来看，您本科读的是地质学专业，后来为何会走上哲学研究的道路？能否与我们分享一下您的治学经历？

孙周兴：我是农民出身，在绍兴南部会稽山山里长大，1980 年参加高考，自己报了浙江大学地质学系，心想咱农民学地质最合适；但进校以后不久，我就对这个专业完全失去了兴趣。这时候我开始读文学，天天泡在图书馆里看小说和诗歌，而且也开始写诗了，但写不好。那年代大学里也不可能转专业，所以只好这样混着，混了四年，毕业时报考了北京大学中文系诗歌专业的研究生，没考上，就去位于泰安的山东矿业学院（现山东科技大学）的地质系工作，教大地构造之类。

当时在泰安的生活颇无聊，写诗的热情也弱了许多，就开始关心自然科学的哲学问题，读了一些粗浅的哲学书。有一次在图书馆看到 20 世纪 60 年代《哲学译丛》杂志里熊伟先生翻译的海德格尔《论人道主义的信》，大为惊奇，心想：竟然会有这么有趣而幽深的哲学文章！从此就喜欢上了海德格尔的哲学。但当年在中文世界，海德格尔的文字只有少数几篇文章，都是熊伟先生的译作，所以可读的东西不多。于是我就决定学德语。此时恰好有个机会：学校里为青年教师开了一个德语班，任课老师是广州外国语学院德语系的一位毕业生，是

① 本文系作者于 2019 年 4 月 8 日接受《学术月刊》杂志社副编审盛丹艳女士的采访。原载《学术月刊》，2019 年第 6 期。

跟我一起分配到山东的。我就参加了这个德语班，可惜没多久，这位德语老师去德国留学了。后来我就只好自己继续学。

1986 年我决定报考哲学专业的研究生。记得当时已经与熊伟先生有了通信联系，但我报考时选择的却是母校浙江大学的刘锡光先生，主要是因为刘再复先生在《性格组合论》的序言里提到了“远方的浙江大学的副教授刘锡光”。1987 年 9 月，我就回到了杭州，开始了哲学学习。也是在这一年，海德格尔的《存在与时间》中译本出版，我记得我是骑车去买的，一路上很兴奋。从那时候开始，我有机会就去北京拜访熊伟先生，还听了他几次课。

有一件事印象最深，记得我在研究生阶段翻译了珀格勒尔的《海德格尔思想之路》，译了大半，寄给熊伟先生看，他看完后给我写信，让我好好读书。意思大概是说，你还没能力做学术翻译呢，就别瞎折腾了。此事对我刺激很大。熊伟先生大概怕对我有重大打击，不久又写信来，只有一句话：要以大无畏的精神，在到无可逃的死中去。意思是说，死都不可怕，还怕读书么？

盛丹艳：您把海德格尔哲学作为自己哲学研究的起点与重点，有何缘由？海德格尔在思想上对您产生了怎样的影响？

孙周兴：我之所以对海德格尔哲学产生兴趣，缘由前面已经讲了一点。1989 年我硕士研究生毕业，考上了南京大学哲学系的博士生，师从夏基松先生，但此时夏先生已经准备调往杭州大学，人已经住在杭州了。所以我在南大只待了一年半光景，就又回杭州了。我把后期海德格尔哲学作为自己的博士论文选题，为准备论文，我把海氏后期三本重要著作《林中路》《在通向语言的途中》和《路标》——我称之为“三路”——统统译了出来，密密麻麻记了三个笔记本，此外好像也译了《荷尔德林诗的阐释》的一部分。当时还没有汉字电脑输入法，还是手写，工作量自然不小。做了这些译文，我的博士论文的框架就出来了，完成了题为《语言存在论——海德格尔后期思想研究》的学位论文。毕业后我留校任教，头几年的工作就是修订这篇学位论文和写在笔记本上的几本译著。这些是我最早的出版物。1995 年前后，我又在此基础上编译了《海德格尔选集》，这个两卷本于 1996 年出版，影响不小，次年被评为“1997 年中国十大好书”之一。

你问我为何把海德格尔哲学作为重点，我只好说主要是基于个人兴趣和阅读偏好。海德格尔的文字是有温度的，看着让人不累，不像一般哲学家那样有太多的理论和太多的论证。这当然不是说海德格尔思想没有严格性，或者完全成了轻佻的诗意文学，海德格尔自己也曾经为自己辩白：思的严格性是另一种严格性，有别于逻辑。其实，海德格尔之所以在中国经久不衰，读者甚众，可读和好读肯定是一个重要的原因。

海德格尔哲学对我的影响当然是极为深刻的。我现在能想到的主要有如下几个方面：一是关于西方哲学文化的历史和结构的看法，海德格尔为我提供了“存在历史观”以及以“本质主义”（普遍主义）的“存在学”（ontology）和“实存主义”（个体主义）的“神学”（theology）为两大要素的形而上学的结构性理解，我相信这种理解也已经影响到许多当代中国学者。二是关于时间、世界、语言、艺术、技术等课题，海德格尔有自己独到的深刻见解，这里所谓“深刻”差不多可以表述为“神秘主义”，“神秘主义”在今天的技术时代里已经难得让人喜欢，但马克思以后的欧洲大陆艺术和哲学，多多少少是带有神秘主义色彩的，目标是要在科学主义和技术主义之外开出一条新路，保留一点人之为人的尊严和生活世界的趣味。这个世界远不是科技可以完全搞定的，如果完全被科技搞定了也就不好了。这个世界中的人、事、物，远比我们从科学和日常的角度对它的想象要复杂得多、要幽暗和神秘得多。我想，人文（艺术与哲学）的意义不在于简化人、事、物，而是要使之变得复杂而有趣。这也算海德格尔给我的一个启发。三是在思想表达上，海德格尔对我的影响极深、极大。通过阅读、翻译和写作，我对海德格尔的语言算是比较熟悉了。按照伽达默尔的说法，海德格尔是可以与亚里士多德和康德并举的哲学语言大师，我愿意采纳这个说法。就德语来说，如果说康德创造了一种古典哲学德语，那么我们完全可以说，海德格尔创造了一种特殊的“思想德语”。

这种语言与当代汉语的关系变得相当复杂，一方面它通过翻译，通过新创词语，艰难地渗透入我们的汉语表达中；另一方面它又与汉语习惯十分亲近。无论如何，对当代汉语表达来说，海德格尔的“思想德语”已经是一股重要的势力。我相信这是我的多年翻译和研究工作的意义之一，而我个人的写作也自然受其影响。

盛丹艳：2018 年，您和王庆节教授主编的 30 卷《海德格尔文集》由商务印书馆出版，这是一次大规模的海德格尔著作译介。对于学术翻译的可能性及其限度的问题，能否请您结合海德格尔著作的汉语翻译，具体展开谈一下？

孙周兴：是的，我和王庆节教授主编的《海德格尔文集》，是我承担的国家社科基金重大项目，居然提前一年结项了（因为我记错了结项时间），2018 年 6 月已经出齐 30 卷，字数大概超过 1000 万字。这个工作量当然是蛮大的。约有一半是我自己翻译的，其他 15 卷则是国内同行完成的。30 卷出齐后，先后在中国人民大学和北京大学举行了新书发布会和研讨会，媒体也多有报道。看起来是学界的一件大事了。

你提到的学术翻译的可能性及其限度问题，是我在反思西哲汉译事业时提出来的。这个问题不容易讨论，可以有多重切入角度。我采取了语言哲学的角度，这里只能简单说说。首先我想指出，中国当代的学术语言（甚至日常语言）差不多是一种“翻译语言”，译词占比极高，我多次说过，如果我们今天跟复活过来的几代之前的先人聊天，估计是有交流上的困难的。译词无所不在，何来翻译的可能性及其限度问题？德国语言学家威廉姆·洪堡认为，与作为屈折语的印欧语系语言不同，汉语是典型的孤立语（分析语），并且说汉语的这个特征束缚了形式表达的发展。洪堡此说抓住了汉语的一个本质特征，但也由此得出一个错误的结论：汉语是一门落后的语言。这个且不去管它。无论如何，洪堡正确地洞察到了汉语与印欧语言的深刻差异性。这种语言差异性决定了西学/西哲汉译的特殊性，就是说，欧洲诸民族语言之间的相互翻译，与西—汉翻译是不可同日而语的。西—汉翻译尤其是学术翻译，难度可能是最大的。举例说来，与欧洲语言的系词 einai（即 to be）相关的名语 On（即 Being），至今仍然没有在汉语中找到对应的译词，现在至少还有“存在”与“是”两个译名，而且相关争议不断，吵个没完；与此相关的一门学问 Ontologia，至今还有“本体论”“存在论”“是论”等多种汉译名——这可是一门学问或者一个学科呀。又比如康德首先使用的 transcendental，通常被译为“先验的”，现在被不少学者改译为“超越论的”了，也是争论不休的一个项目。有的译名已经成了固定的习惯，但细究起来却是可以动摇的，例如 essence，我们通常把它译为“本质”，好像没有人起疑，但这个译名根本无法传达 essence 的“共相”或“普遍性”含义。最近在中山大学的一次报告中，我提出恐怕最适合的 essence 的汉译名，是“普在”。

这就是我要说的翻译的可能性和限度问题。由于汉语与欧洲语言的高度异质性，西学/西哲汉译成了一项成问题、有风险的事业。这并不是说西学/西哲汉译是不可能的，相反，实际上这项事业时时都在推进。汉语和汉语文化在这种翻译过程中获得极大的丰富和改造。但同时我们必须意识到西哲汉译的根本限制。汉语根本上是没有形式语法的语言，比如无法通过词尾变化来反映词类差异和词类之间的形式转换关系，所以在接受欧洲语言的文本内容时就碰到一个在形式化程度上难以匹配的问题。

海德格尔的文本不属于欧洲主流的形式科学表述体系，在欧洲哲学文本中也属“异类”，在这个意义上是亲近于汉语和汉语经验的。这也可以说明为什么海德格尔的文本在中国广受欢迎而且经久不衰。一句话，海德格尔好读。但语言的限制依然在。海德格尔文本在另一种意义上——不是在形式化意义上——构成了汉语翻译的困难，那就是：他试图突破日常语言的边界而进入一个玄思道说的境界，就是说，他的思想文本呈现了思与言的奇异性，也造成了传译的困难。在当代汉语学界中，由海德格尔的词语和文本引发的翻译争论是最多的，有的译名的繁多和混乱已经到了令人难以忍受的地步。比如海德格尔的 Ereignis（我译为“本有”），现在大概有十几个不同的译名，情形让人崩溃。

盛丹艳：您如何看待学术翻译的价值，又如何评价我国学术翻译的现状，对于学术翻译有哪些建议？

孙周兴：我自己做的事，理当重视，不然还能做下去吗？学术翻译的价值是不用我来强调的，如果没有最近一个多世纪的学术翻译，中国近代以来的思想文化是无法设想的。但在这方面，我们并没有进入先进行列，也没有表现出作为大语种的汉语应有的格局。一是外译中，我们在国际上还比较落后，好像德国是第一名，日本也在前几名；二是中译外，就是汉语文献被译成外语，我们的地位就更低了。这些都是有统计数据的，不用我在这里啰嗦。

不过现在出现了一个新的情况，使得我们需要重新考量包括学术翻译在内的翻译的意义了。这个新情况就是机器翻译的发展。随着人工智能技术的加速推进，翻译以后可能主要由机器人来做了，而不再是自然人类的手工物了。这件事已经有了端倪，大部分翻译工作今后将由机器来完成。学术翻译可能是最后被机器翻译所取代的，但也终将被取代。事情可能会这样：形式化程度较高的文本（比如科技文本）最早被取代，然后是文学和日常语言，最后是人文学术文本。作为过渡阶段，不久可能就会出现自然人类做的翻译与机器人做的翻译并存的局面，现有的译文需要机器人修订和加工，从而变得更可靠。正因为看到了这一点，我现在对学术翻译这件事已经没有太多的兴趣了。不过别慌，可能还有十年八年时间，我们才会看到超出自然人力的智能机器翻译，之后也许还有一个较长的并存期或者说过渡期。

盛丹艳：尼采哲学是您关注的另一领域，您现在也在主持国家社科基金重大项目《尼采著作全集》的翻译，自 2010 年至今已出版 5 卷。请问您为何会转向尼采哲学的研究？

孙周兴：我从海德格尔研究延展到尼采哲学，是最自然不过的事了。最近我有一个说法，读尼采越多，越是感觉到：没有尼采哲学就没有海德格尔思想。海德格尔思想中的大多数要素都在尼采那里显露了。举其要者，海德格尔前期实存论（实存主义、存在主义）的时间观，想必是从尼采那里发展来的；海德格尔后期的“存在历史观”，特别是其中的柏拉图主义批判，是直接从尼采那里继承来的；尼采关于人类未来文明，特别是围绕“末人”与“超人”而展开的生命哲学思考，同样为后期海德格尔的技术与未来之思提供了助力。

其实海德格尔思想特质偏于中庸，而尼采则更为激进。我个人的性格是比较激进的，但在思考和行动上则更愿意遵循中道。这是命，得认命。

盛丹艳：从海德格尔哲学到尼采哲学的研究，如果说您在思想风格上更为偏好“诗性哲学”，您是否认可？

孙周兴：我大概会认可这个说法，但前提是：不要对“诗性哲学”做过于轻松的理解。在20世纪80年代的美学热中，我们就把尼采搞得太过浪漫和太过美学了。这是受时代风尚的影响，没有办法的。而且说实在的，尼采确实在现代性美学上具有特殊重要性，具有开创性的意义，他的《悲剧的诞生》就是现代美学的开端之作，如果我们不理解这本书，就很难了解现代性美学，也难以进入现代主义艺术，因为尼采在其中揭示了一种有别于古典和谐论美学理想的、以冲突和张力为基调的现代美学精神。但尼采哲学不光是美学，他的前期美学（艺术哲学）是以一种文化哲学或文化批判为前提的；而他的后期美学（艺术哲学）则是以一种生命哲学为基础的。这是我们要认识到的一点。

当然我也同意，“诗性哲学”或“诗化哲学”可以有严肃而深刻的含义，可以标识在尼采和海德格尔那里开启的、特别在二战以后的当代艺术中得到开展的艺术与哲学之关系的重构，简单说来就是“艺术的哲学化”和“哲学的艺术化”。这是大有深义的，意味着文化/文明最内部的要素重置。

盛丹艳：您在《后哲学的哲学问题》中提出“后哲学”概念，并认为在后哲学时代，文化主题已发生变化，“哲学政治”时代终结，将迎来艺术与政治的时代。您的“后哲学”概念具体含义是指什么？

孙周兴：《后哲学的哲学问题》是我的一本论文集，并没有什么创新的想法，而只是做了一些梳理工作，着眼点是“后哲学”概念。这个概念来自海德格尔，我们知道罗蒂也从海德格尔出发讨论“后哲学文化”。海德格尔的名篇《哲学的终结与思想的任务》已经把“后哲学的”思想状况讲得相当清楚了。“后哲学”指的是发端于古希腊的“哲学”通过科学—技术—工业在全球范围内得到了充分的实现和展开，所以今天也是“最哲学的”时代。其实尼采也表达了“后哲学”的判断，他所谓“上帝死了”是指西方形而上学的两个核心部门“哲学”和“神学”（宗教）的衰落。今天我们越来越能体会到这种衰落了。

在《后哲学的哲学问题》这本书之后，我更多地转向了尼采翻译和研究，也更多地关注当代艺术了。今天我更清晰地体会到，尼采的“虚无主义”命题到底意味着什么——意味着自然人类精神表达系统的颓败和沦落。传统哲学、宗教和艺术是自然人类精神表达的基本方式，但随着18世纪后期以来技术工业的发展，人类的一种新文明样式开始了，可以称之为技术人类文明，1945年二战结束前的原子弹爆炸最后确证了这种文明，或者以我的说法，确证了技术统治时代的到来，技术统治压倒了政治统治。如果说传统哲学和宗教是自然人类文明的精神基础，那么，艺术与政治则是技术人类文明的主题，因为面对现代技术的普遍化支配地位，如何保卫个体自由以及如何重振政治统治（不再通过传统哲学和宗教）以抵抗和平衡技术统治，便成为我们时代最大的课题。从“哲学—政治”转向“艺术—政治”，这大致是我说的“后哲学”的意思。

盛丹艳：您现在很关注艺术哲学，翻译并策划《未来艺术丛书》，也参与艺术策展活动，从哲学到艺术，您的研究领域不断扩大，这是否与您对时代和文化主题的判断有关？您认为哲学与艺术之间是怎样一种关系？

孙周兴：自2001年开始，我一直兼任中国美术学院的教授，本着学习的态度在那里开展一些有关艺术哲学的教学活动。因为从小没机会接触艺术，我完全不懂造型艺术，但我愿意学习，这十几年在中国美院的活动对我来说是很重要的。大概从四五年前开始，我开始组织《未来艺术丛书》，迄今已经出版10卷，待出版6卷，准备做到30卷左右。如你所言，我也参与艺术展示以及相关研讨活动，写了一些东西，最近正在策划当代艺术家王广义的新作展。我目前也在撰写一本有关德国当代艺术理论的研究著作。这当然跟前面讲的我关于艺术、哲学和文化处境的看法有关。

众所周知，艺术与哲学在历史上一直处于紧张关系中。在西方，从柏拉图开始，艺术与哲学就不是平权的关系，而是等级对抗的关系。但是今天我们必须意识到，这样的状况已经和正在发生变化。我讲过一个奇怪的情况：在欧洲大陆，德国本来是哲学之国，艺术就弱些，而法国一直是艺术之国，哲学就弱些；现在仿佛倒了过来，德国当代艺术兴而哲学趋弱，法国则是哲学兴而艺术趋弱。这是为何？我认为，这种情况恰恰表明了当代艺术与哲学的差异化调适，也就是我前面讲的艺术哲学化与哲学艺术化。

盛丹艳：您非常强调哲学的未来向度，反对继续纠缠于“中西古今之争”，反对复古，主张哲学应积极介入技术世界。2018年您发起组织了首届“未来哲学”论坛，论坛主题是“技术与人类未来”，也反映了您对未来的关切。能否与我们分享一下您对于“未来哲学”的构想？

孙周兴：长期以来，我们的学术讨论纠缠于“中西古今之争”，而且经常陷于意气和立场之争。这真的很要命。学术讨论沦为意气之争，就很无奈、很可悲了。走到极端的，不光会得出儒家救世的结论，甚至会得出英国起源于湖南英县、德国起源于山东德州之类的神论。一般而言，传统人文科学都有怀古情结，这可以说是人文科学的普遍特征，中外皆然。我曾经把它称为“乐园情结”，说的是：古代曾有最美好的时代和文化，比如苏格拉底或者悲剧时代，比如孔子要恢复的西周。古代有一个“乐园”，后来失了“乐园”，我们现在得“复乐园”。人文科学的“逻辑”仿佛就这么简单。但古代真的美好吗？这是不是一种“虚构”呢？要知道1900年人类的平均寿命只有39岁，到今天已经超过70岁了。当我这样说时，有位“文人”朋友问我：我为何要活这么久呀？我很无语，当时就不想再跟他争论了，因为这时候论辩的基础已经没有了，因为你让他立马跳楼死掉，他是不干的。求长生和永生，这应该属于人类的天性或本能吧？

这里涉及一个问题：如何看待今天被现代技术所支配的文明？人文科学因为有怀旧情结，向来和多半对现代技术工业采取漠视甚至敌视的姿态。这当然是不当的，也是不公的。我个人比较同意斯蒂格勒的说法：技术既是毒药又是解药。技术给人类带来了福祉，但同时也给人类带来了风险甚至可能是灭顶之灾。我总结过，今天人类面临技术带来的四大风险：核能核武、环境激素、人工智能和生物技术。我们不得不面对这些技术风险，这其中的每一项风险都足以让自然人类毁灭。福祉与风险并存，这是现代技术的“二重性”，它让我们不能轻易地否定之或者肯定之。也许海德格尔是对的，我们不得不对这个技术世界既说“是”又说“不”。

我关于“未来哲学”的构想源于我对尼采哲学的研究。“未来哲学”是尼采发疯前讨论过的一个题目。几年前我完成了一本尼采研究著作，题名为《未来哲学序曲——尼采与后形而上学》（商务印书馆2019年重版）。这本书表面看来只是对尼采哲学的一种结构化的理解，但实际上我是要清理“未来哲学”的一些前提性的问题，比如我用“虚无”“谎言”“生命”三个概念来重构尼采哲学，实质上是要揭示“未来哲学”的后形而上学（后哲学和后宗教，也包括后种族主义）前提和生命哲学—实存哲学指向。

盛丹艳：近年来，您已超出哲学学科而展开对整个人文科学的反思，您批评现有的学科结构和知识体系趋于老化，对现实生活的反应和批判能力缺乏，更无力做出对于未来的展望和预言。就现实向度而言，您认为人文科学缺乏对现实的反应力其原因何在？

孙周兴：这方面的看法既与我担任11年的同济大学人文学院院长有关，也与我对以艺术和哲学为核心的人文学科的本质的思考有关。既然当了院长，就少不了讲话，每年毕业典礼和迎新大会，都是有“院长致辞”的。你也不能十年只说同样的话吧？而且我们在学院里做了一项不成文的“规定”：凡是本院教师在学院里讲话，是不能念稿子的。你都当了大学老师了，还不能做个短小的演讲么？但这并不是说我就可以信口开河了；相反，为了做好每次讲话，我都得事先做些准备，也不得不对人文科学的本质、使命和命运做些思索。

人文科学在国内差不多就是文史哲，几十年没有变化。在大学体系里，学科结构被严重固化，大家都习惯了，要想更新和创新是困难的。我们这套制度按说是学欧洲的，但对照一下德国的高等教育体系，就可以看到我们的教育观念的陈旧和高等教育体制的保守。现在德国大学里的“人文科学”概念是更为宽大和自由的，制度也保证了教与学的自由和创新，比如说，现在德国大学人文研究的重点和热点，已经转移到艺术理论、图像理论、媒体研究等新领域了。对照之下，我们还基本局限于传统文史哲以及下辖的所谓“二级学科”。这种情况需要改变，不然我们的人文科学就会丧失现实感，无能于对现实的反应以及对未来的指向。人文科学的无力和空心状态是有制度方面的原因的。

当然另一方面，人文科学被边缘化是技术工业不断得到强化的统治地位的后果之一。今天是工商经济时代，人心唯利是图是通则，虽然不算正面，但也不构成多么严重的负面要素。哲学家西美尔甚至论证过，货币交换（交易）要比传统的财产转移方式（如偷盗抢劫或者赠送）更文明，因为它更客观。但在这种商业机制里，人文科学自然受到了排挤。只要看看大学里各学科的录取分数排序，就知道今天人们对于人文科学的消极态度了。在我们学校，人文类的录取分数一直是垫底的。我不是唯分数的，但分数高低至少在统计学意义上标志着智力差异。我们能指望一帮智力不高——不是最高——的人文学子把人文科学搞好吗？

再就是人文科学本身的一个特性，即它的历史性。人文科学是历史性的，是狄尔泰所谓的“历史学的人文科学”，这是它的长处，但也经常成为它的短板。人文科学不忘历史和传统，以人文化成为己任，这是它的长处；但人文科学容易沉缅于过去时代，容易淹没在怀旧和古典情节里，从而忽视了当下，放弃和放松了对未来生活的展望和筹划。

盛丹艳：从您发表的观点看，对人文科学的未来发展是持乐观态度的，认为人文科学在智能技术时代显示出某种无可替代性，表现出一种节制与抵抗的力量。就这一点，能否请您具体展开叙述一下？

孙周兴：是的，尽管有上面讲的种种问题，但我对人文科学的未来并不悲观，就像我对人类未来并不悲观一样。因为悲观和伤逝没用，负面情绪反而害人。根本上也没有人非要你从事人文科学的学习和研究呀，我们完全可以去干自己喜欢的事。我自己确实是喜欢人文科学，认为艺术和哲学带给我一种更有趣味的生活。但我并不排斥别的行业和事业。而且我愿意认为，艺术和哲学跟你从事什么行业无关，一个企业家可以很有艺术范，一个流浪汉也可以很哲学地生活。而一个人文学者（以人文科学为职业者）倒有可能既不艺术也不哲学——当然，如果套用当代艺术家博伊斯的说法“人人都是艺术家”，我们也完全可以说：“人人都是哲学家。”

说到人工智能时代里的人文科学处境，我是发表过一些看法，基本的一个预判是：人工智能时代很可能是给人文科学带来重振的机会的时代。我的理由大致有两条：其一，人文科学是人类奇异性思维的表现，这种奇异性思维可以被叫作想象，就是奇思妙想，而不是可以完全被逻辑程序化的，比如此刻我在此回答你的问题，正在码字呢，但心里却想着别的什么什么事。这就是人类精神世界的奇妙之处。这种“奇异性”恐怕是大数据和人工智能不能替代的。这种“奇异性”就是艺术创造之本。于是我们就可以理解二战以后当代艺术的兴起以及它的意义了。其二，在我所谓从自然人类文明向技术人类文明的过渡和转变中，或者在我所谓技术统治压倒政治统治的时代中，现代技术对自然人类而言已经处于失控状态，而对个体而言则有强力辗压的同质化作用，在此形势下，人类需要人文科学来重振政治统治，以节制和平衡技术统治和技术暴力。二战以后政治哲学成为哲学讨论的热点，并非偶然。

这也就是我说的，在后哲学—后宗教的新文明状态里，“艺术”与“政治”成为最大的文化主题了。以我最近的一个说法，在创造中完成抵抗，是未来艺术与哲学的基本使命。

盛丹艳：最后，请问您下一步有何研究计划？

孙周兴：我目前的学术工作主要涉及四块：一是尼采研究，我已经写了一本尼采研究著作《未来哲学序曲——尼采与后形而上学》，翻译了尼采最重要的几本书，《悲剧的诞生》《查拉图斯特拉如是说》和《权力意志》，最近刚刚译完《快乐的科学》，我主编的《尼采著作全集》，全部完工恐怕还要好几年；二是海德格尔研究，我主编的《海德格尔文集》已出版30卷，计划要扩大为至少40卷的规模，这件事要慢慢做，主要靠国内年轻一代学者了；三是艺术哲学研究，我主要关心德国当代艺术理论，但也不排斥其他，只要合题的就行，我主编的《未来艺术丛书》已经出版了10卷，后面还有20卷吧；四是未来哲学研究，主要关注技术与人类未来问题，正在主编《未来哲学丛书》，大概也要做到30卷左右。

前面两项属于学术翻译，慢慢地将不再是我的重点工作了；当然，尼采和海德格尔始终是我研究的背景和出发点，而且在我看来是最具未来性的哲学家，所以今后还会继续关注，还会接着做一些。但我的研究重心已经转移到了当代艺术和未来哲学，会在这方面花更多的功夫，希望不久会有一些推进和成绩。总之，事多，没完没了，但趣味和定向是一致的。

盛丹艳：谢谢孙教授的分享！

编 后 记

几年前就想编一本个人文集，清理一下存货，却一直没有下狠心启动。这次广东高等教育出版社邀请我来编一本自选集，作为该社组织出版的“学术中国文丛”之一种。接到这个邀请，我完全没有犹豫，马上开始了编选事宜。

我大学本科专业是地质学，1984 年毕业后才开始自己看点哲学书。但如果从 1987 年考上哲学专业硕士研究生算起，我做哲学也已经有三十多年了。回顾一下，我先是做海德格尔，后做尼采，前些年转向当代艺术哲学，最近几年来，我又启动了技术哲学研究——我名之为“未来哲学”。所以，我目前的主要研究领域有四块：尼—海—艺—技（尼采—海德格尔—当代艺术—技术哲学）。这四块都不算太小，于是就有人说我涉及的领域太过宽泛了，太不专业了。其实在我，这四块原是一体贯通的，或者说是一脉相承的。

不过，本书的编选工作并未完全按照“尼—海—艺—技”这样四块来处理，而是切分成五编，依次是：第一编　尼采与海德格尔；第二编　西哲汉译；第三编　后哲学的哲学；第四编　当代艺术；第五编　未来哲学。每一编收录了五篇文章，全书一共有 25 篇文章。

本书第一编立题为“尼采与海德格尔”。读者不难看出，贯穿本书的是现代德国两大哲人，即尼采和海德格尔，两者在每一编里都出现了——这两位思想家是我用力最多的，已经成了我的思想背景。我主持的国家社科基金重大项目《海德格尔文集》编译（30卷）已结项，并于2018年全部出齐，现在正在计划再做20卷，把《海德格尔文集》扩大成50卷本；我自己译的海德格尔著作已有15卷，影响最大的却是我主编的《海德格尔文集》（两卷本），出版于1996年，据说当时印了35000套，但只印了一回，后来因外文版权问题而不能再印了。我主持的另一项国家社科基金重大项目《尼采著作全集》编译正在进行中，迄今已完成了6卷，全部完工尚需时日；但我自己译出的《尼采三书》，即《悲剧的诞生》《查拉图斯特拉如是说》和《权力意志》，几年前就已经面世了，最近又完成了尼采《快乐的科学》的译事——这四本，应该是尼采最重要的著作了。

我读书不多，似乎也不愿读太多的书，加上农民出身，外语能力有限，读外文著作经常有隔靴搔痒、不得要领之感，故多年以来，我喜欢边读边译，或者干脆说是以译代读，以为可以更深入地理解，也别有一种快感。所以才有了这许多翻译。

有了这许多翻译，也就有了一些译事体会，也就有了本书第二编“西哲汉译”的几篇文字。但第二编不光是谈哲学翻译事业，也触及通常被叫作“比较哲学”的课题，特别是有关“汉语哲学”的讨论。我虽然并不专门从事中国哲学研究，但身为中国人，似乎对于母语的思想文化传统，也是应该有所关心的。

第三编名为“后哲学的哲学”，所选文章多采自我的文集《后哲学的哲学问题》。我的大概意思是，以后如果还有哲学，就应该是“后哲学的哲学”。这仍旧是从尼采和海德格尔而来的一个设定。尼采说“上帝死了”，以我的理解，是以传统哲学和宗教为主体的自然人类精神表达系统的崩溃；海德格尔断言“哲学的终结”，并且亲身实验了后哲学的思想和表达。未来的哲学不得不把尼采和海德格尔这一运思经验和思想结论设为前提。

既有“后哲学的哲学”，也就有了艺术与哲学之关系的重构，于是才有了第四编“当代艺术”。所谓“当代艺术”在国内还经常受到嘲笑和谩骂，或出于无知无感，也或者是别有用心，甚至也出现了譬如

“阴谋论”之类的险恶招数。当代艺术中固然有虚假的、浮夸的、失败的作品，但这不能构成指控当代艺术的理由。当代艺术颠覆了哲学独大的传统文化权力机制，它本身是19世纪下半叶以来渐成气候的现代实存哲学在二战以后的艺术表现。本书第四编重点讨论的是战后最有势力的德国当代艺术。

本书第五编“未来哲学”是我刚刚启动不久的一个新方向，但出发点依然是尼采和海德格尔的相关思考。“未来哲学”本来就是尼采晚期的一个命题；海德格尔后期一直强调艺术与哲学（诗与思）的“未来性”，并且以“技术与未来”为自己的哲思重点。二战以后，现代技术的进展呈加速状态，特别是最近一些年来，以人工智能与生物技术为标志的新技术已经把人类带入一个既惊喜又恐慌的危急状态之中，关于未来的议论已成世界热点。2018年11月23日，我在上海浦东组织了“未来哲学”年度论坛，希望推进相关研究和讨论，其时引起了媒体相当热烈的关注。本书第五编的文章是我这方面工作的初步成果。

总而言之，本书呈现了我在现代哲学和当代艺术多个领域的学术探索和哲思迷局。多年以来，我从尼采和海德格尔哲学出发，努力深化现代实存哲学的研究，切入后哲学时代的个体实存和自由创造命题，并且把重建技术生活世界的人类经验规定为艺术和哲学的未来使命。虽然表面看来，我自己的研究领域不断变化，但我关注的重点一直未变，那就是：技术统治时代的人类实存处境及其未来可能性。

本书书名的确定令我颇费踌躇，编辑过程中我竟设想过七八个名目，不知所措，最后无奈，定为眼下这个《哲思的迷局——从现代哲学到当代艺术》。自己感觉还是不太满意，但一时也没有更好的想法，就只好这样了。

除了少数一二篇，收在本书中的文章多半已经发表过，成文先后不一，这次编选时也未予以大规模修改，只做了一些规范和体例上的调整。上海的《学术月刊》杂志刚刚为我做了一个访谈，让我谈谈“治学经验”——我治学不精，哪有什么经验可谈呢？但这个名为《在创造中完成抵抗》的访谈，也总算是把我自己的经历和工作介绍了一回。我把这篇新近的访谈附在本书后面，以方便读者了解。

读者从书后的“著述目录”中可以看出，我译得多而著得少，独立的著作和文集大概有十二本，编和译的图书有五六十种，有一定长度的论文也就八九十篇。无论哪一项，令自己满意的都不在多数。按自己的计划，今后译事趋少，我会有更多的时间思考和写作，特别希望自己能在当代艺术和技术哲学方面做出一些成绩。

感谢发表过拙文的相关期刊的编辑们，他们的辛苦劳动经常体现在字里行间——只可惜，本书的编选主要是根据电脑里的存稿（原稿）进行的，所以未能完全体现他们曾经的劳动。感谢广东高等教育出版社，让我有机会编选本书，把我此前的工作好好清理了一遍——也许，这就给出了重新开始的可能性。

孙周兴

2019 年 6 月 18 日记于香港沙田

学术中国文丛

策　划：黄红丽　　主　编：张　江

文学卷

陈思和：《走在复旦的支路上》

曹顺庆：《中国比较文学话语建构》

吴承学：《近古文章与文体学研究》

王一川：《修辞论美学述略》

张福贵：《走向历史的深处》

陈晓明：《纯文学的困境与拓路》

孙　郁：《新旧文学的话语维度》

王　尧：《如何现实，怎样思想》

袁毓林：《认知科学背景上的汉语语法研究》

程章灿：《走进古典的过程》

历史学卷

桑　兵：《历史研究的碎与通》

阎步克：《爵秩品阶：权势金字塔的结构原理》

朱　英：《近代中国商人与商会》

张国刚：《大唐气象：制度、家庭与社会新论》

李剑鸣：《美国社会和政治史管窥》
霍　巍：《吐蕃与高原丝绸之路》
荣新江：《丝绸之路与中古中国》
韩东育：《学理日本》
黄　洋：《古希腊史散论》
包伟民：《两宋社会与读史心路》

哲学卷

俞吾金：《思想史视域中的马克思哲学》
吴晓明：《马克思哲学与当代中国》
杨　耕：《多维视野中的马克思》
倪梁康：《意识现象学的理会与践行》
杨国荣：《史与思：面向具体的存在》
万俊人：《他山问石：西方伦理学摄义》
孙周兴：《哲思的迷局：从现代哲学到当代艺术》
朱　菁：《认知、意志与行动》
王中江：《道通万有：本源 · 本真 · 本善》
韩水法：《未来之思》